SN: 000000051801
Code:

轻刮涂层获取密码，激活网站权限

环球汉语
汉语和中国文化

Encuentros
Lengua y Cultura Chinas

教师用书 2

Edición para el maestro con anotaciones 2

环球汉语
汉语和中国文化

2
教师用书
Edición para el maestro con anotaciones

Encuentros
Lengua y Cultura Chinas

（美）任友梅 (Cynthia Y. Ning)
（美）孟德儒 (John S. Montanaro) ｜ 编著
（西）Miguel Sala Montoro ｜ 翻译

Yale UNIVERSITY PRESS
New Haven and London

Primera edición 2022

ISBN 978-7-5138-2141-4
Derechos reservados
2022, Sinolingua Co., Ltd y la Universidad de Yale
Publicado por Sinolingua Co., Ltd
24 Baiwanzhuang Road, Beijing, China
100037
Tel: (86) 10-68320585 68997826
Fax: (86) 10-68997826 68326333
http://www.sinolingua.com.cn
Correo electrónico: hyjx@sinolingua.com.cn
Facebook: www.facebook.c01n/sinolingua
Impreso por Tangshan Xicheng Printing Co., Ltd

Impreso en la República Popular China

Palabras y expresiones usuales
日常用语 Rìcháng yòngyǔ

问候、介绍、道别 Saludos, presentaciones y despedidas

Hǎojiǔ bú jiàn, hái hǎo ma?	*Hace tiempo que no nos vemos. ¿Cómo estás?*
Lǐ lǎoshī, zhè shì wǒ de tóngxué, Wáng Lì.	*Profesor Li, este es mi compañero, Wang Li.*
Nǐ (shuō) Zhōngguóhuà shuō de hěn hǎo.	*Hablas chino muy bien.*
Nǎli, nǎli. Shuō de bù hǎo.	*No, en absoluto. Hablo mal.*
Zhè shì yí gè xiǎo lǐwù. Xīwàng nín néng jiēshòu. Búyào kèqi.	*Es un pequeño regalo. Por favor, acéptalo.*
Nà wǒ zǒu le. Zánmen zài liánxì, hǎo bu hǎo?	*Entonces me marcho. Seguimos en contacto, ¿vale?*

邀请 Invitaciones

Míngtiān shāngdiàn dōu jiǎn jià, wǒmen qù mǎi dōngxi, hǎo bu hǎo?	*Mañana hay rebajas en el centro comercial. Vamos a comprar, ¿vale?*
Wǒ xiǎng qǐng nín chī yí dùn fàn, míngtiān yǒu kòng ma?	*Me gustaría invitarte a comer. ¿Tienes tiempo mañana?*
Wǒ dāngrán xiǎng qù. Xīwàng bù máfan nǐmen.	*Por supuesto que quiero ir. Espero no molestaros.*
Duìbuqǐ, míngtiān yǒu diǎnr shì. Gǎitiān zài shuō, hǎo bu hǎo?	*Lo siento, mañana estoy ocupado. ¿Qué tal otro día?*

餐馆、食物 Restaurantes y comidas

Tài là de, tài xián de, wǒ dōu bù néng chī.	*No puedo comer cosas muy picantes o saladas.*
Cài zhème duō! Tài duō le! Dōu hěn xiāng.	*¡Tanta comida! ¡Demasiada! Huele muy bien.*
Lái, lái, lái. Duō chī diǎnr zhèi ge.	*Venga, venga, venga. Come un poco más de esto.*
Chībǎo le. Shízài chī bu xià le.	*Estoy lleno, no puedo comer más.*
Wǒ zuì xǐhuan qù běifāng fànguǎnr chīfàn.	*Los restaurantes del norte son mis favoritos.*
Zhèr yǒu méiyǒu mápódòufu/gōngbǎo jīdīng/tiánsuān ròu?	*¿Tienen tofu mapo/pollo kungpao/cerdo agridulce aquí?*
Wǒ bù hē jiǔ. Lái yì bēi chá ba.	*No bebo alcohol. Tomaré una taza de té.*
Lái yí gè gōngbǎojīdīng, yí gè chǎobōcài.	*Tomaremos pollo kungpao y espinacas salteadas.*

学校、教育 Escuela y educación

Wǒ niàn dà-yī, zhuānyè shì jīngjì.	*Estoy en primer año de universidad, estudio economía.*
Xiàle kè yǐhòu, wǒ xiān zuò zuòyè, ránhòu chūqù pǎobù.	*Después de clase, primero hago las tareas y luego voy a correr.*
Wǒ shì èr líng líng yī nián dàxué bìyè de, nádào xuéshì xuéwèi le.	*Terminé la universidad en 2001 y obtuve un título de grado.*
Dàxué bìyè yǐhòu, wǒ yào dào Zhōngguó qù xuéxí Zhōngwén.	*Cuando me gradúe iré a China a estudiar chino.*
Nèibiānr shì wǒmen de túshūguǎn, liǎng biānr dōu shì xuéshēng sùshè.	*Aquella es nuestra biblioteca; los edificios de ambos lados son dos dormitorios de estudiantes.*
Wǒ de sùshè fángjiān bú dà yě bù xiǎo, hěn shūfu, wǒ yí gè rén zhù.	*La habitación de mi dormitorio no es grande ni pequeña. Es muy confortable, vivo solo.*
Nǐ de fángjiān bǐ wǒ de dà de duō, shénme dōngxi dōu yǒu.	*Tu habitación es mucho más grande que la mía y tiene de todo.*

旅行、交通 Viajes y transporte

Wǒ jīntiān xiǎng qù Shànghǎi, piào zěnme mǎi?	*Hoy quiero ir a Shanghai. ¿Cómo puedo comprar un billete?*
Tiān'ānmén chēzhàn zěnme zǒu?	*¿Cómo se llega a la parada de Tian'anmen?*
Yìzhí wǎng qián zǒu, zǒu jǐ bù jiù dào le.	*Sigue todo recto, anda un poco más y llegarás.*

闲谈 Charla casual

Wǒ tiāntiān qù jiànshēnfáng duànliàn, yǒu shíhou zài wàimiàn pǎobù.	*Todos los días voy al gimnasio y a veces salgo a correr.*
Měi ge Xīngqītiān, zhǐyào tiānqì hǎo, wǒ jiù gēn tóngxué yìqǐ dào gōngyuán qù wánr.	*Todos los domingos, si hace buen tiempo voy con mis compañeros al parque.*
Wǒ xiǎo de shíhou zhù zài nóngcūn.	*Cuando era pequeño vivía en un pueblo.*
Jīntiān tiānqì hěn hǎo, kěshì tiānqì yùbào shuō, míngtiān huì xià dà yǔ.	*Hoy hace buen tiempo, pero el pronóstico dice que mañana habrán lluvias fuertes.*
Míngtiān tiānqì hǎo de huà, wǒmen dào hǎibiānr qù wánr, zěnmeyàng?	*Si mañana hace buen tiempo, ¿qué te parece si vamos a la playa?*
Wǒ juéde xué Hànyǔ, Hànzì zuì nán. Zhōngwén de sìshēng yě bù róngyì.	*Creo que lo más difícil de estudiar chino son los caracteres. Los cuatro tonos tampoco son fáciles.*

目录 Índice

前　言	xiv
Prefacio	xv
学术委员会 Comité Académico	xvi
致　谢 Agradecimientos	xvi
说　明 Introducción	xviii

Unidad once: "¿Nos habíamos conocido antes?" 1
第十一单元：似曾相识 Sìcéngxiāngshí
Conocer mejor a las personas

1: 问候和介绍：复习及扩展
   Saludos y presentaciones: Repaso y ampliación 2
   - INFO Relaciones personales en China: Bienvenido al *guānxi* 关系／關係 2
   - INFO Una variedad de nombres y rangos 3
   - UN POCO DE GRAMÁTICA Pequeña lección sobre 了 *le* 5

2: 交换个人信息、建立关系
   Entablar una relación compartiendo información personal 6
   - INFO Entrar en terreno personal 7
   - INFO "Deletrear en chino" 9

3: 进行简单的自我介绍
   Hablar brevemente sobre uno mismo 10
   - ▶ 技能和爱好 Habilidades e intereses 11
   - ▶ 运动 Deportes 12
   - UN POCO DE GRAMÁTICA Cómo se realiza una acción 12
   - INFO Cada vez se oyen más "guau, guau, miau, miau" en China 14

4: 询问和提供第三方的信息
   Preguntar y dar información sobre otras personas 16

5: 称赞他人及回应他人的称赞
   Hacer y rechazar cumplidos 19

6: 告辞：复习与扩展 **Despedirse: Repaso y ampliación** 23
   - ▶ 单元说唱 Rap de la Unidad 23

7: 读和写 **Lectura y escritura** 24
   - ▶ 阅读熟悉的中文句子 Lectura de oraciones familiares en caracteres chinos 24
      - UN POCO DE GRAMÁTICA Las múltiples caras de *de* en chino 25
   - ▶ 阅读真实语言材料 Lectura de textos de la vida real 29
      - Entrada de Jackie Chan en baidu.com
   - ▶ 学写汉字 Aprender a escribir caracteres 30
      客，气／氣，答，问／問，题／題，写／寫，谈／談，找，新，
      爱／愛，老，师／師，学／學，朋，友，恭，发／發，财／財

- 填表 **Rellenar un formulario** 30
- UN POCO DE CULTURA Características físicas y expectativas sociales 31

单元总结 RESUMEN 32
- 语法 **Gramática** 32
  Encajar *le* en tu idioma • *de, de, de,* y más *de*
- 词汇 **Vocabulario** 32
- 你能够完成的任务 **Lista de lo aprendido** 34

Unidad doce: "La comida es fundamental" 35
第十二单元：民以食为天 Mín yǐ shí wéi tiān
Comprar alimentos

1: 安排一次购买食品之行 **Quedar para ir a comprar alimentos** 36
    INFO Comprar alimentos en China 37

2: 说出不同水果的名称 **Nombrar diferentes tipos de frutas** 38
    UN POCO DE GRAMÁTICA Comentar cómo se realiza una acción: Repaso y ampliación 39

3: 说出食品种类、味道及特点
Nombrar alimentos, sabores y otras cualidades de la comida 41
- 味道 **Sabores** 41
- 其他相关词 **Otras cualidades** 41
- 各类食物 **Categorías de alimentos** 42

4: 谈论蔬菜 **Hablar sobre verduras** 44
    UN POCO DE GRAMÁTICA 的, pequeño y poderoso modificador: Repaso y ampliación 46

5: 做一顿饭 **Preparar una comida** 49

6: 去超市买食品 **Comprar en un supermercado** 52
    INFO Cinco alimentos por los que vivir 53
- 单元说唱 **Rap de la Unidad** 54

7: 读和写 **Lectura y escritura** 54
    UN POCO DE GRAMÁTICA Más sobre los coverbos 54
- 阅读熟悉的中文句子 **Lectura de oraciones familiares en caracteres chinos** 54
    UN POCO DE GRAMÁTICA Otro coverbo más— 把 *bǎ* 56
- 阅读真实语言材料 **Lectura de textos de la vida real** 60
  Anuncios de supermercado
- 学写汉字 **Aprender a escribir caracteres** 63
  果，菜，香，蕉，瓜，桃，酸，甜，苦，辣，蔬，绿／綠，
  色，肉，牛，猪／豬，鸡／雞，鱼／魚，鲜／鮮，味，超，市
- 写一张购物单 **Hacer una lista de la compra** 63
- UN POCO DE CULTURA Comprar alimentos 63

单元总结 RESUMEN 64
- 语法 **Gramática** 64
  Dos tipos de *de* • Más sobre coverbos: Verbos de doble función • El coverbo 把 *bǎ*
- 词汇 **Vocabulario** 66
- 你能够完成的任务 **Lista de lo aprendido** 68

Unidad trece: "Una sencilla comida casera" 69
第十三单元：家常便饭 Jiācháng-biànfàn
Comer en casa de un amigo

1: 邀请和接受邀请 Ofrecer y aceptar invitaciones 70
- INFO Pagar una comida 71
- UN POCO DE GRAMÁTICA Verbo+ Clasificador+ Objeto 72
- UN POCO DE GRAMÁTICA Gěi 给／给: Repaso y ampliación 75
- INFO Hacer regalos—sòng lǐwù 送礼物／送禮物 76

2: 拒绝邀请 Rechazar una invitación 77

3: 到达别人家及开始用餐
Llegar a casas de alguien y empezar a comer 78
- INFO Qué esperar de una comida casera 82

4: 劝客人尽情享用食物／多吃点儿，祝酒，表示自己已吃饱
Animar a los invitados a que coman, hacer brindis y decir que estás lleno 83
- INFO Comidas y cultura china 86
- ▶ 单元说唱 Rap de la Unidad 86

5: 读和写 Lectura y escritura 86
- ▶ 读出熟悉的中文句子 Lectura de oraciones familiares en caracteres chinos 86
- UN POCO DE GRAMÁTICA Añadir "sabor" a tus verbos chinos: Repaso y ampliación 90
- ▶ 阅读真实语言材料 Lectura de textos de la vida real 91
  Invitaciones por correo electrónico
- ▶ 学写汉字 Aprender a escribir caracteres 95
  主，空，希，望，喝，咖，啡，茶，麻，烦／煩，然，带／帶，送，礼／禮，物，简／簡，单／單，真
- ▶ 写电子邮件 Escribir mensajes de correo electrónico 95
- UN POCO DE CULTURA Comer en casa de un amigo 95

单元总结 RESUMEN 96
- ▶ 语法 Gramática 96
  Relaja tus verbos • gěi 给／给 • Aprovechar al máximo los verbos
- ▶ 生词 Vocabulario 97
- ▶ 你能完成的任务 Lista de lo aprendido 98

Unidad catorce: "Una comida sabrosa y económica" 99
第十四单元：味美价廉 Wèiměi-jiàlián
Salir a comer

1: 决定去何处用餐 Elegir un lugar para comer 100
- INFO Cocina regional de China 102

2: 入座和点饮品 Sentarse y pedir bebidas 104
- UN POCO DE GRAMÁTICA Aprovechar los adverbios 106
- INFO Para una dieta equilibrada, pide equilibradamente 108

3: 点菜 Pedir platos 108
- INFO Menú chino para novatos 110

4: 结束用餐 Terminar de comer 112
    INFO Comer en un restaurante chino 113
- 单元说唱 Rap de la Unidad 114

5: 读和写 Lectura y escritura 114
- 读出熟悉的中文句子 Lectura de oraciones familiares en caracteres chinos ... 114
- 阅读真实语言材料 Lectura de textos de la vida real 119
    Carta de restaurante
- 学写汉字 Aprender a escribir caracteres 121
    餐，馆／館，常，同，川，汁，可，乐／樂，奶，冰，就，
    需，随／隨，豆，腐，炒，面／麵，米，蛋，广／廣，安
- 写一则描述性短文 Escribir un texto descriptivo 121
    Describir gustos y experiencias con la comida china
    UN POCO DE CULTURA Comer en un restaurante chino 121

单元总结 RESUMEN 122
- 语法 Gramática 122
    Adverbios y sus diferentes formas
- 生词 Vocabulario 122
- 你能完成的任务 Lista de lo aprendido 124

Unidad quince: "Ocio y entretenimiento" 125
第十五单元：休闲娱乐 Xiūxián yúlè
Hablar sobre actividades de ocio

1: 一些休闲活动 Algunas actividades de ocio 126
    UN POCO DE GRAMÁTICA Complementos del verbo 128

2: 闲暇时保持积极状态 Mantenerse activo en las horas libres 129
    INFO ¿Baloncesto? ¡Por supuesto! ¿Y peleas de grillos? 131

3: 计划休闲活动 Planear actividades de ocio 132
    UN POCO DE GRAMÁTICA Las distintas caras de zài: 在 vs. 再 134
    INFO ¿Planificar o improvisar? 137
- 单元说唱 Rap de la Unidad 138

4: 读和写 Lectura y escritura 138
- 读出熟悉的中文句子 Lectura de oraciones familiares en caracteres chinos ... 138
- 阅读真实语言材料 Lectura de textos de la vida real 143
    Páginas de blogs y diarios
- 学写汉字 Aprender a escribir caracteres 146
    打，球，旅，游／遊，听／聽，音，书／書，放，工，作，
    跑，步，运／運，动／動，约／約，交，唱，歌，外
- 写一则描述性短文 Escribir un texto descriptivo 146
    Describir tus actividades de ocio favoritas
    UN POCO DE CULTURA Más sobre actividades diarias 147

单元总结 RESUMEN 147
- 语法 Gramática 147
    Complementos del verbo • Las distintas caras de zài: 在 vs. 再
- 生词 Vocabulario 148
- 你能完成的任务 Lista de lo aprendido 150

Unidad dieciséis: "Estudiar duro y mejorar día a día" ...151
第十六单元：好好学习，天天向上
Hǎohāo xuéxí, tiāntiān xiàngshàng
Hablar de la escuela y de tus estudios

1: 讨论各个阶段的学校教育 Hablar de niveles de estudio ...152
  UN POCO DE GRAMÁTICA Aclaración sobre el verbo 毕业／畢業 bìyè (graduarse) ...155

2: 谈论学科和专业 Hablar sobre materias y especialidades ...156
  INFO Especialidades de bachillerato ...159

3: 谈论学校的课程安排 Hablar del horario escolar ...162
  UN POCO DE GRAMÁTICA Frecuencia y duración ...164

4: 参观校园 Visitar un campus ...166
  INFO Dormitorios universitarios ...168
  INFO Las dos "comas" del chino ...169
  ▶ 单元说唱 Rap de la Unidad ...169

5: 读和写 Lectura y escritura ...170
  ▶ 读出熟悉的中文句子 Lectura de oraciones familiares en caracteres chinos ...170
    INFO Vida de los estudiantes chinos ...175
  ▶ 阅读真实语言材料 Lectura de textos de la vida real ...176
    Currículo general del primer año de bachillerato
    INFO El sistema imperial de exámenes: antes y ahora ...178
  ▶ 学写汉字 Aprender a escribir caracteres ...178
    校，教，楼／樓，图／圖，办／辦，公，厅／廳，始，直，初，读／讀，
    完，课／課，只，考，试／試，语／語，理，科，参／參，观／觀，活
  ▶ 写一则描述性短文 Escribir un texto descriptivo ...178
    Describir horarios y clases
  UN POCO DE CULTURA Escuela y horario escolar ...179

单元总结 RESUMEN ...179
  ▶ 语法 Gramática ...179
    Una y otra vez: Expresiones de frecuencia • Durante cuánto tiempo: Expresiones de duración •
    Comentario sobre las "comas" chinas
  ▶ 生词 Vocabulario ...180
  ▶ 你能完成的任务 Lista de lo aprendido ...182

Unidad diecisiete: "Más vale humo de mi casa que fuego de la ajena" ...183
第十七单元：金窝银窝不如自己的草窝
Jīn wō yín wō bùrú zìjǐ de cǎo wō
Hablar de tu casa

1: 参观别人的房间 Visitar la habitación de otros ...184
  UN POCO DE GRAMÁTICA "Banquete" de adverbios ...186

2: 讲述儿时的家 Contar recuerdos sobre la casa de tu infancia ...187
  INFO El idioma "real" es a veces muy desordenado ...190
  UN POCO DE GRAMÁTICA "Poner el carro delante del caballo": Más sobre 把 bǎ ...192

3: 描述现在的住宅 Describir una casa moderna 194
　　UN POCO DE GRAMÁTICA Decir "muy" de verdad 195
　　INFO De las comunas a los bloques de apartamentos 197
▶ 单元说唱 Rap de la Unidad 197

4: 读和写 Lectura y escritura 198
▶ 读出熟悉的中文句子 Lectura de oraciones familiares en caracteres chinos 198
▶ 阅读真实语言材料 Lectura de textos de la vida real 202
　　Anuncio inmobiliario
▶ 学写汉字 Aprender a escribir caracteres 204
　　房，间／間，舒，服，平，卧／臥，室，自，己，卫／衛，
　　院，棵，树／樹，花，种／種，记／記，方，较／較
▶ 写一则描述性短文 Escribir un texto descriptivo 204
　　Describir dónde te gustaría vivir
　　UN POCO DE CULTURA Hogar dulce hogar 205

单元总结 RESUMEN 205
▶ 语法 Gramática 205
　　Repaso de adverbios • "Simplemente hazlo" con 把 bǎ
▶ 生词 Vocabulario 206
▶ 你能完成的任务 Lista de lo aprendido 208

Unidad dieciocho: "Un paso incesante de coches y caballos" 209
第十八单元：车水马龙 Chēshuǐ-mǎlóng
Desplazarse y viajar

1: 寻求帮助 Viajar con ayuda 210

2: 骑自行车 Montar en bicicleta 213

3: 乘公共汽车 Viajar en autobús 216
　　INFO Olvida el automóvil; toma el autobús 219
　　UN POCO DE GRAMÁTICA Expresar antes y ahora 221

4: 乘坐城铁或地铁 Viajar en tren interurbano o metro 222
　　INFO Cultura y comportamiento: hacer cola 224
　　UN POCO DE GRAMÁTICA Pon a prueba tu habilidad con las oraciones 224
▶ 单元说唱 Rap de la Unidad 230

5: 读和写 Lectura y escritura 230
▶ 读出熟悉的中文句子 Lectura de oraciones familiares en caracteres chinos 230
▶ 阅读真实语言材料 Lectura de textos de la vida real 236
　　Reconocer los números de los billetes• Tarjetas de transporte y billetes de autobús• Mapa y señales del metro
▶ 学写汉字 Aprender a escribir caracteres 240
　　聊，城，通，应／應，该／該，街，桥／橋，全，选／選，
　　择／擇，危，险／險，骑／騎，行，越，共，汽，非，卡，票
▶ 写一则描述性短文 Escribir un texto descriptivo 240
　　Describir cómo te mueves por la ciudad
　　UN POCO DE CULTURA Desplazarse de un lugar a otro 241

单元总结 RESUMEN 241
▶ 语法 Gramática 241
　　Expresar antes y ahora• Otra mirada a los verbos• Vincular tus ideas
▶ 词汇 Vocabulario 242
▶ 你能够完成的任务 Lista de lo aprendido 244

Unidad diecinueve: "Tan ilimitado como el cielo y el mar" 245

第十九单元：海阔天空 Hǎikuò-tiānkōng
Planear escapadas

1: 谈论季节和天气 Hablar sobre las estaciones y el tiempo 246
   - INFO El tiempo en China 252

2: 计划远足 Planear una excursión 252
   - INFO Incluye *Xiangshan* en tu lista de cosas pendientes 253
   - UN POCO DE GRAMÁTICA Cuándo 请/請 *qǐng* y cuándo 叫 *jiào*? 255
   - INFO En contacto con la naturaleza 257

3: 去沙滩游玩 Ir a la playa 258
   - INFO China en movimiento 260

4: 国际旅行 Viajar al extranjero 261
   - INFO Éxitos populares 263
   - UN POCO DE GRAMÁTICA Mostrar tu "actitud" usando verbos mdales 264
   - ▶ 单元说唱 Rap de la Unidad 268

5: 读和写 Lectura y escritura 269
   - ▶ 阅读熟悉的中文句子 Lectura de oraciones familiares en caracteres chinos 269
   - UN POCO DE GRAMÁTICA Dos acciones verbales al mismo tiempo 272
   - ▶ 阅读真实语言材料 Lectura de textos de la vida real 277
     Publicidad de viajes
   - ▶ 学写汉字 Aprender a escribir caracteres 279
     春，夏，秋，冬，阳/陽，雨，雪，如，晴，晒/曬，伞/傘，决/決，定，风/風，景，内
   - ▶ 写一则描述性短文 Escribir un texto descriptivo 279
     Planear una excursión
   - UN POCO DE CULTURA Excursión de fin de semana 280

单元总结 RESUMEN 280
   - ▶ 语法 Gramática 280
     Mostrar tu "actitud" usando verbos modales • Expresar dos acciones al mimo tiempo
   - ▶ 词汇 Vocabulario 281
   - ▶ 你能够完成的任务 Lista de lo aprendido 282

Unida veinte: "Un siglo vivirás, un siglo aprenderás" 283

第二十单元：活到老，学到老 Huódào lǎo, xuédào lǎo
Aprender chino: Experiencias pasadas y consejos para el futuro

1: 学中文难吗？¿Es difícil aprender chino? 284

2: 学中文容易吗？¿Es fácil aprender chino? 286
   - INFO Aprendizaje de chino en el pasado, el presente y el futuro 291

3: 中国人如何学中文？Cómo los chinos aprenden chino 291
   - UN POCO DE GRAMÁTICA La voz pasiva en chino; El imperativo en chino 293

4: 继续学中文的几点建议 Consejos para seguir estudiando chino 297
   - ▶ 单元说唱 Rap de la Unidad 300

5: 读和写 Lectura y escritura 300

▶ 读出熟悉的中文句子 Lectura de oraciones familiares en caracteres chinos 300
▶ 阅读真实语言材料 Lectura de textos de la vida real 307
    Usar el diccionario bilingüe ABC de Chino-Inglés
      INFO Diccionarios de chino 312
▶ 学写汉字 Aprender a escribir caracteres 313
    难／難，所，汉／漢，言，习／習，惯／慣，慢，背，
    抄，把，错／錯，罚／罰，古，懂，拼，长／長，句，接
▶ 写一则描述性短文 Escribir un texto descriptivo 313
    Describir tu experiencia y tus planes para estudiar chino
  UN POCO DE CULTURA Aprender chino 313

单元总结 RESUMEN 314

▶ 语法 Gramática 314
    Más tipos de oraciones del chino
▶ 词汇 Vocabulario 315
▶ 你能够完成的任务 Lista de lo aprendido 317

参考材料 REFERENCIAS

汉西对照词汇表 Vocabulario chino-español R-3
西汉对照词汇表 Vocabulario español-chino R-21
量词词汇表 Glossary of Measure Words R-43
索引 Índice alfabético R-47
鸣谢 Agradecimientos R-49
中国地名 Nombres de lugares chinos R-50

前　言

　　欢迎使用《环球汉语 2》。本书秉承《环球汉语 1》中的交际性汉语教学法，致力于通过实用性、基于任务的方法以及丰富的文化内容吸引学生学习汉语。

　　第二册在第一册介绍的主题和知识的基础上，让学生进一步学习了解汉语和中国文化。其中几个话题是已学内容的延伸，例如"相识"，而大部分的主题则是新内容，例如：购买生活用品、制订出行计划、在中国友人家吃饭以及外出用餐等。

　　《环球汉语》第二册各单元将全面提升学生中文听、说、读、写的能力。学生将学会说较长段的中文，在阅读方面不仅要认识中文，而且需要从文中提取信息。写作练习仍然以沟通交流为重点。《汉字练习本 2》包括学生用书各单元中生字的笔顺、演化历史，以及生字的简体字和繁体字形式，是相应单元中"读和写"部分的补充。

　　第二册的教学内容也与在中国拍摄的连续剧内容紧密结合。您可以在环球汉语网站www.EncountersChinese.com.cn上观看连续剧，每一集的内容都与相应单元的主题相呼应。连续剧的故事情节曲折动人，让学生在愉快观看的同时学习汉语和中国文化。此外，《剧本 2》包括了连续剧中的台词及译文，可供学生表演时使用，亦可作为阅读练习使用。

　　我们祝愿学生们在汉语学习之旅中再接再厉、一帆风顺。

夏威夷大学　任友梅 (Cynthia Y. Ning)
耶鲁大学　孟德儒 (John S. Montanaro)

Prefacio

Bienvenido al Libro 2 de **Encuentros: Lengua y Cultura Chinas**. Como ya has visto en el Libro 1, el programa de **Encuentros** presenta un enfoque comunicativo para aprender chino práctico, basado en tareas, culturalmente rico y ampliamente atractivo.

El Libro 2 se basa en los temas y los conocimientos adquiridos en el Libro 1 para proporcionar una comprensión más profunda del idioma y la cultura chinas. Aunque algunos temas presentados en el Libro 1 se repasan con más profundidad, como "Conocer a alguien", la mayoría de los temas son nuevos e incluyen "encuentros" tan útiles como ir de compras, hacer planes de viaje, cenar en casa de un amigo chino o comer en un restaurante.

Cada unidad del Libro 2 ayuda a los estudiantes a hablar, leer y escribir en chino. Los estudiantes aprenden a hablar más extensamente que antes y aprenden a leer no solo para alfabetizarse, sino también para obtener información de la palabra escrita. Las actividades de escritura continúan teniendo como objetivo fundamental la comunicación. El *Libro de ejercicios de escritura de caracteres 2* complementa las secciones "Lectura y escritura" de cada unidad y proporciona explicaciones sobre el orden de los trazos, la historia y las formas simplificadas y tradicionales de cada caracter nuevo.

El Libro 2 también incluye una serie dramática filmada en la China de hoy. Los episodios, disponibles en *www.EncountersChinese.com.cn*, sirven para ilustrar los temas de cada unidad. La línea de la historia avanza con muchos giros y cambios para mantener el interés de los estudiantes por acercarse y asimilar el idioma y la cultura chinos. Además, *Guiones 2* proporciona transcripciones y traducciones de los diálogos de los episodios y puede servir para representar escenas o practicar la lectura.

Le deseamos lo mejor en la continuación de su viaje de aprendizaje del chino.

—Cynthia Y. Ning, University of Hawaii at Manoa
—John S. Montanaro, Yale University

学术委员会
Comité Académico

中国国际出版集团
GRUPO DE PUBLICACIONES INTERNACIONALES DE CHINA

Cai Mingzhao 中国国际出版集团 前任总裁
蔡名照 Ex presidente, Grupo de Publicaciones Internacionales de China

Zhou Mingwei 中国国际出版集团 前任总裁
周明伟 Ex presidente, Grupo de Publicaciones Internacionales de China

Huang Youyi 中国国际出版集团 前任副总裁、总编辑
黄友义 Ex vicepresidente y editor en jefe, Grupo de Publicaciones Internacionales de China

Wang Gangyi 中国国际出版集团 前任副总编辑
王刚毅 Ex subeditor en jefe, Grupo de Publicaciones Internacionales de China

Wang Junxiao 高级项目主管
王君校 Jefe de Proyectos
华语教学出版社 社长
Presidente, Sinolingua

Han Hui 项目主任
韩晖 Directora de Proyectos
华语教学出版社 总编辑
Editora en jefe, Sinolingua

Guo Hui 项目主任助理
郭辉 Asistenta de Director de Proyectos
华语教学出版社 前任副总编辑
Ex subeditora en jefe, Sinolingua

Zhou Kuijie 文化顾问
周奎杰 Consultor de Cultura
原新世界出版社总编辑
Ex editor en jefe, New World Press

Lu Jianming 北京大学中文系 教授
陆俭明 Profesor, Universidad de Beijing

Ma Jianfei 孔子学院总部 副总干事
马箭飞 Subdirector ejecutivo, Oficinas Centrales de Instituto Confucio/Hanban

Cui Xiliang 北京语言大学 前任校长
崔希亮 Ex rector, Universidad de Lengua y Cultura de Beijing

Li Xiaoqi 北京大学对外汉语教育学院 教授
李晓琪 Profesora, Colegio de Chino como Segunda Lengua, Universidad de Beijing

Wu Zhongwei 复旦大学国际文化交流学院 执行院长
吴中伟 Presidente ejecutivo, Escuela de Intercambios Culturales Internacionales, Universidad de Fudan

Liu Songhao 北京大学对外汉语教育学院 教授
刘颂浩 Profesor, Colegio de Chino como Segunda Lengua, Universidad de Beijing

Wu Yongyi 华东师范大学对外汉语学院 副院长、教授
吴勇毅 Vicepresidente, Profesor, Escuela de Enseñanzas de Chino como Segunda Lengua Extranjera, Universidad Normal del Este de China

Zhou Xiaobing 广州中山大学国际交流学院 副院长、教授
周小兵 Vicepresidente y profesor, Instituto de Intercambios Culturales Internacionales, Universidad de Sun Yat-sen

Sun Dejin 北京语言大学 教授
孙德金 Profesor, Universidad de Lengua y Cultura de Beijing

Geng Zhi 语言顾问
耿直 Consultor lingüístico

Zhao Rongguo 制片
赵荣国 Productor

Liu Jiefeng 制片
刘杰锋 Productor

耶鲁大学出版社 YALE UNIVERSITY PRESS

Richard C. Levin 耶鲁大学 校长
理查德·雷文 Presidente, Universidad de Yale

Linda K. Lorimer 耶鲁大学 副校长兼校务卿
罗琳达 Secretaria y vicepresidenta, Universidad de Yale

Dorothy Robinson 耶鲁大学 副校长兼法律总顾问
多乐茜·罗宾逊 Vicepresidenta y consejera general, Universidad de Yale

John Donatich 耶鲁大学出版社 社长
约翰·多纳蒂奇 Director, Yale University Press

Mary Jane Peluso 项目主任
玛丽·珍·珀卢索 Directora de Proyectos
耶鲁大学出版社世界语言部 出版人
Editorial de Lenguas del Mundo, Yale University Press

Cynthia Y. Ning 语言教学部分撰稿人
任友梅 Autora
夏威夷大学中国研究中心 副主任,
Subdirectora, Centro de Estudios Chinos, Universidad de Hawái
孔子学院 院长
Directora, Instituto Confucio de la Universidad de Hawái, EE. UU.
中文教师学会 执行主任（2000-2009）
Directora ejecutiva, Asociación de Profesores de Lengua China, 2000-2009

John S. Montanaro 语言教学部分撰稿人
孟德儒 Autor
耶鲁大学 资深中文讲师
Profesor sénior de chino, Universidad de Yale

David Murray 总制片、总导演
大卫·莫瑞 Productor ejecutivo y director general

致谢 Agradecimientos

《环球汉语》项目在时任中国国际出版集团总裁的蔡名照先生和耶鲁大学校长理查德·雷文的努力下于2006年秋启动。很多人都为这一开拓性的项目作出了贡献，很多人还在继续为本项目的丰富和发展而努力。在此我们衷心感谢参与《环球汉语》项目的每一个人。

Encuentros fue iniciado en el otoño de 2006 por el señor Cai Mingzhao, entonces presidente del Grupo de Publicaciones Internacionales de China, y por el presidente de la Universidad de Yale, Richard C. Levin. Una gran cantidad de personas han participado y continúan participando en este extraordinario programa. Les agradecemos a todos aquellos que de alguna manera han sido parte de ***Encuentros***.

出版方借此机会特别向下列人士表示感谢：
Los editores agradecen a:

Zhang Jianmin 张建民	Joey Wang 王一卓	He Jianchao 何建超	Lynn 柳素英
Kathy Fan 范颖超	Zimu Cookie 子木	Ma Shoudu 马首都	Sun Deyuan 孙德元
Cindy Tang 唐星怡	Crystal Gong 宫淳	Li Shuanglei 李双雷	Zhao Haoting 赵浩廷
Wang Hong 王鸿	Li Baoquan 李宝泉	Zhao Yanjie 赵延杰	Xia Tian 夏添
Ivan Li 李一凡	Zhang Shuo 张硕	Zhao Shaohua 赵韶华	Zhang Yang 张旸
Wang Qihan 王其寒	Chen Lu 陈潞	Su Su 苏甦	Zou Hewei 邹赫威
Zhan Zhili 詹之黎	Zhu Liang 朱亮	Zhang Hui 章珲	Li Yatian 李亚天
Era Ji 纪元	Lee Ah Ting 李亚丁	Xu Ruihan 徐睿涵	Song Weizhi 宋维芝
Nora Wang 王小檬	Su Zhijun 苏志军	Zhang Mengqiong 张梦琼	Chen Longhe 陈隆赫
Yan Ning 闫宁	Zhao Bozuo 赵伯祚	Mark 马克	Leslie Collings 柯陵斯
Wen Bo 温波	Song Baiqi 宋柏琪	Wang Lihong 王立红	Guo Jianxiong 郭建雄
Wang Xin 王鑫	Fan Jing 樊京	Qi Ziying 齐子樱	

说明 Introducción

▶ 概览

本套综合性教材的特点：
- 采用功能性、基于任务的教学法。
- 通过引人入胜的连续剧展现真实的语言和文化。
- 重点关注口语交际。
- 简体字、繁体字并重。
- 文化内容的采访视频与语言功能相结合。
- 语法知识和练习清晰、明确。
- 遵循ACTFL（全美外语教学协会）语言水平大纲要求。
- 配有详细的教师注释，以及激发学生兴趣的材料和大量的多媒体工具。

▶ Panorama general

El programa integral de *Encuentros*:
- Utiliza un abordaje funcional, basado en ejercicios.
- Presenta lenguaje real y cultura mediante interesantes episodios de video.
- Se centra en la comunicación de la lengua hablada.
- Incluye material de lectura en caracteres simplificados y tradicionales.
- Vincula funciones del lenguaje con entrevistas en video sobre temas de cultura.
- Presenta instrucciones gramaticales y prácticas de manera clara y concisa.
- Sigue las directrices definidas por el Consejo Americano sobre la Enseñanza de Idiomas Extranjeros (ACTFL).
- Asiste a los profesores con una edición para el maestro que incluye útiles anotaciones, materiales para estimular el interés del alumno y una amplia selección de herramientas en varios medios.

▶ 项目组成

《环球汉语》项目组成部分：
- 制作精美的连续剧视频，全剧在中国实地拍摄，剧情和内容围绕中国文化和历史展开。
- 全彩《学生用书》，与连续剧及《环球汉语》其他材料紧密配合。
- 《教师用书》，包括教学提示、补充课堂活动及课堂教学建议等。
- 《剧本》，连续剧的文本。

- 《汉字练习本》，注明所学汉字的演变、字源和用法。笔划顺序的图示能帮助学生掌握汉字的书写。另外还提供记忆汉字的诀窍。
- 听力材料，帮助学生提高听力理解，掌握发音、生字和对话例句。
- 网站www.EncountersChinese.com.cn，提供互动练习、视频和听力内容，以及其他口语、阅读和写作练习资源。

Componentes del programa

El programa *Encuentros* incluye:
- Una *videoserie* con una excelente producción, filmada por completo en China y con una trama que atrapa e incluye fragmentos completamente dedicados a la cultura e historia chinas.
- Un *libro del estudiante* impreso en color totalmente integrado con la videoserie y el resto de componentes de *Encuentros*.
- Una *edición para el maestro con anotaciones* vinculada al libro de texto, llena de consejos de enseñanza, actividades extra para el salón de clases y sugerencias para usar el programa en clase.
- *Guiones* con las transcripciones de los diálogos de la videoserie.
- Un *libro de ejercicios de escritura de caracteres* que muestra su evolución, etimología y uso. Incluye diagramas de trazos para guiar al estudiante al escribir los caracteres y también ofrece estrategias para recordarlos.
- Un *programa de audio* para ayudar al estudiante en su comprensión lectora, pronunciación, vocabulario y ejemplos de conversaciones.
- Una *página web*, *www.EncountersChinese.com.cn*, que ofrece contenido en video y audio, así como otros recursos de conversación, lectura y escritura del chino.

第一册回顾

《环球汉语：汉语与中国文化》是为母语为西语的汉语学习者设计的教材，其中初级课程分为两册，《学生用书1》让学生有效地运用中文进行交流，同时将理解欣赏中国文化和汉字作为学习汉语不可分割的一部分。

第一册中主要的交际性内容包括：介绍自己、谈论家庭情况、交友、交流个人需要、制订出行和周末计划、讨论购物、讲价等日常活动。所有单元都包括相关的文化信息、听说活动、词汇、语法以及读、写任务。

Resumen del Libro 1

El Libro del estudiante 1 *Encuentros: Lengua y Cultura Chinas* es el primer volumen de un curso de dos libros de nivel básico para estudiantes extranjeros de chino mandarín. A través de él, los estudiantes aprenden a comunicarse provechosamente con otros y obtienen una visión de la cultura y los caracteres chinos, que son parte integral del aprendizaje del idioma.

Algunas de las principales enseñanzas comunicativas del Libro 1 son presentarse, hablar sobre la familia, hacer amigos, hablar sobre necesidades personales, hacer planes de viaje y de fin de semana, y hablar sobre actividades diarias como hacer compras y regatear precios. Estas unidades son apoyadas con información cultural relevante, actividades de comprensión y expresión oral, vocabulario, lecciones de gramática y tareas de lectura y escritura.

UN POCO DE CULTURA 文化点滴

语言——开启文化之门的钥匙

观看视频"语言——开启文化之门的钥匙"。语言实为一把开启通往另一种文化之门的钥匙。截至目前,你已取得很大进步,但仍面临着诸多挑战。在学习《环球汉语2》时,应牢记以下几点:

- 学习需持之以恒
- 不要害怕犯错误,学习就是一个认识错误并加以改正的过程
- 无论是在你自己的国家,还是到中国访问,都要尽量多花时间与中国人交流

El lenguaje es la clave para comprender la cultura

Mira el fragmento de video "El lenguaje es la clave para comprender la cultura". El lenguaje es realmente la llave que abre la puerta a otras culturas. Hasta ahora has logrado mucho en tu aprendizaje, pero todavía te esperan muchos desafíos. Estas son algunas cosas que debes recordar al empezar a estudiar el Libro 2:

- Seas paciente y persistente en tu estudio.
- No tengas miedo de cometer errores. Aprender es un proceso de reconocer y corregir errores.
- Pasa todo el tiempo que puedas con hablantes nativos de chino, tanto en tu país como si visitas China.

▶ 连续剧

《环球汉语》是立体化的教学项目,连续剧的内容与课本中相对应单元的内容和活动配套,与听力练习一致,与《环球汉语》网站上丰富的学习材料紧密联系。这部引人入胜的连续剧把观众带入辽阔中国大地上真实的城市、乡村、家庭、学校、集市、街道和文化景点。在不同的地点,几位主要角色的生活以出人意料的方式交叉碰撞。他们探索自我,探索人生,与陌生人、与朋友交流沟通,在故事发生的同时,他们也在带领观众体验汉语和中国文化的非凡魅力。

▶ La videoserie

Debido a que *Encuentros* es un programa plenamente integrado, el material presentado en cada episodio de la videoserie está vinculado con los capítulos y actividades del libro de texto, con actividades de audio y con una serie de materiales online. Esta interesante historia nos transporta por ciudades reales, pueblos, hogares, escuelas, mercados, calles y sitios culturales de China, una vasta nación. En estos lugares, los principales personajes ven cómo sus vidas se entrecruzan de maneras inesperadas. Descubren cosas sobre sí mismos y sobre los demás, conversan con desconocidos y amigos, y en el camino ofrecen a los espectadores una profunda mirada de la lengua y la cultura chinas.

剧中人物 El reparto

艾波茹：24岁，华裔，个性沉静坚定。她出生在一个中国移民家庭，在美国的圣地亚哥市长大。随丈夫阿莱汉多来到中国。

APRIL, 24 años, de origen chino. Es una chica callada pero valiente y de carácter fuerte. Nacida en los Estados Unidos en una familia de inmigrantes chinos, creció en San Diego. April acompaña a su esposo Alejandro a China.

阿莱汉多：29岁，墨西哥裔美国人，艾波茹的丈夫。他热情洋溢、个性鲜明。作为摄影记者，他被派遣到中国拍摄记录当代中国的变化。他深信自己工作的价值。

ALEJANDRO, 29 años, estadounidense de origen mexicano, casado con April. Es apasionado y con una gran personalidad. Fotógrafo con la tarea de documentar los cambios que suceden en la China contemporánea. Cree fielmente en el valor de su trabajo.

琳：25岁，美国洛杉矶人。她离家之后辗转多地，最后来到中国广西的阳朔教英语。她努力适应环境，消除诸多误会之后最终被当地人接纳。

LYNN, 25 años, estadounidense de Los Ángeles. Deja su hogar y tras una serie de giros inesperados, termina viajando a Yangshuo para enseñar inglés. Se esfuerza por adaptarse y ser aceptada por la comunidad, aclarando malentendidos en el camino.

唐远：24岁，中国人，阳朔的民间艺术家。热爱艺术，在当地小有名气。他善良、热心、孝顺父母，但有时也会很叛逆。

TANG YUAN, 24 años, artista chino de Yangshuo. Ama el arte y goza de cierto éxito en su localidad. Es gentil y de buen corazón, respeta mucho a sus padres, pero también se comporta de manera rebelde en algunas ocasiones.

陈峰：27岁，中国人，在北京经营着自己的建筑事务所。他很理想主义，充满自信、雄心勃勃。他有点儿工作狂，也勇于冒险。他的事业刚刚起步，工作特别努力，也要求别人跟他一样努力（当然，他对自己的要求最严）。陈峰和李雯是一对儿。

CHEN FENG, 27 años, empresario chino en Beijing. Idealista, confiado y extremadamente ambicioso. Aunque es un poco adicto al trabajo, también disfruta los riesgos. En los inicios de su carrera, trabaja duro y espera lo mismo de todos los demás (aunque él es el más exigente consigo mismo). Él y Li Wen son pareja.

李雯：27岁，中国人，阳朔的小学英语老师。温婉而善解人意。她和陈峰相恋已久，但由于相距遥远，他们之间发展得并不顺利。为了这段感情，两人决定李雯辞掉阳朔的工作搬到北京。

LI WEN, 27 años, maestra de inglés en Yangshuo. Es de buen carácter y es muy comprensiva. Ella y Chen Feng han estado juntos durante bastante tiempo, pero debido a la distancia las cosas no siempre han sido fáciles. Tras hablarlo seriamente, deciden que Li Wen va a renunciar a su trabajo en Yangshuo para mudarse a Beijing ya que es lo mejor para su relación.

毛志鹏（即小毛）：28岁，中国人，陈峰的大学好友，也是陈峰建筑事务所的合伙人。对市场有很好的观察力，他的个性对陈峰的冒险性有所平衡。

MAO ZHIPENG (también conocido como Xiao Mao), 28 años, chino. Amigo de Chen Feng desde la universidad y socio de la empresa que dirige Chen Feng. Es un gran observador del ámbito de los negocios y su personalidad equilibra la naturaleza con tendencia a asumir riesgos de Chen Feng.

杨教授：58岁，中国人，陈峰的大学教授。喜欢太极拳和中国象棋，擅长书法。他温和、仁厚，像父亲一样关心着陈峰，常用生活中的比喻指导启发陈峰。他是年轻人的挚友和恩师。

PROF. YANG, 58 años, profesor de chino en la universidad de Chen Feng. Apasionado del *Taijiquan* y del ajedrez chino y con grandes habilidades para la caligrafía china. Es amable y cariñoso, A menudo actúa como figura paternal de Chen Feng, dándole consejos con metáforas de la vida. Es muy buen amigo y un gran maestro.

米克：澳大利亚人，骑自行车环游各地。他风趣、喜欢冒险、爱交际。不清楚他的年龄、职业和其他背景。

MICK, ciclista y viajero australiano. Gracioso, aventurero y sociable, no se sabe mucho sobre su edad, su profesión y su contexto.

连续剧故事梗概

在《环球汉语1》中我们认识了琳——来到阳朔教英语的老师,她在学校里遇到了前任的英语老师李雯。李雯为了能和未婚夫陈峰在一起,正准备前往北京生活。陈峰及好友毛志鹏(小毛)雄心勃勃地为他们迅速发展的公司而奋斗,但公司的快速增长也带来了各种各样的问题。李雯到达北京不久,陈峰的老朋友阿莱汉多,一位墨西哥裔美国人,也来到了中国。他是作为摄影记者来中国工作的。他的新婚妻子艾波茹也随他来到了中国。艾波茹是华裔美国人,这是她第一次来中国,她想借此机会追访家族之根。

在《环球汉语2》中,故事继续展开。琳努力适应在阳朔的新生活。她和当地艺术家唐远的友谊加深了,她和学生、村民的交流也越来越多,从而逐渐融入了乡村的生活,然而有时候,一些事情往往出乎她的意料。在北京,李雯也同样在生活中遇到了意料之外的事情。陈峰和小毛的关系因为他们的公司而出现了问题,两个人慢慢疏远了。各种各样的压力令他们三个人做出了一些事情,对彼此说了一些话,这些都是他们之前无法想象的,进而也导致了出人意料的结果。艾波茹和阿莱汉多也由于阿莱汉多的工作和他们的生活之间的矛盾的升级而发生了争吵。

La trama

En el Libro 1 conociste a Lynn, una profesora estadounidense que llega a Yangshuo, donde encuentra a Li Wen, el profesor al que va a sustituir en la escuela local. Li Wen se va a trasladar a Beijing para estar con su novia, Cheng Feng. Cheng Feng y su mejor amigo, Mao Zhipeng (conocido como Xiao Mao), tiene ambiciosos planes para su negocio de publicidad, que crece rápidamente, pero la empresa está sufriendo las dificultades de los comienzos. Poco después de llegar Li Wen a Beijing, el viejo amigo de Chen Feng, Alejandro —un fotoperiodista estadounidense de origen mexicano, llega a China enviado por trabajo junto a su nueva esposa, April. Estadounidense de origen chino, April visita China por primera vez y espera retomar la relación con su amplia familia.

A medida que continua la historia en el Libro 2, Lynn trata de adaptarse a su nueva vida en Yangshuo. A través de su amistad con el artista local Tang Yuan y la interacción con sus alumnos en la escuela y la gente de la ciudad, Lynn empieza a integrarse en la vida local, si bien a veces con resultados inesperados. En Beijing, la nueva vida de Li Wen también llega con sorpresas. Cheng Feng y Xiao Mao —su relación se tensa por problemas del negocio, ven como surgen desavenencias entre ellos. Este estrés lleva a los tres a decir cosas que no habrían imaginado nunca, de nuevo con resultados inesperados. April y Alejandro entran también conflicto a medida que crece la tensión en sus vidas personales y aumenta el trabajo de Alejandro.

剧情回顾 观看视频,回顾第一册中连续剧的主要情节。

RESUMEN *Mira el video en el que se resume el desarrollo de la videoserie en el Libro 1.*

单元导航

《环球汉语》教材采用精心设计的渐进式汉语学习方式。学生从听说活动开始逐渐进阶到更有挑战性的读、写活动。《环球汉语》项目的最主要目标是培养日常语言交流能力，因此教材的重点是培养交际技能。

各单元均设置了吸引人的课堂活动，有需要独立完成的活动，也有两人或小组完成的活动。幽默、轻松的氛围和音乐有助学习者保持学习的热情和信心。"供你参考"栏目提供了若干学习小贴士，教材中新颖的插图也能够使学生的学习兴趣倍增。《环球汉语》把文化信息贯穿于教材之中，而不是仅仅放到章节最后的一小篇注释里，以此强化这样一个理念：语言和文化不可分离。

每个章节的彩色小图标一目了然，标明了不同的学习方式和活动。

Tour de la Unidad

El libro de texto *Encuentros* presenta un abordaje cuidadosamente estructurado y acumulativo para el aprendizaje del chino mandarín. Los estudiantes progresan desde actividades orales y de audio a tareas más demandantes de lectura y escritura de caracteres chinos. Se pone el énfasis en las habilidades comunicativas, ya que el principal objetivo del programa *Encuentros* es promover las aptitudes en el chino diario.

Cada unidad ofrece una atractiva combinación de actividades en clase, individuales, en parejas y en grupo. Humor, música y una actitud relajada animan a los estudiantes a asumir una actitud más entusiasta y confiada en su aprendizaje del chino. Los apartados "INFO" ofrecen decenas de consejos de estudio y aprendizaje, y las atractivas ilustraciones mantienen los niveles de interés altos. Al intercalar información cultural en todo el texto, en lugar de relegarla a notas al final del capítulo, *Encuentros* refuerza la noción de que el lenguaje es inseparable de la cultura.

Una variedad de iconos coloridos ilustran, de un vistazo, la variedad de oportunidades de aprendizaje disponibles en cada capítulo.

观看连续剧 ver episodio	观看视频 ver video	听力 escuchar	单元说唱 rap de la unidad

单元题目分别用西班牙文、中文、拼音标明。
Los títulos de la unidad se presentan en español, *pinyin* y caracteres chinos.

课本每单元的导引页截取一张连续剧中相应内容的图片，单元中的教学内容与连续剧的剧情相关。
La página introductoria de cada unidad del libro de texto incluye una fotografía del episodio de video correspondiente. Las habilidades que se aprenden y practican en la unidad están relacionadas con los eventos que los estudiantes ven en el episodio.

列明该单元应该掌握的技能和学习目标，使学生条理清晰。
Una lista de habilidades que serán cubiertas en la unidad ayuda a clarificar los objetivos de aprendizaje y a los estudiantes a organizarse.

各种听力和学习活动丰富多彩，并与相应剧集相关，帮助学生理解中国文化。

Las distintas actividades de audio y de aprendizaje son complementadas con sus conexiones con el video y con los comentarios sobre cultura.

每单元都包括若干有趣而具启发性的话题，引出常见的真实环境中的语言材料。

Cada unidad contiene varios "Encuentros" interesantes y esclarecedores que presentan material vinculado sobre situaciones comunes de la vida real.

学习材料中贯穿使用了简体字和繁体字。仅有20%的汉字有简繁体两种形式，在实际中文环境中两种形式学生都会遇到。认识简、繁体字很容易，而在书写中只需选择适用的一种即可。

A lo largo de todos los materiales se emplean tanto caracteres tradicionales como simplificados. Solo el 20 por ciento de los caracteres tiene dos formas de escritura, y los estudiantes encontrarán ambas en los lugares donde se habla chino. Los estudiantes pueden aprender fácilmente a reconocer los dos tipos, pero deben escribirlos solo de la forma que tenga más sentido o sea más útil para ellos.

会话练习的教学建议贯穿整个单元。有趣的练习帮助学生树立自信、掌握实用的对话技能。

A lo largo de cada unidad aparecen consejos para practicar conversación. Estos entretenidos ejercicios orales ayudan a ganar confianza y práctica conversacional a los estudiantes.

分散于全书的"供你参考"栏目提供相关文化信息，激发学生兴趣，并加深他们对汉语、中国文化以及中国人的了解。

Los apartados INFO, incluidos intencionadamente de forma aleatoria en todo el libro, ofrecen información cultural relevante que fascinará a los estudiantes y profundizará su entendimiento del idioma, la cultura y el pueblo chino.

INTRODUCCIÓN

精美插图和与视频内容有关的练习有机结合，起到激励学习的目的。

Las atractivas ilustraciones y ejercicios directamente vinculados a eventos en el video se combinan para despertar el interés del estudiante e impulsarlo a aprender.

每单元均配有专门的说唱歌曲，以这种有趣的音乐形式唱出本单元的主要表达方式和词汇。内容详见环球汉语网站：www.EncountersChinese.com.cn。

Un rap escrito específicamente para cada unidad presenta expresiones y vocabulario en un contexto completamente musical. Visita la web de *Encuentros* www.EncountersChinese.com.cn.

"精读"内容的第一步是阅读已熟悉的内容的相关段落，以简、繁体字呈现。读懂这些段落能够使学生获得对基本汉字的认读能力。

Como primer paso para una "lectura intensiva", se presentan textos cortos de contenido familiar en caracteres tradicionales y simplificados. Descifrar esta selección de lecturas ayuda al estudiante a obtener habilidades básicas de lectura en chino.

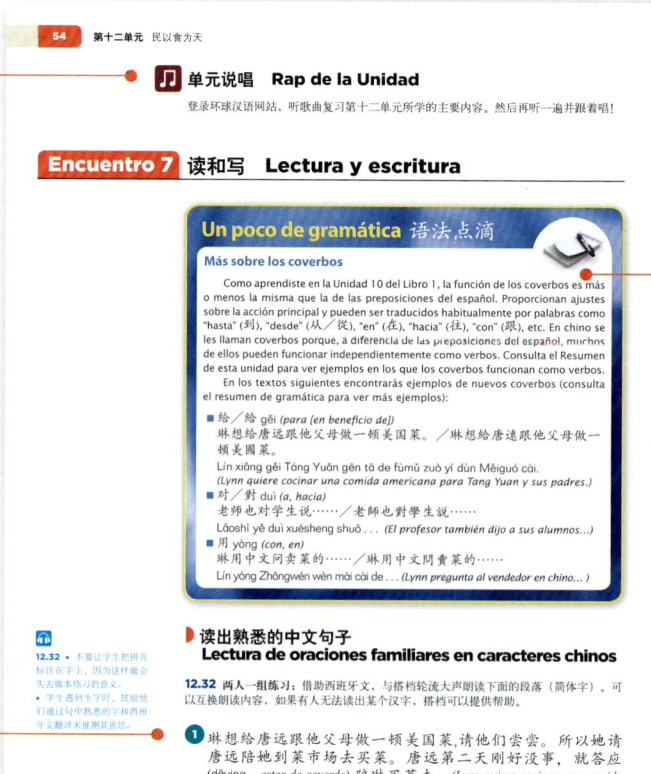

"语法点滴"栏目简明扼要，随时讲解出现的语法点，作为独立的栏目出现，为学生提供方便有用的信息，并可作为重要的复习内容。

Los numerosos apartados con comentarios de gramática ayudan a aclarar temas de gramática a medida que van apareciendo. Las lecciones breves, destacadas en apartados separados, le ofrecen al estudiante una cantidad manejable de información y una importante herramienta de repaso.

说　明　xxvii

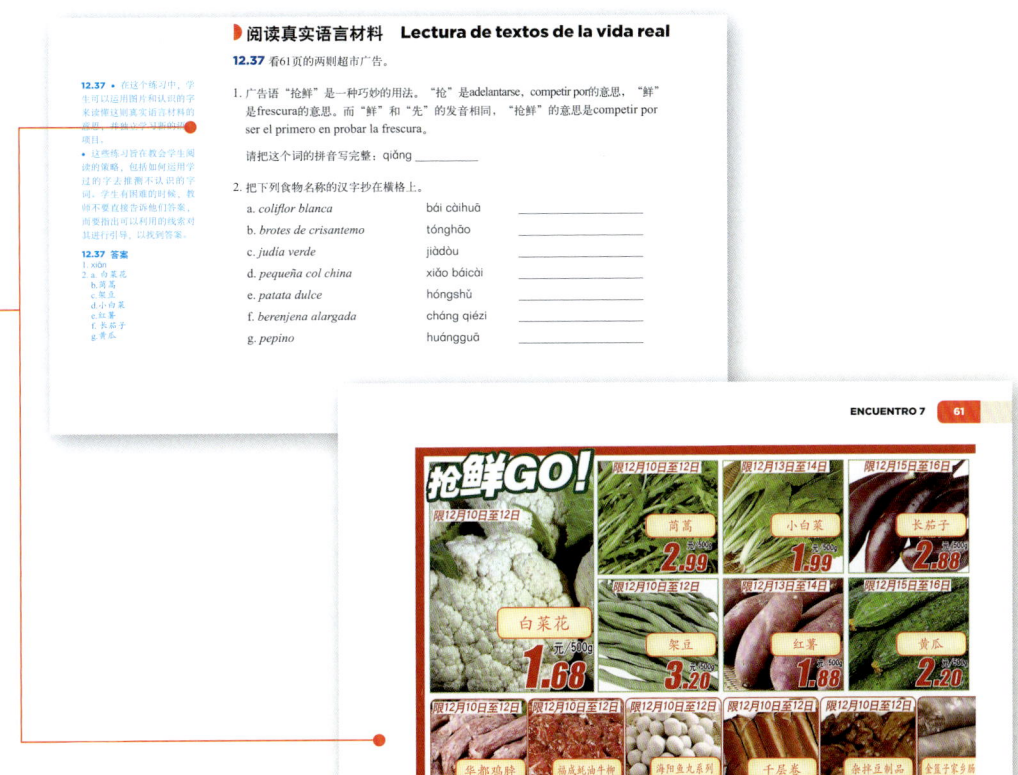

结合真实材料，如超市宣传单等实用信息，让学生能够使用汉语完成日常任务。

Al incorporar materiales que se encuentran en la vida real —por ejemplo, publicidad de supermercados, las lecciones ofrecen información práctica a los estudiantes para realizar tareas diarias en chino.

每个单元都列出一定数量的汉字书写。学生可以在《汉字练习本》上进行相关的写字练习，并了解汉字的字源、用法、偏旁部首以及发音等信息。

Cada unidad incluye una lista de caracteres chinos para dominar su escritura. Los estudiantes pueden acudir al *Libro de ejercicios de escritura de caracteres* para practicar la escritura, y obtener información de la etimología, uso, radicales y pistas de pronunciación de cada uno de los caracteres.

"文化点滴"内容与视频中的文化内容相关，为学生提供了解中国社会的窗口。思考题鼓励学生进一步了解中国文化与其本国文化间的异同。

Los apartados de cultura, que se conectan con los segmentos culturales del video, representan un punto de partida para la exploración de la sociedad china. Preguntas que estimulan la reflexión animan a los estudiantes a investigar las diferencias y similitudes de la cultura china con la propia cultura.

xxviii INTRODUCCIÓN

每个单元的最后是"单元总结"。内容包括语法点、生词表以及本单元学生应该掌握的内容清单。单元总结帮助学生复习所学内容,理清学习中存在的问题,了解自己已取得的进步。

Al final de cada unidad se incluye una sección de resumen. Estas páginas incluyen un resumen de temas de gramática, una lista de vocabulario y una lista de las cosas aprendidas que los estudiantes deben dominar al concluir la unidad. El resumen anima al estudiante a revisar su progreso, identificar faltas en su aprendizaje y comprobar y valorar sus logros.

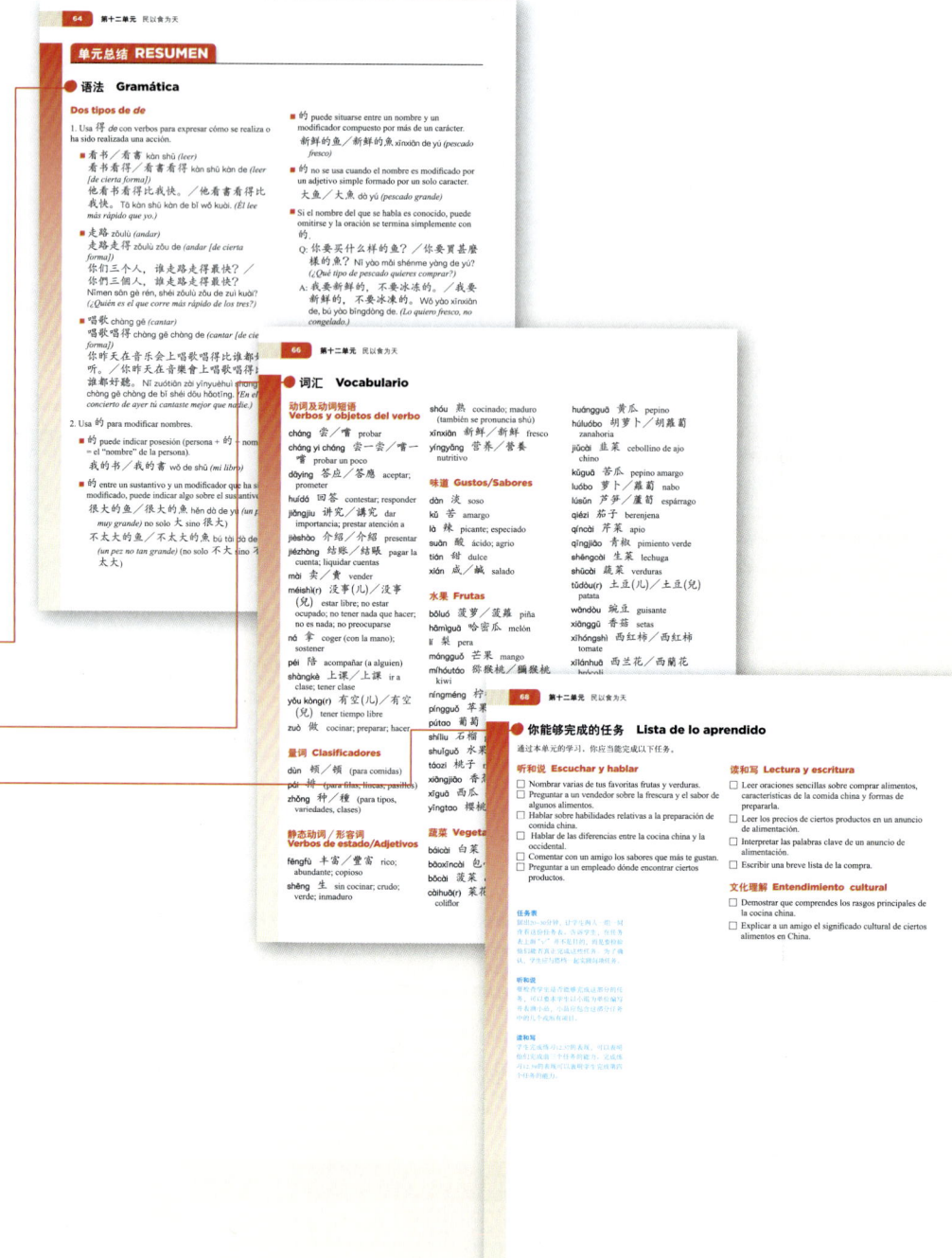

| 第十一单元 | UNIDAD 11 |

"¿Nos habíamos conocido antes?"
似曾相识
Sìcéngxiāngshí

Conocer mejor a las personas

在本单元，你将学习：如何——

- 用不同方式问候他人
- 称赞他人、有礼貌地回应别人对你的称赞
- 询问和回答某些个人信息
- 认识自己的中文名字
- 进行自我介绍
- 对别人的自我介绍提出相关问题

- 询问其他人的情况，然后重述你得到的信息
- 分辨人与人之间的关系
- 用不同方式告辞
- 读懂从某个中文网站上获取的主要信息
- 按网站提供的格式填写个人信息

如需要本单元的补充材料，请访问环球汉语网站：www.EncountersChinese.com.cn

2 第十一单元 似曾相识

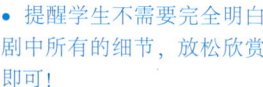

问候和介绍：复习及扩展 Saludos y presentaciones: Repaso y ampliación

11.1 • 看连续剧之前，问问学生记住了第一册剧情的哪些内容。鼓励他们用中文回答。
• 提醒学生不需要完全明白剧中所有的细节，放松欣赏即可！

11.2 • 可能的答案：你好，我叫……你好吗？怎么样？很高兴认识你。
• 让全班一起讨论，请学生以"爆米花方式"自由给出答案。（也就是想起一个就马上说出来，不用举手来得到允许。）
• 让同学自愿上前，在黑/白板上或夹纸板上写下答案。
• 如果学生不会，鼓励他们翻看第一册书找答案。

11.3 和供你参考：
• 放视频前，留出时间让学生安静地读一读"供你参考"。
• 看完之后，请学生描述人们如何发展"关系"。
• 如果有时间，让学生以两人或多人一组的方式表演短剧，表现如何发展"关系"。

 11.1 看连续剧第十一集。如果有的地方不完全明白也不要担心，只管欣赏就可以！

11.2 准备活动：请回忆，在第一册中，如果你第一次遇见某人，中文应该说什么？用拼音或汉字写在下面。

_____

_____

_____

 11.3 看"陈峰问候何先生"的视频。看之前，先读一读下面关于"关系"的内容。在中国，人们通过关系来"润滑"生意及其他的相关联系。

INFO 供你参考

Relaciones personales en China: Bienvenido al *guānxi* 关系／關係

Ya has aprendido la frase *méi guānxi* 没关系／沒關係, que significa "no hay problema; no tiene importancia; está bien". Estos significados pueden usarse en diferentes situaciones sociales. Sin embargo, la palabra *guānxi* tiene otro significado que no carece en absoluto de importancia. Se refiere a importantes conexiones sociales y se usa para referirse a la creación de redes de relaciones personales al modo chino. Familia, compañeros de clase, amigos, colegas y socios de negocios, todos proporcionan *guānxi*.

Tener *guānxi* con las personas adecuadas ayuda a hacer cosas, evitar la burocracia y conseguir objetivos rápidamente. Si necesitas conseguir un trabajo, vender productos, encontrar escuela para tu hijo o buscar pareja, la forma más productiva de conseguirlo es a través de las relaciones de *guānxi*. En China, tus conocidos te ponen al tanto y en situación de ventaja. Las *guānxi* son poderosas. A través de las conexiones de tus conocidos, tienes acceso a una extensa red de personas que se sienten obligadas a ayudarte. Es similar a la red de importantes contactos del "old boy" de los Estados Unidos, pero sin connotaciones peyorativas. No debe pensarse en las relaciones de *guānxi* como una red de sobornos o favoritismos descarados. Por el contrario, son el resultado de la larga tradición colectivista, el apoyo mutuo, los lazos interpersonales, las obligaciones familiares y de parentesco, y las relaciones de reciprocidad de la cultura china.

Las *guānxi* son de doble sentido. En otras palabras: cuento contigo para que hagas lo máximo por mí y puedes contar conmigo para hacer lo mismo por ti. Por lo tanto, es beneficioso ayudar a los demás todo lo que puedas porque de esta forma cultivas y amplías tu propia red de *guānxi* para usarla en el futuro. El viejo concepto de *guānxi* sigue floreciendo en la China moderna, incluso cuando esta se orienta a la economía de mercado, la globalización y la competencia. Todo el que desee trabajar con China y con los chinos, debe cultivar una red de *guānxi* con personas de confianza.

ENCUENTRO 1   3

11.4 何先生问："你是陈先生吗？"根据陈峰的回答，给以下句子和短语排序，然后将对应的表达连线。

_6_ a. Wǒ shì Chén Fēng.
　　我是陈峰。／我是陳峰。

_4_ b. Hé tàitai
　　何太太

_2_ c. Huānyíng, huānyíng.
　　欢迎，欢迎。／歡迎，歡迎。

_3_ d. Hé xiānsheng
　　何先生

_1_ e. Shì wǒ, shì wǒ.
　　是我，是我。

_5_ f. Hé xiǎojiě
　　何小姐

_7_ g. Zhè shì wǒ tóngshì, Wáng Lì.
　　这是我同事，王丽。／這是我同事，王麗。

1. *Bienvenido, bienvenido*
2. *Soy yo, soy yo.*
3. *Sra. He*
4. *Soy Chen Feng.*
5. *Sr. He*
6. *Él es mi colega, Wang Li.*
7. *Srta. He*

11.4 如学生做练习11.4时有困难，可以引导他们看右侧的西班牙文，让他们注意听有关称呼的词语。鼓励学生通过观察演员的肢体语言来判断其身份和称谓。

11.4 答案
a. 4
b. 3
c. 1
d. 5
e. 2
f. 7
g. 6

11.5 再看一遍"陈峰问候何先生"的视频。用拼音将你听到的词语填写在空格中。

Mr. He:　　　Wáng nǚshì, _____ _____.
Wang Lin:　　Hěn _____ rènshi _____.
Mr. He:　　　Bù hǎoyìsi, ràng _____ jiǔ děng _____.
Chen Feng:　　Ò, _____ _____, _____ _____.

11.5 答案
nǐ hǎo
gāoxìng; nǐmen
nǐmen; le
méi guānxi, méi guānxi

INFO 供你参考

Una variedad de nombres y rangos

A diferencia de lo que ocurre en nuestra cultura, donde usamos simplemente Sr., Sra. o Srta., los chinos prefieren decir su profesión o rango antes del apellido para referirse a los demás. Por ejemplo, al famoso director de cine Zhang Yimou se le llama normalmente *Zhāng dǎoyǎn* 张导演 (director Zhang) o *Zhāng dǎo* 张导. En el episodio, el ayudante administrativo de Chen Feng se refiere a él como *Chén zǒng* 陈总／陳總 (director general Chen). *Zǒng* 总／總 es la forma corta de *zǒng jīnglǐ* 总经理／總經理 (director general).

供你参考
让学生阅读"供你参考"。以下引导性问题可以测试学生是否读懂了内容：
1. "张导"和"陈总"是什么意思？在中国，为什么人们不简单地称他们为张先生和陈先生？
2. 用工作职衔来称呼别人是基于什么样的文化背景？
3. 举几个中国人常用的职衔称呼的例子。

第十一单元 似曾相识

Cuando sabes el rango profesional de alguien, utilízalo. Si no lo sabes, intenta averiguarlo. ¿La persona con la que hablas es médico, alcalde, abogado, profesor, maestro o ingeniero? Estos rangos se escuchan habitualmente en las conversaciones y juegan un papel importante en la sociedad china. Si no sabes el apellido de una persona, es correcto referirse a él o ella únicamente por su rango o profesión. Así, para llamar la atención de tu taxista llámalo *sījī* 司机／司機; cuando hablas con la persona que te está arreglando la bicicleta, dile *shīfu* 师傅／師傅 (literalmente "maestro"); llama al empleado *fúwùyuán* 服务员／服務員, y, por supuesto, tu profesor es siempre *lǎoshī* 老师／老師.

Esta práctica tiene profundas raíces culturales en el sentido de pertenecer, adecuarse e identificarse con un grupo social más grande. El uso del rango afirma que alguien no es simplemente Sr. o Sra., sino parte de un grupo, organización, profesión u ocupación de mayor escala.

Esto no significa que en China no se usen los términos más genéricos Sr., Sra. o Srta. Fíjate cómo en el video Chen Feng emplea *xiānsheng* 先生, *tàitai* 太太 y *xiǎojiě* 小姐 para dirigirse a su cliente el Sr. He, su mujer y su hija. Cuando el Sr. he se dirige a Wang Li, la colega de Chen Feng, utiliza la expresión *nǚshì* 女士, el modo formal de 小姐 y equivalente a "Srta.". No te desesperes si esto ahora te parece confuso, con el tiempo lo irás teniendo más claro. Mientras tanto, no dudes en pedir orientación a tu profesor o a personas que sepan bien chino.

11.6 ● 可能的答案：最近好吗？好久不见！怎么样？
● 问候熟人与问候刚认识的人的方式是不一样的。让学生说出这之间的不同，让他们思考在不同场合如何使用适当的语言和方式得体地问候别人。

11.7 答案
a. 3
b. 1
c. 4
d. 2
e. 5

11.6 准备活动：想出几种问候熟人的方式。用拼音或汉字写下来。

_____

_____

11.7 看"艾波茹和阿莱汉多问候赵"的视频。在你听到的问候前画"√"，然后将对应的表达连线。

☑ a. Zǎo!
早！

☐ b. Hǎo ma?
好吗？／好嗎？

☐ c. Zěnmeyàng?
怎么样？／怎麼樣？

☑ d. Nǐ chī le ma?
你吃了吗？／你吃了嗎？

☐ e. Qù nǎr?
去哪儿？／去哪兒？

1. ¿Estás bien?

2. ¿Has comido?

3. ¡Buenos días!

4. ¿Cómo te va?

5. ¿Adónde vas?

11.8 在刚看过的视频中,赵称赞了阿莱汉多。他说的是什么?请填空。

Nǐ shuō de yuè ___lái___ yuè ___hǎo___ le!

你说得越来越好了!/你說得越來越好了!

如果你想说别人的中文口语越来越好,你需要把"中文"这个词插入句子的开头,表示这句话的主题是中文。请填空。

Nǐ Zhōngwén ___shuō___ ___de___ yuè lái ___yuè hǎo___ le!

你中文说得越来越好了!/你中文說得越來越好了!

11.8 完成11.8的练习之后,做一个"主题插入"的小练习来确认学生是否掌握。比如,可以问:¿Cómo se dice en alemán? 怎么说? Hablas cada vez mejor el alemán. 怎么说?

Un poco de gramática 语法点滴

Pequeña lección sobre 了 le

Pese a su corta longitud, 了 le es una poderosa partícula que impregna virtualmente el idioma chino. Se han escrito ríos sobre cómo usarla, cuándo usarla y cuándo no usarla, pero los lingüistas siguen discutiendo en torno a ella. En cualquier caso, todos ellos están de acuerdo en lo siguiente: 了 va unida a un verbo (le verbal - LV) o aparece al final de una frase (le oracional - LO). A medida que progrese tu estudio del chino aprenderás diversos usos de 了, pero aquí tienes algunas orientaciones preliminares para usar esta partícula al hablar y escribir.

- Para expresar que ha ocurrido un cambio:

    你还饿吗?不饿了。/你還餓嗎?不餓了。 Nǐ hái è ma? Bú è le. (SL)
    (¿Todavía tienes hambre? Yo ya no tengo hambre.)

    你的中文越来越好了。/你的中文越來越好了。 Nǐ de Zhōngwén yuè lái yuè hǎo le. (SL) *(Tu chino es cada vez mejor.)*

- Para expresar una situación extrema (usada junto a *tài*):
    她真是太忙了! Tā zhēnshi tài máng le! (SL) *(¡Está realmente ocupada!)*

- Para expresar que ha ocurrido algo o que se ha completado una acción:
    我今天上网了。/我今天上網了。 Wǒ jīntiān shàngwǎng le. (SL)
    (Esta mañana he navegado en Internet)

- Para expresar una acción inminente o un cambio futuro:
    火车快要到了。/火車快要到了。 Huǒchē kuài yào dào le. (SL)
    (El tren está a punto de llegar.)

- Para expresar cuánto dura una acción:
    去年我学了三个星期的中文。/去年我學了三個星期的中文。
    Qùnián wǒ xuéle sān gè xīngqī de Zhōngwén. (VL) *(El año pasado estudié chino tres semanas.)*

> Ten en cuenta que no siempre se usa *le* cuando nos referimos a un hecho pasado. Estos son algunos ejemplos de situaciones "pasadas" donde no aparece *le*.
>
> - Para expresar una acción que no ocurrió:
>   我昨天没上网。／我昨天沒上網。 Wǒ zuótiān méi shàngwǎng. *(Ayer no navegué en Internet)*
> - Para expresar verbos de "sentimiento":
>   昨天我觉得不舒服。／昨天我覺得不舒服。 Zuótiān wǒ juéde bù shūfu. *(Ayer no me sentía muy bien.)*
> - Para expresar acciones habituales:
>   我去年每天都吃中餐。 Wǒ qùnián měi tiān dōu chī zhōngcān. *(El año pasado comí comida china todos los días.)*

11.9 阿莱汉多对称赞用了得体的中国式回应——反对。他说的是什么？请在正确的答案前画"✓"，然后将对应的表达连线。

☐ a. Bù, bù, wǒ shuō de bù hǎo.
不，不，我说得不好。／不，不，我說得不好。

☐ b. Nǐ tài kèqi le.
你太客气了。／你太客氣了。

☑ c. Nǎli, nǎli.
哪里，哪里。／哪裡，哪裡。

☐ d. Nǐ chī le ma?
你吃了吗？／你吃了嗎？

☐ e. Guòjiǎng, guòjiǎng.
过奖，过奖。／過獎，過獎。

1. *Me halagas.*
2. *No, no, no hablo bien.*
3. *Eres muy amable.* (literalmente: Eres muy educado.)
4. *¿Has comido?*
5. *Ciertamente no.* (literalmente: Dónde, dónde.)

11.10 互动练习：用不同的方式问候同学。称赞他们的中文进步很快。在对方称赞你时，礼貌地表示反对。

Encuentro 2 交换个人信息、建立关系 Entablar una relación compartiendo información personal

11.11 准备活动：对一个刚认识的人，你会想了解哪些信息？哪些方面想了解得更多？记在下面的空格中。

_____

_____

_____

INFO 供你参考

Entrar en terreno personal

Cuando conoces a una persona china, no te sorprendas si pronto te hacen preguntas personales. En la cultura china es común hacer preguntas que los occidentales consideran de mala educación. Estas pueden ser "¿Cuántos años tienes?", "¿Estás casado?" o incluso "¿Cuánto dinero ganas?". No te ofendas. Estas preguntas son intentos sinceros de establecer una relación, acercarse a un nuevo amigo, encontrar puntos en común y crear cercanía. Mantén tu sentido del humor. ¡Se honesto, diviértete y sonríe!

- 全班讨论后，让学生阅读"供你参考"。用以下问题来检查学生是否掌握：在中国，初次见面的问候规矩与美国是不同还是相同？为什么会这样？

11.12–11.13 • 这两个练习要加快速度做，因为在第一册中这类题目已经做过很多次了。
- 请学生们注意唐远是如何用中文说他的电子邮箱的。可通过以下问题来检查学生是否掌握，比如：
① 唐远的电子邮箱是什么？
② @ 中文怎么说？
③ .com 怎么说？
- 让学生与搭档一起练习说出各自的电子邮箱。

 11.12 看"琳遇见唐远"的视频。将问题与你听到的对应回答连线。

a. Nǐ de diànzǐ yóuxiāng shì …?

b. Nǐ de míngzi zěnme xiě?

c. Nǐ duō dà le?

d. Nǐ de shēngrì shì jǐ yuè jǐ hào?

1. Táng, Tángrénjiē de táng. Yuǎn, yuǎndà de yuǎn.

2. Wǒ de shēngrì shì qīyuè sānshí hào.

3. Wǒ de yóuxiāng shì tángyuǎn bā wǔ @ yāo liù sān diǎn com.

4. Wǒ jīnnián èrshísì suì.

11.12 答案
a. 3
b. 1
c. 4
d. 2

11.13 将对应的语句连线。

11.13 答案
a. 4. C
b. 3. A
c. 1. D
d. 2. B

a. Nǐ de diànzǐ yóuxiāng shì …?

b. Nǐ de míngzi zěnme xiě?

c. Nǐ duō dà le?

d. Nǐ de shēngrì shì jǐ yuè jǐ hào?

1. 你多大了？

2. 你的生日是几月几号？／
你的生日是幾月幾號？

3. 你的名字怎么写？／
你的名字怎麼寫？

4. 你的电子邮箱是？／
你的電子郵箱是？

A. ¿Cómo se escribe tu nombre?

B. ¿Cuándo es tu cumpleaños?

C. ¿Cuál es tu correo electrónico?

D. ¿Cuántos años tienes?

第十一单元 似曾相识

11.14 如有必要，可提醒学生使用练习11.12和11.13的语句。

11.14 如果想知道某人的三四个信息，你会问什么问题？用拼音和/或汉字记在下面的空格中。

_____

_____

_____

_____

11.15 如想挑战更大难度，可以让学生用拼音或汉字进行记录。教师可在必要时提供帮助。

11.15 互动练习：在教室随意走动，和同学对话，询问和回答问题。用西班牙文记下跟你对话的同学的三四个信息。

11.16 • 做练习之前，让学生们先读"供你参考"。

• 如果课上做这个练习，要提前给学生准备足够的字典。这个练习也可以布置为家庭作业。

• 请指出，学生用来解释自己名字的词汇应该是常用词。如果使用生僻词就失去解释的意义了。

11.16 在琳提出问题——"你的名字怎么写？"之后，唐远这样回答——

Táng, Tángrénjiē de táng. Yuǎn, yuǎndà de yuǎn.

唐，唐人街的唐。远，远大的远。／
唐，唐人街的唐。遠，遠大的遠。

Tang como en "Tang-ren-jie" (barrio chino); Yuan como en "yuan-da" (ambicioso).

请根据这个例子学习怎样描述你自己的名字。把你的中文名字写在第9页的第一行。然后请老师或者其他中文比较好的人帮忙（也可以查中文字典），在空格里写出句子，描述你名字中的每个汉字。记住，大多数中文名字都是三个汉字——第一个字一般是姓，后面两个字是名。但是也有很多中国人像唐远这样，名只有一个字，还有一小部分中国人的姓是两个字。

Nombre: _____

Primer caracter (o primeros dos caracteres para apellidos de dos caracteres):

_____

Segundo caracter: _____

Tercer caracter: _____

INFO 供你参考

"Deletrear" en chino

En español deletrean las palabras indicando en orden cada una de sus letras. Por ejemplo, *gato* se deletrea g-a-t-o. En chino también hay una forma de "deletrear", como demuestra Tang Yuan en el video. Tang Yuan aclara a Lynn los caracteres de su nombre asociándolos con palabras compuestas comunes que los incluyen. El carácter *táng* de su nombre es el mismo caracter que se usa en la palabra "barrio chino", y el caracter *yuǎn* es el mismo que aparece en la palabra "ambicioso". Son dos palabras comunes y Tang Yuan está seguro de que Lynn las conoce y puede establecer la comparación. Para los estudiantes de chino, el desafío es conocer las palabras comunes utilizadas para deletrear otras palabras. Esto requiere tiempo, pero también permite aprender nuevas palabras en el proceso.

11.17 两人一组练习：和同学交流。询问他/她的中文名字怎么写（你可能需要对方帮助才能明白其回答），然后告诉他/她你的名字怎么写。

11.17 • 做练习之前，先要确保学生掌握了完成练习所需的语句。可以让全班同学一起与你示范一段简短的对话。如有必要，可以把相关词汇写在黑/白板上作为提示或参考。

Encuentro 3 进行简单的自我介绍 Hablar brevemente sobre uno mismo

11.18 这种填空练习可以帮助学生把视频中提及的内容写下来。按照以下步骤做练习效果更好：

① 先让学生根据对话的西班牙文翻译判断每句应该填的词汇。

② 播放视频，让学生根据视频内容来检验自己的判断。

③ 让同学们互相核对答案。

11.18 看"唐远的一次相亲"的视频。从框中选择合适的词填入句中。

cantar	mío	dinero	dicen	padre
cajero	hablar	te deseo felicidad y prosperidad		
interesante	supermercado	unos cuantos		

a. Wǒ zài chāoshì gōngzuò.
   我在超市工作。
   Trabajo en un _____.

b. Shì shōuyínyuán.
   是收银员。／是收銀員。
   Soy _____.

c. Zhěngtiān gēn qián dǎ jiāodao.
   整天跟钱打交道。／整天跟錢打交道。
   Manejo _____ todos los días.

d. Qíshí wǒ zhīdào, zhè qián dōu bú shì wǒ de.
   其实我知道，这钱都不是我的。／
   其實我知道，這錢都不是我的。
   En realidad, sé que este dinero no es _____.

e. Wǒ bà jīnnián tuìxiū le.
   我爸今年退休了。
   Mi _____ se jubiló este año.

f. Yǎngle hǎo jǐ zhī niǎo.
   养了好几只鸟。／養了好幾隻鳥。
   Tiene _____ pájaros.

11.18 答案
a. supermercado (chāoshì)
b. casero (shōuyínyuán)
c. moneda (qián)
d. mío (wǒ de)
e. padre (bà)
f. varios (hǎo jǐ zhī)
g. platicar (shuōhuà)
h. gran fortuna (gōngxǐ fācái)
i. interesante (yǒu yìsi)
j. cantar (chàng gē)
k. hablar (shuō)

g. Qízhōng yì zhī bāgē hái huì shuōhuà ne.
   其中一只八哥还会说话呢。／
   其中一隻八哥還會說話呢。
   Uno de ellos, un pájaro miná, incluso puede _____.

h. "Nǐ hǎo, nǐ hǎo, gōngxǐ fācái."
   "你好，你好，恭喜发财。"／
   "你好，你好，恭喜發財。"
   "Hola, hola, _____."

i. Kě yǒu yìsi le, kě dòu le.
   可有意思了，可逗了。
   Es muy _____, muy divertido.

j. Wǒ xǐhuan chàng gē, nǐ ne?
   我喜欢唱歌，你呢？／
   我喜歡唱歌，你呢？
   Me gusta _____. ¿Y a ti?

k. Tāmen dōu shuō wǒ chàng de hǎotīng.
   他们都说我唱得好听。／
   他們都說我唱得好聽。
   Todos _____ que canto bien.

11.19 如果要求你进行一次类似的自我介绍，你会说什么？先看几个可能用得上的词汇。根据你听到的录音，给下面的词汇标上声调，然后在你用得上的词汇前画"✓"。

11.19 • 播放录音，让学生们互相核对答案，并圈出自己跟别人标注不一致的词汇。再次播放录音，让学生特别注意听自己圈出的词汇。鼓励学生就标注不一致的地方与同学进行讨论。大声念出这些词，让全班辨别正确的音调。

技能和爱好 Habilidades e intereses

chàng gē
chang ge
唱歌
☐ cantar

tiàowǔ
tiaowu
跳舞
☐ bailar

wán yuèqì
wan yueqi
玩乐器／玩樂器
☐ tocar instrumentos musicales

zuò zhēnxiàn
zuo zhenxian
做针线／做針線
☐ coser

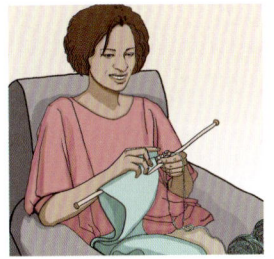
dǎ máoxiàn
da maoxian
打毛线／打毛線
☐ hacer punto

huà huàr
hua huar
画画儿／畫畫兒
☐ pintar y dibujar

xiūlǐ dōngxi
xiuli dongxi
修理东西／修理東西
☐ arreglar cosas

dǎ pái
da pai
打牌
☐ jugar a las cartas

xià qí
xia qi
下棋
☐ jugar al ajedrez

wán zhuōmiàn yóuxì
wan zhuomian youxi
玩桌面游戏／玩桌面遊戲
☐ jugar a juegos de mesa

wán diànzǐ yóuxì
wan dianzi youxi
玩电子游戏／玩電子遊戲
☐ jugar a videojuegos

运动 Deportes

dǎ bàngqiú
da bangqiu

打棒球

☐ jugar al beísbol

dǎ lánqiú
da lanqiu

打篮球／打籃球

☐ jugar al baloncesto

tī zúqiú
ti zuqiu

踢足球

☐ jugar al fútbol

wán Měishì zúqiú
wan Meishi zuqiu

玩美式足球

☐ jugar al fútbol americano

dǎ wǎngqiú
da wangqiu

打网球／打網球

☐ jugar al tenis

dǎ gāo'ěrfūqiú
da gao'erfuqiu

打高尔夫球／
打高爾夫球

☐ jugar al golf

yóuyǒng
youyong

游泳

☐ nadar

• 可能的挑战：dǎ wǎngqiú 有连读变调。学生很可能写成：dá。

语法点滴
• 告诉学生，他们的任务是读例句，弄清语法点。然后在练习11.20中使用这个结构。不要细解这个语法点，让学生自己去探索，学会独立学习。
• 学生需要弄清这些例句的意思，才能理解这个结构。因此，如果学生对例句中的字有不明白的地方，鼓励他们提问。比如，他们可以这样问："请问……是什么意思？"

Un poco de gramática 语法点滴

Cómo se realiza una acción

Vamos a recordar una construcción explicada en la Unidad 8 usada para expresar cómo se realiza una acción. La estructura es: (verbo)-sujeto + verbo + de + adverbio

Recuerda que la primera aparición del verbo puede omitirse, pero no la segunda. Estas son algunas de las actividades que han aparecido en el Ejercicio 11.19. Júntate con un compañero y descubrid juntos cómo se realizan las acciones.

chàng gē chàng de hěn bù hǎotīng
tiàowǔ tiào de hěn kuài
zhēnxiàn zuò de hěn búcuò
máoxiàn dǎ de bǐ wǒ hǎo
huà huàr huà de gēn yìshùjiā yíyàng hǎokàn
xiūlǐ dōngxi xiūlǐ de hěn hǎo
dǎ pái dǎ de tài duō le
xià qí xià de hěn màn
wán diànzǐ yóuxì wán de hěn gāoxìng
tī zúqiú tī de zhēn hǎo

ENCUENTRO 3

11.20 根据自己的实际情况填空。如果你想填的不在上面的列表中，可以询问老师，或者查字典、上网找答案。用拼音填写。

Wǒ huì _____.

Wǒ hěn xǐhuan _____.

Wǒ _____ _____ de _____.
     ([VERBO]-SUJETO)   (VERBO)   (ADVERBIO)

11.20 • 本练习旨在教会学生自己辨别语法结构所需的技巧。提醒学生可以参考"语法点滴"中的例句。
• 如果学生需要用更多动词，告诉他们可以用练习11.19里介绍的词汇。

11.21 你养宠物吗？在符合你的情况的句子前画"✓"。

☐ Wǒ bù yǎng chǒngwù.
   我不养宠物。／我不養寵物。
   No tengo mascotas. (Literalmente: "No crío mascotas").

☐ Wǒmen jiā yǎng gǒu (māo, niǎo, jīnyú).
   我们家养狗（猫、鸟、金鱼）。／
   我們家養狗（貓、鳥、金魚）。
   Tenemos (un) perro(s) [gato(s), pájaro(s), pez(peces)].

☐ Wǒ xǐhuan liù gǒu.
   我喜欢遛狗。／我喜歡遛狗。
   Me gusta pasear al perro.

☐ Wǒ xǐhuan fǔmō xiǎo māo.
   我喜欢抚摸小猫。／我喜歡撫摸小貓。
   Me gusta acariciar al gato.

☐ Wǒ xǐhuan tīng niǎo chàng gē.
   我喜欢听鸟唱歌。／我喜歡聽鳥唱歌。
   Me gusta oír que los pájaros cantan.

☐ Wǒ xǐhuan kàn jīnyú yóulái-yóuqù.
   我喜欢看金鱼游来游去。／我喜歡看金魚游來游去。
   Me gusta ver que los peces nadan de un lado a otro.

11.21 本练习的目的是让学生读例句，掌握用中文谈论宠物的不同方式。

11.22 写一两句有关你的宠物的句子。如果你没有宠物，就说没有。如果书中没有你想用的词汇，可以请求帮助。

_____

_____

11.22 • 鼓励学生模仿练习11.21中的例句，不过请告诉他们，为了表达自己想说的内容，可以进行相应的修改和补充。
• 如果学生需要新的词汇，鼓励他们查字典，或者把老师当成"活字典"。比如，学生可以这样问："请问……怎么说？"

13

14　第十一单元　似曾相识

供你参考
让学生阅读"供你参考",然后通过以下问题来检查他们是否掌握:
① 在中国,养宠物一直都很流行吗?为什么?
② 现在中国流行养什么宠物?你知道用中文怎么说这些宠物的名称吗?
③ 中国人和美国人养的宠物类型有什么不同?举几个例子。

INFO 供你参考

Cada vez se oyen más "guau, guau, miau, miau" en China

　　Tener y cuidar mascotas es algo relativamente nuevo en China. Sin embargo, se está convirtiendo en algo más común porque cada vez más personas pueden permitírselo gracias al fuerte desarrollo económico de las dos últimas décadas. Además, muchas personas de las grandes ciudades viven solas y tener una mascota en casa es una forma de consuelo y alivio para la soledad. Al mismo tiempo, las mascotas se han convertido rápidamente en una marca de estatus social. ¿Qué clase de mascotas? Perros y gatos son muy populares, por supuesto. De hecho, los gatos parecen ser más populares porque están menos regulados que los perros. Existen más restricciones sobre la posesión de perros debido al ruido y los residuos que crean. La tradición de cuidar pájaros, especialmente los que cantan, es común y es fácil ver a chinos llevando jaulas cubiertas con tela para sacar a "pasear" a sus pájaros. Los peces también han sido mascotas domésticas durante milenios. Los chinos piensan que una pecera con peces trae buena suerte a la familia. Los hámsters son los favoritos de los niños. ¡Algunos incluso cuidan grillos como mascotas!

11.23 • 学生开始写之前,让他们复习练习11.18里关于自我介绍的例句。
• 如有必要,让全班一起讨论自我介绍可能会涉及的内容(如:姓名、年龄、职业、宠物、爱好等)。
• 让学生先把第一稿写在一张纸上。经过老师或者同学的修改后,再把定稿写在书上。

11.23 写一篇自我介绍,介绍你自己、你的生活,要有五六点细节。写得有趣些!让老师或别人帮你修改,然后重新写在下面的空格中。最后在相框中画一张自画像,或者贴一张照片。请写汉字或者拼音。

11.24 两人一组练习：给搭档读一读你的自我介绍。然后，搭档读自己的自我介绍，你记录并写下想问的相关问题。要确认弄懂了对方所写的内容。感谢搭档，与他／她告别；然后找一个新搭档再做一次练习。

Notas sobre la presentación del Compañero 1:

_____

_____

_____

Tus preguntas:

_____

_____

Respuestas del Compañero 1:

_____

_____

Notas sobre la presentación del Compañero 2:

_____

_____

_____

Tus preguntas:

_____

_____

Respuestas del Compañero 2:

_____

_____

11.25 如有必要可以再修改一遍你的自我介绍。大声读出来，直到流利自如而且别人能够听懂。然后录下你自己读的自我介绍。

11.24 • 本练习的目的在于教学生用中文开始一次谈话，并按中国式的习惯了解别人。你可以向学生说明，这样他们就可以目的明确地进行准备和练习。

• 复习第7页"供你参考"介绍的内容。在中国，人们第一次见到某人，可以友好地询问比较隐私的问题来建立亲近的关系。怀着这个目的，全班同学讨论：如果初次见到对方，可能会问的问题。可能的答案：你多大了？结婚了吗？你挣多少钱？

11.25 • 让学生再次修改练习11.23的内容。告诉学生，他们可以按照练习11.24同学的提问来增加、删减或者修改自己所写内容。

• 告诉大家，录音时会很好玩儿！

• 录音的工具有很多，如：数码相机、手机等。

Encuentro 4   询问和提供第三方的信息 Preguntar y dar información sobre otras personas

11.26 如果这个练习对学生来说太难，可以多播放几遍视频，也可以说完一点暂停一下。

 11.26 看"阿娟和唐远"的视频。

阿娟在问关于谁的信息？请选一个答案。

☐ 她弟弟阿龙／她弟弟阿龍

☐ 唐远的爸爸／唐遠的爸爸

☑ 琳老师／琳老師

写下唐远回答的内容，写得越详细越好。请写汉字或者拼音。

_____
_____
_____
_____
_____

ENCUENTRO 4

 11.27 再看一次视频，给以下句子标注拼音。

a. 那,你们应该很熟悉了吧？／那,你們應該很熟悉了吧？

___

Vosotros (dos) debéis conoceros bien, ¿no?

b. 她是什么样的一个人？／她是甚麼樣的一個人？

___

¿Cómo es ella?

c. 她中文说得非常好。／她中文說得非常好。

___

Ella habla muy bien chino.

11.28 互动练习：制作一张名字卡片，把做练习11.24时你的搭档的名字写在上面，把卡片别在衣服上。去找另一位同学，看看他/她衣服上的名字，然后按照下面的提示开始对话。

Tú:　　　你跟____应该很熟悉了吧？／應該很熟悉了吧？
　　　　　他（她）是什么样的一个人？／他（她）是什麼樣的一個人？

Compañero:　嗯，他（她）……　o　还好／還好，他（她）……

当对方问你问题时，尽可能把你了解的那个人的情况告诉对方。可以使用练习11.24的记录。

11.27 · 播放之前，先让学生把能标上的拼音都标上。这样，学生看视频的时候，就可以专心听句中的生字了。
· 播放两遍。第一遍看完后，让学生两人一组核对答案，圈出标注不一样的字。告诉学生看第二遍时要特别注意这些字。

11.27 答案
a. Nà, nǐmen yīnggāi hěn shúxī le ba?
b. Tā shì shénme yàng de yí gè rén?
c. Tā Zhōngwén shuō de fēicháng hǎo.

11.28 · 本练习旨在教会学生如何提供和询问关于第三方的信息。向学生说明这一点，让他们带着明确的目的进行准备和练习。
· 如有必要，在全班做此练习之前，教师可以找一位水平较好的学生进行一次对话示范。

第十一单元 似曾相识

11.29 • 最重要的是让学生知道要听谁说的话（唐远的妈妈），以及应该听些什么内容（唐远和两个女孩的关系）。
• 带学生复习两个关键词汇。问问学生：amigos ordinarios 怎么说？novio/novia怎么说？
• 如果学生弄不懂唐远和阿娟的关系，可以再播放一遍视频，让学生找到提供这个信息的关键句。（答案：最后一句。）

 11.29 看"阿娟的妈妈和唐远的妈妈"视频。

根据唐远的妈妈所说，以下人物与唐远是什么关系？请在正确的答案前画"✓"。

	普通的朋友 pǔtōng de péngyou amigos comunes	男／女朋友 nán/nǚ péngyou novio/novi
阿娟	☐	☑
琳老师／琳老師	☑	☐

阿娟的妈妈有些担忧，因为镇上的人都看到了，琳老师和唐远似乎很要好。

Escribe el 拼音 *de* 很要好：_hěn yàohǎo_

11.30 在下表中填入自己的情况。在空格中用西班牙文或中文填入几类朋友的名字，如果没有就填"没有"。如果你有"不一般的朋友"，把他/她的名字填在"男／女朋友"项下。

（普通的）朋友	最要好的朋友	男／女朋友

ENCUENTRO 5   19

11.31 互动练习：带一张或几张你的朋友的照片到班上，或者在卡片上画像替代，把它们粘贴在你的胸前。然后跟同学交谈，假装朋友和你在一起。把朋友介绍给你的同学，并结识同学的朋友。你可以运用以下句子：

这位是……？／這位是……？

这是你的男（女）朋友吗？／這是你的男（女）朋友嗎？

这是你的什么人？／這是你的甚麼人？

你也可以接着问姓名和其他个人信息。

11.31 • 本练习和练习11.28一样，也是教会学生如何询问和提供第三方的信息。向学生说明这一点，以便他们带着目的去准备和练习。
• 有必要的话，可以在全班学生做练习之前，找水平较好的学生进行示范。

Encuentro 5 称赞他人及回应他人的称赞
Hacer y rechazar cumplidos

11.32 看"琳称赞唐远"的视频。用拼音填空。

a. Ni _____ _____ tiānfèn.

你很有天分。*(Tienes mucho talento.)*

b. 唐远／唐遠 *acepta el cumplido diciendo* "_____ _____," *pero luego lo rechaza añadiendo*: "Dàn _____ _____ bú zhème xiǎng." （但我爸不这么想。／但我爸不這麼想。）

11.32 答案
a. hěn yǒu
b. āiyā, xièxie; wǒ bà

11.33 看"唐远称赞阿娟"的视频。在唐远使用的表达前画✓，然后将对应的表达连线。以下句子可以作为提示。

Táng Yuǎn hé Ā Juān hěn tán de lái.   Albert Einstein hěn cōngming.
Ā Juān hé Julia Roberts dōu hěn piàoliang.   Harry Potter hěn yǒu língqì.
Táng Yuǎn hé George Clooney dōu hěn shuài.   Bill Gates hěn nénggàn.

11.33 答案
a. 3
b. 4
c. 2
d. 6
e. 1
f. 5

✓ a. hé wǒ tán de lái
和我谈得来／和我談得來

☐ b. hěn piàoliang
很漂亮

☐ c. hěn shuài
很帅／很帥

✓ d. hěn cōngming
很聪明／很聰明

☐ e. hěn nénggàn
很能干／很能幹

✓ f. hěn yǒu língqì
很有灵气／很有靈氣

1. *muy capaz*

2. *muy gruapo / muy lindo*

3. *se lleva bien conmigo*

4. *muy bonita*

5. *agudo y perceptivo*

6. *muy inteligente*

11.34 如有必要，可以这样解释：回应称赞的方式往往是婉拒称赞。在中国文化中，谦虚是一种美德，所以如果接受称赞会被认为太自大。

11.35 答案
a. 1
b. 3
c. 4
d. 2

11.36 告诉学生，可以从练习11.34或11.35中选择一种表达方式完成本练习。

11.37 答案
a. 2
b. 7
c. 1
d. 6
e. 4
f. 5
g. 3

11.38 提醒学生使用练习11.37所介绍的词汇。

11.39 • 如有必要，可快速复习Encuentros 5的每个视频场景。
• 本练习旨在让学生复习、练习和消化吸收这部分所学的大量新词汇。这对学生来说非常有挑战性，要确保学生有足够的时间来完成这个练习。
• 播放视频之前，让学生凭记忆先做一做这个练习。

（接下页）

11.34 阿娟回应唐远的称赞。请填空。

Nǐ yòu zài xiàohua __wǒ__ __le__ . Wǒ nǎ yǒu __nǐ__ __shuō__ __de__ nàme hǎo.

你又在笑话我了。我哪有你说的那么好。／
你又在笑話我了。我哪有你說的那麼好。

Te estás riendo de mí. No soy tan bueno como dices.

11.35 阿娟的回答反映出她和唐远关系的日益亲密，语气上有些女性化。以下句子更适合一般场合使用。将对应的表达连线。

a. 哪里，哪里，我没有你说的那么好。／
哪裡，哪裡，我沒有你說的那麼好。

1. *No, no, no soy tan bueno como dices.*

b. 过奖，过奖，我哪儿有你说的那么好。／
過獎，過獎，我哪兒有你說的那麼好。

2. *Me halagas. ¿Cómo voy a ser tan bueno?*

c. 哪里，哪里，我没有那么好。／
哪裡，哪裡，我沒有那麼好。

3. *Me halagas. ¿Cómo voy a ser tan bueno como dices?*

d. 过奖，过奖，我哪儿有那么好。／
過獎，過獎，我哪兒有那麼好。

4. *No, no, no soy tan bueno.*

11.36 你更喜欢哪种回应称赞的方式？请用汉字或拼音写在下面。

_____

11.37 看"互相称赞"的视频。将对应的表达连线。

a. liǎobudé
   extraordinario

1. 人好

b. yǒu chūxi
   prometedor, con buenas perspectivas

2. 了不得

c. rén hǎo
   buena persona

3. 懂艺术／懂藝術

d. dǒngshì
   sensato

4. 漂亮

e. piàoliang
   bonita

5. 手巧

f. shǒu qiǎo
   habilidoso, diestro

6. 懂事

g. dǒng yìshù
   conocer el arte

7. 有出息

11.38 你认为朋友和家人会怎样称赞你？用拼音或汉字在下面写三个句子。

_____   _____   _____

11.39 称赞语复习：以下哪种表达在视频中出现过？所称赞的是谁？在称赞语和对应的被称赞人栏中画✓。如果该语句与三个人都不符，就在"没人"栏画✓。

• （接上页）可以考虑以小组比赛的形式来做这个练习。把学生分为几组，做对最多的一组胜出。播放一遍视频，让组员互相核对答案，圈出不同的答案。有必要的话，再次播放视频。最后，让学生自愿上前将答案用拼音或汉字写在黑/白板上。

	阿娟	唐远／唐遠	琳	没人
了不得 liǎobudé *extraordinario*	☐	☑	☐	☐
帅／帥 shuài *chevere; lindo; guapo*	☐	☐	☐	☑
有出息 yǒu chūxi *prometedor*	☐	☑	☐	☐
漂亮 piàoliang *bonita*	☑	☐	☐	☐
英俊 yīngjùn *lindo; guapo*	☐	☐	☐	☑
能干／能幹 nénggàn *capaz*	☐	☐	☐	☑
有灵气／有靈氣 yǒu língqì *agudo y perceptivo*	☑	☐	☐	☐
手巧 shǒu qiǎo *habilidoso, diestro*	☐	☑	☐	☐
懂艺术／懂藝術 dǒng yìshù *conocer el arte*	☐	☑	☐	☐

	阿娟	唐远／唐遠	琳	没人
有天份 yǒu tiānfèn *talentoso*	☐	☑	☐	☐
人好 rén hǎo *buena persona*	☑	☐	☐	☐
中文说得非常好／ 中文說得非常好 Zhōngwén shuō de fēicháng hǎo *habla chino muy bien*	☐	☐	☑	☐
懂事 dǒngshì *sensato*	☑	☐	☐	☐
聪明／聰明 cōngming *inteligente*	☑	☐	☐	☐

11.40 写几个你可能用来称赞班里同学的表达，不一定局限于以上列表中的表达。请写拼音或汉字。

_____

_____

_____

_____

与一位同学核对写出的称赞语。进行必要的修改，再把你喜欢但没有写的表达写下来。

_____

_____

11.41 互动练习：在教室里走一走，称赞他人并回应他人的称赞。如果同学称赞你，不要简单地接受，尽量回绝对方；当然也可以接受一两个称赞。接受称赞时只需说："谢谢，你太客气了！"

11.41
- 如有必要，可以在全班开始做练习之前，请一对自信的同学来进行示范。
- 复习如何回绝别人的称赞。
- 告诉学生，在中国，用"谢谢"来接受称赞现在也是可以的。

Encuentro 6   告辞：复习与扩展
Despedirse: Repaso y ampliación

11.42 看"陈峰告辞"的视频，填空。

a. Wǒ hái yǒu diǎn _____.
   我还有点其他的事儿。／我還有點其他的事兒。
   Aún tengo otras cosas que hacer.

b. Wǒ jiù bù dǎrǎo _____.
   我就不打扰您了。／我就不打擾您了。
   Ya no te molesto más.

c. _____ yǒu jīhuì wǒ zài lái _____ nín.
   下次有机会我再来拜访您。／下次有機會我再來拜訪您。
   Si puedo vendré a verte la próxima vez.

d. Nà hǎo, nǐ xiān _____ ba.
   那好，你先忙去吧。
   Está bien, ve a hacer lo que tengas que hacer.

e. _____ zài liánxì.
   咱们再联系。／咱們再聯繫。
   Estamos en contacto.

f. Hǎo, nà wǒ _____. Zàijiàn.
   好，那我先走了。再见。／好，那我先走了。再見。
   Vale, entonces me voy. Hasta luego.

11.42 答案
a. qítā de shìr
b. nín le
c. Xià cì; bàifǎng
d. máng qù
e. Zánmen
f. xiān zǒu le

11.43 两人一组练习：用练习11.42中的表达与搭档练习一段"告辞"的对话。可以进行必要的调整，比如，对同学不用尊称"您"。

11.44 互动练习：在教室里转一转，和一位同学说两三句话，然后告辞，或者回应对方的告辞。再跟另一位同学重复这一练习。在规定时间内尽可能多做几次。

11.44 本练习可帮助学生区分用于告辞和回应告辞的词汇和短语。告诉他们在练习11.42中寻找帮助。（**答案**：a, b, c用于告辞，d, e, f用于回应。）

单元说唱 Rap de la Unidad

登录环球汉语网站，听歌曲复习第十一单元所学的主要内容。然后再听一遍并跟着唱！

Encuentro 7 读和写 Lectura y escritura

读出熟悉的中文句子
Lectura de oraciones familiares en caracteres chinos

🎧

11.45 • 教师不要为学生朗读这些段落，也不要让学生跟读。让他们通过西班牙文和认识的汉字来联想和确定生字的意思和读音。

• 不要让学生把拼音标在字上，因为这样会失去做这个练习的意义。

• 让学生多练几遍，然后再做练习11.46和11.47。

• 如有学生问起第六段里的顿号，可以让他们去看169页第16单元的"供你参考"。

11.45 两人一组练习：借助西班牙文，与搭档轮流大声朗读下面的段落（简体字）。可以互换朗读内容，如果有人无法读出某个汉字，搭档可以提供帮助。

1 陈峰和王丽见到姓何的一家人很高兴。何家有何先生、何太太还有何小姐。他们叫陈峰"陈先生"，叫王丽"王女士"。王丽叫陈峰"陈总"。(Chen Feng y Wang Li se alegran de ver a la familia He. La familia He está formada por el Sr. He, la Sra. He y la Srta. He. La familia llama a Chen Feng "Sr. Chen" y a Wang Li "Sra. Wang". Wang Li llama a Chen Feng "director Chen".)

2 赵先生见到Alejandro跟他说，"你中文说得越来越好了！"Alejandro很客气。他只回答(huídá – responder)说，"哪里，哪里。"(Cuando el Sr. Zhao se encuentra con Alejandro, le dice: "¡Hablas chino cada vez mejor!". Alejandro responde educadamente: "Ciertamente no".)

3 琳老师见到唐远，问了他很多问题(wèntí – pregunta)。比如说(bǐrú shuō – por ejemplo)："你的电邮地址是什么？""你的名字怎么写？""你多大了？""你的生日几月几号？""这是你的作品吗？"等等(děngděng – etcétera)。唐远很客气地一个一个地回答。(Cuando la profesora Lynn se encuentra con Tang Yuan, le hace varias preguntas. Por ejemplo: "¿Cuál es tu correo electrónico?"; ¿Cómo se escribe tu nombre?"; "¿Cuántos años tienes?"; "¿Cuándo es tu cumpleaños?"; "¿Es una obra tuya?", etc. Tang Yuan responde educadamente sus preguntas una a una.)

4 唐远的父母要他认识一个新的女孩子。这个女孩子太爱说话了。她说了很多很多话，都说得很快。可是唐远什么话也没说。(Los padres de Tang Yuan quieren que este conozca a una joven. A la joven le gusta hablar. Dice muchas cosas y habla muy rápido. Pero Tang Yuan no dice ni una palabra.)

5 跟唐远一起吃饭的那个女孩子的爸爸养了一只鸟。这只鸟会学(xué – imitar)人说话。整天说"你好，你好，恭喜发财。"很有意思。那个女孩子还说她自己很会唱歌。别人说她歌唱得很好听。(El padre de la joven que está cenando con Tang Yuan tiene un pájaro como mascota. El pájaro puede imitar la habla humana. Todo el día dice: "Hola, hola. Te deseo felicidad y prosperidad". Es muy interesante. La joven también dice que sabe cantar y que los demás dicen que lo hace muy bien.)

6 不同的人有不同的爱好(àihào – aficiones)。有些人喜欢养猫养狗，还有一些人不喜欢养宠物。又有些人爱待在家里看书、看电视或者玩桌面游戏。我自己最爱和朋友一起出去玩儿、唱歌、跳舞、认识新朋友。(Cada persona tiene sus propias aficiones. A *algunos les gusta criar perros o gatos, pero a otros no les gustan las mascotas. A algunas personas les gusta quedarse en casa leyendo, viendo la TV o jugando a juegos de mesa. A mí me gusta salir con mis amigos, cantar, bailar y conocer gente nueva.)*

7 琳说唐远很有天分。唐远说阿娟很聪明。唐远跟阿娟很谈得来。唐远跟琳也很谈得来。 *(Lynn dice que Tang Yuan tiene mucho talento. Tang Yuan dice que Ah Juan es muy inteligente. Tang Yuan se lleva bien con Ah Juan. Tang Yuan también se lleva bien con Lynn.)*

8 阿娟跟唐远是男女朋友。阿娟想知道唐远跟琳是什么关系。唐远说他们只是普通的朋友。 *(A Juan y Tang Yuan son novios. A Juan quiere saber qué relación existe entre Tang Yuan y Lynn. Tang Yuan dice que solo son amigos [corrientes].)*

9 唐远的妈妈说阿娟很好——人好、懂事、漂亮。阿娟的妈妈说唐远也很好——很有出息。两个妈妈都很高兴他们的孩子成为(chéngwéi – *convertirse en*)男女朋友了。 *(La madre de Tang Yuan dice que Ah Juan es genial —es buena, sensata y bonita. La madre de A Juan dice que Tang Yuan también es genial —tiene mucho futuro. Las dos madres están muy contentas de que sus hijos sean novios.)*

10 陈峰找杨教授聊天儿。谈了一会儿以后，陈峰说他得走了，说他有事，很客气地跟杨教授说再见，就走了。陈峰走了以后，

Un poco de gramática 语法点滴

Las múltiples caras de *de* en chino

Ya lo has encontrado más de una vez. Antes de que te enseñemos otro uso, vamos a repasar los que ya has visto. Ten presente que *de* puede aparecer solo, junto a otras palabras e incluso no aparecer, aunque deja sentir su presencia.

的
- *De* posesivo: Wǒ de shū zài nǎr? *(¿Dónde está mi libro?)* PERO Wǒ ài wǒ bàba. *(Quiero a mi padre)* (Recuerda, no es necesario usar *de* cuando nos referimos a relaciones familiares cercanas)
- *De* modificador: Chuān hóng chènshān de nèi ge nǚ háizi shì wǒ péngyou. *(La chica que lleva una camisa roja es mi amiga).*
- *De* nominalizador: Mài bào de xìng Lǐ. *(El vendedor de periódicos se apellida Li).*
- *De* enfatizador: Wǒ (shì) zuótiān qù de. *(Fue ayer cuando fui).*
- Expresando "mientras…": Dúshū de shíhou, bú yào kàn diànshì. *(No veas la TV mientras estudias).*

得
- Expresa cómo se realiza una acción: Tā xué Zhōngwén xué de hěn kuài. *(Aprende chino muy rápido).*

地 (un nuevo *de*)
- Se pronuncia "de", pero con el carácter *dì* 地 (地方，地址) se pronuncia "di". Este *de* equivale al sufijo adverbial "-mente" del español. Tā hěn gāoxìng de shuō, "Huānyíng, huānyíng!" *(Dijo alegremente: "Bienvenido, bienvenido")* Chén Fēng hěn kèqi de gēn Yáng jiàoshòu shuō, "Yáng lǎoshī, zàijiàn!" *(Chen Feng dijo adiós al profesor Yang educadamente).*

杨教授自己想，"这个孩子真是太忙了！" *(Chen Feng busca al profesor Yang para hablar con él. Después de conversar un momento, Cheng Feng dice que debe irse porque tiene cosas que hacer y se despide educadamente del profesor Yang. Después de marcharse Chen Feng, el profesor Yang piensa: "¡Este joven está realmente ocupado!")*

11.46 两人一组练习：再次朗读这些段落，这次没有西班牙文辅助。

① 陈峰和王丽见到姓何的一家人很高兴。何家有何先生、何太太还有何小姐。他们叫陈峰"陈先生"，叫王丽"王女士"。王丽叫陈峰"陈总"。

② 赵先生见到Alejandro跟他说，"你中文说得越来越好了！"Alejandro很客气。他只回答说，"哪里，哪里。"

③ 琳老师见到唐远，问了他很多问题。比如说："你的电邮地址是什么？""你的名字怎么写？""你多大了？""你的生日几月几号？""这是你的作品吗？"等等。唐远很客气地一个一个地回答。

④ 唐远的父母要他认识一个新的女孩子。这个女孩子太爱说话了。她说了很多很多话，都说得很快。可是唐远什么话也没说。

⑤ 跟唐远一起吃饭的那个女孩子的爸爸养了一只鸟。这只鸟会学人说话。整天说"你好，你好，恭喜发财。"很有意思。那个女孩子还说她自己很会唱歌。别人说她歌唱得很好听。

⑥ 不同的人有不同的爱好。有些人喜欢养猫养狗，还有一些人不喜欢养宠物。又有些人爱待在家里看书、看电视或者玩桌面游戏。我自己最爱和朋友一起出去玩儿、唱歌、跳舞、认识新朋友。

⑦ 琳说唐远很有天分。唐远说阿娟很聪明。唐远跟阿娟很谈得来。唐远跟琳也很谈得来。

⑧ 阿娟跟唐远是男女朋友。阿娟想知道唐远跟琳是什么关系。唐远说他们只是普通的朋友。

⑨ 唐远的妈妈说阿娟很好——人好、懂事、漂亮。阿娟的妈妈说唐远也很好——很有出息。两个妈妈都很高兴他们的孩子成为男女朋友了。

⑩ 陈峰找杨教授聊天儿。谈了一会儿以后，陈峰说他得走了，说他有事，很客气地跟杨教授说再见，就走了。陈峰走了以后，杨教授自己想，"这个孩子真是太忙了！"

11.47 兩人一組練習：再次朗讀這些段落，這次用的是繁體字。

1. 陳峰和王麗見到姓何的一家人很高興。何家有何先生、何太太還有何小姐。他們叫陳峰"陳先生"，叫王麗"王女士"。王麗叫陳峰"陳總"。

2. 趙先生見到Alejandro跟他說，"你中文說得越來越好了！"Alejandro很客氣。他只回答說，"哪裡，哪裡。"

3. 琳老師見到唐遠，問了他很多問題。比如說"你的電郵地址是什麼？""你的名字怎麼寫？""你多大了？""你的生日幾月幾號？""這是你的作品嗎？"等等。唐遠很客氣地一個一個地回答。

4. 唐遠的父母要他認識一個新的女孩子。這個女孩子太愛說話了。她說了很多很多話，都說得很快。可是唐遠甚麼話也沒說。

5. 跟唐遠一起吃飯的那個女孩子的爸爸養了一隻鳥。這隻鳥會學人說話。整天說"你好，你好，恭喜發財。"很有意思。那個女孩子還說她自己很會唱歌，別人說她歌唱得很好聽。

6. 不同的人有不同的愛好。有些人喜歡養貓養狗，還有一些人不喜歡養寵物。又有些人愛待在家裡看書、看電視或者玩電子遊戲。我自己最愛和朋友一起出去玩兒、唱歌、跳舞、認識新朋友。

7. 琳說唐遠很有天分。唐遠說阿娟很聰明。唐遠跟阿娟很談得來。唐遠跟琳也很談得來。

8. 阿娟跟唐遠是男女朋友。阿娟想知道唐遠跟琳是甚麼關係。唐遠說他們只是普通的朋友。

9. 唐遠的媽媽說阿娟很好——人好、懂事、漂亮。阿娟的媽媽說唐遠也很好——很有出息。兩個媽媽都很高興他們的孩子成為男女朋友了。

10. 陳峰找楊教授聊天兒。談了一會兒以後，陳峰說他得走了，說他有事，很客氣地跟楊教授說再見，就走了。陳峰走了以後，楊教授自己想，"這個孩子真是太忙了！"

11.48 答案
a. 7
b. 5
c. 1
d. 10
e. 11
f. 3
g. 4
h. 2
i. 8
j. 12
k. 9
l. 6

11.49 答案
a. 4
b. 9
c. 5
d. 2
e. 3
f. 8
g. 7
h. 1
i. 6

阅读真实语言材料

这些练习旨在训练学生的实用阅读能力。阅读真实语言材料可以让学生运用所掌握的词汇和语境信息，从不熟悉的文章中推断其含义。告诉学生，当看到生字较多的语言材料时，不必惊慌。读懂文本的方式不是逐字逐行地阅读，而是在埋头阅读之前，首先弄清楚阅读的目的。要问问自己：我从这篇文章里需要获得什么信息？什么样的关键词可以帮我得到需要的信息？文章的结构如何？哪部分是我真正需要读的？哪部分可以忽略？

11.50
• 告诉学生做这个练习时只需阅读界面的下半部分内容。

• 告诉学生使用界面的具体内容来弄清类别名称。比如：学生也许从没有碰到"职业"这个词，但可以从这一类别中成龙的信息进行推断。学生应该认识在第一册中学过的"演员"这个词，以此作为线索来推断出"职业"的意思是 ocupación。

• 如果学生在某个类别上需要帮助，可以让他们注意各类别中的信息，进行推断。比如：你们学过"演员"这个词，是什么意思？如果在某个类别中填入了这个词，那这一类别会是什么？

11.48 以下短语是从前面的阅读练习段落1–5中摘出的，有一点小改动。请将对应的表达连线。

a. 姓何的一家人
b. 会学人说话／會學人說話
c. 什么话也没说／甚麼話也沒說
d. 太爱说话了／太愛說話了
e. 中文越来越好了／中文越來越好了
f. 很客气地回答／很客氣地回答
g. 问题问得很好／問題問得很好
h. 比如说中文／比如說中文
i. 认识新朋友／認識新朋友
j. 跟她说话很有意思／跟她說話很有意思
k. 整天待在家里／整天待在家裡
l. 恭喜发财／恭喜發財

1. shénme huà yě méi shuō
2. bǐrú shuō Zhōngwén
3. hěn kèqi de huídá
4. wèntí wèn de hěn hǎo
5. huì xué rén shuōhuà
6. gōngxǐ fācái
7. xìng Hé de yì jiā rén
8. rènshi xīn péngyou
9. zhěng tiān dāi zài jiā li
10. tài ài shuōhuà le
11. Zhōngwén yuè lái yuè hǎo le
12. gēn tā shuōhuà hěn yǒu yìsi

11.49 以下短语是从前面的阅读练习段落6–10中摘出的，有一点小改动。请将对应的表达连线。

a. 养宠物很有意思／養寵物很有意思
b. 三个人都很有天分／三個人都很有天分
c. 想知道他姓什么／想知道他姓甚麼
d. 没什么大关系／沒甚麼大關係
e. 只是普通朋友
f. 比别人聪明／比別人聰明
g. 唱歌跳舞都会／唱歌跳舞都會
h. 成为男女朋友／成為男女朋友
i. 跟她很谈得来／跟她很談得來

1. chéngwéi nán-nǚ péngyou
2. méi shénme dà guānxi
3. zhǐ shì pǔtōng péngyou
4. yǎng chǒngwù hěn yǒu yìsi
5. xiǎng zhīdào tā xìng shénme
6. gēn tā hěn tán de lái
7. chàng gē tiàowǔ dōu huì
8. bǐ biérén cōngming
9. sān gè rén dōu hěn yǒu tiānfèn

阅读真实语言材料 Lectura de textos de la vida real

11.50 www.baidu.com是个中文网站，类似于谷歌、YouTube和维基百科三者的综合。"百度"的字面意思是"千百次"。以下是百度"成龙"这一词条的页面。

请在页面下方圈出以下内容，并写上编号：

1. Nombre chino 中文名
2. Fecha de nacimiento 出生日期
3. Lugar de nacimiento 出生地
4. Nombre extranjero 外文名
5. Otros nombres 别名
6. Etnia 民族
7. Nacionalidad 国籍
8. Ocupación 职业
9. Obras representativas 代表作品
10. Principales logros 主要成就

请列举三条成龙的信息：

_____

_____

_____

11.50 答案
1~3项比较容易，4~10项你可以给出以下提示——

第4项：学生可能不认识"外文"这个词，但是从"Jackie Chan"应该可以推断出这一项是要求填写人物的外文名字。

第5项：学生可能不认识"别"这个字，但是认识"名"。他们可以从"名"这个字推断出这一项下可能要求提供跟人名有关的信息。既然已经有了"中文名"和"外文名"，剩下的跟名字有关的就是"别名"了。

第6项：学生可以先跳过这一项，用排除法来判断。一个可用的线索是"汉字"中的"汉"。告诉学生，"汉"是中国最大民族的名称，看看他们是否能从这一点推断出来。

第7项：学生可能不认识"国籍"这个词，但是应该认识"国"和"中国"，由此推断这一项是关于国家/国籍的内容。

第8项：学生可能不认识"职业"这个词，但是应该认识"演员"，由此来推断这一项是关于职业的内容。

（接下页）

11.50 答案（接上页）

第9项和第10项非常难。告诉学生把这两项里认识的字用下画线标出来。学生有可能认识第10项里的"演员""一级""博士""教授"。有了这些信息，可以问学生这一项可能是哪种类别：代表作品还是主要成就？学生做完第10项后，应该可以用排除法选出第9项。

11.51

告诉学生先把词汇中认识的字找出来，以此推测词汇的意思。给学生下面的提示来帮助他们。

11.51 答案

a. 1；学生或许认识"新"，由此推断"新闻"的意思是 news。

b. 3；学生有可能从"上网"一词认识了"网"字，由此能推断"网页"的意思。

c. 6；这一项比较难，但是学生应该认识语气助词"吧"。告诉他们，在此语境下，使用的是"bar"的同音。

d. 2；这一项应该比较容易。

e. 4；让学生暂时跳过这一项，以后再用排除法来确定对应的含义。

f. 7；学生可能从"电视"这个词认识了"视"字。让他们看看西班牙文翻译，找出最接近电视的词。

g. 5；学生很容易认出"百"字。告诉学生，"科"的意思是"subjetos"，然后让他们推测此词的含义。

11.51 百度的栏目导航条上列出了该网站所提供的服务。将对应的表达连线。

a. 新闻 xīnwén   1. noticias
b. 网页 wǎngyè   2. "saber" (información)
c. 贴吧 tiē bā   3. página web
d. 知道 zhīdào   4. imágenes
e. 图片 túpiàn   5. enciclopedia
f. 视频 shìpín   6. "comentarios" (como en un foro)
g. 百科 bǎikē   7. vídeo

大声朗读下列繁体字词汇，确保明白其意思。

網頁，圖片，視頻，百科，貼吧，知道，新聞

▶ 学写汉字　Aprender a escribir caracteres

11.52 本单元下列汉字的笔画顺序以及其他相关信息，请参见《汉字练习本》。练习写这些汉字的简体字或者繁体字，直到你能熟练地写出为止。

客，气／氣，答，问／問，题／題，写／寫，谈／談，找，新，

爱／愛，老，师／師，学／學，朋，友，恭，发／發，财／財

▶ 填表　Rellenar un formulario

11.53 如果你要给自己创建一个百度条目，你会提供哪些信息？请写出包含以下信息的草稿，然后请老师或者其他汉语为母语的人进行修改。把这些信息填在下页网站页面的相应类别中。

1. Nombre chino   中文名
2. Fecha de nacimiento   生日
3. Lugar de nacimiento   出生地
4. Lugar de residencia   居住地
5. Mascotas   宠物／寵物
6. Etnia   民族
7. Nacionalidad   国籍／國籍
8. Ocupación   职业／職業
9. Aficiones/intereses/aversiones   嗜好／兴趣 ‖ 嗜好／興趣
10. Aspiraciones   未来计划／未來計劃

Un poco de cultura 文化点滴

Características físicas y expectativas sociales

Mira el fragmento de video "Características físicas y expectativas sociales" y comenta las cuestiones siguientes con tus compañeros y el profesor.

- ¿Qué estereotipos físicos se aplican a los chinos del norte? ¿Y a los del sur?
- ¿Qué altura se considera estándar en China para hombres y mujeres? Consulta la siguiente tabla de conversiones para interpretar las medidas.

    | 6´0´´ = 1.83 m | 5´8´´ = 1.73 m | 5´4´´ = 1.60 m |
    | 5´11´´ = 1.80 m | 5´7´´ = 1.70 m | 5´3´´ = 1.63 m |
    | 5´10´´ = 1.78 m | 5´6´´ = 1.68 m | 5´2´´ = 1.58 m |
    | 5´9´´ = 1.75 m | 5´5´´ = 1.65 m | 5´1´´ = 1.55 m |

- ¿Qué características físicas suelen mencionar los chinos cuando describen a otras personas?
- ¿Qué comentarios personales suelen hacer los chinos que resultan sorprendentes a los extranjeros?
- ¿Qué diferencias existen en el contacto físico con amigos y conocidos entre los chinos y los occidentales?
- ¿Qué significan los títulos y apellidos de las personas?
- ¿Qué significa "dar cara" a alguien?
- Comenta cómo debes dirigirte a una persona china usando expresiones de parentesco (por ejemplo "tío" o "hermana").

"文化点滴"答案

- 中国人一般认为，中国的北方人长得高大魁梧，皮肤较白。而南方人个矮瘦小，皮肤较黑。
- 根据视频中人物所说的，中国男子的平均身高大概在1.7米至1.8米之间，中国女子的平均身高在1.6米至1.7米之间。
- 人们在描述一个人的时候，一般会提到：身高、体重、肤色、脸型、头发颜色和长短、脸部特征等。
- 有的中国人会谈论别人的体重或身体特征。
- 同性别的中国人可以手牵手或挽着手臂一起走。同性中国人之间的关系比西方人更为亲密。
- 用名字和职位来称呼人反映出中国文化深受孔子的影响。官职和头衔受到认可和尊敬，也有助于人们之间为将来巩固"关系"。
- "给面子"意思是你对那人很尊重，认可他/她的权威。
- 亲戚间的称呼主要按年龄而定。对跟自己差不多年纪的人可以称"大哥""小弟""大姐"等。对和自己父母差不多年纪的人可以称"阿姨"或"叔叔"。

第十一单元 似曾相识

单元总结 RESUMEN

语法 Gramática

正确地使用"了"
Encajar *le* en tu idioma

La partícula *le* está vinculada a verbos u oraciones y presenta gran variedad de significados. En las páginas 5 y 6 se incluye una lista parcial de ejemplos. A continuación, presentamos más casos de uso de *le*.

- Acción completada en el pasado:
  Nǐ qù le ma? Qù le. (*¿Fuiste? Sí, fui.*)
  Chīle fàn, jiù zǒu le. (*Después de comer me fui.*)

- Acción completada en el futuro:
  Dàole yǐhòu, xiǎng zuò shénme? (*Cuando llegues allí, ¿qué quieres hacer?*)

- Acción completada en el pasado:
  Wǒ qùle sān tiān, wánr de fēicháng hǎo. (*Fui tres días y lo pasé muy bien.*)

- Cambio respecto al estado anterior:
  Hǎo jiǔ bú jiàn! Nǐ pàng le. (*Hace tiempo que no nos veíamos. Has engordado.*)

"得"、"的"、"地"和表示领属的"的"
de, de, de y más de

De, igual que *le*, se usa frecuentemente en chino. Puede señalar:

- Cómo se realiza una acción (得):
  Wǒ xué Zhōngwén, xué de tài màn. Bà mā hěn bù gāoxìng. (*Aprendo chino lentamente. Mis padres no están contentos.*)

- Cuándo, dónde y por qué se realiza una acción (的) (opcionalmente junto a *shi*):
  Wǒ (shì) zuótiān dāying de. (*Ayer di mi aprobación.*)
  Wǒ (shì) zài fànguǎn li dāying de. (*Di mi aprobación en el restaurante.*)
  Wǒ (shì) wèile tā dāying de. (*Di mi aprobación por él.*)

- Adverbio (地):
  Ā Lóng hěn kèqi de gēn lǎoshī shuō, "Duìbuqǐ." (*Ah Long dijo muy educadamente al profesor: "Lo siento".*)

- Posesión (的):
  Zhè shì wǒ de dōngxi, bú shì nǐ de. (*Estas son mis cosas, no las tuyas.*)

词汇 Vocabulario

动词及动词短语
Verbos y frases verbales

ài 爱／愛 amor; gustar
bàifǎng 拜访／拜訪 visitar; hacer una visita de cortesía
bù hǎoyìsi 不好意思 sentirse avergonzado
chàng gē 唱歌 cantar
chéngwéi 成为／成為 convertirse en
cōngming 聪明／聰明 inteligente; listo; astuto
dǎ bàngqiú 打棒球 jugar al béisbol
dǎ gāo'ěrfūqiú 打高尔夫球／打高爾夫球 jugar al golf
dǎ jiāodao 打交道 relacionarse con
dǎ lánqiú 打篮球／打籃球 jugar al baloncesto
dǎ máoxiàn 打毛线／打毛線 tejer; hacer punto
dǎ pái 打牌 jugar a cartas
dǎrǎo 打扰／打擾 molestar
dǎ wǎngqiú 打网球／打網球 jugar al tenis
dǒngshì 懂事 sensato
dòu 逗 divertido; divertir
hǎotīng 好听／好聽 agradable al oído
huà huàr 画画儿／畫畫兒 pintar; dibujar
huídá 回答 responder; contestar
liánxì 联系／聯繫 estar en contacto; conectar con; contactar
liǎobudé 了不得 excelente; extraordinario; sobresaliente
liù gǒu 遛狗 pasear al perro
máng 忙 ocupado; ocuparse (uno mismo) con
mō 摸 sentir; tocar; acariciar
nénggàn 能干／能幹 hábil; capaz; competente
piàoliang 漂亮 guapa; bonita
pǔtōng 普通 común; ordinario
rén hǎo 人好 buena persona
rènshi 认识／認識 reconocer; conocer (a una persona)
shǒu qiǎo 手巧 habilidoso; diestro
shuài 帅／帥 lindo; guapo
shuōwán 说完／說完 terminar de hablar

shúxī 熟悉 conocer bien
tán de lái 谈得来／談得來 llevarse bien; congeniar
tiàowǔ 跳舞 bailar
wán Měishì zúqiú 玩美式足球 jugar a fútbol americano
tī zúqiú 踢足球 jugar a fútbol; fútbol
tuìxiū 退休 jubilarse
wán diànzǐ yóuxì 玩电子游戏／玩電子遊戲 jugar a videojuegos
wán yuèqì 玩乐器／玩樂器 tocar instrumentos musicales
wán zhuōmiàn yóuxì 玩桌面游戏／玩桌面遊戲 jugar a juegos de mesa
xiàohua 笑话／笑話 bromear con; ridiculizar; reírse de
xià qí 下棋 jugar al ajedrez
xiūlǐ 修理 arreglar, reparar
xué 学／學 estudiar; aprender
yǎng 养／養 criar; mantener; cuidar una mascota
yàohǎo 要好 ser amigos cercanos
yīngjùn 英俊 lindo
yǒu chūxi 有出息 ser prometedor; tener futuro
yǒu língqì 有灵气／有靈氣 agudo; perceptivo
yǒu tiānfèn 有天分 tener talento
yǒu yìsi 有意思 interesante
yóuyǒng 游泳 nadar; natación
yuǎndà 远大／遠大 ambicioso
zuò zhēnxiàn 做针线／做針線 coser; costura

礼貌用语
Frases educadas

Gōngxǐ fācái. 恭喜发财／恭喜發財。 Te deseo felicidad y prosperidad (saludo tradicional de Año Nuevo).

Guòjiǎng, guòjiǎng. 过奖，过奖／過獎，過獎。 (Tú) me halagas.
Huānyíng! Huānyíng! 欢迎！欢迎！／歡迎！歡迎！ Bienvenido! Bienvenido! (a invitados, amigos, etc.)
Nǎli, nǎli. 哪里，哪里／哪裡，哪裡。 Ciertamente no (merezco el cumplido).
Nǐ tài kèqi le. 你太客气了／你太客氣了。 Eres muy educado (por decir o hacer algo).
Ràng nǐmen jiǔ děng le. 让你们久等了／讓你們久等了。 (Lo siento), os he hecho esperar mucho.

称呼、头衔 Rangos
（注意：称呼放在姓的后面）
(Recuerda que van detrás del apellido)

nǚshì 女士 Sra.; señora
tàitai 太太 Sra.; señora; esposa
tóngshì 同事 colega; compañero de trabajo
xiānsheng 先生 Sr.; señor; caballero, profesor
xiǎojiě 小姐 Srta; joven
zǒng 总／總 Director (de una empresa)

副词 Adverbios

bié 别 No (imperativo)
bǐrú (shuō) 比如（说）／比如（說） por ejemplo
fēicháng 非常 muy; extremadamente
kě 可 realmente
qíshí 其实／其實 de hecho; en realidad
xiān 先 primero; en primer lugar
yīnggāi 应该／應該 debe de; deber

yòu 又 de nuevo (pasado)
yuè lái yuè... 越来越……／越來越…… cada vez más...
zài 再 de nuevo (futuro)

名词及词组
Nombres y frases

bāgē(r) 八哥(儿)／八哥(兒) estornino
biérén 别人／別人 otros; los demás; otras personas
cài shì 菜市 mercado de fruta y verdura
chāoshì 超市 supermercado
chǒngwù 宠物／寵物 mascota
diànzǐ yóuxiāng 电子邮箱／電子郵箱 correo electrónico
gǒu 狗 perro
jīhuì 机会／機會 oportunidad; ocasión
jīnyú 金鱼／金魚 pez dorado
māo 猫／貓 gato
nán-nǚ péngyou 男女朋友 novios
niǎo 鸟／鳥 pájaro
shōuyínyuán 收银员／收銀員 cajero
Tángrénjiē 唐人街 Barrio chino
wèntí 问题／問題 problema; pregunta
xiàohua 笑话／笑話 broma
yìshù 艺术／藝術 arte; habilidad
zhěng tiān 整天 el día entero; todo el día
zuòpǐn 作品 obra (de literatura o arte)

其他 Otras palabras y expresiones

dànshì 但是 pero; sin embargo
hǎo jǐ 好几／好幾 bastantes; unos cuantos (seguido de un

clasificador)   (cosas, asuntos, personas)

jīnnián 今年 este año

qítā 其他 otros; el resto de

qízhōng 其中 entre (eso, ello, lo cual)

(wǒ) zìjǐ （我）自己 yo (mismo); uno mismo

zhī 只/隻 (clasificador para algunos animales, como pájaros)

▶ 你能够完成的任务   Lista de lo aprendido

通过本单元的学习，你应当能完成以下任务。

听和说   Escuchar y hablar

- ☐ Usar nuevas expresiones para saludar y presentar a otras personas.
- ☐ Preguntar y ofrecer información personal al entablar relaciones.
- ☐ Hacer y rechazar cumplidos.
- ☐ Hablar brevemente sobre ti mismo.
- ☐ Describir la relación que tienes con otras personas.
- ☐ Usar nuevas expresiones para despedirte.

任务表
- 留出20~30分钟，让学生两人一组一同查看这份任务表。告诉学生，在任务表上画"√"并不是目的，而是要检验他们能否真正完成这些任务。为了确认，学生应与搭档一起实践每项任务。

听和说
- 要检查学生是否能够完成这部分的任务，可以要求学生以小组为单位编写并表演小品，小品应包含这部分任务中的几个或所有项目。

读和写
- 学生完成练习11.50~11.53的表现，可以表明他们完成这部分任务的能力。

读和写   Lectura y escritura

- ☐ Leer y escribir oraciones simples sobre hechos personales.
- ☐ Descifrar información clave de páginas web chinas.
- ☐ Escribir información personal al rellenar un formulario.
- ☐ Escribir un breve texto sobre ti mismo.

文化理解   Entendimiento cultural

- ☐ Demostrar tu comprensión de las costumbres chinas al hacer preguntas personales a un nuevo amigo.
- ☐ Demostrar tu comprensión de las *guānxì*, un aspecto clave de las relaciones en China.

第十二单元

UNIDAD 12

"La comida es fundamental"
民以食为天
Mín yǐ shí wéi tiān
Comprar alimentos

在本单元，你将学习：如何——

- 与朋友相约去购买食品
- 说出你喜欢吃的水果的名称
- 识别不同水果的质量
- 说出不同肉类和蔬菜的名称
- 识别不同肉类和蔬菜的质量
- 认识中国饭菜的特点
- 和朋友去超市购买食品
- 阅读中国超市广告中的关键信息
- 用汉字写一份购物单

如需要本单元的补充材料，请访问环球汉语网站：www.EncountersChinese.com.cn。

Encuentro 1

安排一次购买食品之行
Quedar para ir a comprar alimentos

12.1 • 看连续剧之前，问问学生记住了上集的哪些内容。鼓励他们用中文回答。
• 提醒学生不需要完全明白剧中所有的细节，放松欣赏即可！

12.2 • 播放视频前，让学生先把问题读一遍，带着目的去观看。
• 提醒学生用关键词推测信息，而不是要弄懂每个词。
• 关键词举例——
a. 做美国菜
b. 菜市场：学生可能不认识这个新词，不过他们应该认识"明天去"，后面应该接地名。
c. 告诉学生"陪"就是"跟"的意思。
d. 没事儿，一起去

12.2 答案
a. Ella quiere preparar una comida americana para ellos.
b. Ella quiere ir a un mercado.
c. Ella pide a Tang Yuan que vaya con ella al mercado.
d. Sin problema. Estoy libre. Vamos juntos mañana.

12.3 • 播放视频前，让学生先读一遍句子，判断正确的顺序。然后播放视频，让学生验证自己的判断。
• 如有必要可以多播放几遍，但是不要在中间暂停视频。练习的目的是让学生通过语境判断顺序。
• 把"正好"这个词挑出来，问学生是否知道意思，或者能不能猜出意思 (precisamente)。
• 如果时间允许，让学生注意"咱们"这个词。告诉学生，视频里唐远用了一个跟"我们"意思一样的词。再播放一遍视频，让学生找到这个词。提醒学生注意"我们"和"咱们"两个词之间的区别。

 12.1 看连续剧第十二集。如果有的地方不完全明白也不要担心，只管欣赏就可以！

 12.2 看"琳出门购物"的视频，然后回答问题。请写西班牙文。

a. ¿Qué quiere hacer Lynn por 唐远的父母／唐遠的父母? _____

b. ¿Adónde quiere ir mañana? _____

c. ¿Qué pregunta a 唐远／唐遠? _____

d. ¿Qué responde 唐远／唐遠? _____

12.3 按照以下句子出现的顺序标序号。

___6___ Wǒ zhènghǎo méishìr.
我正好没事儿。／我正好沒事兒。

___2___ Qǐng nǐ fùmǔ cháng yi cháng.
请你父母尝一尝。／請你父母嚐一嚐。

___3___ Wǒ míngtiān yào qù càishìchǎng.
我明天要去菜市场。／我明天要去菜市場。

___7___ Zánmen míngtiān yìqǐ qù ba.
咱们明天一起去吧。／咱們明天一起去吧。

___1___ Wǒ xiǎng zuò yí dùn Měiguó cài.
我想做一顿美国菜。／我想做一頓美國菜。

___5___ Méi wèntí ya.
没问题呀。／沒問題呀。

___4___ Nǐ míngtiān yǒu kòng kěyǐ péi wǒ qù ma?
你明天有空可以陪我去吗？／你明天有空可以陪我去嗎？

12.4 两人一组练习：找一个搭档练习一段对话。一人邀请另一人去购买食品，另一人可以答应，也可以有礼貌地拒绝。尽可能多说几句，根据你个人的情况提供更多细节。用拼音或汉字记在下面。然后向部分同学或全班表演对话过程。

12.4 • 鼓励学生模仿练习12.3的表达发出邀请和接受邀请。
• 如有必要，带着全班复习有礼貌地拒绝邀请的不同方式。可能的答案：真对不起，我正好有事。明天行吗？
• 学生书写的时候，在教室里转一转，查看进度并提供帮助。
• 可以考虑给几对搭档的学生布置家庭作业，让他们把对话背下来，第二天在班上表演。

INFO 供你参考

Comprar alimentos en China

Todos los aspectos de la vida cotidiana de los chinos están cambiando rápidamente, pero son muchos los que todavía prefieren comprar alimentos frescos diariamente. Por supuesto, el aumento del número de supermercados en las ciudades más grandes hace que también sea posible comprar alimentos congelados. En las ciudades pequeñas y pueblos, sin embargo, muchos consideran más saludable y barato comprar en los mercados de alimentos al aire libre (菜市场／菜市場 *càishìchǎng*). Esto no es muy diferente de lo que ocurre en otras partes del mundo con la creciente popularidad de los mercados de agricultores. Además, muchos chinos consideran que los alimentos frescos que no han sido congelados son esenciales para la auténtica forma de cocinar china. En el video de esta unidad, Lynn descubre que hay abundantes vegetales y frutas de temporada. Esto ocurre especialmente en el sur de China (Yangshuo está situada en la provincia sureña de Guangxi), donde existe mayor variedad de ingredientes que en otras partes del país. Si vas a China (ya sea al norte, al sur, al este o al oeste), si es posible intenta visitar un 菜市场／菜市場 con un amigo chino. Es mejor ir los días de mercado, cuando la variedad de productos es mayor. Probablemente nunca olvidarás la experiencia —¡o de la comida que venga después!

供你参考
为检查学生是否真正读懂，可以询问以下问题：
• "菜市场"这个词有哪几种西班牙文翻译？
• 一些中国人对冷冻食品或加工食品持什么态度？
• 列举本文提到的中国菜市场的三点有趣之处。

Encuentro 2 说出不同水果的名称
Nombrar diferentes tipos de frutas

12.5 ● 这段视频也许有必要多播放几次，以便学生听清所有的拼音和声调。每次播放后要留出时间让学生核对答案。
● 写出每个词对应的西班牙文单词可以强化西班牙文、拼音、简繁体字之间的联系。
● 指出练习最后的注释，通过提问来判断学生是否理解，比如：在台湾，菠萝怎么说？猕猴桃怎么说？

 12.5 看"阿龙说出不同水果的名称"的视频。在下面的空格中填上每种水果名称中所缺的拼音，然后写出对应的西班牙文单词。

___xiāng___ jiāo
香蕉
banana(s)

___píng___ guǒ
苹果／蘋果
manzana (s)

___lí___
梨
perra(s)

___níng___ méng
柠檬／檸檬
limón (es)

___xī___ guā
西瓜
sandía (s)

táo ___zi___
桃子
melocotón(es)

hāmì ___guā___
哈密瓜
melón (es) de Hami

___yīng___ tao
樱桃／櫻桃
cereza

shí ___liu___
石榴
granada(s)

___bō___ luó
菠萝／菠蘿
piña(s)

pú ___tao___
葡萄
uva(s)

máng ___guǒ___
芒果
mango(s)

míhóu ___táo___
猕猴桃／獼猴桃
kiwis

注释：在台湾，菠萝被称为凤梨，猕猴桃被称为奇异果。

Un poco de gramática 语法点滴

Comentar cómo se realiza una acción: Repaso y ampliación

En el video que acabas de ver, Lynn elogia a A Long con las siguientes palabras: *Ā Lóng, nǐ shuō de hěn hǎo*. Ya te has encontrado con esta construcción antes en la Unidad 8 del Libro 1 y la Unidad 11 del Libro 2. Ahora vamos a repasar y ampliar este uso. Recuerda, cuando quieras señalar cómo se ha realizado o se realiza una acción, debes usar esta construcción incluyendo los siguientes tres elementos:

(1) el verbo;

(2) el conector 得 *de* (no 的 *de*), directamente detrás del verbo;

(3) el comentario evaluador (bien, mal, rápido, lento, etc.), que expresa el grado, efecto y cualidad de la acción.

A continuación, se incluyen algunos ejemplos. Trabaja con un compañero para averiguar qué significa cada uno.

dijo uno de los alumnos de Lynn:
Ā Lóng shuō de hǎo, Xiǎo Lǐ shuō de bù hǎo.

dijo el primer estudiante en llegar a la clase de Lynn por la mañana:
Jīntiān lǎoshī lái de hěn zǎo. Tóngxuémen dōu hái méi dào.

dijo el director de la escuela al día siguiente de la excursión:
Zuótiān háizimen wánr de hěn gāoxìng.

dijo el director de la escuela sobre un aspirante al puesto de profesor:
Tā shuōhuà shuō de qīngchu bu qīngchu?

dijo Lynn, en broma, sobre un colega:
Xiǎo Wáng shuō Yīngwén shuō de bǐ wǒ hǎo.

dijeron A Juan y Tang Yuan sobre una fiesta en el pueblo:
Ā Juān: Nǐ qùle méiyǒu?
Táng Yuǎn: Qù le, kěshì qù de tài wǎn le. Kèren dōu zǒu le.

....

Ejercicio: Describe a alguien que conoces bien rellenando los espacios en blanco. Identifica a esta persona mediante la relación entre tú y él (ella):

Tā shì wǒ de _____.

Tā shuō Zhōngwén shuō de _____.

Tā shuō Yīngwén shuō de _____.

Tā chīfàn chī de _____.

Tā zǒulù zǒu de _____.

Escribe una oración más con esta construcción describiendo la manera en la que haces algo:

_____

语法点滴

• 待学生做完Encuentro 2的所有练习之后，再让他们读这篇"语法点滴"。

• 下方的练习旨在检查学生是否掌握了该语法材料的内容。因此，如果学生能顺利完成这些练习，则表明他们已经掌握了该部分的语法知识，不需要再进行仔细的讲解。

第十二单元　民以食为天

12.6 ● 上课前教师要准备足够的词典供学生参考使用。
● 告诉学生，如果要问老师或别的同学水果名称，可以这么问：请问……怎么说？
● 至于第二项练习，可以告诉学生可能会从同学那里听到不熟悉的词。如果是这样，可以请同学予以说明，比如可以问同学：请问……是什么意思？
● 如有必要，教师可以和一位水平较好的同学为全班示范这个练习。

12.7 这是题目要求第一次完全使用汉字表达。不要朗读题目，给学生时间让他们自己理解题目意思。

12.7 答案
shuǐguǒ

12.8 教师可以考虑参与游戏，和学生一起玩。示范怎么玩这个游戏，玩得开心些！

12.9 确保学生完全理解题意。可以通过以下提问快速检查一下：我问你们，在这儿，我们写拼音还是汉字？

12.6 你喜欢哪几种水果？如果课文中没有出现过，可以问老师或别人，或者上网查、从字典里查。把它们正确的名称用拼音写在下面。

_____　　_____　　_____

和同学分享这些水果名称，把同学提到的自己也喜欢但未列出的水果名称记在下面。

_____　　_____　　_____

12.7 中文 fruta 怎么说？请写拼音：

fruta =　_____　= 水果

12.8 拉手游戏。在教室里走一走，大声说出你喜欢的水果。当听到有人说的和你一样，就跟他/她拉上手，一起继续说这种水果名，直到所有喜欢这种水果的人都拉起了手。然后听每个组的人说：我们最喜欢吃……确定哪种水果最受欢迎，哪种最不受欢迎。回到座位后，完成以下句子。

我们班上喜欢吃_____的同学很多。／
我們班上喜歡吃_____的同學很多。

Wǒmen bān shang xǐhuan chī _____ de tóngxué hěn duō.
(En nuestra clase hay muchos compañeros a quienes les gusta comer _____.)

我们班上喜欢吃_____的同学很少。／
我們班上喜歡吃_____的同學很少。

Wǒmen bānshang xǐhuan chī _____ de tóngxué hěn shǎo.
(En nuestra clase hay pocos compañeros a quienes les gusta comer _____.)

12.9 请用拼音填空。

我最喜欢吃的水果是_____、_____，还有_____。／

我最喜歡吃的水果是_____、_____，還有_____。

同学间互相看看各自写的句子。

Encuentro 3 说出食品种类、味道及特点
Nombrar alimentos, sabores y otras cualidades de la comida

 12.10 看"阳朔菜市场"的视频。在对话中听到的词汇旁画"✓",然后写出每个词对应的西班牙文。

12.10
• 告诉学生他们需要根据对话语境和图片提示来弄清这些词汇的意思。
• 可以多播放几次视频,每次播放后要留出时间让学生核对答案。
• 指出下页的注释,检查学生是否理解,可以问:肉是什么样的肉?

味道 Sabores

☐ suān

酸

ácido

☑ tián

甜

dulce

☐ kǔ

苦

amargo

☐ là

辣

picante

☐ xián

咸／鹹

salado

☐ dàn

淡

soso

其他特征 Otras cualidades

☑ shóu

熟

cocido

☐ shēng

生

crudo

各类食物 Categorías de alimentos

☑ shuǐguǒ
水果
fruta

☑ shūcài
蔬菜
verdura

☑ ròu
肉
carne

☐ niú(ròu)
牛（肉）
vaca (carne)

☐ yáng(ròu)
羊（肉）
oveja (carne)

☑ jī(ròu)
鸡／雞（肉）
pollo (carne)

☐ yā(ròu)
鸭／鴨（肉）
pato (carne)

☑ yú
鱼／魚
pescado

☐ xiā
虾／蝦
camarón

☐ hǎixiān
海鲜／海鮮
marisco

注释："肉"这个词通常是指cerdo，不过，cerdo确切的含义是"猪肉"。这个习惯说明，在中国的饮食中，猪肉被普遍地应用，如肉丝、肉丁、肉末等。

12.11 这些芒果是生的还是熟的？请填空。请写拼音或者汉字。

___熟的___　　　　　　　　　　___生的___

12.12 按照下图左所示，在图右的空格里填写拼音或汉字。因为辣味是由舌头的痛感神经（而不是特定位置的味蕾）感觉到的，所以你可以在舌头的任何位置上写"辣"。

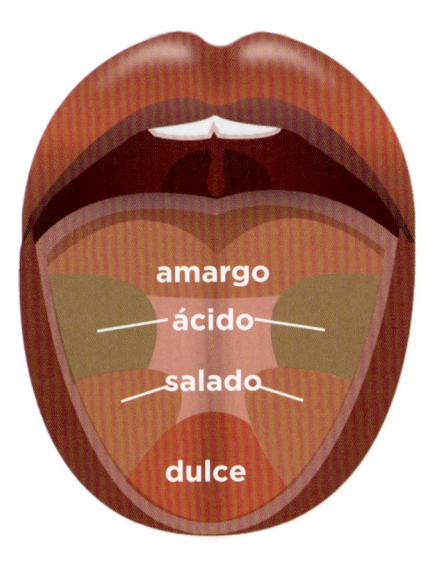 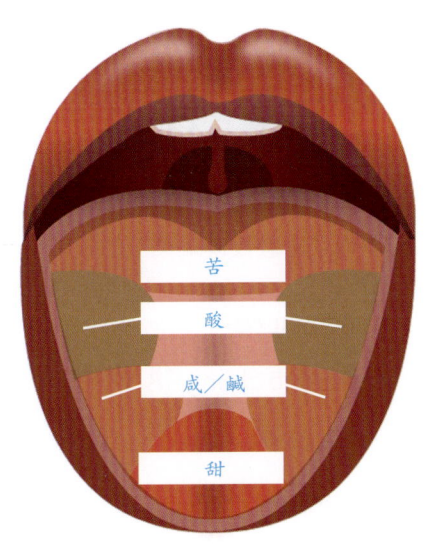

12.13 按以下味道列举食物。请写西班牙文。

酸的	甜的	苦的	辣的	咸／鹹的	淡的

第十二单元 民以食为天

12.14 ● 让学生先读懂题意,明白任务的内容。
● 如有必要的话,可找一个学生先示范一下,再让全班同学两人一组练习。

12.14 两人一组练习:与搭档分享练习12.13的内容,但是不要直接给对方看你写的词。可以问一问:你说什么东西是酸的?然后把搭档说出的而你没有的食物品种记下来。每一样味道都练习过之后,交换角色继续练。有时间再找另一位搭档做这个练习。

酸的	甜的	苦的	辣的	咸／鹹的	淡的

Encuentro 4　谈论蔬菜　Hablar sobre verduras

12.15 ● 确保学生明白此处有两个任务:第一个的要求是西班牙文,第二个的要求是中文。
● 如果学生感觉这项任务难度大,可以引导他们分两步来做。首先,他们要仔细听,重点听李教授说的话,把听到的词勾出来。然后,把注意力集中到听懂意思上,以语境和熟悉的词汇作为提示。
● 学生写完描述性句子后,鼓励他们互相看一看。

12.15 答案
a. 5
b. 7
c. 1
d. 4
e. 2
f. 3
g. 8
h. 9
i. 6

12.16 ● 教师可能需要多次播放录音。确保每次播放后要留出时间让学生核对答案。
● 写出与中文词汇对应的西班牙文有助于强化西班牙文、拼音、简繁体字之间的联系。

12.15 看"李教授谈蔬菜"的视频。在她提到的词汇旁画"✓"。然后将对应的表达连线。

☑ a. chāoshì 超市　　　　　　　　　　　1. *verduras*

☑ b. hěn duō zhǒng 很多种／很多種　　　2. *fresco*

☑ c. shūcài 蔬菜　　　　　　　　　　　3. *verde*

☐ d. shuǐguǒ 水果　　　　　　　　　　　4. *fruta*

☑ e. xīnxiān de 新鲜的／新鮮的　　　　5. *supermercado*

☑ f. lǜsè de 绿色的／綠色的　　　　　　6. *abundante (variedad)*

☐ g. gè zhǒng yánsè de 各种颜色的／各種顏色的　7. *de diferentes variedades*

☐ h. yíngyǎng de 营养的／營養的　　　　8. *de todos los colores*

☑ i. (zhǒnglèi hěn) fēngfù de
　　(种类很)丰富的／(種類很)豐富的　　9. *nutritivo*

选用以上词汇写一句话,描述你喜欢的采购食品的地方。　请写拼音或者汉字。

_____

ENCUENTRO 4   45

12.16 根据录音，给以下词汇的拼音标上正确的声调。在你常吃的蔬菜旁画 "✓"，并写出每个词对应的西班牙文。

• 让学生阅读练习后面的注释，鼓励他们把这些蔬菜的同义词写在所示蔬菜的旁边。

☐ huluobo	☐ qincai	☐ tudou(r)	☐ kugua	☐ huanggua
胡萝卜／胡蘿蔔	芹菜	土豆（儿）／土豆（兒）	苦瓜	黄瓜
húluóbo; zanahoria	qíncài; apio	tǔdòu(r); patata	kǔguā; pepino amrgo	huángguā; pepino

☐ shengcai	☐ jiucai	☐ baoxincai	☐ xihongshi	☐ qiezi
生菜	韭菜	包心菜	西红柿／西紅柿	茄子
shēngcài; lechuga	jiǔcài; cebollino de ajo chino	bāoxīncài; col	xīhóngshì; tomate	qiézi; berenjena

☐ luobo	☐ xianggu	☐ lusun	☐ yangcong	☐ caihua(r)
萝卜／蘿蔔	香菇	芦笋／蘆筍	洋葱／洋蔥	菜花(儿)／菜花(兒)
luóbo; nabo	xiānggū; seta	lúsǔn; espárrago	yángcōng; cebolla	càihuā(r); coliflor

☐ xilanhua	☐ qingjiao	☐ wandou	☐ baicai	☐ bocai
西兰花／西蘭花	青椒	豌豆	白菜	菠菜
xīlánhuā; brócoli	qīngjiāo; pimiento verde	wāndòu; guisante	báicài; col china	bōcài; espinaca

注释：西红柿也叫番茄，土豆（儿）也叫马铃薯或洋芋，菜花（儿）也称为花椰菜。此外，西兰花是从国外引进的蔬菜，又叫绿菜花。在美国被称为球花甘蓝。

12.17 按照拉手游戏的规则（练习12.8已解释过），找出全班同学最欢迎的蔬菜。

12.18 互动练习：请用拼音填空。

"我最喜欢吃的蔬菜是_____、_____，还有_____。"/
"我最喜歡吃的蔬菜是_____、_____，還有_____。"

在教室里走一走，采访你的同学。找出至少一位与你的选择完全一致的同学。

语法点滴
- 让学生做完练习12.18之后再阅读这篇语法点滴。
- 不必准备其他的补充材料来配合本篇"语法点滴"。所配练习是为了让教师检查学生是否掌握。如果学生能够顺利完成这些练习，说明他们对这一部分语法掌握得很好。
- 留出10～15分钟，让学生两人一组完成练习。
- 在教室里转一转，查看学生的进度，回答他们的问题。

Un poco de gramática 语法点滴

的, pequeño y poderoso modificador: Repaso y ampliación

Es al mismo tiempo el carácter más usado y más poderoso del idioma chino. No hay oración que no pueda modificar. Se trata de la pequeña partícula subordinante 的, enlace entre modificador y modificado. Recuerda que un principio general del orden de las palabras en chino es que los modificadores preceden a lo que modifican, pero no siempre es necesario usar 的 para producir una modificación. ¿Confundido? Bueno, a continuación se incluyen algunos ejemplos —algunos nuevos y otros que deberían resultarte familiares, y reglas sobre cuándo y cómo usar 的 para ayudarte a aclarar tus ideas.

NO se añade 的 en los casos siguientes:

- *Zhōngguórén* (persona china) — 的 no es necesario cuando el modificador es el nombre de un país, un idioma o un lugar de origen.
- *hǎorén* (buena/s persona/s) — Verbos de estado de una sílaba (adjetivos), como *hǎo*, se funden con los nombres para crear un concepto, y normalmente no necesitan 的.
- *wǒ bàba* (mi padre) — 的 no es necesario cuando los pronombres personales modifican palabras que se refieren a personas con una relación cercana.
- *nǐ jiā* (tu casa) — Algunas palabras, como *jiā* (casa), también indican una relación cercana particular y no es necesario usar 的.

SI se añade 的 en los casos siguientes:

- *wǒ de shū* (mi libro) — Literalmente significa "el libro que es mío". Se usa 的 para indicar posesión.
- *hěn hǎo de rén* (una persona muy buena) y *bù hǎo de shì* (una cosa mala) — Literalmente significan "una persona que es muy buena" y "una cosa que no es buena", respectivamente. Cuando un verbo de estado (*hǎo*) es a su vez modificado (*hěn, bù, fēicháng, tèbié*, etc.), es necesario usar 的.
- *Wǒ zuì xǐhuan chī de shūcài shì bōcài.* (La verdura que más me gusta es la espinaca.) — Las oraciones de este tipo tienen una estructura de tipo relativo. Se descomponen de la forma siguiente:
Oración base: La verdura es la espinaca = *shūcài shì bōcài*.
Cláusula de relativo: que más me gusta = *wǒ zuì xǐhuan chī de*
La cláusula de relativo se sitúa DESPUÉS del nombre (verdura) en español, pero ANTES del nombre (*shūcài*) en chino.
- *Wǒ yào huáng de, bú yào lǜ de.* (Quiero los amarillos, no los verdes.) — Cuando el nombre se conoce por contexto o porque ya ha sido mencionado,

se puede obviar. Sin embargo, 的 se mantiene (para ayudar a discriminar entre *huáng de xiāngjiāo* y *lǜ de xiāngjiāo*, por ejemplo).

Ejercicios: Intenta hacer los siguientes ejercicios.

1. ¿Qué significan estas frases? Escribe su equivalente en español.

    a. *tā jiějie* _____

    b. *wǒ āyí* _____

    c. *wǒmen xuéxiào* _____

    d. *Xībānyá huà* _____

    e. *huàirén* _____

    f. *hǎo dōngxi* _____

2. Usa el signo ^ indicando dónde insertar *de* en las oraciones siguientes.

    a. *hěn tián xīguā* (un melón muy dulce)

    b. *tèbié guì yīfu* (ropa especialmente cara)

    c. *bù hěn là cài* (platos no muy picantes)

3. Marca con un círculo *de* en las siguientes oraciones en chino y después subraya la oración básica. Lo que queda es la cláusula modificadora (relativa). A continuación, subraya la oración básica en las oraciones en español. Fíjate que la cláusula modificadora aparece antes del nombre (y de *de*) en chino, pero después en español.

    a. *Wǒ zuì xǐhuan chī de shuǐguǒ shì mángguǒ, lìzhī, hái yǒu yīngtao.*
    (Las frutas que más me gustan son el mango, el lichi y la cereza.)

    b. *Tā gěi wǒ mǎi de T-xù shān tài dà le.*
    (La camiseta que me compró es demasiado grande)

    c. *Nǐ shuō de nèi ge rén jiù shì Lǎo Wáng.*
    (La persona sobre la que hablas es Lao Wang.)

    d. *Nǐ xǐhuan de nèi ge nǚ háizi shì tā mèimei.*
    (La chica que te gusta es su hermana.)

4. Escribe en español el nombre que ha sido omitido en cada una de las siguientes respuestas.

    Q: *Nǐ xǐhuan chī shénme yàng de shuǐguǒ?*
    A: *Wǒ xǐhuan chī tián de.*   Nombre: _____

    Q: *Nǐ zài mǎi shénme yàng de yīfu?*
    A: *Wǒ mǎi xiàtiān chuān de.*   Nombre: _____

    Q: *Zhè shì shéi de shuǐ?*
    A: *Shì wǒ de.*   Nombre: _____

"语法点滴"练习答案

练习1
a. su hermana mayor
b. mi tía
c. nuestra escuela
d. español (lenguaje)
e. gente mala
f. buen empleado

练习2
a. hěn tián ^ xīguā
b. tèbié guì ^ yīfu
c. bù hěn là ^ cài

练习3
a. Wǒ zuì xǐhuan chī ⓓⓔ shuǐguǒ shì mángguǒ, lìzhī, hái yǒu yīngtao.
a. *Las frutas a que me gustan más de comer son mangos, litchi chino y cerezas.*
b. Tā gěi wǒ mǎi ⓓⓔ T-xù shān tài dà le.
La camiseta que él compró para mi es muy grande.
c. Nǐ shuō ⓓⓔ nèi ge rén jiù shì Lǎo Wáng.
La persona de que estás hablando es Lao Wang.
d. Nǐ xǐhuan ⓓⓔ nèi ge nǚ háizi shì tā mèimei.
La chica a que te gusta es su hermana.

练习4
fruta
ropa
agua

12.19 • 该练习旨在让学生练习并掌握本节所学习的词汇。

• 如有必要，提醒学生复习练习12.10、12.12以及12.16，能对本练习有所帮助。

12.19 看以下表格所列的各种食物。吃这些食物时，你觉得是什么味道？（当然，蔬菜的味道常常是调料味或者其他配料的味道，注明这种味道就可以。）请在合适的格中画"✓"，并和一位同学核对答案。

	酸	甜	苦	辣	咸/鹹	淡
xiāngjiāo 香蕉						
píngguǒ 苹果／蘋果						
lí 梨						
níngméng 柠檬／檸檬						
xīguā 西瓜						
táozi 桃子						
hāmìguā 哈密瓜						
yīngtao 樱桃／櫻桃						
shíliu 石榴						
bōluó 菠萝／菠蘿						
pútao 葡萄						
mángguǒ 芒果						
míhóutáo 猕猴桃／獼猴桃						
zhūròu 猪肉／豬肉						
niúròu 牛肉						
yángròu 羊肉						
jī 鸡／雞						
yā 鸭／鴨						
yú 鱼／魚						
xiā 虾／蝦						
hǎixiān 海鲜／海鮮						
húluóbo 胡萝卜／胡蘿蔔						
qíncài 芹菜						

	酸	甜	苦	辣	咸／鹹	淡
tǔdòu(r) 土豆(儿)／土豆(兒)						
kǔguā 苦瓜						
huángguā 黄瓜						
shēngcài 生菜						
jiǔcài 韭菜						
bāoxīncài 包心菜						
xīhóngshì 西红柿／西紅柿						
qiézi 茄子						
luóbo 萝卜／蘿蔔						
xiānggū 香菇						
lúsǔn 芦笋／蘆筍						
yángcōng 洋葱／洋蔥						
xīlánhuā 西兰花／西蘭花						
càihuā(r) 菜花(儿)／菜花(兒)						
qīngjiāo 青椒						
wāndòu 豌豆						
báicài 白菜						
bōcài 菠菜						

Encuentro 5 做一顿饭 Preparar una comida

12.20 准备活动：如果要做一顿饭，你会怎样做？对你来说什么样的饭菜比较好？请用西班牙文记在下面，并和同学分享记录。

12.20 • 这是一个开动脑筋进行思考的练习，旨在让学生进行关于食物及自己所喜欢的食物的思考。

• 本节介绍中国饮食的特点，说明如何做出一桌饭菜，以及备料和烹调的方法。

50 第十二单元 民以食为天

12.21 • 让学生看视频之前先通读一下翻译内容，这样可以带着目的去看视频。
• 也许需要多播放几次视频，确保留出足够的时间让学生们互相核对答案。

12.21 答案
a. gastronomía china
b. comida china
c. pato
d. pescado
e. vegetal
f. comida china
g. muchos modos distintos
h. comida china
i. dulce
j. salado
k. picante
i. ácido

12.21 看"在唐家吃饭"的视频。然后完成以下唐远所说内容的西班牙文翻译。

Profesora Lynn, (a)_____ y la cocina occidental son muy diferentes. (b)_____ usa ingredientes muy variados. Pollo, (c)_____, (d)_____, y cerdo, y todo tipo de (e)_____—todos pueden convertirse en un plato sabroso. (f)_____ da igual importancia al color, el aroma y el sabor. El troceado y el control del fuego son también muy importantes. A la plancha, salteados, hervidos, fritos—los mismos ingredientes pueden ser cocinados d (g)_____. Además, para (h)_____, si provienen de una región distinta, el sabor de la comida también es diferente. Por eso, como se suele decir: "El sur es (i)_____, el norte (j)_____, el este (k)_____, y el oeste (l)_____."

12.22 • 做这个练习可能需要复习视频中的细节。提醒学生如果需要可以看练习12.21的西班牙文段落。
• 指出练习后面的注释，鼓励学生把"烹"的同义词写在旁边。

12.22 答案
a. 6
b. 1
c. 3
d. 8
e. 2
f. 12
g. 4
h. 7
i. 5
j. 9
k. 10
l. 13
m. 11

12.22 请将对应的表达连线。

a. Zhōngguó cài 中国菜／中國菜　　　1. gastronomía occidental
b. xīcān 西餐　　　　　　　　　　　2. prestar atención
c. yòngliào 用料　　　　　　　　　　3. ingredientes
d. gè zhǒng shūcài
　　各种蔬菜／各種蔬菜　　　　　　4. técnicas de corte
　　　　　　　　　　　　　　　　　5. habilidad, técnica
e. jiǎngjiu 讲究／講究　　　　　　　6. gastronomía
f. sè xiāng wèi jù quán 色香味俱全　　7. control del fuego de cocción
g. dāo gōng 刀功　　　　　　　　　　8. todo tipo de verduras
h. huǒhou 火候　　　　　　　　　　　9. freír
i. jìqiǎo 技巧　　　　　　　　　　　10. saltear
j. jiān 煎　　　　　　　　　　　　　11. freír a profundo
k. chǎo 炒　　　　　　　　　　　　　12. tener buen color (apariencia), aroma y sabor
l. pēng 烹
m. zhá 炸　　　　　　　　　　　　　13. cocinar

注释："Hervir"的意思通常是"煮"，所以当我们说煮过的食物时都用zhǔ，而不用pēng。比如说：煮鸡蛋 (huevos hervidos)。

12.23 你认为"炸鸡"是什么意思?

答案:＿＿＿＿＿＿＿＿

12.23 答案
pollo frito

12.24 请用拼音和西班牙文填空。

汉字／漢字	拼音	西班牙文
煮海鲜／煮海鮮		
炒菠菜		
煎鸡蛋／煎雞蛋		
炸鱼／炸魚		

12.24 答案
zhǔhǎixiān; *marisco cocido*
chǎobōcài; *espinaca salteada*
jiānjīdàn; *huevo frito*
zháyú; *pescado frito a profundo*

12.25 做"四角游戏"。首先,想出一种不是水果的食物。你的老师会在教室的四角分别贴上四种烹调方式的标签:生的、炸的、煮的、炒的。你认为这种食物最好怎么吃?选出对应的角落。告诉和你同在这个角落的同学你所想的食物名称。如果有时间,也可以告诉其他角落的同学。

12.25 • 让学生读懂题意,明白任务是什么。
• 教师可以加入游戏,必要时可以给同学作示范。

12.26 以下是各种烹调方式和食物名称。将对应的表达连线。

a. *ensalada*   1. kǎo de   A. 蒸的
b. *pan*   2. shālā   B. 烤的
c. *horneado*   3. zhēng de   C. 面包／麵包
d. *arroz*   4. miàntiáo   D. 米饭／米飯
e. *tallarines*   5. mǐfàn   E. 面条／麵條
f. *al vapor*   6. tiándiǎn   F. 沙拉
g. *postre*   7. miànbāo   G. 甜点／甜點

12.26 • 这个练习里出现的新词汇没有相应的视频资料可以参考。该练习旨在培养学生如何根据已知的信息和语境来推断新词的意思。不要直接告诉学生答案。可以提出一些线索,引导他们自己找到答案。
• 告诉学生可以通过认识的词来推断新词的意思,也可以用认识的部首来推断。如果两个方法都不行,就让他们跳过这个词,先往下做。答案会在稍后用排除法得出。

12.26 答案
a. 2. F
b. 7. C
c. 1. B
d. 5. D
e. 4. E
f. 3. A
g. 6. G

12.27 互动练习:再做一次四角游戏。想出一种跟练习12.25中不同的食物。老师把教室的四个角落分别命名为:主食、水果、蔬菜、鱼肉蛋。找到对应的角落,告诉同在这个角落的同学你所想出的食物名称。如果有时间,也可以告诉其他角落的人你想出的食物。

12.27–12.28 • 让学生读懂题意,明白任务是什么。
• 教师可以加入游戏,必要时可以给同学作示范。

12.28 互动练习：玩"同类组合"的游戏，选一种食物（不同于练习12.25和12.27的选择），在教室里走一走，大声说出你选的食物名称，让大家都听到。与至少三个人组成一组，使每组至少有一种主食，一种蔬菜，一种蛋白质食品（鱼、肉等）和一种水果（构成一顿营养均衡的膳食）。与其他同学分享你们的这餐食物。

Encuentro 6 去超市买食品
Comprar en un supermercado

12.29 准备活动：在你的国家，去购买食品需要用到哪些表达？请用西班牙文写在下面。

12.30 ● 播放视频前先让学生通读这些词汇，以便带着目的去观看。
● 提醒学生用认识的汉字和部首来推断新词的意思。
● 做完练习后，告诉学生júzi中的第一个字有两种写法。本练习用的是"橘"，也可以写成"桔"。

12.30 答案
a. 10
b. 4
c. 15
d. 3
e. 11
f. 14
g. 9
h. 7
i. 8
j. 1
k. 6
l. 5
m. 13
n. 12
o. 2

12.30 看"北京超市"的视频。在你听到的词汇前画"✓"，并将对应的拼音和中文连线。

☐ a. yǐnliào (*bebidas*)
☑ b. guǒzhī (*zumo de frutas*)
☑ c. pútao zhī (*zumo de uva*)
☑ d. cǎoméi zhī (*zumo de fresa*)
☐ e. niúnǎi (*leche*)
☐ f. kělè (*cola*)
☐ g. chá (*té*)
☐ h. kāfēi (*café*)
☐ i. júzi zhī (*zumo de naranja*)
☐ j. wèizhì (*ubicación*)
☑ k. dì-yī pái (*primera fila*)
☐ l. dì-shísān pái (*la fila N.13*)
☐ m. qítā (*otro*)
☐ n. tuī chē (*carrito*)
☑ o. lánzi (*cesta*)

1. 位置
2. 篮子／籃子
3. 草莓汁
4. 果汁
5. 第十三排
6. 第一排
7. 咖啡
8. 橘子汁
9. 茶
10. 饮料／飲料
11. 牛奶
12. 推车／推車
13. 其他
14. 可乐／可樂
15. 葡萄汁

12.31 两人一组练习：和搭档一起设计一个在超市购物的小品，至少要有三句问答。可以是两个购物者间的对话，也可以是购物者和店员之间的对话。向另一组或者全班同学演示一下。

INFO 供你参考

Cinco alimentos por los que vivir

A menudo se ha dicho que la comida, desde su cultivo hasta su preparación y consumo, es un aspecto central de la cultura china, como sugiere el título de esta unidad. Por eso, no es sorprendente que muchos chinos crean que ciertos alimentos poseen significados simbólicos. Estos son algunos ejemplos.

- 鸡蛋／雞蛋 jīdàn (huevos)
  Como en otras culturas, los chinos creen que los huevos simbolizan fertilidad. Cuando nace un bebé, a menudo los padres celebran una "fiesta del huevo rojo y el jengibre" en la que se ofrece a los invitados huevos hervidos pintados de rojo (simbolizan buena suerte).

- 面／麵 miàn (tallarines)
  Debido a su longitud, los tallarines simbolizan longevidad y suelen servirse en las fiestas de cumpleaños. Como se considera de mala suerte cortar los tallarines al comerlos, se sorben ruidosamente para enfatizar su longitud al introducirlos en la boca.

- 水果 shuǐguǒ (fruta)
  Mandarinas, naranjas y pomelos son frutas generosamente consumidas durante el Año Nuevo Chino para celebrar la llegada de la primavera y simbolizar esperanza y prosperidad. Los melocotones también son una fruta "de la suerte", muy apreciada por los inmortales legendarios, y son habitualmente ofrecidos en banquetes de celebraciones. Cuando no es temporada de melocotones, estos pueden sustituirse por bollos dulces rellenos confeccionados hermosamente con la forma y el color del melocotón.

- 鱼／魚 yú (pescado)
  No te sorprendas si durante una cena en China te encuentras con un pescado entero sobre la mesa. Un pescado servido entero es un símbolo de prosperidad. La palabra pescado (yú) se pronuncia, excepto por el tono, igual que la palabra "prosperidad" (裕 yù). El pescado es especialmente popular durante las celebraciones del Año Nuevo Chino, cuando todos desean 年年有余／年年有餘 niánnián-yǒuyú (que cada año tengas excedentes). Como 余／餘 yú (excedente) se pronuncia exactamente igual que 鱼／魚 yú (pescado), un pescado entero es una bendición simbólica para los presentes: que todos tengan más de lo que necesitan durante el nuevo año que entra. 有鱼／有魚 = 有余／有餘.

- 蔬菜 shūcài (verduras)
  ¡No te olvides de tus verduras! 韭菜 jiǔcài (cebollino de ajo chino) simboliza eternidad (韭 jiǔ = 久 jiǔ [eterno]), y el musgo comestible 发菜／髮菜 fàcài (literalmente "verdura peluda") sirve para desear prosperidad. 发菜／髮菜 fàcài = 发财／發財 fācái (hacerse rico).

供你参考
可以把阅读这篇文章当成家庭作业布置给学生。把全班分成五个小组，每个小组负责向全班展示一个种类的食物。各小组应该借助图片等内容，解释这类食品名称的意义、描述相关习俗。

🎵 单元说唱　Rap de la Unidad

登录环球汉语网站，听歌曲复习第十二单元所学的主要内容。然后再听一遍并跟着唱！

Encuentro 7　读和写　Lectura y escritura

Un poco de gramática 语法点滴

Más sobre los coverbos

Como aprendiste en la Unidad 10 del Libro 1, la función de los coverbos es más o menos la misma que la de las preposiciones del español. Proporcionan ajustes sobre la acción principal y pueden ser traducidos habitualmente por palabras como "hasta" (到), "desde" (从／從), "en" (在), "hacia" (往), "con" (跟), etc. En chino se les llaman coverbos porque, a diferencia de las preposiciones del español, muchos de ellos pueden funcionar independientemente como verbos. Consulta el Resumen de esta unidad para ver ejemplos en los que los coverbos funcionan como verbos.

En los textos siguientes encontrarás ejemplos de nuevos coverbos (consulta el resumen de gramática para ver más ejemplos):

- 给／給 gěi *(para [en beneficio de])*
  琳想给唐远跟他父母做一顿美国菜。／琳想給唐遠跟他父母做一頓美國菜。
  Lín xiǎng gěi Táng Yuǎn gēn tā de fùmǔ zuò yí dùn Měiguó cài.
  (Lynn quiere cocinar una comida americana para Tang Yuan y sus padres.)
- 对／對 duì *(a, hacia)*
  老师也对学生说……／老師也對學生說……
  Lǎoshī yě duì xuésheng shuō . . . *(El profesor también dijo a sus alumnos...)*
- 用 yòng *(con, en)*
  琳用中文问卖菜的……／琳用中文問賣菜的……
  Lín yòng Zhōngwén wèn mài cài de . . . *(Lynn pregunta al vendedor en chino...)*

▶ 读出熟悉的中文句子
Lectura de oraciones familiares en caracteres chinos

12.32 两人一组练习：借助西班牙文，与搭档轮流大声朗读下面的段落（简体字）。可以互换朗读内容，如果有人无法读出某个汉字，搭档可以提供帮助。

12.32
- 不要让学生把拼音标注在字上，因为这样做会失去做本练习的意义。
- 学生遇到生字时，鼓励他们通过句中熟悉的字和西班牙文翻译来推测其意思。

1 琳想给唐远跟他父母做一顿美国菜,请他们尝尝。所以她请唐远陪她到菜市场去买菜。唐远第二天刚好没事，就答应 (dāying – *estar de acuerdo*) 陪琳买菜去。 *(Lynn quiere cocinar una comida americana para Tang Yuan y sus padres, y les invita para que la prueben. Por eso, pide a Tang Yuan que le acompañe al mercado a comprar. Al día siguiente Tang Yuan no tiene nada que hacer y acepta ir de compras con Lynn.)*

2 琳和唐远在菜市场买菜的时候，先去看一些水果。琳用中文问卖菜的香蕉熟不熟，甜不甜。那个人说香蕉很熟，唐远也说会很甜。琳买水果的时候，唐远自己(zìjǐ – *por sí mismo*) 去买一些肉和蔬菜。 *(Cuando Lynn y Tang Yuan están en el mercado, primero van a ver fruta. Lynn pregunta en chino al vendedor si las bananas son maduras y están dulces. Esta persona dice que están maduras y Tang Yuan dice que están dulces. Mientras Lynn compra fruta, Tang Yuan va solo a comprar carne y verduras.)*

3 琳在上课的时候，问学生们香蕉、苹果、柠檬和梨都是什么东西。同学们一起回答说都是水果。然后阿龙给同学们又说了很多其他水果的名字。 *(En clase, Lynn pregunta a los estudiantes qué son los plátanos, las manzanas, los limones y las peras. Los estudiantes responden al mismo tiempo que todos son frutas. Después, A Long dice el nombre de otras frutas a sus compañeros.)*

4 有一位老师给外国学生介绍(jièshào – *presentar*) 了很多种中国的蔬菜，都是学生可能 (kěnéng – *quizás*) 没吃过也没看见过的。老师也对学生说，很多外国学生吃了苦瓜、韭菜以后都觉得很好吃。学生应该试试 (shìshi – *probar[los]*)。 *(Un profesor presenta a los estudiantes extranjeros muchos tipos de verduras chinas, muchos de los cuales quizás no han comido ni visto antes. El profesor también dice a los estudiantes que a muchos estudiantes extranjeros les gustan el pepino amargo y el cebollino de ajo cuando las prueban. Los estudiantes deberían probarlos.)*

5 绿色的蔬菜特别营养。其他颜色的蔬菜也很营养。我们都应该多吃蔬菜和水果，少吃肉。 *(Las verduras verdes son especialmente nutritivas. Las verduras de otros colores también son nutritivas. Todos deberíamos comer más verduras y frutas y menos carne.)*

6 琳在唐家吃晚饭。唐远给她介绍中国菜说，中国人的口味，东南西北都不一样，中国人常说，南甜北咸东辣西酸。 *(Lynn cena en la casa de Tang. Tang Yuan le explica que los sabores de la comida china son diferentes en el este, el sur, el oeste y el norte del país, y que los chinos suelen decir que los platos del sur son dulces; los del norte, salados; los del este, picantes y los del oeste, ácidos.)*

7 中国菜和西餐的口味很不一样。中国菜的用料非常多，也讲究刀工和火候。蔬菜要吃熟的，不吃生的。西餐沙拉里面用的东西都是生的。还有，西餐很讲究甜点。 *(Los sabores de la comida china y la comida occidental son muy diferentes. La cocina china usa una gran cantidad de ingredientes y da gran importancia a la forma de cortar los alimentos y al control del fuego. La verdura debe comerse cocida, no cruda. Los ingredientes de las ensaladas en la cocina occidental están todos crudos. Además, en la cocina occidental se da mucha importancia a los postres.)*

8 中国菜的做法(zuòfǎ – *formas de cocinar*)很丰富。鸡鸭鱼肉，各种蔬菜，可以煎、炒、煮、炸、蒸。还有，中国菜讲究色香味都好。 *(La cocina china tiene muchas formas de prepararse. Pollo, pato, pescado, carnes y verduras pueden cocinarse sofritos, salteados, hervidos, fritos y al vapor. Además, la comida china presta atención al mismo tiempo al color, el aroma y el sabor de los platos.)*

9 有一天李雯和April到北京一个超市去买东西。她们买了很多，可是找不到果汁，不知道果汁在哪儿。店员告诉她们果汁在第一排。买好东西以后，她们就去结账 (jiézhàng – *pagar la cuenta; liquidar cuentas*) 了。 *(Un día Li Wen y April fueron a comprar en un supermercado de Beijing. Compraron muchas cosas, pero no encontraron los zumos de frutas, no sabían dónde están. Un empleado les dijo que los zumos están en la primera fila. Tras encontrar todo, se dirigieron a pagar la cuenta.)*

10 在很多中国的超市里面，食品(shípǐn – *productos alimenticios*)很丰富。有饮料、水果、蔬菜、鸡鸭鱼肉，各种东西都有。你要买什么就可以买什么。推一个小推车把要买的东西放在推车里，又容易又方便(fāngbiàn – *fácil*)。可是有人说超市的价钱比外面有时候贵一点，有时候贵得多。 *(En muchos supermercados chinos hay gran variedad de alimentos. Tienen de todo: frutas, verduras, pollo, pato, pescados y carnes. Puedes comprar todo lo que desees. Empuja un carrito y mete en su interior todo lo que quieras comprar, es fácil y cómodo. Sin embargo, algunos dicen que los precios de los supermercados a veces son un poco más altos que los de afuera, y a veces muchos más caros.)*

Un poco de gramática 语法点滴

Otro coverbo más— 把 *bǎ*

El texto final del Ejercicio 12.32 (texto 10) incluye algunos coverbos que ya hemos visto y otro nuevo— 把 *bǎ*. La estructura habitual de las oraciones del chino es Sujeto + Verbo + Objeto, como: 我买书。／我買書。 *Wǒ mǎi shū*. (Compro libros). Usando 把 se da la vuelta a la oración china: el objeto se sitúa delante del verbo, dándole más importancia. Esta construcción se usa frecuentemente en chino, especialmente en situaciones en las que alguien habla sobre hacer algo a un objeto o aplicar una acción sobre él. El objeto es normalmente específico y definido, algo que ambos interlocutores conocen. Fíjate en este ejemplo: Vas a la oficina de tu amigo, que es un profesor jubilado. Su biblioteca solía estar llena, pero cuando te acercas ves que los estantes están vacíos.

你那些书怎么了?／你那些書怎麼了?
Nǐ nèixiē shū zěnme le? *(¿Qué ha pasado con tus libros?)*

我把书都给朋友了。／我把書都給朋友了。
Wǒ bǎ shū dōu gěi péngyou le. *(He dado los libros a mis amigos.)*

Fíjate en que el objeto directo 那些书／那些書 *nèixiē shū* (esos libros) es algo que los dos hablantes conocen. Además, se ha realizado una acción sobre el objeto; los libros han sido dados a amigos. Esta es la partícula del texto 10 del ejercicio anterior:

……把要买的东西放在推车里／……把要買的東西放在推車裡
... bǎ yào mǎi de dōngxi fàng zài tuī chē li

¿Te das cuenta cómo el objeto es definido y ha sido "accionado"? En las siguientes lecciones se volverá a hablar de 把. ¡No hemos terminado todavía! No te preocupes, será divertido.

12.33 两人一组练习：再次朗读这些段落，这次没有西班牙文辅助。

1. 琳想给唐远跟他父母做一顿美国菜,请他们尝尝。所以她请唐远陪她到菜市场去买菜。唐远第二天刚好没事，就答应陪琳买菜去。

2. 琳和唐远在菜市场买菜的时候，先去看一些水果。琳用中文问卖菜的香蕉熟不熟，甜不甜。那个人说香蕉很熟，唐远也说会很甜。琳买水果的时候，唐远自己去买一些肉和蔬菜。

3. 琳在上课的时候，问学生们香蕉、苹果、柠檬和梨都是什么东西。同学们一起回答说都是水果。然后阿龙给同学们又说了很多其他水果的名字。

4. 有一位老师给外国学生介绍了很多种中国的蔬菜，都是学生可能没吃过也没看见过的。老师也对学生说，很多外国学生吃了苦瓜、韭菜以后都觉得很好吃。学生应该试试。

5. 绿色的蔬菜特别营养。其他颜色的蔬菜也很营养。我们都应该多吃蔬菜和水果，少吃肉。

6. 琳在唐家吃晚饭。唐远给她介绍中国菜说，中国人的口味，东南西北都不一样，中国人常说，南甜北咸东辣西酸。

7. 中国菜和西餐的口味很不一样。中国菜的用料非常多，也讲究刀工和火候。蔬菜要吃熟的，不吃生的。西餐沙拉里面用的东西都是生的。还有，西餐很讲究甜点。

8. 中国菜的做法很丰富。鸡鸭鱼肉，各种蔬菜，可以煎、炒、煮、炸、蒸。还有，中国菜讲究色香味都好。

9. 有一天李雯和April到北京一个超市去买东西。她们买了很多，可是找不到果汁，不知道果汁在哪儿。店员告诉她们果汁在第一排。买好东西以后，她们就去结账了。

12.33 • 和练习12.32一样，不要让学生在字上标注拼音，以免影响此练习的目的。
• 提醒学生通过熟悉的字词和语境来推断生字。
• 告诉学生要有耐心。读第一遍时可能会很慢，也不会太流利。读第一遍的目的不是流利朗读，而是练习依靠语境认识和掌握生字。

10 在很多中国的超市里面，食品很丰富。有饮料、水果、蔬菜、鸡鸭鱼肉，各种东西都有。你要买什么就可以买什么。推一个小推车把要买的东西放在推车里，又容易又方便。可是有人说超市的价钱比外面有时候贵一点，有时候贵得多。

12.34 两人一组练习：再次朗读这些段落，这次用的是繁体字。

1 琳想給唐遠跟他父母做一頓美國菜,請他們嚐嚐。所以她請唐遠陪她到菜市場去買菜。唐遠第二天剛好沒事，就答應陪琳買菜去。

2 琳和唐遠在菜市場買菜的時候，先去看一些水果。琳用中文問賣菜的香蕉熟不熟，甜不甜。那個人說香蕉很熟，唐遠也說會很甜。琳買水果的時候，唐遠自己去買一些肉和蔬菜。

3 琳在上課的時候，問學生們香蕉、蘋果、檸檬和梨都是甚麼東西。同學們一起回答說都是水果。然後阿龍給同學們又說了很多其他水果的名字。

4 有一位老師給外國學生介紹了很多種中國的蔬菜，都是學生可能沒吃過也沒看見過的。老師也對學生說，很多外國學生吃了苦瓜、韭菜以後都覺得很好吃。學生應該試試。

5 綠色的蔬菜特別營養。其他顏色的蔬菜也很營養。我們都應該多吃蔬菜和水果，少吃肉。

6 琳在唐家吃晚飯。唐遠給她介紹中國菜說，中國人的口味，東南西北都不一樣，中國人常說，南甜北鹹東辣西酸。

7 中國菜和西餐的口味很不一樣。中國菜的用料非常多，也講究刀工和火候。蔬菜要吃熟的，不吃生的。西餐沙拉裡面用的東西都是生的。還有，西餐很講究甜點。

8 中國菜的做法很豐富。雞鴨魚肉，各種蔬菜，可以煎、炒、煮、炸、蒸。還有，中國菜講究色香味都好。

9 有一天李雯和April到北京一個超市去買東西。她們買了很多，可是找不到果汁，不知道果汁在哪兒。店員告訴她們果汁在第一排。買好東西以後，她們就去結賬了。

10 在很多中國的超市裡面，食品很豐富。有飲料、水果、蔬菜、雞鴨魚肉，各種東西都有。你要買甚麼就可以買甚麼。推一個小推車把要買的東西放在推車裡，又容易又方便。可是有人說超市的價錢比外面有時候貴一點，有時候貴得多。

12.35 以下短语在上面的阅读练习1–5段中出现过。将对应的表达连线。

a. 一顿／一頓
b. 尝尝／嚐嚐
c. 陪她
d. 刚好／剛好
e. 答应／答應
f. 熟不熟
g. 蔬菜
h. 上课／上課
i. 苹果／蘋果
j. 柠檬／檸檬
k. 一起
l. 回答
m. 然后／然後
n. 介绍／介紹
o. 很多种／很多種
p. 营养／營養
q. 应该／應該

1. shūcài
2. níngméng
3. chángchang
4. huídá
5. shàngkè
6. yí dùn
7. yìqǐ
8. péi tā
9. gānghǎo
10. dāying
11. shóu bu shóu
12. píngguǒ
13. jièshào
14. yíngyǎng
15. yīnggāi
16. hěn duō zhǒng
17. ránhòu

12.35 答案
a. 6
b. 3
c. 8
d. 9
e. 10
f. 11
g. 1
h. 5
i. 12
j. 2
k. 7
l. 4
m. 17
n. 13
o. 16
p. 14
q. 15

12.36 答案
a. 4
b. 13
c. 1
d. 8
e. 2
f. 3
g. 10
h. 5
i. 7
j. 9
k. 6
l. 16
m. 14
n. 11
o. 12
p. 15

12.36 以下短语在上面的阅读练习6～10段中出现过。将对应的表达连线。

a. 口味
b. 价钱／價錢
c. 西餐
d. 很不一样／很不一樣
e. 用料
f. 生的
g. 沙拉
h. 讲究／講究
i. 甜点／甜點
j. 做法
k. 各种／各種
l. 告诉／告訴
m. 结账／結賬
n. 食品
o. 推
p. 方便

1. xīcān
2. yòngliào
3. shēng de
4. kǒuwèi
5. jiǎngjiu
6. gè zhǒng
7. tiándiǎn
8. hěn bù yíyàng
9. zuòfǎ
10. shālā
11. shípǐn
12. tuī
13. jiàqian
14. jiézhàng
15. fāngbiàn
16. gàosu

阅读真实语言材料　Lectura de textos de la vida real

12.37 看61页的两则超市广告。

12.37 • 在这个练习中，学生可以运用图片和认识的字来读懂这则真实语言材料的意思，并独立学习新的语言项目。
• 这些练习旨在教会学生阅读的策略，包括如何运用学过的字去推测不认识的字词。学生有困难的时候，教师不要直接告诉他们答案，而要指出可以利用的线索对其进行引导，以找到答案。

12.37 答案
1. xiān
2. a. 白菜花
　b. 茼蒿
　c. 架豆
　d. 小白菜
　e. 红薯
　f. 长茄子
　g. 黄瓜

1. 广告语"抢鲜"是一种巧妙的用法。"抢"是adelantarse, competir por的意思，"鲜"是frescura的意思。而"鲜"和"先"的发音相同，"抢鲜"的意思是competir por ser el primero en probar la frescura。

请把这个词的拼音写完整：qiǎng ＿＿＿＿＿＿

2. 把下列食物名称的汉字抄在横格上。

a. coliflor blanca　　　　bái càihuā　　　＿＿＿＿＿＿
b. brotes de crisantemo　tónghāo　　　　＿＿＿＿＿＿
c. judía verde　　　　　jiàdòu　　　　　＿＿＿＿＿＿
d. pequeña col china　　xiǎo báicài　　　＿＿＿＿＿＿
e. patata dulce　　　　　hóngshǔ　　　　＿＿＿＿＿＿
f. berenjena alargada　　cháng qiézi　　　＿＿＿＿＿＿
g. pepino　　　　　　　huángguā　　　　＿＿＿＿＿＿

抢鲜GO!

限12月10日至12日

限12月10日至12日	限12月13日至14日	限12月15日至16日
茼蒿 2.99 元/500g	小白菜 1.99 元/500g	长茄子 2.88 元/500g

白菜花 1.68 元/500g

限12月10日至12日	限12月13日至14日	限12月15日至16日
架豆 3.20 元/500g	红薯 1.88 元/500g	黄瓜 2.20 元/500g

限12月10日至12日	限12月10日至12日	限12月10日至12日	限12月10日至12日	限12月10日至12日	限12月10日至12日
华都鸡脖 6.60 元/500g	福成蚝油牛柳 24.00 元/500g	海阳鱼丸系列 8.50 元/500g	千层卷 7.98 元/500g	杂拌豆制品 7.98 元/500g	金篮子家乡肠 15

抢鲜GO!

限12月10日至12日

限12月10日至12日	限12月13日至14日	限12月15日至16日
金冠苹果 3.30 元/500g	普通红富士苹果 4.50 元/500g	丰水梨 2.98 元/500g

金橘 8.80 元/500g

限12月10日至12日	限12月13日至14日	限12月15日至16日
雪花梨 1.50 元/500g	香蕉 2.80 元/500g	沙糖橘 4.90 元/500g

	亚大家乡肠 13.80 元/500g	道口盐水鸭 18.80 元/500g	浦五房酱猪肝 26.00 元/500g	天福号五香小肚 17.60 元/500g	育青鸡 22.70 元/500g
5.80					

第十二单元 民以食为天

3. a. 6.60元
   b. 24.00元
   c. 18.80元
   d. 22.70元
   e. 鸡脖
   f. 牛柳
   g. 盐水鸭
4. a. 猪肝
   b. hígado de cerdo
   c. 26.00元
5. a. 鱼丸
   b. albóndigas de pescado
   c. 8.50元
6. a. 10. Dec.—12. Dec.
   b. 10. Dec.—12. Dec.
   c. 15. Dec.—16. Dec.
   d. 金冠苹果
   e. 雪花梨
   f. 沙糖桔
7. 可能的答案：小 *xiǎo* (pequeño),
   黄 *huáng* (amarillo), 白 *bái* (blanco),
   大 *dà* (grande)

3. a. 鸡脖子多少钱？ _____ por 500g.
   b. 牛柳多少钱？ _____ por 500g.
   c. 盐水鸭多少钱？ _____ por 500g.
   d. 鸡肉多少钱？ _____ por 500g.

   然后抄写以下食品的汉字名称。
   e. cuello de pollo: _____
   f. solomillo de ternera: _____
   g. pato salado: _____

4. "肝"的意思是hígado。广告中出现了哪种肝？这种肝售价多少？把汉字、西班牙文和价格写在下面。
   a. caracteres: _____
   b. español: _____
   c. _____ por 500g.

5. "丸"的意思是pequeña bola或albóndiga。广告中哪种产品符合这种描述？售价多少？把汉字、西班牙文和价格写在下面。
   a. caracteres: _____
   b. español: _____
   c. _____ por 500g.

6. 所列出的水果、蔬菜和几种肉类的价格仅限几日。写出以下产品的价格有效期。
   a. jīnguàn píngguǒ (*manzana golden*): _____
   b. xuěhuā lí (*pera de las nieves*): _____
   c. shātáng jú (*mandarina dulce*): _____

   抄写以下食品的中文名称：
   d. jīnguàn píngguǒ: _____
   e. xuěhuā lí: _____
   f. shātáng jú: _____

7. 你还认识哪些描述性形容词和静态动词？请填在下面的空格中。

   汉字／漢字：_____
   拼音：_____
   西班牙文：_____

学写汉字　Aprender a escribir caracteres

12.38 本单元下列汉字的笔画顺序以及其他相关信息，请参见《汉字练习本》。练习写这些汉字的简体字或者繁体字，直到你能熟练地写出为止。

果，菜，香，蕉，瓜，桃，酸，甜，苦，辣，蔬，绿／綠，色，肉，牛，猪／豬，鸡／雞，鱼／魚，鲜／鮮，味，超，市

写一张购物单　Hacer una lista de la compra

12.39 假定你的中国室友（在美国）要去采购食品，愿意给你捎些东西回来。请你用简体字或者繁体字写个单子，列出5~10种自己喜欢吃的食品。以"请给我买……"开头，以"谢谢"结尾。

12.39 首先让学生开卷完成这个练习，然后可以将其作为一次小测试，评测学生的汉字书写能力。

Un poco de cultura 文化点滴

Comprar alimentos

Mira el fragmento de video "Comprando alimentos" y después comenta las siguientes cuestiones con tus compañeros y el profesor.

- ¿Qué opinas sobre el "supermercado verde" presentado en esta unidad? ¿Te recuerda a algo parecido del lugar donde vives?
- Resume brevemente las ventajas y desventajas de comprar en "mercados húmedos", tiendas locales y centros comerciales internacionales como Wal-Mart o Carrefour.
- ¿Dónde puedes regatear para conseguir mejores precios y dónde no?
- ¿Qué podrías hacer para aprender a preparar alimentos que nunca habías visto antes? Comenta los alimentos que nunca has probado y te gustaría probar.
- Comenta otras recomendaciones de las personas entrevistadas en el video.

文化点滴

- 学生的回答会各不相同。
- 菜市场和地方小店一般都销售生鲜食品、当地特产，价格便宜，地段方便。不过，品种可能不会太丰富。国际化购物中心则一般价格比较高，出售分装好的生鲜食品，品种较全。
- 在菜市场，露天摊位是可以讲价的。超市和商店一般不能讲价。
- 向当地人询问不熟悉的食物名称以及烹制方法，是学习新知识、练习中文的好办法。
- 举例如下：尝试吃以前从来没见过的食物，也许你会喜欢！随身带些零钱，这样支付给商贩和出租车司机时就不用找钱了。去购物时记得携带购物袋。

单元总结 RESUMEN

语法　Gramática

Dos tipos de *de*

1. Usa 得 *de* con verbos para expresar cómo se realiza o ha sido realizada una acción.

- 看书／看書 kàn shū *(leer)*
  看书看得／看書看得 kàn shū kàn de *(leer [de cierta forma])*
  他看书看得比我快。／他看書看得比我快。Tā kàn shū kàn de bǐ wǒ kuài. *(Él lee más rápido que yo.)*

- 走路 zǒulù *(andar)*
  走路走得 zǒulù zǒu de *(andar [de cierta forma])*
  你们三个人，谁走路走得最快？／你們三個人，誰走路走得最快？Nǐmen sān gè rén, shéi zǒulù zǒu de zuì kuài? *(¿Quién es el que corre más rápido de los tres?)*

- 唱歌 chàng gē *(cantar)*
  唱歌唱得 chàng gē chàng de *(cantar [de cierta forma])*
  你昨天在音乐会上唱歌唱得比谁都好听。／你昨天在音樂會上唱歌唱得比誰都好聽。Nǐ zuótiān zài yīnyuèhuì shang chàng gē chàng de bǐ shéi dōu hǎotīng. *(En el concierto de ayer tú cantaste mejor que nadie.)*

2. Usa 的 para modificar nombres.

- 的 puede indicar posesión (persona + 的 + nombre = el "nombre" de la persona).
  我的书／我的書 wǒ de shū *(mi libro)*

- 的 entre un sustantivo y un modificador que ha sido modificado, puede indicar algo sobre el sustantivo.
  很大的鱼／很大的魚 hěn dà de yú *(un pez muy grande)* no solo 大 sino 很大)
  不太大的鱼／不太大的魚 bú tài dà de yú *(un pez no tan grande)* (no solo 不大 sino 不太大)

- 的 puede situarse entre un nombre y un modificador compuesto por más de un carácter.
  新鲜的鱼／新鮮的魚 xīnxiān de yú *(pescado fresco)*

- 的 no se usa cuando el nombre es modificado por un adjetivo simple formado por un solo caracter.
  大鱼／大魚 dà yú *(pescado grande)*

- Si el nombre del que se habla es conocido, puede omitirse y la oración se termina simplemente con 的.
  Q: 你要买什么样的鱼？／你要買甚麼樣的魚？Nǐ yào mǎi shénme yàng de yú? *(¿Qué tipo de pescado quieres comprar?)*
  A: 我要新鲜的，不要冰冻的。／我要新鮮的，不要冰凍的。Wǒ yào xīnxiān de, bú yào bīngdòng de. *(Lo quiero fresco, no congelado.)*

Más sobre coverbos

给／給 gěi tiene dos usos. Es decir, puede funcionar:

- como verbo independiente que significa "dar".
  他昨天给我三块钱。／他昨天給我三塊錢。Tā zuótiān gěi wǒ sān kuài qián. *(Ayer él me dio tres yuanes.)*

- como coverbo que significa "para".
  我今天给他买了三本书，都买得很便宜。／我今天給他買了三本書，都買得很便宜。Wǒ jīntiān gěi tā mǎile sān běn shū, dōu mǎi de hěn piányi. *(Hoy he comprado tres libros para él, todos muy baratos.)*

对／對 duì también tiene doble uso. Puede funcionar:

- Como adjetivo que significa "correcto".
  她的话说得很对。／她的話說得很對。Tā de huà shuō de hěn duì. *(Lo que dice ella es correcto.)*

- • como un coverbo que significa "a, hacia".

    他对我说了很多很好听的话。／他對我說了很多很好聽的話。 Tā duì wǒ shuō-le hěn duō hěn hǎotīng de huà. (Me dijo muchas cosas bonitas (a mí).)

    老师对学生说："看时容易做时难。"／老師對學生說："看時容易做時難。" Lǎoshī duì xuésheng shuō: "Kàn shí róngyì zuò shí nán." (El profesor dijo a sus alumnos: "Es más fácil de decir que de hacer".)

    Nota: 对／對 y 跟 significan ambos "a" y frecuentemente se superpone su uso.

用 yòng es otro "caballo de batalla" de doble uso. Puede funcionar:

- como verbo independiente que significa "usar".

    我用你的笔，可以吗？／我用你的筆，可以嗎？ Wǒ yòng nǐ de bǐ, kěyǐ ma? (¿Puedo usar tu bolígrafo?)

- como coverbo que significa "con" o "en".

    请你用中国话跟我说。／請你用中國話跟我說。 Qǐng nǐ yòng Zhōngguóhuà gēn wǒ shuō. (Por favor, háblame en chino.)

El coverbo 把 bǎ

El coverbo bǎ se usa cuando una acción es realizada sobre un objeto o material específico, y tiene como efecto el desplazamiento del objeto antes del verbo para enfatizarlo. Usa esta construcción cuando quieras expresar lo que le ha pasado a algo.

- ¿Qué le ha pasado a los libros?

    我把书都卖了。／我把書都賣了。 Wǒ bǎ shū dōu mài le. (He vendido todos los libros.)

- ¿Qué me sugieres que haga con estas ideas?

    请你把你的主意介绍给校长。／請你把你的主意介紹給校長。 Qǐng nǐ bǎ nǐ de zhǔyi jièshào gěi xiàozhǎng. (Por favor, explica tus ideas al director.)

Los siguientes ejemplos ilustran cuatro condiciones para usar la construcción bǎ:

1. se ha realizado o considerado una acción sobre algo;
2. el objeto precede al verbo;
3. el objeto debe normalmente ser específico y definido;
4. en muchos casos, el verbo no puede ir solo (por ejemplo, 卖／賣 mài) debe ir seguido de "añadidos" como le o sufijos verbales.

Recuerda: ¡Las frases con coverbos preceden al verbo principal! En oraciones que usan coverbos, el negativo (bù o méi) se sitúa antes del coverbo.

我不用筷子吃饭。／我不用筷子吃飯。 Wǒ bú yòng kuàizi chīfàn. (No como con palillos.)

我没把你的意思告诉她。／我沒把你的意思告訴她。 Wǒ méi bǎ nǐ de yìsi gàosu tā. (No le dije a ella tu idea.)

词汇 Vocabulario

动词及动词短语
Verbos y objetos del verbo

cháng 尝／嚐 probar

cháng yi cháng 尝一尝／嚐一嚐 probar un poco

dāying 答应／答應 aceptar; prometer

huídá 回答 contestar; responder

jiǎngjiu 讲究／講究 dar importancia; prestar atención a

jièshào 介绍／介紹 presentar

jiézhàng 结账／結賬 pagar la cuenta; liquidar cuentas

mài 卖／賣 vender

méishì(r) 没事(儿)／没事(兒) estar libre; no estar ocupado; no tener nada que hacer; no es nada; no preocuparse

ná 拿 coger (con la mano); sostener

péi 陪 acompañar (a alguien)

shàngkè 上课／上課 ir a clase; tener clase

yǒu kòng(r) 有空(儿)／有空(兒) tener tiempo libre

zuò 做 cocinar; preparar; hacer

量词 Clasificadores

dùn 顿／頓 (para comidas)

pái 排 (para filas, líneas, pasillos)

zhǒng 种／種 (para tipos, variedades, clases)

静态动词／形容词
Verbos de estado/Adjetivos

fēngfù 丰富／豐富 rico; abundante; copioso

shēng 生 sin cocinar; crudo; verde; inmaduro

shóu 熟 cocinado; maduro (también se pronuncia shú)

xīnxiān 新鲜／新鮮 fresco

yíngyǎng 营养／營養 nutritivo

味道 Gustos/Sabores

dàn 淡 soso

kǔ 苦 amargo

là 辣 picante; especiado

suān 酸 ácido; agrio

tián 甜 dulce

xián 咸／鹹 salado

水果 Frutas

bōluó 菠萝／菠蘿 piña

hāmìguā 哈密瓜 melón

lí 梨 pera

mángguǒ 芒果 mango

míhóutáo 猕猴桃／獼猴桃 kiwi

níngméng 柠檬／檸檬 limón

píngguǒ 苹果／蘋果 manzana

pútao 葡萄 uva

shíliu 石榴 granada

shuǐguǒ 水果 fruta

táozi 桃子 melocotón

xiāngjiāo 香蕉 plátano

xīguā 西瓜 sandía

yīngtao 樱桃／櫻桃 cereza

蔬菜 Vegetables

báicài 白菜 col china

bāoxīncài 包心菜 repollo

bōcài 菠菜 espinaca

càihuā(r) 菜花(儿)／菜花(兒) coliflor

huángguā 黄瓜 pepino

húluóbo 胡萝卜／胡蘿蔔 zanahoria

jiǔcài 韭菜 cebollino de ajo chino

kǔguā 苦瓜 pepino amargo

luóbo 萝卜／蘿蔔 nabo

lúsǔn 芦笋／蘆筍 espárrago

qiézi 茄子 berenjena

qíncài 芹菜 apio

qīngjiāo 青椒 pimiento verde

shēngcài 生菜 lechuga

shūcài 蔬菜 verduras

tǔdòu(r) 土豆(儿)／土豆(兒) patata

wāndòu 豌豆 guisante

xiānggū 香菇 setas

xīhóngshì 西红柿／西紅柿 tomate

xīlánhuā 西兰花／西蘭花 brócoli

yángcōng 洋葱／洋蔥 cebolla

肉、鱼、海鲜
Carne, pescado, marisco

hǎixiān 海鲜／海鮮 marisco

jī(ròu) 鸡(肉)／雞(肉) pollo

niú(ròu) 牛(肉) ternera

ròu 肉 carne [muchas veces se refiere a cerdo]

xiā 虾／蝦 gambas

yáng(ròu) 羊(肉) cordero

yā(ròu) 鸭(肉)／鴨(肉) pato

yú 鱼／魚 pesacdo

zhū(ròu) 猪(肉)／豬(肉) cerdo

饮料 Bebidas

cǎoméi zhī 草莓汁 zumo de fresa
chá 茶 té
guǒzhī 果汁 zumo de fruta
júzi zhī 橘子汁 zumo de naranja
kāfēi 咖啡 café
kělè 可乐／可樂 cola
niúnǎi 牛奶 leche
pútao zhī 葡萄汁 zumo de uva
yǐnliào 饮料／飲料 bebidas

烹饪方法 Formas de cocinar

chǎo 炒 saltear
jiān 煎 hacer a la plancha, freír
kǎo 烤 hornear; tostar
pēng 烹 cocer; cocinar
zhá 炸 freír a profundo
zhēng 蒸 hacer al vapor
zhǔ 煮 hervir; cocinar

其他食物 Otros alimentos

cài 菜 plato (de comida); comida de un menú; comida
fàn 饭／飯 arroz; comida; alimento
jīdàn 鸡蛋／雞蛋 huevos (de gallina)
miànbāo 面包／麵包 pan
miàntiáo 面条／麵條 tallarines
mǐfàn 米饭／米飯 arroz
shālā 沙拉 ensalada
tiándiǎn 甜点／甜點 postre; dulce; aperitivo dulce
zhǔshí 主食 alimento básico

其他名词 Otros sustantivos

càishì(chǎng) 菜市(场)／菜市(場) mercado de alimentos (frescos)
chāoshì 超市 supermercado
dāogōng 刀功 técnica de cortar (alimentos)
huǒhou 火候 control del fuego al cocinar
jìqiǎo 技巧 técnica; habilidad
lánzi 篮子／籃子 cesta
tóngxuémen 同学们／同學們 compañeros de clase
tuī chē 推车／推車 carrito de supermercado
wèizhi 位置 lugar; ubicación
xīcān 西餐 cocina/comida occidental
yòngliào 用料 ingredientes
Zhōngguócài 中国菜／中國菜 cocina/comida china
zhǒnglèi 种类／種類 clase; variedades; tipos

副词 Adverbios

bǐjiào 比较／比較 relativamente; bastante
kěnéng 可能 quizás; probablemente
yìqǐ 一起 juntos; en compañía de
zài 在 (indica una acción verbal en progreso)
zhènghǎo 正好 justamente; casualmente
zuì 最 más; superlativamente (antes de verbos de estado)

Coverbos

bǎ 把 (sitúa el objeto antes del verbo)
duì 对／對 a; hacia
gěi 给／給 para; en beneficio de)
yòng 用 con, en

其他 Otras palabras y frases

gè zhǒng 各种／各種 varias clases/categorías/tipos
jī yā yú ròu 鸡鸭鱼肉／雞鴨魚肉 pollo, pato, carnes y pescados
qítā (de) 其他(的) otro(s); el resto
sè xiāng wèi 色香味 aspecto, aroma y sabor (de la comida)
zánmen 咱们／咱們 tú y yo

你能够完成的任务　Lista de lo aprendido

通过本单元的学习，你应当能完成以下任务。

听和说　Escuchar y hablar

- [ ] Nombrar varias de tus favoritas frutas y verduras.
- [ ] Preguntar a un vendedor sobre la frescura y el sabor de algunos alimentos.
- [ ] Hablar sobre habilidades relativas a la preparación de comida china.
- [ ] Hablar de las diferencias entre la cocina china y la occidental.
- [ ] Comentar con un amigo los sabores que más te gustan.
- [ ] Preguntar a un empleado dónde encontrar ciertos productos.

读和写　Lectura y escritura

- [ ] Leer oraciones sencillas sobre comprar alimentos, características de la comida china y formas de prepararla.
- [ ] Leer los precios de ciertos productos en un anuncio de alimentación.
- [ ] Interpretar las palabras clave de un anuncio de alimentación.
- [ ] Escribir una breve lista de la compra.

文化理解　Entendimiento cultural

- [ ] Demostrar que comprendes los rasgos principales de la cocina china.
- [ ] Explicar a un amigo el significado cultural de ciertos alimentos en China.

任务表

留出20~30分钟，让学生两人一组一同查看这份任务表。告诉学生，在任务表上画"√"并不是目的，而是要检验他们能否真正完成这些任务。为了确认，学生应与搭档一起实践每项任务。

听和说

要检查学生是否能够完成这部分的任务，可以要求学生以小组为单位编写并表演小品，小品应包含这部分任务中的几个或所有项目。

读和写

学生完成练习12.37的表现，可以表明他们完成前三个任务的能力。完成练习12.39的表现可以表明学生完成第四个任务的能力。

第十三单元　UNIDAD 13

"Una sencilla comida casera"
家常便饭
Jiāchánɡ-biànfàn

Comer en casa de un amigo

在本单元，你将学习：如何——

- 邀请别人到家里吃饭，或接受此类邀请
- 礼貌地回绝邀请
- 到别人家、别人请喝饮品时，如何回应
- 入座并开始用餐
- 别人劝你多吃点儿时，应如何回应
- 敬酒和回应别人的敬酒
- 称赞食物
- 理解主人对食物的自谦之辞
- 表示自己已吃饱
- 理解邀请赴宴的电子邮件中的关键信息
- 书面回复宴请邀请
- 写一封简短的宴请邀请函

如需要本单元的补充材料，请访问环球汉语网站：www.EncountersChinese.com.cn。

Encuentro 1 邀请和接受邀请
Ofrecer y aceptar invitaciones

13.1 看连续剧之前，问问学生记住了上集的哪些内容。鼓励他们用中文回答。
• 提醒学生不需要完全明白剧中所有的细节，放松欣赏即可！

13.2 • 可能的答案：*Quiero invitarte a cenar en mi casa el domingo. ¡Me encanta irme!* 本练习的目的是让学生思考如何在现实生活中邀请别人和接受别人的邀请。
• 让全班集思广益，思考发出邀请和接受邀请的表述方法，让学生两人一组，分角色练习。然后让学生互换角色，使用尽可能多的表述方式进行练习。

13.3 • 让学生观看视频前先阅读题目要求，这样有助于他们带着目的去观看。
• 如有必要，可多次播放视频。让学生和搭档比较答案。

13.1 看连续剧第十三集。如果有的地方不完全明白也不要担心，只管欣赏就可以！

13.2 准备活动：如果你要邀请别人到家里吃饭，你会说些什么？如果你想接受别人的此类邀请，你会怎么回答？用西班牙文写下来。

___

___

___

13.3 看视频 "两次邀请" 和 "在超市"。

这两段视频共涉及三次邀请，都被接受了，第一段出现了两次邀请，第二段出现一次。请用西班牙文完成下表。

Fragmento	¿Quién hace la invitación?	¿Quién es invitado?	¿Dónde comerán o beberán?	¿Hay alguna razón especial para la invitación? ¿Cuál es?
"Dos invitaciones": #1	A Long	Lynn	la casa de A Long	Cumpleaños de A Long
"Dos invitaciones": #2	Lynn	Tang Yuan	no ha especificado	gracias a Tang Yuan
"En el supermercado"	Li Wen	April	La casa de Li Wen	no

13.4 下面是视频中的邀请内容。用西班牙文写下对应的邀请人的名字。

a. _____ Duì le, wǒ yǒu yí gè zhǔyi. Jīntiān wǎnshang nǐ lái wǒmen jiā chīfàn zěnmeyàng? Wǒ hái zhēn xiǎng hǎohāo zuò dùn fàn qǐng huí kè ne!
对了，我有一个主意。今天晚上你来我们家吃饭怎么样？我还真想好好做顿饭请回客呢！／對了，我有一個主意。今天晚上你來我們家吃飯怎麼樣？我還真想好好做頓飯請回客呢！

b. _____ Wǒmen yāoqǐng nín lái wǒmen jiā li zuòkè, yìqǐ chī wǎnfàn. Nín yǒukòng ma? Xīwàng nín néng guòlái.
我们邀请您来我们家里做客，一起吃晚饭。您有空吗？希望您能过来。／我們邀請您來我們家裡做客，一起吃晚飯。您有空嗎？希望您能過來。

c. _____ Nà, wǒ kěyǐ qǐng nǐ hē bēi kāfēi ma?
那，我可以请你喝杯咖啡吗？／那，我可以請你喝杯咖啡嗎？

注：李雯和琳的邀请比阿龙的随意。主要原因是她们的邀请是口头发出的，而阿龙的邀请是书面的。

13.4 • 让学生两人一组，根据中文内容和对视频的记忆完成练习。
• 然后播放练习13.3的视频。让学生利用视频来检查两人一组独立完成的答案是否正确。

13.4 答案
a. Li Wen; b. Ah Long; c. Lynn

供你参考
• 利用下列指导性问题来检查学生的理解程度：
1. 在中国，分摊费用在朋友之间常见吗？
2. 经常一起出去吃饭的朋友之间恰当的付账方式是什么？
3. 对于不经常一起出去吃饭的朋友来说，如何决定谁来付账？
4. 如果你和上级或前辈一起吃饭，你需要抢着付账吗？为什么？
5. 如果发现你的中国朋友总是为你付账，你该怎样做？
• 或者让学生根据下面四种情况编写并表演小品，表现中国人会如何付账，以体现他们的理解程度：

INFO 供你参考

Pagar una comida

Grupos de amigos quedan a menudo para comer juntos en un restaurante. Al llegar el momento de pagar, en China no es costumbre "dividir la cuenta" para que cada uno pague su parte, como ocurre habitualmente en nuestra cultura. Entre personas de un mismo rango social, lo normal es que quien ha hecho la invitación o sugerido la reunión tome la iniciativa para hacerse cargo de la cuenta. Los amigos se reúnen frecuentemente y tarde o temprano todos tienen la oportunidad de pagar y equilibrar así las cosas.

En grupos formados por personas de diferente rango social, por ejemplo, si alguien ocupa un puesto de alto nivel o se sabe que tiene un rango social o profesional superior al de los demás, es este quien generalmente paga. Pagar la cuenta "aumenta la cara" —da prestigio social—, y es presuntuoso que alguien de menor rango intente competir con alguien reconociblemente por encima de él para hacerse con el honor de pagar.

Entre personas de un mismo rango que no se reúnen a menudo, sin embargo, es muy probable que dos o más personas luchen por pagar la cuenta, siendo el más insistente el ganador. La otra persona o personas deben buscar entonces una oportunidad para hacer de "anfitriones" en una futura ocasión, recuperando así de nuevo el equilibrio.

Si ocurre que tus amigos chinos te han invitado en varias ocasiones, piensa que debes empezar a buscar una oportunidad para devolver el favor: haz una fiesta, invita a todos a comer, compra regalos o haz a cada uno un favor que "equilibre" tu balance personal recibido-dado con ellos. Si tienes dudas sobre qué hacer, observa a los demás e intenta imitar su comportamiento, o pide consejo a un amigo chino de confianza.

1. 经常一起吃饭的好友
2. 偶尔一起吃饭的友人
3. 和上级或前辈一起吃饭
4. 经常被中国友人请吃饭的美国学生

13.5 当学生遇到生字、生词时，提醒他们通过学过的词和语境来推断它们的意思。

13.5 答案
a. 3
b. 7
c. 1
d. 2
e. 6
f. 4
g. 5

13.5 请把中文跟西班牙文对上。

a. Wǒ yǒu yí gè zhǔyi.
我有一个主意。／
我有一個主意。

b. Wǒmen yāoqǐng nǐ.
我们邀请你。／
我們邀請你。

c. Lái wǒmen jiā chīfàn zěnmeyàng?
来我们家吃饭怎么样？／
來我們家吃飯怎麼樣？

d. zuò dùn fàn qǐng huí kè
做顿饭请回客／
做頓飯請回客

e. Lài wǒmen jiā li zuòkè.
来我们家里做客。／
來我們家裡做客。

f. Xīwàng nǐ néng guòlái.
希望你能过来。／
希望你能過來。

g. Kěyǐ qǐng nǐ hē bēi kāfēi ma?
可以请你喝杯咖啡吗？／
可以請你喝杯咖啡嗎？

1. ¿Qué te parece venir a nuestra casa a comer?

2. Preparar una comida e invitar.

3. Tengo una idea.

4. Espero que puedas venir.

5. ¿Te puedo invitar a un café?

6. Venir a casa como invitado.

7. Te invitamos.

语法点滴
给学生一定的时间来阅读"语法点滴"。这部分的解释简单易懂，不需要教师具体讲解。学生阅读并理解了此部分内容后，再进行下一个练习。

Un poco de gramática 语法点滴

Verbo+ Clasificador + Objeto

Introducir un clasificador entre el verbo y su objeto (verbo + clasificador + objeto) hace la acción más casual y relajada, restándole importancia. En español equivaldría a la diferencia de tono entre "darse una ducha" y "ducharse". El uso del clasificador es muy común en el registro coloquial. Algunos ejemplos son:

做顿饭／做頓飯 zuò dùn fàn (preparar una comida) ↔ 做饭／做飯 zuò fàn (cocinar)
请回客／請回客 qǐng huí kè (hacer una invitación) ↔ 请客／請客 qǐngkè (invitar)
洗个澡／洗個澡 xǐ ge zǎo (darse una ducha) ↔ 洗澡 xǐzǎo (ducharse)
唱首歌 chàng shǒu gē (cantar una canción) ↔ 唱歌 chàng gē (cantar)
跳个舞／跳個舞 tiào ge wǔ (bailar un baile) ↔ 跳舞 tiàowǔ (bailar)

13.6 如果你想请一位朋友到家里吃饭，你会怎么说？请写拼音或汉字。

_____

13.7 互动练习：在教室中走一走，和同学交谈，根据你在练习13.6中写下的句子来邀请同学，然后注意听同学是怎样邀请你的。目前，先接受邀请；回答：好啊！谢谢！

13.8 下列是可以用来表示接受邀请的一些表达方式。请将对应的中西文连线。

a. Zhè suànshi yí gè yāoqǐng ma?
这算是一个邀请吗？／
這算是一個邀請嗎？

1. *Espero que no sea una molestia para ti.*

b. Wǒ jiēshòu.
我接受。

2. *¿Es eso una invitación?*

c. Xīwàng bú tài máfan nǐ.
希望不太麻烦你。／
希望不太麻煩你。

3. *Por supuesto, me encantaría ir.*

d. Wǒ dāngrán xiǎng qù.
我当然想去。／
我當然想去。

4. *Acepto.*

13.9 当你想要接受邀请时，你会说些什么？写下你的回答。请写拼音或者汉字。

_____

13.10 互动练习：再一次找同学交谈，邀请对方到你家里吃饭。用你在练习13.9中写下的句子来接受邀请。

13.6 提醒学生运用练习13.5中出现的词语来造句。

13.7 教师可以参与学生的活动，了解学生的表现，必要时给予帮助。

13.8 当学生遇到生字、生词时，提醒他们通过学过的词和语境来推断生字、词的意思。

13.8 答案
a. 2
b. 4
c. 1
d. 3

13.9 让学生用练习13.8中出现的词语来造句。提醒学生可以混合搭配这些词语，发挥他们的创造力！

74 第十三单元 家常便饭

13.11
- 让学生根据所记得的视频信息来完成本练习。如有必要，可以让他们两人一组互相帮忙。
- 再次播放视频。让学生利用视频来检查自己独立完成的答案是否正确。

13.11 答案
a. 1
b. 1
c. 3

 13.11 再次观看视频 "两次邀请"。选择正确答案。

a. ¿Qué pregunta Lynn a Tang Yuan?
  1. yào dài shénme yàng de lǐwù *(qué regalo llevar)*
  2. yào chuān shénme yàng de yīfu *(qué ropa ponerse)*
  3. yào bu yào jiēshòu zhè ge yāoqǐng *(si debe aceptar la invitación o no)*

b. ¿Qué sugiere Tang Yuan?
  1. Nǐ kěyǐ dài yìxiē jīnjú. *(Puedes llevar algunos kumquats.)*
  2. Nǐ kěyǐ chuān nèi jiàn hóngsè de chènshān. *(Puedes ponerte esa camisa roja.)*
  3. Dāngrán jiēshòu. *(Por supuesto, debes aceptar.)*

c. ¿Cuál es un producto típico de Yangshuo?
  1. xīguā *(sandía)*
  2. pútao *(uva)*
  3. jīnjú *(kumquats)*

13.12 假设你带了礼物去赴宴，你会带什么样的礼物呢？礼物可以是代表自己国家的物品，也可以是你觉得主人会喜欢的小礼物。列举礼物名称时，可以让老师帮忙，或者利用字典及网上资源来查找。请在空白处填写拼音、汉字和西班牙文。

Zhè shì wǒ dài gěi nǐmen de xiǎo lǐwù, shì _____.
Xīwàng nǐ huì xǐhuan.

这是我带给你们的小礼物，是 _____。
希望你会喜欢。

這是我帶給你們的小禮物，是 _____。
希望你會喜歡。／

(Os he traído un pequeño regalo; es _____. Espero que os guste.)

13.13
- 可以让学生集思广益，来找出练习中要求的可以表示一再感谢的表达，可以说"谢谢"和"非常感谢"。
- 如有必要，教师可先和一位有自信的同学给全班作示范，然后再让学生自由组合进行练习。
- 教师参与到活动中，观察学生的表现，必要时给予帮助。

13.13 互动练习：画出几份你在练习13.12中挑选的礼物。找几位同学，假装他们是宴会的主人，依次将你的礼物送给他们，并说出你在上一个练习中写出的句子。当你收到同学的礼物时，要一再感谢对方。

Un poco de gramática 语法点滴

Gěi 給／给: Repaso y ampliación

給／给 puede ser un verbo, que significa simplemente "dar". Mira los siguientes ejemplos.

alguien dice que da un regalo a un amigo:

甲：这是给你的。／這是給你的。
Zhè shì gěi nǐ de. *(Esto es para ti.)*

乙：谢谢！你太客气了！／謝謝！你太客氣了！
Xièxie! Nǐ tài kèqi le! *(¡Gracias! Eres muy amable.)*

alguien dice que mira mucho tiempo una fotografía:

甲：这个给我，好吗？／這個給我，好嗎？
Zhèi ge gěi wǒ, hǎo ma? *(¿Me la das? ¿Vale?)*

乙：没问题！你拿去吧！／沒問題！你拿去吧！
Méi wèntí! Nǐ náqu ba! *(¡Claro! Llévatela.)*

给／给 puede ser también un coverbo con la misma función de las preposiciones en otros idiomas: explica la relación entre las acciones y las cosas referidas en una oración. Mira los siguientes ejemplos:

Lynn dice a sus amigos 唐远／唐遠 y 阿娟：
Wǒ gěi nǐmen zuò yí dùn fàn, zěnmeyàng?
我给你们做一顿饭，怎么样？／我給你們做一頓飯，怎麼樣？
(Voy a hacer una comida para vosotros, ¿qué os parece?)

un mensaje de un compañero de piso:
Qǐng gěi nǐ māma dǎ diànhuà.
请给你妈妈打电话。／請給你媽媽打電話。
(Llama a tu madre.) (literalmente: *Por favor, haz una llamada a tu madre.*)

dice que da un regalo a un anfitrión:
Zhè shì wǒ dài gěi nǐmen de xiǎo lǐwù.
这是我带给你们的小礼物。／這是我帶給你們的小禮物。
(Este es un pequeño regalo que os he comprado.)

Ejercicio: Trata de averiguar el significado de las siguientes oraciones.

1. 来！给你这件衬衫！／來！給你這件襯衫！（给／给 como verbo）
2. 这件衬衫是谁给我买的？／這件襯衫是誰給我買的？
   （给／给 como coverbo）
3. 这件衬衫给我穿太小了。／這件襯衫給我穿太小了。（给／给 como coverbo）

语法点滴

让学生在阅读过"语法点滴"后，完成下方的练习以检查他们对这部分内容的理解。学生应该能够轻松正确地完成这些练习。如果顺利完成，老师就不需要再加以讲解了。但是如果学生在确定句子的含义时遇到了困难，教师应分析并找出其中的原因，然后给予必要的帮助。

供你参考
- 本部分列出了在中国文化中，送礼物时应该做的和不应该做的事情。
- 让学生阅读理解"供你参考"的内容。然后让学生两人一组或者几人一组来编写、表演小品，至少体现出送礼物的三条规则。

INFO 供你参考

Hacer regalos—*Sòng lǐwù* 送礼物／送禮物

Cuando Lynn es invitada a comer en la casa de A Long, pide consejo sobre qué regalo puede hacer a la familia. Lynn sabe que en China es apropiado y se espera que los invitados lleven algún obsequio. Tang Yuan le explica que es común regalar fruta u otros alimentos, igual que en nuestro país es típico ofrecer una botella de vino. Si la familia que nos invita tiene hijos pequeños, regalarle un libro o un diccionario para ayudarle en sus estudios es siempre bienvenido. Sin embargo, nunca debe preguntarse directamente al anfitrión qué llevar el día de la comida. Esta práctica, habitual en nuestra cultura, no es apropiada cuando se trata de China. Esto pondría en un compromiso al anfitrión y, pese a que la respuesta sería: "Por supuesto, no traigas nada", aun así no se puede ir con las manos vacías. Algo típico de tu país sería un regalo especialmente apreciado. Nueces de macadamia cubiertas de chocolate de Hawái, miel de Nueva Zelanda, jengibre confitado de Londres o un pisapapeles con la forma de la Estatua de la Libertad de Nueva York —todos son regalos exóticos que serán muy bien recibidos. Estas son otras orientaciones culturales útiles:

- El empaquetado es importante, pero hay que tener cuidado con el color. Son apropiados el rojo, el rosa, el amarillo o una combinación de varios colores, pero es mejor no elegir blanco o negro —ambos se consideran de mala suerte.

(Zhǐ shì yìdiǎnr xīnyì.)

(Bù, bù, bù. Búyào kèqi.)

- Si llevas varios regalos, evita el número cuatro, considerado de mala suerte porque 四 *sì* (cuatro) se pronuncia muy parecido a 死 *sǐ* (muerte). Tres (*sān* 三) puede recordar a 散 *sàn* (dividir, separar), que también da mala suerte. Dos y seis son seguros.
- Ofrece y recibe los regalos con las dos manos.
- Prepárate para que rechacen tu regalo una o dos veces; necesitarás insistir educadamente para que lo acepten. Normalmente dirán: *Bù, bù, bù. Búyào kèqi.* 不，不，不。不要客气。／不，不，不。不要客氣。Deberás presionar tu ofrecimiento, sin embargo, insistiendo en que no es más que un detalle.
- No esperes que abran el regalo inmediatamente. Igualmente, no abras un regalo hasta más tarde, cuando quien te lo ha hecho ya no esté presente.
- Los regalos no tienen que ser caros; la intención es lo que cuenta. Puedes decir: *Zhǐ shì yìdiǎnr xīnyì.* 只是一点儿心意。／只是一點兒心意。(Es solo una pequeña expresión de mi aprecio)
- Debes evitar regalar relojes (*zhōng* 钟／鐘) y paraguas (*sǎn* 伞／傘). "Dar un reloj" se dice *sòng zhōng* 送钟／送鐘, que suena exactamente igual que "despedir a un difunto" *sòngzhōng* 送终／送終, considerado de muy mala suerte. Igualmente, paraguas *sǎn* 伞／傘 es homófono con *sàn* 散 "dividir, separar", y no es un regalo apropiado. Los pañuelos tampoco son buenos regalos, pues implican tristeza y lágrimas.
- Si tienes dudas sobre hacer regalos, pregunta a tu profesor o a un buen amigo chino.

Encuentro 2 拒绝邀请 Rechazar una invitación

13.14 准备活动：你会如何礼貌地拒绝邀请？用西班牙文写在下面。

_____

_____

_____

13.15 请将对应的中、西文表达连线。然后在你能用来拒绝邀请的表述前的方框中画"✓"。你可以使用两个或者更多的表述以示强调。

☐ a. Āiyā, duìbuqǐ, wǒ bù néng lái.
哎呀，对不起，我不能来。
哎呀，對不起，我不能來。

☐ b. Wǒ zhènghǎo yǒu shì.
我正好有事。

☐ c. Wǒ nà tiān méi kòng.
我那天没空。

☐ d. Fēicháng yíhàn wǒ bù néng lái.
非常遗憾我不能来。
非常遺憾我不能來。

☐ e. Shīqùle zhème hǎo de jīhuì.
失去了这么好的机会。
失去了這麼好的機會。

☐ f. Gǎi tiān zài shuō, hǎo ma?
改天再说，好吗？
改天再説，好嗎？

☐ g. Zhēn bù hǎoyìsi!
真不好意思!

1. *Ese día no tengo tiempo.*

2. *Es una pena que no pueda ir.*

3. *Ay, lo siento, no puedo ir.*

4. *Vaya buena oportunidad perdida.*

5. *Justamente algo algo que hacer.*

6. *¡De verdad lo siento!*

7. *Lo intentamos otro día, ¿vale?*

13.14 • 可能的答案：*Me encantaría, pero tengo algo que hacer en ese momento. ¿Podemos hacer esto en otro momento? Lo siento, pero precisamente tengo que...*

• 本练习的目的是让学生思考在实际生活中如何礼貌地拒绝邀请。

• 让学生两人一组思考拒绝邀请的表达方式。学生可轮流以尽可能多的方式来发出邀请、拒绝邀请。

13.15 当学生遇到生字、生词时，提醒他们通过学过的词和语境来推断它们的意思。

13.15 答案
a. 3
b. 5
c. 1
d. 2
e. 4
f. 7
g. 6

13.16 让学生使用练习13.15中出现过的语句来组织句子。提醒学生可以灵活搭配这些语句，发挥他们的创造力！

13.16 当你打算拒绝下列邀请时，你将如何作答？请用拼音或汉字写在下面。

a. Wǒmen yāoqǐng nǐ míngtiān wǎnshang liù diǎn lái wǒmen jiā li zuòkè, yìqǐ chī wǎnfàn. Nǐ yǒu kòng ma?

我们邀请你明天晚上六点来我们家里做客，一起吃晚饭。你有空吗？／
我們邀請你明天晚上六點來我們家裡做客，一起吃晚飯。你有空嗎？

_____
_____

b. Wǒ qǐng nǐ yíhuìr qù hē bēi kāfēi, xíng ma?

我请你一会儿去喝杯咖啡，行吗？／我請你一會兒去喝杯咖啡，行嗎？

_____
_____

13.17
- 如有必要，先和一位有自信的同学给全班作示范，然后再让学生自由组合。
- 教师可参与到活动中，观察学生的表现，必要时给予帮助。

13.17 互动练习：在教室中走一走，邀请同学去家里吃饭或者一起喝茶或咖啡。如果对方拒绝，可以用"那没关系，改天再说吧"一类的方式回答。如果你受到了邀请，请用你在练习13.16中写的句子拒绝对方。

Encuentro 3   到达别人家及开始用餐   Llegar a casa de alguien y empezar a comer

13.18
- 可能的答案：¡Gracias por invitarme! ¡Ah, tu casa es bonita! Hay una botella de licor para la cena.
- 让学生在观看视频前先阅读题目说明，这样有助于他们有目的地观看。
- 鼓励学生两人一组或者几人一组来进行角色扮演。让学生互换角色，轮流扮演主人和客人。

13.18 准备活动：当你到达别人家的时候往往会说些什么？请用西班牙文写在下面。

_____
_____
_____

13.19 观看视频片段"在陈峰和李雯的家里"。然后判断下表的句子中，哪些是主人说的话，哪些是客人说的话，哪些是主人和客人都说过的话。

13.19 • 让学生先读题目再观看视频，这样有助于他们有目的地观看。
• 教师也许需要多次播放视频。给学生留出足够的时间，以便他们和同学比较答案。

	Dicho por los anfitriones	Dicho por los invitados	Dicho por ambos
a. Hài! 嗨！	☐	☐	☑
b. Qǐng jìn. 请进。／請進。	☑	☐	☐
c. Kuài qǐng zuò ba! 快请坐吧！／快請坐吧！	☑	☐	☐
d. Xièxie nǐ de yāoqǐng. 谢谢你的邀请。／謝謝你的邀請。	☐	☑	☐
e. Bú kèqi, bú kèqi. 不客气，不客气。／不客氣，不客氣。	☑	☐	☐
f. Bù hǎoyìsi dǎjiǎo nǐmen le a! 不好意思打搅你们了啊！／不好意思打攪你們了啊！	☐	☑	☐
g. Bù dǎjiǎo. 不打搅。／不打攪。	☑	☐	☐
h. Hē diǎn shénme? 喝点什么？／喝點甚麼？	☑	☐	☐
i. Lái diǎn pútaojiǔ zěnmeyàng? 来点葡萄酒怎么样？／來點葡萄酒怎麼樣？	☑	☐	☐
j. Nà chá huòzhě yǐnliào ne? 那茶或者饮料呢？／那茶或者飲料呢？	☑	☐	☐
k. Hǎo, xièxie! 好，谢谢！／好，謝謝！	☐	☑	☐
l. Bié tài máfan. 别太麻烦。／別太麻煩。	☐	☑	☐
m. Shénme dōu xíng. 什么都行。／甚麼都行。	☐	☑	☐
n. Duìbuqǐ, wǒ bù hē jiǔ. 对不起，我不喝酒。／對不起，我不喝酒。	☐	☑	☐
o. Wǒ lái diǎn chá ba, xièxie! 我来点茶吧，谢谢！／我來點茶吧，謝謝！	☐	☑	☐

13.20 学生可以不看视频完成本部分的练习。但如果学生在做练习时遇到了困难，教师也可以再一次播放视频，让学生从另一个角度观看，以帮助他们找出答案。

13.20 答案
a. invitación
b. bienvenida
c. rechazo
d. rechazar
e. licor
d. bebida
g. licor ligero
h. molestia, no problema, té

13.20 从框中选择适当的词汇来完成句子。

cualquier cosa	alcohol	molestado	molestia
invitación	asiento	refrescos	té
preocupes	bienvenido	vino	

a. 谢谢你的邀请。／謝謝你的邀請。
Gracias por la _____.

b. 不客气，不客气，请进。／不客氣，不客氣，請進。
Seas _____. Por favor, pasa.

c. 不好意思打搅你们了啊！／不好意思打攪你們了啊！
Siento haberos _____.

d. 不打搅，快请坐吧！／不打攪，快請坐吧！
No es _____. Por favor, toma _____!

e. 喝点什么？来点葡萄酒怎么样？／喝點甚麼？來點葡萄酒怎麼樣？
¿Qué te gustaría beber? ¿Te parece bien _____?

f. 对不起，我不喝酒。／對不起，我不喝酒。
Lo siento, no bebo _____.

g. 那茶或者饮料呢？／那茶或者飲料呢？
¿Y té o _____?

h. 别太麻烦，什么都行。嗯，我来点茶吧，谢谢！／別太麻煩，甚麼都行。嗯，我來點茶吧，謝謝！
No te _____. _____ está bien. Tomaré _____, entonces. ¡Gracias!

13.21 两人一组练习：在你刚刚观看的视频片段中，王虹非常礼貌，甚至有时候是在表达歉意，部分原因是她不认识主人，她的朋友认识主人，因而她才被邀请的。另外，她还为不能喝酒而道歉并且尽量让主人安心。在中国文化中，对于刚刚认识的人，这种礼节是很常见的。这一点和你所在国家的文化是相异还是相似呢？和搭档讨论一下。然后和搭档一同表演一个小品，体现去别人家时进门、入座、喝饮料的情景。向另一组同学或者全班同学进行表演。

13.22 读下表第一栏的短语。观看视频"陈峰邀请客人就坐吃饭"，留心短句出现的语境，然后在相应的方框中画"✓"。

13.21 • 可能的答案：*No muy diferente. Cuando te encuentras por primera vez con alguien, es importante de ser cortés.*
• 提醒学生使用上一个练习中出现过的语句来编写小品。

13.22 • 让学生先阅读题目要求，明确任务，这有助于他们有目的地观看视频。
• 在播放视频前，给学生足够的时间来看最左侧一栏的表达。如果有必要，可以让学生和搭档大声朗读这些内容。

	Sentarse en la mesa; decidir dónde sentarse; empezar a comer	Disculparse por la comida	Elogiar la comida
a. lái, lái, lái 来，来，来／來，來，來	✓		
b. fàn zuòhǎo le 饭做好了／飯做好了	✓		
c. qǐng shàng zhuō 请上桌／請上桌	✓		
d. suíbiàn zuò 随便坐／隨便坐	✓		
e. Yàobu, nǐ zuò zhèr. Hǎo ma? 要不，你坐这儿。好吗？／要不，你坐這兒。好嗎？	✓		
f. jiācháng-biànfàn 家常便饭／家常便飯		✓	
g. méi shénme cài 没什么菜／沒甚麼菜		✓	
h. qǐng yuánliàng 请原谅／請原諒		✓	
i. zhème duō 这么多／這麼多			✓
j. cài hěn duō 菜很多			✓
k. tài duō le 太多了			✓
l. méi shénme 没什么／沒甚麼		✓	
m. hěn jiǎndān 很简单／很簡單		✓	
n. Qǐng! 请！／請！	✓		
o. cháng yíxià zhèi ge 尝一下这个／嘗一下這個	✓		

82 第十三单元 家常便饭

13.23 答案
a. 8
b. 4
c. 5
d. 7
e. 2
f. 3
g. 1
h. 6

13.23 请将对应的表达连线。

a. fàn zuòhǎo le
饭做好了／飯做好了

b. qǐng shàng zhuō
请上桌／請上桌

c. suíbiàn zuò
随便坐／隨便坐

d. jiācháng-biànfàn
家常便饭／家常便飯

e. méi shénme cài
没什么菜／沒甚麼菜

f. qǐng yuánliàng
请原谅／請原諒

g. cháng yíxià zhèi ge
尝一下这个／嚐一下這個

h. hěn jiǎndān
很简单／很簡單

1. prueba un poco de esto
2. no hay mucha comida
3. por favor, disculpadnos
4. vamos a sentarnos a la mesa
5. siéntate donde quieras
6. es muy sencilla
7. una sencilla comida casera
8. la comida está lista

13.24 告诉学生，在中国，主人就食物说一些自谦的话是礼貌得体的行为。这样做显示出主人的热情和对客人的尊敬。

13.24 两人一组练习：和搭档表演一个小品，你们中的一位邀请另一位就座并开始吃饭。当你扮演主人时，注意说一些关于食物的自谦的话；当你扮演客人时，一定要赞美食物。

供你参考
- 通过下列指导性的问题来了解学生的理解情况：
1. 在中国，人们在自己家中宴请客人时，常见的菜品有哪些？
2. 向主人提一些建设性的批评意见是可取的吗？
3. 主人如何上菜？
4. 你应该吃多少量？把盘子里的东西都吃光是可取的吗？
5. "礼多人不怪"是什么意思？
- 教师也可布置以下内容作为家庭作业：让学生阅读"供你参考"，然后编写并表演小品来体现在中国人家中的用餐礼仪。让学生自由选择搭档。小品必须表现出以上指导性问题的答案。

INFO 供你参考

Qué esperar de una comida china casera

Como ya sabrás, una comida china generalmente incluye distintos platos principales con cerdo, ternera, pollo y mariscos. Muchos están cocidos con verduras, pero algunos son puramente vegetarianos. En muchas cenas (o comidas), el anfitrión cocina por adelantado todos los platos, los sirve al mismo tiempo y se sienta en la mesa con los invitados. En raras ocasiones, uno de los anfitriones permanece en la cocina cocinando mientras los otros atienden a los invitados; de esta manera, los platos se van sacando a la mesa recién hechos, cuando son más sabrosos. ¡A veces los anfitriones pueden intercambiar los papeles a lo largo de la comida!

Lái, lái, cháng yíxià zhèi ge.

Xièxie, xièxie. Wǒ zìjǐ lái.

Es normal que en algún momento de la reunión los anfitriones critiquen la comida diciendo que es sencilla y no hace honor a los invitados. Como invitado, debes elogiar cualquier aspecto de la comida que se te ocurra: cantidad, variedad, sabor, aspecto, aroma y habilidad del cocinero. NUNCA hagas una "crítica constructiva" (como "en realidad, este plato necesitaría un poco de sal"), salvo que tengas una relación verdaderamente cercana e íntima con el anfitrión.

En la mesa china, la comunidad triunfa sobre la privacidad. La comida se sitúa en el centro de la mesa, para compartirla con todos. Como comensal no dispones de espacio personal excepto tu cuenco, que sujetas con la mano y acercas a tu boca para introducir cuidadosamente en ella la comida con ayuda de los palillos. A veces, un anfitrión atento puede alargar sus palillos hasta tu cuenco para depositar en él un bocado especialmente elegido para ti. Este es un gesto de amabilidad. Si esto ocurre, puedes decir gracias y rechazar la atención diciendo algo como: *Xièxie, xièxie. Wǒ zìjǐ lái.* 谢谢，谢谢。我自己来。／謝謝，謝謝。我自己來。 (Gracias, gracias. Me sirvo yo mismo). Habitualmente, el anfitrión te servirá del plato usando una cuchara común y poniendo la comida en un pequeño plato designado para ti. Puedes devolver este gesto sirviendo de igualmente al anfitrión en la ronda siguiente. En cualquier caso, debes ser siempre amable y educado.

Hay una cosa importante que debes tener en cuenta: antes de empezar a comer, cuenta el número de comensales. Por ejemplo, si hay seis personas sentadas a la mesa, incluyéndote a ti, equivales a un sexto. Por eso, nunca comas más de una sexta parte de cualquier plato para garantizar que todos tengan su parte. Cuando todos se han servido una vez, puedes volver a servirte por segunda vez de un plato, pero siempre menos de un sexto de lo que queda. Los chinos no suelen servirse el útlimo bocado de un plato. Este quedará sobrante, o el anfitrión lo servirá a algunos de los invitados. Normalmente los anfitriones cocinan suficiente y es casi seguro que sobrará comida; ¡intenta no dejar los platos limpios! Que un plato quede vacío quiere decir que los anfitriones no prepararon suficiente comida. Por eso, los invitados chinos dejan de comer cuando todavía queda mucha comida en los platos.

Por supuesto, con la modernización las costumbres chinas también cambian. Por eso no es raro si ves que tus amigos chinos dejan vacíos los platos o se sirven ellos sin preocuparse de servirte a ti primero. No obstante, por precaución es preferible ser cauteloso y educado y seguir las tradiciones chinas al comer hasta que te encuentres a gusto y conozcas cómo comportarte apropiadamente con un determinado grupo de personas. En chino hay un refrán que dice: *lǐ duō rén bú guài* 礼多人不怪／禮多人不怪. Literalmente significa: "La gente no critica los rituales" o "a nadie importa que seas excesivamente educado". Por eso, si no estás seguro, mejor pecar de educado que de informal.

Encuentro 4 劝客人尽情享用食物／多吃点儿，祝酒，表示自己已吃饱 Animar a los invitados a que coman, hacer brindis y decir que estás lleno

13.25 准备活动：作为主人，你会在席间对客人说些什么来让客人愉快用餐？用西班牙文作笔记。／用西班牙文作筆記。

13.25 • 可能的答案：*Es el plato que mi mamá hace más delicioso; estoy seguro que te guste. ¿Quieres más pan?*

• 本练习的目的是让学生思考：在自己的国家中我们如何让客人觉得舒适愉快？请注意，在本节中，我们学习的礼仪和我们国家的不同。因而可以在本单元结束的时候回顾本练习，并展开进一步的讨论。

13.26 让学生先连线再看视频，这样有助于他们有目的地观看视频。

13.26 答案
a. 3
b. 1
c. 4
d. 2
e. 7
f. 5
g. 6

 13.26 观看视频"琳和唐家人吃饭"。在你听到的语句前画"√"。然后将对应的项连线。

☐ a. Chī ya!
吃呀！

☐ b. Zài lái yìdiǎnr!
再来一点儿！／
再來一點兒！

☑ c. Nǐ zěnme bù chī cài ne?
你怎么不吃菜呢？／
你怎麼不吃菜呢？

☐ d. Nǐ zěnme bù chī le ne?
你怎么不吃了呢？／
你怎麼不吃了呢？

☐ e. Lái, chī!
来，吃！／來，吃！

☐ f. Hǎo, hǎo!
好，好！

☐ g. Xièxie!
谢谢！／謝謝！

1. ¡Ponte un poco más!

2. ¿Por qué ya no comes?

3. ¡Come!

4. ¿Por qué no comes de ningún plato?

5. Vale, vale.

6. ¡Gracias!

7. ¡Vamos, come!

13.27 如果学生为小品写剧本的时候遇到了困难，提醒他们使用上个练习中出现的表达。

13.27 两人一组练习：和搭档一起表演小品。在小品中，主人鼓励客人多吃点儿，客人也这样做了。向另一组同学或者全班同学表演小品。

ENCUENTRO 4

  13.28 观看视频"用餐结束时的祝酒"。勾出你听到的语句。然后把对应的中西班牙文连线。

13.28 让学生在观看视频前先阅读题目说明，这样有助于他们有目的地观看视频。

13.28 答案
a. 3
b. 5
c. 1
d. 8
e. 2
f. 7
g. 9
h. 11
i. 4
j. 6
k. 10

☑ a. Gānbēi.
　　干杯。／乾杯。

☐ b. Hǎochī ma?
　　好吃吗？／好吃嗎？

☑ c. Zhēn hǎochī.
　　真好吃。

☐ d. Hǎochī jíle.
　　好吃极了。／好吃極了。

☑ e. Hěn xiāng.
　　很香。

☑ f. Wèidao zhēn hǎo.
　　味道真好。

☐ g. Zài chī, zài chī!
　　再吃，再吃！

☑ h. Zài lái yìdiǎnr ba.
　　再来一点儿吧。／再來一點兒吧。

☑ i. Chībǎo le.
　　吃饱了。／吃飽了。

☑ j. Chī bú xià le.
　　吃不下了。

☑ k. Tài chēng le.
　　太撑了。／太撐了。

1. Está delicioso.
2. Huele muy bien.
3. ¡Salud!
4. Estoy lleno.
5. ¿Está bueno?
6. Ya no puedo comer más.
7. El sabor está realmente bien.
8. Está buenísimo.
9. ¡Come más, come más!
10. Estoy lleno hasta reventar.
11. Come un poco más.

13.29 两人一组练习：和搭档一起表演小品，在小品中，主人鼓励客人再多吃点，而客人坚持表示自己吃得太饱了。向另一组同学或者全班同学表演小品。

13.30 小组练习：组成三至四人的小组。每个小组的一名成员当"主人"，其他人当"客人"。客人们即兴表演参加宴请的过程，从刚刚抵达向主人问好到表示自己吃饱了。在和主人告别之前要表达谢意。主人自始至终都要表现得殷勤好客。第一轮后，换角色再继续表演。

13.29 • 让学生利用练习13.28中的语句来编写剧本。
• 提醒学生，对于中国主人而言，即使客人表示已经吃饱了还坚持让客人多吃一些是很正常的。在其他国家的一些人看来，这个做法可能很奇怪，但在中国，这是主人显示自己热情好客的方式。

13.30 • 如有必要，教师可以先示范一下（或者请一组同学来示范），然后再让全班同学开始活动。
• 本练习中，学生将综合运用他们在Encuentro 3和Encuentro 4两节中学到的知识，鼓励学生在对话中使用这两节中的句子和文化知识。

第十三单元　家常便饭

> **INFO 供你参考**
>
> **Comidas y cultura china**
>
> Según un refrán chino, *mín yǐ shí wéi tiān* 民以食为天／民以食為天 (La comida es el paraíso). Así es a lo ancho del vasto territorio chino. El saludo tradicional *Chīfàn le ma?* 吃饭了吗？／吃飯了嗎？ refleja la preocupación diaria por la alimentación y el bienestar de los demás. Esta atención secular por la comida ha dado como resultado una de las más variadas y tentadoras gastronomías del mundo. En la Unidad 12 (que, si recuerdas, se titula *Mín yǐ shí wéi tiān*) presentamos el dicho *nán tián, běi xián, dōng là, xī suān* 南甜，北咸／北鹹，东辣／東辣，西酸, que resume sintéticamente los sabores regionales del país. Algunos añadirían seis sabores más a estos cuatro, e incluso incluirían la cocina de los Hui, el grupo étnico musulmán que principalmente habita en la región oeste de China.
>
> No obstante, la división de la gastronomía china en cuatro o más zonas según sus sabores es un poco engañosa, pues uno de los principales "ingredientes" de su cocina es el equilibrio. Igual que la armonía es un elemento central de la sociedad china, así como de su lenguaje, el equilibrio en la cocina es crucial para su éxito. Por esta razón, los sabores deben ser equilibrados en cada plato y en cada comida. Más aún, el *yīn* debe armonizarse con el *yáng*. Los alimentos *yīn* son blandos, fríos y con pocas calorías, mientras que los *yáng* son ricos, especiados y ayudan a calentar el cuerpo. Todos los alimentos, incluso las frutas, pueden ser caracterizados como "calientes" o "fríos". La sandía, por ejemplo, es fría, mientras que los lichis son calientes. Además, elegir los alimentos adecuados, en la cantidad apropiada y en la estación correspondiente es una parte importante de la medicina tradicional china, que equipara comida y medicina. Equilibrar las fuerzas opuestas y complementarias es tan importante en la vida como en la comida.

🎵 单元说唱　Rap de la Unidad

登录环球汉语网站，听歌曲复习第十三单元所学的主要内容。然后再听一遍并跟着唱！

Encuentro 5　读和写　Lectura y escritura

▶ 读出熟悉的中文句子
Lectura de oraciones familiares en caracteres chinos

13.31 两人一组练习：借助西班牙文，与搭档轮流大声朗读下面的段落（简体字）。可以互换朗读内容，如果有人无法读出某个汉字，搭档可以提供帮助。

❶ 阿龙的父母请琳老师到他们家来给阿龙过生日。琳老师很愿意 (yuànyì – estar dispuesto a) 去，可是不知道带什么礼物比较好，所以她去问她朋友唐远。唐远说，送一些水果就行了。琳请唐远喝咖啡，来谢谢他的建议 (jiànyì – sugerencia)。 *(Los padres de A Long invitan a su casa a la profesora Lynn para celebrar el cumpleaños de A Long. La profesora Lynn desea mucho ir, pero no sabe qué regalo llevar. Entonces pregunta a su amigo Tang Yuan. Tang Yuan dice que llevar un poco de fruta será suficiente. Lynn invita a un café a Tang Yuan para agradecerle su sugerencia.)*

2 到了周末，唐远、阿娟和琳想一起吃晚饭。琳说她跟阿娟学做了几个中国菜，很想做一顿饭请大家尝尝。 *(El fin de semana, Tang Yuan, A Juan y Lynn deciden cenar juntos. Lynn dice que ha aprendido algunos platos chinos de A Juan y quiere cocinar para que todos los prueben.)*

3 在北京的一家超市里，李雯跟April在买菜。李雯对April说她很久没有请客人了，很想好好做一顿饭请April来吃。April很高兴地接受了，说她当然想去。April也问李雯说，她可不可以带一个叫王虹的朋友一起来。李雯很客气地回答："没有问题，当然可以。" *(Li Wen y April están comprando en un supermercado de Beijing. Li Wen dice a April que hace mucho tiempo que no tiene invitados y que le apetece mucho cocinar para ella. April acepta contenta, diciendo que, por supuesto, quiere ir. También pregunta a Li Wen si puede llevar a una amiga que se llama Wang Hong. Li Wen responde muy educadamente: "Sin problema, por supuesto".)*

4 要是有人请你吃饭，可是你不想去，或者因为有事不能去，你可以这样很客气地说："哎呀，对不起。我正好有事，没空。非常遗憾！" *(Si alguien te invita a comer, pero tú no quieres ir o no puedes porque estás muy ocupado, puedes decir educadamente: "Oh, lo siento, resulta que ya tengo un compromiso. No tengo tiempo. ¡Qué pena!)*

5 April和王虹到了李雯和陈峰的家，陈峰开了门，请客人进来，坐下。李雯问他们要喝点儿什么，想不想喝点儿酒。April说要，可是王虹说她不喝酒，想喝点儿茶。 *(Cuando April y Wang Hong llegan a casa de Li Wen y Chen Feng, Chen Feng abre la puerta y pide a las invitadas que pasen y se sienten. Li Wen les pregunta qué desean beber y si les apetece un poco de vino. April dice que sí, pero Wang Hong dice que ella no bebe alcohol y que prefiere té.)*

6 饭做好的时候，陈峰请客人上桌。李雯很客气地说："这只是家常便饭，没什么菜，请大家原谅。"王虹马上(mǎshàng – inmediatamente)就说："菜很多。太多了！"然后大家就高高兴兴地开始 (kāishǐ – empezar)吃饭了。 *(Cuando la comida está lista, Chen Feng llama a las invitadas a la mesa. Li Wen dice educadamente: "Es una sencilla comida casera; no hay muchos platos. Por favor, disculpadnos". Wang Hong responde inmediatamente: "Hay mucha comida. ¡Demasiada!". Entonces todos empiezan a comer contentos.)*

7 在家请客人吃饭的时候，主人 (zhǔrén – anfitrión) 老是 (lǎo shi – siempre) 说："多吃点儿！多吃点儿！"或者："再来点儿这个菜！"开始的时候，客人会说"好，好"或者："谢谢，谢谢！"客人吃饱了以后会说："够了，够了，谢谢！"或者："吃饱了，吃不下了！" *(Cuando vienen invitados a comer, los anfitriones siempre dicen: "¡Come más, come más!" o "¡Come más de este plato!". Al principio, los invitados responden: "Sí, sí" o "¡Gracias!". Cuando están llenos, los invitados dicen: "Tengo bastante. ¡Gracias!" o "Estoy lleno. ¡No puedo comer* más!".)

8 朋友在一块儿喝酒的时候，常常说："干杯！"你不喝酒也没有关系，可以喝茶或者其他的饮料。 *(Cuando se bebe alcohol, se suele decir: "¡Salud!". Si no bebes, no pasa nada; puedes beber té u otra bebida.)*

9 主人要是问客人："菜好吃吗？"客人可以回答说："真好吃"或者"好吃极了！"或者"菜真香！"或者"味道真好。"这样的话都可以说。主人会很欢迎。 *(Si el anfitrión pregunta al invitado: "¿La comida está buena?", este responde: "¡Está muy buena!", "¡Es absolutamente deliciosa!", "¡Los platos tienen buen sabor!" o "¡El sabor es maravilloso!". Todas estas respuestas son adecuadas. El anfitrión las apreciará.)*

10 去朋友家里做客吃饭真好玩儿。可是你别忘了：下次应该是你请客了！ *(Es muy divertido ir a comer a casa de un amigo. Pero no olvides: ¡La próxima vez te toca a ti hacer de anfitrión!)*

13.32 两人一组练习：再次朗读这些段落，这次没有西班牙文辅助。

1 阿龙的父母请琳老师到他们家来给阿龙过生日。琳老师很愿意去，可是不知道带什么礼物比较好，所以她去问她朋友唐远。唐远说，送一些水果就行了。琳请唐远喝咖啡，来谢谢他的建议。

2 到了周末，唐远、阿娟和琳想一起吃晚饭。琳说她跟阿娟学做了几个中国菜，很想做一顿饭请大家尝尝。

3 在北京的一家超市里，李雯跟April在买菜。李雯对April说她很久没有请客人了，很想好好做一顿饭请April来吃。April很高兴地接受了，说她当然想去。April也问李雯说，她可不可以带一个叫王虹的朋友一起来。李雯很客气地回答："没有问题，当然可以。"

4 要是有人请你吃饭，可是你不想去，或者因为有事不能去，你可以这样很客气地说："哎呀，对不起。我正好有事，没空。非常遗憾！"

5 April和王虹到了李雯和陈峰的家，陈峰开了门，请客人进来，坐下。李雯问他们要喝点儿什么，想不想喝点儿酒。April说要，可是王虹说她不喝酒，想喝点儿茶。

6 饭做好的时候，陈峰请客人上桌。李雯很客气地说："这只是家常便饭，没什么菜，请大家原谅。"王虹马上就说："菜很多。太多了！"然后大家就高高兴兴地开始吃饭了。

7. 在家请客人吃饭的时候，主人老是说："多吃点儿！多吃点儿！"或者："再来点儿这个菜！"开始的时候，客人会说"好，好"或者："谢谢，谢谢！"客人吃饱了以后会说："够了，够了，谢谢！"或者："吃饱了，吃不下了！"

8. 朋友在一块儿喝酒的时候，常常说："干杯！"你不喝酒也没有关系，可以喝茶或者其他的饮料。

9. 主人要是问客人："菜好吃吗？"客人可以回答说："真好吃！"或者"好吃极了！"或者"菜真香！"或者"味道真好。"这样的话都可以说。主人会很欢迎。

10. 去朋友家里做客吃饭真好玩儿。可是你别忘了：下次应该是你请客了！

13.33 两人一组练习：再次朗读这些段落，这次用的是繁体字。

1. 阿龍的父母請琳老師到他們家來給阿龍過生日。琳老師很願意去，可是不知道帶甚麼禮物比較好，所以她去問她朋友唐遠。唐遠說，送一些水果就行了。琳請唐遠喝咖啡，來謝謝他的建議。

2. 到了週末，唐遠、阿娟和琳想一起吃晚飯。琳說她跟阿娟學做了幾個中國菜，很想做一頓飯請大家嚐嚐。

3. 在北京的一家超市裡，李雯跟April在買菜。李雯對April說她很久沒有請客人了，很想好好做一頓飯請April來吃。April很高興地接受了，說她當然想去。April也問李雯說，她可不可以帶一個叫王虹的朋友一起來。李雯很客氣地回答："沒有問題，當然可以。"

4. 要是有人請你吃飯，可是你不想去，或者因為有事不能去，你可以這樣很客氣地說："哎呀，對不起。我正好有事，沒空。非常遺憾！"

5. April和王虹到了李雯和陳峰的家，陳峰開了門，請客人進來，坐下。李雯問他們要喝點兒甚麼，想不想喝點兒酒。April說要，可是王虹說她不喝酒，想喝點兒茶。

6. 飯做好的時候，陳峰請客人上桌。李雯很客氣地說："這只是家常便飯，沒甚麼菜，請大家原諒。"王虹馬上就說："菜很多。太多了！"然後大家就高高興興地開始吃飯了。

7 在家請客人吃飯的時候，主人老是說："多吃點兒！多吃點兒！"或者："再來點兒這個菜！"開始的時候，客人會説"好，好"或者："謝謝，謝謝！"客人吃飽了以後會説："夠了，夠了，謝謝！"或者："吃飽了，吃不下了！"

8 朋友在一塊兒喝酒的時候，常常説："乾杯！" 你不喝酒也沒有關係，可以喝茶或者其他的飲料。

9 主人要是問客人："菜好吃嗎？"客人可以回答説："真好吃！"或者"好吃極了！"或者"菜真香！"或者"味道真好。"這樣的話都可以説。主人會很歡迎。

10 去朋友家裡做客吃飯真好玩兒。可是你別忘了：下次應該是你請客了！

语法点滴
学生在学习本单元的过程中，如果对本部分涉及的语法点有疑问，可以阅读"语法点滴"的内容。你可能需要指出："Poner tus verbos en lugar correcto"这部分中的 chī bú xià le 中"不"字的音调有变化。

Un poco de gramática 语法点滴

Añade "sabor" a tus verbos chinos: Repaso y ampliación

Probablemente te hayas fijado en que varios verbos de esta unidad tienen más de una sílaba. Se trata de un primer acercamiento a cómo el chino "cocina" un "guiso" entero de verbos para expresar un amplio rango de significados.

■ **Duplicar el verbo:** La duplicación del verbo para minimizar la acción se usa habitualmente al hablar sobre las propias acciones verbales y para crear un imperativo suave. Por ejemplo:

Qǐng nín kàn(yi)kan. *(Echa un vistazo.)*
Wǒ xiǎng xuéxue Zhōngwén. *(Quiero estudiar un poco de chino.)*
Nǐ wènwen lǎoshī ba! *(Intenta preguntar al profesor.)*

■ **Combinar verbos:** Un número limitado de verbos de estado/adjetivos se combinan con verbos de acción para crear un nuevo significado. Por ejemplo:

hǎo+kàn ⇒ *bonito*
róngyì+zuò ⇒ *fácil de hacer*
nán+xué ⇒ *difícil de aprender/estudiar*
hǎo+chī ⇒ *sabroso; delicioso*
hǎo+tīng ⇒ *fácil de oír; melodioso*
hǎo+wánr ⇒ *divertido*

Todos estos verbos pueden negarse con *bù*. Por ejemplo, *bù hǎochī*.

■ **Orientar los verbos en la dirección correcta:** Los verbos *lái* (venir) y *qù* (ir) pueden añadirse a otros verbos para indicar acción hacia *(lái)* o desde *(qù)* el hablante.

Kuài jìnlái! *(¡Rápido, entra!)* [tú estás fuera y el hablante dentro]
Kuài jìnqù! *(¡Rápido, entra!)* [el hablante está fuera y tú te dispones a entrar]
Kuài guòlái, wǒmen yíkuàir wánr. *(Rápido, ven [donde estoy] y juguemos*

juntos.)

Se puede añadir más sabor a este verbo con los infijos *de* 得 y *bù* 不. (Un infijo es un elemento formativo que aparece en medio de una palabra.) *De* significa "poder" y *bù* significa "no poder".

Nǐ jìn de qù ma? *(¿Puedes entrar?)*
Jìn bú qù. *(No puedo entrar.)*

También son comunes otros sufijos "direccionales". Si recuerdas, *xià* significa "abajo" o "hacia abajo".

chī+bú+xià le; Wǒ chī bú xià le. *([Después de comer mucho] No puedo "bajar" más comida. Estoy muy lleno.)*
zuò+xià; Jìnlái, zuòxià. *(Entra y siéntate.)*

- **Indicar el resultado del verbo:** Añadir un complemento de resultado permite aclarar el resultado alcanzado o no alcanzado de una acción verbal. Ten en cuenta que en ciertos casos es necesario añadir el sufijo *le* (indicando que la acción se ha completado). Por ejemplo:

chī+bǎo; Wǒ chībǎo le. *(Estoy lleno.)*
Cài bù duō, chī de bǎo ma? *(¿Puedes llenarte con tan poca comida/platos?)*
Chī bù bǎo. *(No puedo llenarme.)*
zuò+hǎo; Fàn zuòhǎo le. *(La comida está lista.)*
xué+huì; Xuéhuì zuò Zhōngguó cài le. *(He aprendido a cocinar comida china)*

Estas formas se usan ampliamente en el idioma chino. Veremos otras formas y usos más adelante. "Dar sabor" a los verbos requiere mucha práctica, seas paciente. Otra advertencia más: Aprende las formas que te enseñan, no inventes. No todos los verbos se conectan entre si. Por ejemplo *zuòxià* 坐下 significa "sentarse", pero 坐上 (*zuòshàng*) no significa "levantarse".

▶ 阅读真实语言材料　Lectura de textos de la vida real

13.34 下面是本书作者任友梅在2010年6月收到的几封邀约的电子邮件，她的英文名字是 Cynthia (Cyndy) Ning。

1.

To: cyndy@hawaii.edu
From: tangrun@123.com
Subject: 周末便饭

任友梅：你好！夏天到了，现在我们都比较有空，不知你这个周末能不能到我们家来吃个便饭？星期六下午五点半能来吗？什么也不用带。我等你的回信。
唐润

2.

To: cyndy@hawaii.edu
From: yaohong@456.com
Subject: 寒舍设宴接风

尊敬的任友梅女士： 兹定于2010年9月1日晚6点30分在寒舍设宴为你接风，敬请光临。
详细地址：北京西三环19号20楼1700室
联系电话：88819211
礼！
姚虹

3.

To: cyndy@hawaii.edu
From: mengzhe@789.com
Subject: 同學敘舊

Cyndy，最近如何？自從上次在同學會見面，好久沒有聯絡了。週五想邀請你和幾位老同學來我家小聚，家常小菜，敘敘舊。不知你是否有空？期待你的回復。
夢哲

4.

To: cyndy@hawaii.edu
From: sunny@135.com
Subject: 周六晚饭

任老师：
您好。想问问您下周六有没有空到我家来吃晚饭，七点左右吧。
希望您有时间。谢谢。
Sunny

5.

To: cyndy@hawaii.edu
From: laoyao@246.com
Subject: 星期六晚飯

小任：這個星期六我請了幾位好朋友到家裡吃晚飯。希望你能來。請你六點以前到我家。星期六見！ 老姚

写信人用了几种不同的方式称呼收信者。找出与下列称呼对应的邮件的编号。请写号码。

a. ___ Apellido + Nombre en chino

b. ___ Apodo en inglés

c. ___ Apellido en chino + rango profesional

d. ___ Título social chino (Sr./Srta.) + Apellido + Nombre

e. ___ Título social informal en chino (老／小) + Apellido

13.34 答案
a. 1
b. 3
c. 4
d. 2
e. 5

如果邮件是给你的，那么对方会如何称呼你呢？请填空。

f. Mi Apellido+ Nombre chino: _____

g. Mi apodo en español: _____

h. Mi título social chino (Sr./Srta.) + Apellido + Nombre: _____

i. Mi título social informal en chino (老／小) + Apellido: _____

13.35 再次阅读练习13.34，并在下表中填出五封邮件中邀请内容的相关信息。请写西班牙文。

13.35
• 告诉学生先读一下练习13.35的题目说明，然后再开始阅读13.34的邮件。
• 这次让学生用方框把需要的信息圈出来。
• 让学生两人一组、互相帮助，完成后互相比较答案。

	日期 Fecha	时间／時間 Hora	地点／地點 Lugar	目标／目標 Motivo
1.	Sábado	5:30 P.M.	*en casa del anfitrión*	*para cenar*
2.	1, sep., 2010	6:30 P.M.	en la casa del anfitrión	para cenar
3.	viernes	no mencionado	en la casa del anfitrión	para cenar
4.	el próximo sábado	alrededor de 7 p.m.	en la casa del anfitrión	para cenar
5.	este sábado	antes de 6 p.m.	en la casa del anfitrión	para cenar

13.36
- 让学生在邮件中含有相关信息的部分下方画线。
- 让学生两人一组、互相帮助，完成后互相比较答案。

13.36 答案
a. 5
b. 1
c. 3
d. 2
e. 4

13.37 本练习出现了本单元的部分重点词汇，如果学生在做练习时有困难，告诉他们大多数的词汇都能在本单元内找到。如果学生还是无法完成，不要直接告知答案，告诉他们相应的章节，鼓励学生自己找到合适的词语。

13.36 下列说法和练习13.34的哪封邮件一致？请写号码。

a. ___ Este mensaje dice: "Voy a invitar a unos buenos amigos a cenar en mi casa".

b. ___ Este mensaje dice: "No es necesario que traigas nada de nada".

c. ___ Este mensaje dice que la cena será unos sencillos platos de comida casera.

d. ___ Este mensaje está escrito de un estilo muy formal.

e. ___ Este mensaje dice: "La cena será alrededor de las siete".

13.37 请填空。

a. 夏天到了，现在我们都比较有空。／夏天到了，現在我們都比較有空。
Xiàtiān dào le, xiànzài wǒmen dōu ___bǐjiào___ yǒu kòng.
(Ya es ___verano___, [y] estamos todos bastante libres.)

b. 不知你这个周末能不能到我们家来吃个便饭？／不知你這個週末能不能到我們家來吃個便飯？
Bù zhī nǐ zhèi ge ___zhōumò___ néng bu néng dào wǒmen jiā lái chī ge biànfàn?
(Me pregunto si tienes tiempo de venir ___por una comida sencialla___ a mi casa este fin de semana.)

c. 什么也不用带。／甚麼也不用帶。
Shénme yě bú ___yòng___ dài.
(No es necesario que traigas ___algo___.)

d. 我等你的回信。
Wǒ ___děng___ nǐ de huíxìn.
(Espero tu ___respuesta___.)

e. 最近如何？
___Zuìjìn___ rúhé?
(¿Qué tal ___últimamente___?)

f. 不知你是否有空？
___Bù zhī___ nǐ shìfǒu yǒu kòng?
(Me pregunto si tienes ___tiempo libre___?)

g. 希望你能来。／希望你能來。
Xīwàng ___nǐ néng lái___.
(___Espero___ que puedas venir.)

▶ 学写汉字　Aprender a escribir caracteres

13.38 本单元下列汉字的笔画顺序以及其他相关信息，请参见《汉字练习本》。练习写这些汉字的简体字或者繁体字，直到你能熟练地写出为止。

主，空，希，望，喝，咖，啡，茶，麻，烦／煩，然
带／帶，送，礼／禮，物，简／簡，单／單，真

▶ 写电子邮件　Escribir mensajes de correo electrónico

13.39　假设练习13.34中的收件人是你。回复两封邮件，一封表示接受邀请，一封礼貌地拒绝邀请。

Aceptar la invitación #_____:

_____

_____

Rechazar la invitación #_____:

_____

_____

现在，在纸上写一封信，向班上的一名同学发出邀请。如果可以的话，把这封信录入电脑并可略加设计。你也可以真的给你的同学发出邀请邮件并等候对方的回复。如果对方接受了邀请，就真的要请对方吃饭了！

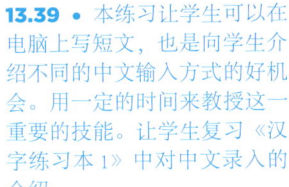

Un poco de cultura　文化点滴

Comer en casa de un amigo

Mira el fragmento de video "Comiendo en casa de un amigo" y después comenta las siguientes cuestiones con tus compañeros y el profesor.

- ¿Qué regalos debes llevar a tus anfitriones?
- ¿Qué cumplidos debes hacer a tus anfitriones?
- ¿Qué platos chinos poco habituales te gustaría probar?
- ¿Hay alimentos que nunca probarías? Si es así, ¿cómo se lo dirías educadamente a tus anfitriones?
- ¿Qué significa para ti "comer comunalmente?
- ¿Qué significa para ti la frase "comer es un rito relacional"?
- ¿Qué convenciones culturales debes tener presentes cuando comes con un amigo chino?
- Si te piden que hagas un brindis, ¿qué dirías?

13.39 ● 本练习让学生可以在电脑上写短文，也是向学生介绍不同的中文输入方式的好机会。用一定的时间来教授这一重要的技能。让学生复习《汉字练习本1》中对中文录入的介绍。

● 在开始这一课前，先确认你们有足够的电脑（或者预定了机房）。

● 将中文输入电脑的方式有很多，最常用的是使用微软的Word。PC机和苹果机的按键会略有不同，但通过简单的指导，学生就能明白正确的操作步骤。

文化点滴

● 学生的回答会不尽相同。学生能从视频中直接获得部分问题的答案，而另一些问题则需要学生通过消化理解视频的内容，然后给出自己的观点和看法。

● 鼓励全班同学展开讨论，或者让学生通过编写和表演小品来体现他们对相关问题的理解。可以将此布置为作业。

部分问题的参考答案

● ¿Qué regalos vas a llevar para tu dueño? 客人给主人带礼物是很友好的举动，以示对主人的感谢。如果你是个外国人，从你们国家带过来的东西将是份很特别的礼物。

● ¿Qué elogios vas a decir a tu dueño? 不吝惜赞美之辞是中国人的习俗。可以赞美主人的家有多么漂亮，食物有多么好吃等。主人家里摆放的照片是展开交谈的好话题。

● ¿Si hay algunos platos a que no te gustan? Si hay, ¿cómo dirías tus hábitos en comidas? 直接告诉对方你不喜欢吃什么往往不是个好主意。如何告知对方取决于你们之间的关系如何。安全起见，你可以含蓄地表达出来，例如当你不喜欢吃某种食物时，就只吃一点点。这样主人就会明白你的意思了。

● ¿Qué significa la frase: comer juntos es un protocolo para la relación? 被人邀请至家中吃饭，表明你们之间的关系已经比较亲近、比较特别了。所以坐在一起吃饭的时候，重要的不是桌子上的食物，而是你们一同度过的时光。一定要交谈、沟通、共度一段快乐的时光！

单元总结 RESUMEN

语法　Gramática

让动词"放松"
Relaja tus verbos

En una conversación informal es muy común insertar un clasificador entre el verbo y su objeto (verbo + clasificador + objeto) para restar importancia a la acción y hacer que suene más casual y relajada.

做顿饭／做頓飯 zuò dùn fàn (hacer una comida)

请回客／請回客 qǐng huí kè (hacer una invitación)

唱首歌 chàng shǒu gē (cantar una canción)

跳个舞／跳個舞 tiào ge wǔ (bailar un baile)

gěi 给／給

Gěi puede ser un verbo, que significa solo "dar".

他爸爸给他一百块。／他爸爸給他一百塊。 Tā bàba gěi tā yìbǎi kuài. (Su padre le dio 100 yuanes.)

Gěi puede ser también un coverbo, que funciona como las preposiciones en otros idiomas y define la relación entre las cosas y acciones nombradas en una frase.

他想给他妈妈买件毛衣。／他想給他媽媽買件毛衣。 Tā xiǎng gěi tā māma mǎi jiàn máoyī. (Quiere comprar un suéter a su madre.)

用好动词
Aprovechar al máximo los verbos

En chino, hay varias formas para extender un verbo existente y expresar un amplio rango de sentidos.

■ "Engañar" verbos:

请您先看看，再说。／請您先看看，再說。 Qǐng nín xiān kànkan, zài shuō. (Por favor, échale un vistazo y después hablamos.)

■ Combinar verbos:

你说好吃不好吃？／你說好吃不好吃？ Nǐ shuō hǎochī bu hǎochī? (Dime, ¿está bueno o no?)

■ Orientar verbos en la dirección correcta:

我吃了很多，吃不下了。 Wǒ chīle hěn duō, chī bú xià le. (He comido mucho, no puedo seguir comiendo.)

客人进来了，可是没说话。／客人進來了，可是沒說話。 Kèren jìnlái le, kěshì méi shuōhuà. (El invitado entró, pero no dijo nada.)

■ Mostrar el resultado de los verbos:

饭都做好了，大家来吃吧。／飯都做好了，大家來吃吧。 Fàn dōu zuòhǎo le, dàjiā lái chī ba! (La comida está lista, vamos a comer.)

俄语太难了，我可能学不会。／俄語太難了，我可能學不會。 Éyǔ tài nán le, wǒ kěnéng xué bú huì. (El ruso es muy difícil, creo que no podré aprenderlo.)

菜不多，客人一定吃不饱。／菜不多，客人一定吃不飽。 Cài bù duō, kèren yídìng chī bù bǎo. (No hay mucha comida, seguro que los invitados no se llenan.)

那本书，我看完了，都看不懂。／那本書，我看完了，都看不懂。 Nà běn shū, wǒ kànwán le, dōu kàn bù dǒng. (He terminado de leer ese libro, pero no he entendido nada.)

词汇 Vocabulario

名词 Nombres

cài 菜 plato (de comida); plato (de una comida)
dōngxi 东西／東西 cosa; algo
jīhuì 机会／機會 oportunidad; ocasión
kòng(r) 空(儿)／空(兒) tiempo libre; tiempo de ocio
lǐwù 礼物／禮物 regalo; obsequio
wèidao 味道 olor; sabor
yǐnliào 饮料／飲料 bebida;
zhǔyi 主意 idea; plan

副词 Adverbios

bǐjiào 比较／比較 comparativamente; relativamente; bastante
dāngrán 当然／當然 por supuesto
fēicháng 非常 extremadamente; muy; altamente
gāng 刚／剛 justo; hace un momento
suíbiàn 随便／隨便 como te apetezca
yàoshi 要是 si; en caso de
yìqǐ 一起 junto a (igual que yíkuàir 一块儿)
zhènghǎo 正好 justamente; resulta que ...

动词 Verbos

cháng 尝／嚐 probar
chēng 撑／撐 lleno; hasta reventar
chībǎo 吃饱／吃飽 llenarse (al comer)
dài 带／帶 traer; llevar consigo; tomar

dǎjiǎo 打搅／打攪 molestar; incomodar; abusar de
guòlái 过来／過來 venir (aquí)
jiēshòu 接受 aceptar
lái 来／來 venir
máfan 麻烦／麻煩 molestar/incomodar (a alguien)
shīqù 失去 perder
sòng 送 dar como regalo/obsequio
suàn 算 considerer como
xīwàng 希望 esperar; desear
yāoqǐng 邀请／邀請 invitar; invitación
yuánliàng 原谅／原諒 perdonar; disculpar
zuò 坐 sentarse; tomar asiento
zuòhǎo 做好 hacer satisfactoriamente

动词及动词短语 Verbos y objetos de verbos

qǐngkè 请客／請客 ser anfitrión
zuò fàn 做饭／做飯 cocinar preparar una comida
zuòkè 做客 ser invitado

助动词 Verbos auxiliares

néng 能 ser capaz de; poder; capable

静态动词 Verbos de estado

hǎochī 好吃 rico; sabroso delicioso
jiǎndān 简单／簡單 sencillo
xiāng 香 aromático; sabroso
yíhàn 遗憾／遺憾 lamento; lástima

Coverbos

gěi 给／給 para (en beneficio de); a

其他 Otras palabras y frases

Āiyā! 哎呀！ ¡Ay! (expresión de lamento)
bǐjiào hǎo 比较好／比較好 relativamente bueno
bù hǎoyìsi 不好意思 sentirse avergonzado; encontrar vergonzoso (hacer algo)
chī bú xià le 吃不下了 no poder comer más
Gǎi tiān zài shuō, hǎo ma? 改天再说，好吗？／改天再說，好嗎？ Lo hablamos/intentamos otro día/la próxima vez, ¿ok?
gānbēi 干杯／乾杯 ¡De golpe!; ¡Salud! (en un brindis)
jiācháng-biànfàn 家常便饭／家常便飯 comida sencilla casera
lái diǎnr ... 来点儿……／來點兒…… toma un poco de X (dicho por el anfitrión); ...tomaré un poco de X (dicho por alguien que pide comida o bebida)
Qǐng jìn! 请进！／請進！ ¡Por favor, entra!
Qǐng zuò! 请坐！／請坐！ ¡Por favor, toma asiento!
shàng zhuō 上桌 sentarse a la mesa (para comer)
shénme yàng de ... 什么样的……／甚麽樣的…… ¿qué clase de X?
zài lái (yì)diǎnr 再来(一)点儿／再來(一)點兒 ¡Toma un poco más!

你能够完成的任务　Lista de lo aprendido

通过本单元的学习，你应当能完成以下任务。

听和说　Escuchar y hablar

- ☐ Invitar a un amigo a comer a tu casa.
- ☐ Aceptar agradecido una invitación.
- ☐ Rechazar una invitación de distintas formas.
- ☐ Ofrecer bebidas a invitados recién llegados.
- ☐ Expresar preferencias respecto a las bebidas ofrecidas.
- ☐ Elogiar la comida cuando eres invitado.
- ☐ Rechazar cumplidos a la comida que has hecho.
- ☐ Animar a los invitados a que coman más.
- ☐ Expresar que estás lleno y rechazar los ofrecimientos del anfitrión.
- ☐ Hacer un brindis por el anfitrión y responder cuando te ofrecen un brindis.

你能够完成的任务

留出20~30分钟，让学生两人一组一同查看这份任务表。告诉学生，在任务表上画"√"并不是目的，而是要检验他们能否真正完成这些任务。为了确认，学生应与搭档一起实践每项任务。

听和说

要检查学生是否能够完成这部分的任务，可以要求学生以小组为单位编写并表演小品，小品应包含这部分任务中的几个或所有项目。

读和写

学生完成练习13.34~13.37的表现，可以表明他们完成前两个任务的能力。完成练习13.34和练习13.39的表现可以表明学生完成最后一个任务的能力。

读和写　Lectura y escritura

- ☐ Interpretar información clave de una invitación a comer enviada por correo electrónico.
- ☐ Leer frases sencillas con contenido familiar sobre invitaciones a comer y conversaciones típicas durante una comida.
- ☐ Aceptar o rechazar la invitación de un amigo.

文化理解　Entendimiento cultural

- ☐ Demostrar que comprendes algunas de las principales diferencias entre la comida china y la comida de tu país.
- ☐ Expresar un entendimiento básico del papel de la comida en la cultura china y cómo esta preocupación por la comida se refleja en el lenguaje.
- ☐ Expresar un entendimiento básico de la importancia del equilibrio y la armonía (*yin* y *yang*, frío y caliente, sabores, ingredientes) en las comidas chinas.
- ☐ Demostrar que comprendes el "cómo" y el "por qué" de hacer regalos en la cultura china.
- ☐ Demostrar que comprendes básicamente las convenciones chinas a la hora de comer.

第十四单元 — UNIDAD 14

"Una comida sabrosa y económica"
味美价廉
Wèiměi-jiàlián

Salir a comer

在本单元，你将学习：如何——

- 决定去何处就餐
- 说出不同类型的中国餐馆
- 点饮品
- 点中国菜
- 必要的时候加菜
- 在菜单中挑选自己几个最喜欢的菜品
- 以你对食品的喜好为主题写一篇短文

如需要本单元的补充材料，请访问环球汉语网站：www.EncountersChinese.com.cn。

Encuentro 1   决定去何处用餐   Elegir un lugar para comer

14.1 • 看连续剧之前，让学生回忆前一集的内容。鼓励他们用中文回答。
• 提醒学生不需要完全明白剧中的所有内容，放松欣赏即可！

14.2 • 可能的回答：¿Qué escuela culinaria ofrece este restaurante? ¿Dónde está? ¿Es caro? ¿Es formal o casual?
• 本练习的目的是让学生思考：在现实生活中挑选饭店时会考虑的因素。

14.3 • 在开始播放视频之前，让学生先试做连线题。告诉他们试做的目的不是完全正确地连线，而是借机熟悉词汇短语，以便有目的地观看视频。
• 播放视频，让学生完成练习中的所有任务。鼓励学生两人一组或者几人一组来比较答案。提醒他们：利用语境和演员的肢体语言来推断没学过的语句的含义。
• 教师也许需要多次播放视频，但要保证在重复播放前留出足够的时间让学生比较答案。

14.3 答案
a. 3
b. 4
c. 6
d. 1
e. 7
f. 2
g. 11
h. 13
i. 14
j. 8
k. 9
l. 5
m. 10
n. 12

 14.1 看连续剧第十四集。如果有的地方不完全明白也不要担心，只管欣赏就可以！

14.2   准备活动：如果你正在考虑去哪家餐馆吃饭，你会考虑哪些方面的问题？在下面作笔记，请写西班牙文。

_____

_____

_____

 14.3   观看视频"家常菜""川菜"，视频中人们在讨论去哪里吃饭。在你听到的内容前画"✓"。然后将对应的中西文连线。

☑ a. Wǒ yǒudiǎnr è le.
　　我有点儿饿了。／我有點兒餓了。

☑ b. Wǒ xiǎng wǒmen zuìhǎo chī diǎnr dōngxi.
　　我想我们最好吃点儿东西。／
　　我想我們最好吃點兒東西。

☐ c. Nǐ xiǎng chī xīcān háishi zhōngcān?
　　你想吃西餐还是中餐？／
　　你想吃西餐還是中餐？

☑ d. Xiǎo guǎnzi háishi dà guǎnzi?
　　小馆子还是大馆子？／
　　小館子還是大館子？

☑ e. jiāchángcài
　　家常菜

1. ¿Un restaurante pequeño o uno grande?

2. No he ido nunca antes.

3. Tengo un poco de hambre.

4. Creo que es mejor que comamos algo.

5. Cocina cantonesa

☐ f. Wǒ hái méi chīguo ne.
   我还没吃过呢。／
   我還沒吃過呢。

☑ g. Wǒ chīnì le.
   我吃腻了。／我吃膩了。

☑ h. fēnggé bù tóng de cānguǎn
   风格不同的餐馆／
   風格不同的餐館

☑ i. Nǐ xiǎng chángchang shénme?
   你想尝尝什么？／你想嚐嚐甚麼？

☑ j. Tīng nǐ de.
   听你的。／聽你的。

☑ k. Chuāncài
   川菜

☐ l. Yuècài
   粤菜／粵菜

☑ m. málà
   麻辣

☐ n. wèidao qīngdàn
   味道清淡

6. ¿Te apetece comida occidental o china?

7. cocina casera

8. Lo que tú digas.

9. cocina de Sichuan

10. entumecedor y picante

11. Estoy cansado de comerlo.

12. sabor suave

13. un restaurante con un estilo de comida diferente

14. ¿Qué te apetece probar?

14.4 你喜欢什么样的中餐馆？用你在本单元、之前的单元或者其他途径学到的词汇在下面写出来。请写汉字或者拼音。

_____

_____

_____

14.4 • 答案不尽相同。
• 本练习是在为了让学生顺利完成下一个练习作准备。如果可以，让学生在完成本活动后马上开始做练习14.5。

供你参考

将全班分成八组。每一组都要阅读"供你参考"并额外做一些调查研究，然后介绍本部分涉及的一个地方菜系。让学生准备图片等视觉材料，展示他们介绍的菜系的特色菜，教给其他同学这些特色菜的名称；可能的话，还要描述这些菜的味道。教师可将这部分作为作业布置下去。

INFO 供你参考

Cocina regional de China

Aunque ni las famosas galletas de la fortuna ni el "chop suey" son platos originarios de China (ambos fueron creados en EE.UU.), la oferta culinaria que puedes encontrar en las grandes ciudades chinas es abrumadora. En 2010, el popular buscador chino www.baidu.com ofrecía 41.117 resultados para la búsqueda "restaurantes de Beijing" (北京餐馆／北京餐館 *Běijīng cānguǎn*). ¡Ten en cuenta que este resultado no incluye la enorme legión de vendedores ambulantes que ofrecen sabrosos platos en cada esquina de la ciudad! Si comieras todas las comidas del día en diferentes lugares, una vida entera no sería suficiente para probar todos los restaurantes disponibles en Beijing.

Las guías gastronómicas de Beijing incluyen listados de establecimientos que ofrecen platos típicos de la ciudad como "pato Pekín" o los tradicionales "aperitivos" beijineses. En cuanto a la cocina extranjera, es posible elegir comida de cualquier parte del mundo: desde comida occidental "genérica", hasta comida francesa, alemana, italiana, rusa, tailandesa, coreana, india, etc. También es muy popular la cocina de algunas minorías étnicas chinas (como las de Xinjiang, Tíbet y Yunnan). Además, también se puede encontrar una amplia oferta de restaurantes vegetarianos.

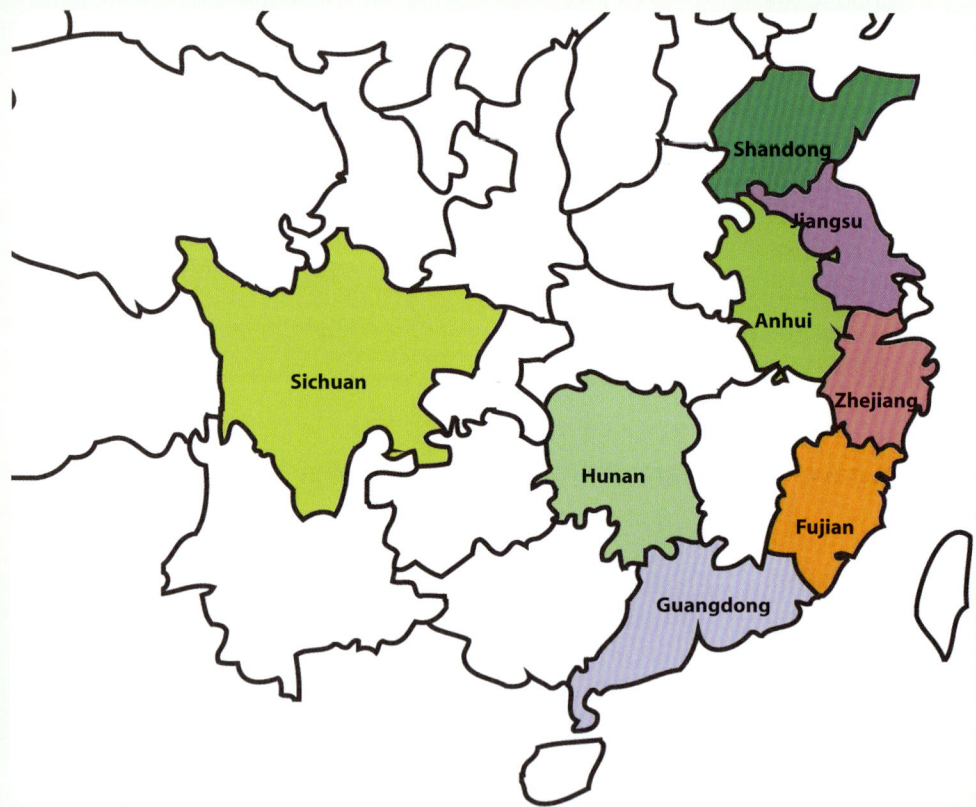

Sin embargo, los restaurantes especializados en las diferentes cocinas regionales del país ocupan la mayor parte de la oferta gastronómica. Los chinos hablan de las siguientes ocho escuelas regionales:

1. Shandong (llamada 鲁菜／魯菜 *Lǔcài*; *Lǔ* es el antiguo nombre de la región): Esta cocina es considerada por muchos chinos como la escuela culinaria más influyente del país. La cocina de esta península (adyacente al mar Amarillo y el río Amarillo) se caracteriza por el sabor a ajo y cebolla. Normalmente incluye una mezcla equilibrada de carnes y verduras en cada plato, pero no con la variedad de ingredientes de las cocinas del Sur. El principal acompañamiento de la mayoría de platos, más que el arroz, son los panecillos al vapor. Shandong es también la cuna de la famosa cerveza Tsingtao.

2. Sichuan (llamada 川菜 *Chuāncài; Chuān* es la abreviatura de 四川 *Sìchuān*): Pronunciada Szechuan o Szechwan en Occidente, esta escuela ardiente es tan popular en China como alrededor del mundo. La pimienta de Sichuan produce un ligero efecto adormecedor en la boca y se combina generosamente con chile rojo en una amplia variedad de platos, cuyo sabor es llamado 麻辣 *málà* (literalmente "adormecedor y picante"). Fuera de China la cocina de Sichuan es picante, pero no incluye el aromático y delicioso "adormecimiento" de la pimienta sichuanesa (花椒 *huājiāo*).
3. Guangdong (llamada 粤菜／粵菜 *Yuècài; Yuè* es el nombre clásico de la región): Debido a que la mayoría de los primeros emigrantes chinos eran de la provincia de Guangdong, esta comida regional (llamada generalmente cantonesa por Cantón, antiguo nombre inglés de Guangdong) es la escuela culinaria china más conocida fuera del país. La comida cantonesa pone el acento en la frescura y el sazonado ligero de los ingredientes para que estos mantengan sus aromas naturales. Es conocida también por ser la más atrevida de las cocinas regionales, incluyendo en sus platos numerosas plantas y animales exóticos.
4. Fujian (llamada 闽菜／閩菜 *Mǐncài; Mǐn* es el nombre clásico de la región): Sopas y platos caldosos son abundantes en esta cocina. Un banquete en Fuzhou (la capital regional) incluye normalmente cinco pequeñas raciones de diferentes sopas. La cocina de Fujian es conocida por sus platos "alcohólicos" (marinados en vino) y por su extenso uso de sedimentos de vino, especialmente el arroz de levadura roja (红曲／紅麴 *hóngqū*). Una famosa sopa espesa de marisco de Fujian es conocida por el nombre 佛跳墙／佛跳牆 *Fótiàoqiáng* (literalmente: "Buda salta el muro"), pues su aroma es tan embriagante que hasta los monjes vegetarianos saltarían los muros de sus monasterios para probar un poco.
5. Jiangsu (llamada 苏菜／蘇菜 *Sūcài; Sū* es la abreviatura de 江苏／江蘇 *Jiāngsū*): Esta cocina es llamada también Huaiyang, una de las más destacadas cocinas de la región típica del curso bajo de los ríos Huaihe y Yangtsé. Enfatiza la frescura de los ingredientes y utiliza sopas para mejorar los sabores. Los platos estofados y cocinados a fuego lento son comunes. Los ravioles al vapor y los bollos rellenos son los característicos de esta cocina, incluyendo los ravioles fritos por un lado (锅贴／鍋貼 *guōtiē*) populares tanto en China como en el extranjero.
6. Zhejiang (llamada 浙菜 *Zhècài; Zhè* es la abreviatura de 浙江 *Zhèjiāng*): Muchos platos de esta región incluyen brotes de bambú, y la comida es generalmente más salada que en la mayoría de las cocinas regionales chinas. Uno de sus platos famosos es el Pollo del mendigo (叫花鸡／叫花雞 *jiàohuājī*), atribuido popularmente a un vagabundo de la ciudad de Hangzhou que robó un pollo, lo recubrió de arcilla y lo coció dentro de un hoyo en el suelo.
7. Hunan (llamada 湘菜 *Xiāngcài; Xiāng* es el nombre clásico de la región): Esta cocina incluye muchos platos con carnes asadas y ahumadas. Es picante, pero utiliza chiles en vez de pimienta adormecedora, por lo que se dice que es "puramente picante" o "picante seca" (no "adormecedora picante" como la sichuanesa). Un plato famoso en EE.UU., el Pollo del General Tso, fue inventado fuera de China al estilo hunanés, pero es completamente desconocido en la propia Hunan.
8. Anhui (llamada 徽菜 *Huīcài; Huī* es la abreviatura de 安徽 *Ānhuī*): Predominan los estofados y guisos con hierbas silvestres autóctonas, y se emplean mucho menos los salteados que en otras cocinas regionales. Muchos platos de esta región han sido aclamados dentro de China, pero ninguno ha llegado a ser popular fuera del país.

14.5 互动练习：问问同学："你喜欢什么样的中国餐馆？"当你发现别人的喜好和你相同后，和他们一同去吃午餐或晚餐。讨论一下在你们那里能不能吃到你们喜欢的菜肴，或者你们是否要去中国才能吃到这些菜。

14.5 • 练习14.4是在为本练习作准备。如果学生顺利地完成了练习14.4，就没有必要为做本练习进行其他的准备了。
• 教师参与到活动中，观察学生的表现，必要时给予帮助。请享受其中的乐趣！

Encuentro 2 入座和点饮品
Sentarse y pedir bebidas

14.6 • 在开始播放视频之前，让学生先试做连线题。告诉他们试做的目的不是完全正确地连线，而是借机熟悉词汇短语，以便有目的地观看视频。

• 播放视频，让学生完成练习中的所有任务。鼓励学生两人一组或几人一组来比较答案。提醒他们利用语境和演员的肢体语言来推断没学过的语句的含义。

• 你也许需要多次播放视频，但要保证在重复播放前留出足够的时间让学生比较答案。

14.6 答案
a. 6
b. 4
c. 9
d. 7
e. 8
f. 2
g. 1
h. 3
i. 5
j. 11
k. 10

 14.6 看视频"在苏州的一家餐馆"。在中国人说的话前标"C"，在外国人说的话前标"F"，在服务员说的话前标"W"。然后将对应的中西文连线。

___W___ a. Nín jǐ wèi?
您几位？／您幾位？

___C___ b. Wǒmen jiù liǎng gè.
我们就两个。／我們就兩個。

___W___ c. Zhèibian qǐng.
这边请。／這邊請。

___W___ d. Zhèr kěyǐ ma?
这儿可以吗？／這兒可以嗎？

___C___ e. Kěyǐ, kěyǐ, kěyǐ.
可以，可以，可以。

___C___ f. Suíbiàn zuò, suíbiàn zuò.
随便坐，随便坐。／
隨便坐，隨便坐。

___F___ g. Tǐng piàoliang de cānguǎn.
挺漂亮的餐馆。／挺漂亮的餐館。

___W___ h. Zhè shì càidān.
这是菜单。／這是菜單。

___W___ i. Xūyào shénme yǐnliào ma?
需要什么饮料吗？／
需要甚麼飲料嗎？

___F___ j. Wǒ lái yì píng píjiǔ.
我来一瓶啤酒。／我來一瓶啤酒。

___C___ k. Nà wǒ jiù lái yì bēi chá ba.
那我就来一杯茶吧。／
那我就來一杯茶吧。

1. *Este es un restaurante bastante bonito.*
2. *Siéntense donde quieran.*
3. *Esta es la carta.*
4. *Somos solo nosotros dos.*
5. *¿Desean algo de beber?*
6. *¿Cuántos son?*
7. *¿Está bien aquí?*
8. *Bien, bien, bien.*
9. *Por aquí por favor.*
10. *Entonces tomaré una taza de té.*
11. *Tomaré una cerveza.*

14.7 两人一组练习：和搭档重新表演"在苏州的一家餐馆"的剧情。一个人扮演服务员，另一个人扮演独自喝茶的顾客。你们的表演中要包括以下内容：（1）提问并回答客人的人数；（2）引领客人入座；（3）给客人菜单并询问是否需要饮品；（4）点一杯茶。

14.8 看视频"点饮品"（一）和"点饮品"（二）。在提到的饮品前画"✓"。然后将对应的中西文连线。

Nín xūyào hē diǎnr shénme ma? Wǒmen zhèr yǒu . . .

您需要喝点儿什么吗？我们这儿有……／
您需要喝點兒甚麼嗎？我們這兒有……

☑ a. cháshuǐ 茶水　　　　　　1. *agua mineral*

☑ b. guǒzhī 果汁　　　　　　2. *batido*

☐ c. kělè 可乐／可樂　　　　3. *té con leche*

☑ d. kuàngquánshuǐ 矿泉水／礦泉水　4. *té*

☐ e. nǎichá 奶茶　　　　　　5. *zumo de frutas*

☐ f. nǎixī 奶昔　　　　　　　6. *cerveza*

☑ g. kāfēi 咖啡　　　　　　　7. *agua fría*

☐ h. bīng shuǐ 冰水　　　　　8. *cola*

☐ i. píjiǔ 啤酒　　　　　　　9. *café*

14.7 本练习的目的是让学生通过应用14.6中的词语来消化理解它们。为达到最佳效果，鼓励学生用练习14.6中的词语来自己写剧本。
• 如有必要，再次播放视频。让学生重点关注服务员和顾客的肢体语言和举止。鼓励学生模仿这些动作。
• 如果还有时间，让学生为全班同学表演他们的小品。请享受其中的乐趣！

14.8 在播放视频前，让学生试做连线练习。然后再播放视频，并让学生自己比较并改正之前的答案。

14.8 答案
a. 4
b. 5
c. 8
d. 1
e. 3
f. 2
g. 9
h. 7
i. 6

14.9 互动练习：做拉手游戏。在教室中走一走，说出你最喜欢的饮品，如果别人也说了同样的饮品，就和对方手拉手。继续进行这个游戏，直到所有喜好相同的人都拉起来，最终也可能是没有人和你拉手、两个人手拉手或是一组人手拉着手。用"我们最喜欢喝的是……"句型来介绍你们最喜欢的饮品。

14.10 两人一组练习：在索引卡片的一面写上你想要喝的饮品。假装你经营着一家咖啡馆，在卡片的另一面写上你的咖啡店出售的三种饮品。和一名同学进行角色扮演：点你想要喝的饮品，你的搭档则扮演服务员，并在卡片上看看你点的是不是三种出售的饮品中的一种。如果你想要喝的饮品不在其中，你可以点别的饮品或者去另一家咖啡馆。然后向另一组或者全班同学介绍你和搭档间的互动。

14.9-14.10 让学生阅读题目要求以明确任务。教师参与到互动活动中，观察学生的表现，必要时给予帮助。请享受其中的乐趣！

第十四单元 味美价廉

语法点滴

本部分的语法说明十分简单明了。教师不需要详细地讲解。鼓励学生尽量自己猜测出每个句子的意思，然后再看其对应的西班牙文。根据学生做连线练习的情况来检查他们对本部分的理解。然后让每位同学写出五句使用了副词的句子，并和搭档看一下各自的句子，最后把句子交给你检查。

Un poco de gramática 语法点滴

Aprovechar los adverbios

Hasta el momento has aprendido varios adverbios útiles que, como en español, sirven para modificar al verbo. En esta unidad aparecen numerosos adverbios. A continuación, se ofrece una muestra de algunos de ellos. En los siguientes ejemplos el adverbio aparece en negrita, mientras que el verbo (o verbo/adjetivo de estado) está subrayado. Dentro del paréntesis, en primer lugar se indica el equivalente del adverbio en español y a continuación se incluye la traducción de la frase completa.

Wǒ **shízài** chī bú xià le.
我实在吃不下了。／我實在吃不下了。
(realmente, de hecho ⇒ Realmente no puedo comer más.)

Tǐng piàoliang de fànguǎnr.
挺漂亮的饭馆儿。／挺漂亮的飯館兒。
((más bien, bastante ⇒ [Este es] un restaurante bastante bonito.)

Gāng zhuāngxiū hǎo.
刚装修好。／剛裝修好。
(hace solo un momento ⇒ Acaba de ser renovado.)

Suíbiàn zuò.
随便坐。／隨便坐。
(como quieras ⇒ Siéntate donde quieras.)

Zhèi ge cài **yòu** má **yòu** là.
这个菜又麻又辣。／這個菜又麻又辣。
(tan X como Y ⇒ Este plato es adormecedor y picante.)

Qǐng nín **shāo** děng yíhuìr.
请您稍等一会儿。／請您稍等一會兒。
(un poco, un momento, ligeramente ⇒ Por favor, espera un momento.)

Zài děng yíxià.
再等一下。
(un poco más, de nuevo ⇒ Espera un poco más.)

Běijīngcài **zuì** hǎochī.
北京菜最好吃。
(el/la/lo más ⇒ La comida de Beijing es la más rica.)

Wǒ **yídìng** lái.
我一定来。／我一定來。
(ciertamente, sin duda ⇒ Iré sin duda.)

Tā **chángcháng** chī Zhōngguócài.
他常常吃中国菜。／他常常吃中國菜。
(frecuentemente ⇒ Él come comida china frecuentemente.)

Wǒmen **yígòng** yàole sān gè cài.
我们一共要了三个菜。／我們一共要了三個菜。
(en suma, en total, en conjunto ⇒ En total pedimos tres platos.)

Zhèi ge hǎo; nèi ge **gèng** hǎo.
这个好；那个更好。／這個好；那個更好。
(aún más ⇒ Este es bueno; ese es aún más bueno.)

Bié chī, **tài** là le.
别吃，太辣了。
(no; demasiado, extremadamente ⇒ No lo comas, es demasiado picante.)

Duō chī cài, **shǎo** chī ròu.
多吃菜，少吃肉。
(más; menos ⇒ Come más verduras y menos carne.)

Ejercicio: Ocurre algo interesante cuando dos adverbios —uno de los cuales es un adverbio de negación, aparecen juntos. El significado resultante ilustra claramente la importancia del orden de las palabras en la gramática china. Intenta determinar el significado de las frases siguientes. 然后把中文和西班牙文对上。／然後把中文和西班牙文對上。

a. 不太辣。
b. 太不辣。
c. 都不贵。／都不貴。
d. 不都贵。／不都貴。
e. 不很好。
f. 很不好。

1. Todos son baratos.
2. Es muy malo.
3. No es muy picante.
4. No todos son caros.
5. No es muy bueno.
6. Es demasiado poco picante.

"语法点滴"答案
a. 3
b. 6
c. 1
d. 4
e. 5
f. 2

14.11 小组练习：和两三位同学准备一个小品，小品中要包括到达餐馆、入座、点饮品等情节。和另一个小组分享你们的小品。

14.11 教师可以将此部分布置为家庭作业。让学生自由组合成小组，编写剧本，记住小品的内容，然后在下一堂课开始的时候表演。

> 供你参考
> 让学生阅读"供你参考",为学习Encuentro 3作准备。教师不必检查学生的理解情况,Encuentro 3至Encuentro 5都需要学生利用这部分的信息。

INFO 供你参考

Para una dieta equilibrada, pide equilibradamente

Una regla para pedir en un restaurante chino es pedir un plato por cada comensal y buscar un equilibrio entre platos de carne, pescado y verduras, y entre los diferentes estilos de preparación. En otras palabras, el número de platos al vapor debe ser equilibrado con el de los salteados, guisados y fritos. El equilibrio de sabores también debe tenerse en cuenta; algunos platos pueden ser más picantes y otros más suaves, algunos más dulces y otros con un toque de vinagre.

Se puede empezar con aperitivos fríos, pero los platos calientes conforman la mayor parte de la comida. Un plato que en Occidente se considera postre, en China puede ser servido a mitad de un banquete precedido y seguido de platos sabrosos, justamente para "limpiar el paladar". El postre, como se entiende en las culturas occidentales, no forma parte de una comida china tradicional. En el norte, la sopa se sirve generalmente al final, mientras que en el sur suele servirse antes.

En una comida formal, alimentos básicos como arroz, tallarines o bollos al vapor pueden pedirse hacia el final. Como los almidones llenan rápidamente, estos alimentos básicos se ofrecen hacia el final de las comidas como una opción para los que se han quedado con hambre. Además, igual que en las culturas occidentales es típico comer pan durante las comidas, muchos chinos también están acostumbrados a acompañar la comida con su alimento básico favorito.

Generalmente, en las comidas con muchos platos (para ocho o más personas), el plato final suele ser fruta. Si no se está seguro de que platos combinar en la comida, muchos restaurantes ofrecen "menús fijos", tabmién conocidos como "paquetes de platos", de distintos precios para facilitar la tarea. Normalmente, se ofrecen para cuatro, seis, ocho o diez personas. Una mesa redonda de banquete tiene capacidad para 10-12 personas, por lo que si se planea una reunión con muchos invitados, es una buena idea pensar en múltiplos de 10, 11 o 12 personas.

Encuentro 3   点菜   Pedir platos

> 14.12 学生的答案会不尽相同。本练习的目的是通过让学生回顾他们知道的中国菜,建立起与本节内容的切身联系。

14.12 准备活动:列举你知道的中国菜名。请写西班牙文或者拼音。

_____

_____

_____

14.13 看视频 "点中国菜"。在你听到的菜名前画 "✓"。

- ☑ a. kǎoyā 烤鸭／烤鴨 (pato asado)
- ☐ b. yúxiāngqiézi 鱼香茄子／魚香茄子 (berenjenas con salsa de ajo)
- ☑ c. sōngshǔguìyú 松鼠桂鱼／松鼠桂魚 (pez ardilla; pescado agridulce the con forma de ardilla)
- ☑ d. mápódòufu 麻婆豆腐 (tofu mapo*)
- ☐ e. shíjǐndòufu 什锦豆腐／什錦豆腐 (tofu con carne y verduras)
- ☑ f. gōngbǎojīdīng 宫保鸡丁／宮保雞丁 (dados de pollo kungpao*)
- ☑ g. yúxiāngròusī 鱼香肉丝／魚香肉絲 (tiras de cerdo con salsa de ajo)
- ☐ h. jièlánniúròu 芥兰牛肉／芥蘭牛肉 (ternera con brócoli)
- ☑ i. chǎolàròu 炒腊肉／炒臘肉 (tocino de carne salteado)
- ☑ j. xīqíntángcùyú 西芹糖醋鱼／西芹糖醋魚 (pescado agridulce con apio)
- ☐ k. suànróngbōcài 蒜蓉菠菜 (espinacas con ajo)
- ☐ l. chǎofàn 炒饭／炒飯 (arroz sofrito)
- ☐ m. chǎomiàn 炒面／炒麵 (tallarines sofritos)
- ☐ n. mǐfàn 米饭／米飯 (arroz hervido)

*Los nombres de estos dos platos picantes de Sichuan tienen su origen en sendas leyendas. *Tofu mapo* significa literalmente "plato de tofu inventado por la mujer con cara picada de viruelas". El plato se hizo tan popular que la gente copió la receta y le dio el nombre de su creadora. *Kungpao* es otra forma de pronunciar *gōngbǎo*. El plato recibe su nombre de un oficial del siglo XIX que era consejero del príncipe heredero (宫保／宮保 *gōngbǎo*). Este oficial creó el plato o simplemente le gustaba tanto que la gente empezó a llamarlo con su nombre.

14.13 • 在播放视频前让学生阅读题目要求，以明确任务。
• 对学生而言，这部分有很多复杂的生词。他们需要通过读或听来理解这些词，信息量很大。为了让学生顺利完成本练习，并尽量使学习过程比较愉快，教师应该先让学生和搭档一起朗读这些菜名，然后再播放视频。

INFO 供你参考

Menú chino para novatos

红烧狮子头／紅燒獅子頭
hóngshāoshīzitóu

蚂蚁上树／螞蟻上樹
mǎyǐshàngshù

鱼香茄子／魚香茄子
yúxiāngqiézi

Ante la llegada de los Juegos Olímpicos de Beijing de 2008, el gobierno chino publicó una lista oficial con traducciones recomendadas al inglés de platos chinos —una guía para descifrar los misterios de unas cartas que, temían los dirigentes, podían confundir e incluso asustar a los visitantes extranjeros. Se ha escrito mucho sobre cómo aprender a descifrar los nombres de los platos chinos, por lo que la ayuda ofrecida por el gobierno fue ampliamente bienvenida. En general, los 老外 lǎowài (extranjeros) siempre necesitan ayuda, y considerando platos con nombres como "hormigas subiendo a un árbol" o "cabeza de león asada al rojo", leer una carta china puede resultar aterrador. Las extrañas traducciones por las que muchas veces son famosas en los menús de los restaurantes chinos, normalmente son el resultado de la traducción palabra por palabra de los caracteres que componen el nombre de los platos, más que de una descripción precisa de sus ingredientes.

Por eso, antes de que llegaran las hordas de turistas con motivo de las Olimpiadas, la situación cambió. Hoy, "cabeza de león asada al rojo" (红烧狮子头／紅燒獅子頭 hóngshāoshīzitóu) se llama "albóndigas de carne (de cerdo) guisadas con col china en salsa marrón". "Pez mandarín ardilla" (松鼠鱼／松鼠魚 sōngshǔyú) se llama ahora "pez mandarín agridulce" y "hormigas subiendo un árbol" (蚂蚁上树／螞蟻上樹 mǎyǐshàngshù) es simplemente "fideos de arroz salteados con carne de cerdo picada". No obstante, algunos nombres que ya eran familiares para los occidentales no cambiaron. *Tofu mapo*, un estofado picante de tofu con cerdo picado sigue apareciendo como 麻婆豆腐 mápódòufu en las cartas de los restaurantes chinos de China y del extranjero. Sinceramente, suena mucho mejor que "tofu de la mujer con cara picada de viruelas". El popular "berenjenas con aroma de pescado" (鱼香茄子／魚香茄子 yúxiāngqiézi), que, pese a su nombre, no tiene pescado, ahora aparece en China como "berenjenas yu-shiang", pero en el extranjero continúa llamándose "berenjenas con salsa de ajo". ¿Confundido? Es normal; en Occidente muchos platos también tienen nombres especiales. Piénsalo: no hay nada de pollo en los cocktails (cock en inglés es gallo), carne de perro en los perritos calientes o en las bolas de harina de maíz "hush pupppies" (puppie en inglés es cachorro), ni las hamburguesas están hechas de jamón (ham en inglés es jamón). Igual que ocurre con el chino, los que estudian inglés deben aprender que las tortillas están hechas con huevo, el estofado lleva carne de ternera y las tortitas "hash browns" son de patata.

Para mejorar tu comprensión de los platos de los menús chinos, ten en cuenta las siguientes formas comunes de cortar la carne (algunas las estudiaste en la Unidad 12):

sī 丝／絲 (*tiras*)
dīng 丁 (*cuadritos*)
piàn 片 (*rebanadas*)

estas son formas habituales de cocinar:

zhēng 蒸 (*al vapor*)
zhá 炸 (*freir*)

chǎo 炒 (saltear)
kǎo 烤 (asar, tosar)
zhǔ 煮 (hervir, cocer)

y estas son formas comunes de sazonar:

gōngbǎo 宫保／宮保 (con chile seco, ajo y cacahuetes)
yúxiāng 鱼香／魚香 (con ajo y salsa dulce)
tángcù 糖醋, tiánsuān 甜酸, gǔlǎo 古老 (agridulce)

Ejercicio: Intenta descifrar qué llevan algunos de los siguientes platos. Escribe en la columna de la derecha el nombre en español.

烤鱼／烤魚 _____

烤鸡／烤雞 _____

炒鱼片／炒魚片 _____

蒸鱼片／蒸魚片 _____

炸虾／炸蝦 _____

炒白菜 _____

鱼香肉丝／魚香肉絲 _____

糖醋肉 _____

糖醋鱼片／糖醋魚片 _____

宫保肉丝／宮保肉絲 _____

Ahora escribe de memoria o trata de crear el nombre de un plato chino. 请写西班牙文或者拼音。／請寫西班牙文或者拼音。 Después pregunta a tus compañeros o al profesor si han oído este plato antes.

拼音:_____ 西班牙文:_____

供你参考
• 让学生独立阅读"供你参考"。本部分包括供教师检查学生的理解情况的内容。
• 鼓励学生两人一组或几人一组来完成这些任务。

"供你参考"答案
pescado asado
pollo asado
rebanadas de pescado salteado
rebanadas de pescado a vapor
camarones fritos a profundo
col china salteada
tiras de cerdo con salsa de ojo
carne de sabor agridulce
rebanadas de pescado agridulce
tiras de cerdo kungpao

14.14 互动练习：做四角游戏。选一个你最喜欢的中国菜，不要告诉别人。你的老师会给教室的四角分别贴上以下标签："淀粉类"（例如炒饭／炒飯）、"蔬菜或豆腐"（例如鱼香茄子／魚香茄子）、"肉类"（例如烤鸭／烤鴨）、"鱼／海鲜"（例如松鼠鱼／松鼠魚）。走到和你选的菜最相关的角落，告诉角落里其他同学你选的菜，然后你们作为一个小组向全班同学介绍一下。最后，与其他角落的同学组成小组，每组中要包括每一个角落的一道菜，以此来构成一顿营养均衡的中餐。

14.15 小组练习：三至四人一组表演小品，一位同学扮演餐厅服务生，其他同学扮演用餐的客人。小品中，服务生要端上饮品和两到三盘菜，并且说出每道菜的名字，然后可以说"请慢用／請慢用"。用餐的客人需要回答"谢谢／謝謝"，并劝其他用餐者多吃点儿。和另一组分享你们的小品。

14.14 让学生阅读题目要求，以明确他们的任务。教师可以参与到学生中去，师生共同享受游戏的乐趣！利用此机会非正式地评估学生的表现，并在必要时提供帮助。

14.15 告诉学生，编写小品时要结合108页的"供你参考"的内容。

Encuentro 4   结束用餐   Terminar de comer

14.16 让学生先阅读题目要求，以便明确任务。可以让他们先看一下对话，然后再播放视频，这样有助于学生有目的地观看。

14.16 看视频"结束用餐"，给下面的对话补全拼音，然后写出相应的西班牙文，最后根据正确的顺序给中文句子标序号。

April: Chī _bǎo_ le?
(Español: _¿Estás llena?_____)

李雯: _Chī tài_ chēng le.
(Español: _Estoy llena._____)

April: _Yào bu yào jiào_ tiándiǎn?
(Español: _¿Quieres postre?_____)

李雯: _Bú yào le____. _Chī bú xià le____. _Wǒmen zǒu ba____.
(Español: _No, no puedo comer más. Vámonos._____)

_2_ 吃太撑了。／吃太撐了。

_4_ 不要了。

_1_ 吃饱了？／吃飽了？

_5_ 吃不下了。

_6_ 我们走吧。／我們走吧。

_3_ 要不要叫甜点？／要不要叫甜點？

14.17 如果在快吃完中餐的时候有人问你："要不要吃甜点？"你应该怎么回答？在下面你的回答前画"✓"。然后，在113页上常见的中国甜点名称中选出你喜欢的。

14.17 回答会不尽相同。鼓励学生看看113页供选择的甜点，然后根据自己的真实喜好进行选择。

☐ 谢谢，不要了。／謝謝，不要了。

☐ 有什么甜点？／有甚麼甜點？
  我来个____吧。／我來個____吧。

☐ 冰淇淋
bīngqílín
helado

☐ 蛋糕
dàngāo
pastel

☐ 杏仁豆腐
xìngrén dòufu
gelatina de almendra

☐ 西米露
xīmǐlù
tapioca de melón

☐ 芒果布丁
mángguǒ bùdīng
pudín de mango

☐ 芝麻球
zhīmaqiú
bolas fritas rellenas de pasta de sésamo

☐ 蛋挞
dàntà
tartaleta de crema

☐ 水果拼盘／
水果拼盤
shuǐguǒ pīnpán
plato de frutas

14.18 两人一组练习：和一名搭档或多名搭档重新表演练习14.17的对话。

INFO 供你参考

Comer en un restaurante chino

Cuando visites China y comas en un restaurante local, estas son algunas cosas que debes esperar:

- Espera comer al estilo "familiar". No tendrás un plato solo para ti. En vez de eso, todos los platos son comunes y se sitúan en el centro de la mesa sobre una bandeja giratoria, para que todos coman directamente de ellos al estilo familiar. Comer en China es realmente una experiencia compartida.
- El anfitrión señala el inicio de la comida, normalmente diciendo 请／請 qǐng. Espera a que te insten a comer.
- El pescado es un plato común en las comidas chinas. No te sorprendas al ver un pescado entero, con su cabeza y todo. Algunos dicen que es la forma de los restaurantes para demostrar que es fresco. La cabeza del pescado se sitúa normalmente frente al invitado de honor.
- Al tocar la comida con tus palillos, toca solo lo que vas a comer. A veces suele haber una cuchara para servir.
- Si hay un plato que te gusta y no está en el menú, no dudes en pedirlo. Los chefs chinos son muy complacientes.
- Cuando tu taza de té esté vacia, el anfitrión suele rellenarla. Si te quieres servir tú mismo, asegúrate de llenar primero la taza del anfitrión.
- Prepárate para que el anfitrión se disculpe por la comida servida. Contesta siempre con cumplidos.

第十四单元 味美价廉

> - Es correcto levantar el cuenco de arroz hacia la boca para introducir en ella la comida. Asimismo, los chinos no consideran maleducado beber la sopa directamente del tazón, aunque siempre se sirven bonitas cucharitas para sopa.
> - En los banquetes formales, prepárate para ver servir una gran cantidad de platos. La hospitalidad china exige ofrecer a los invitados más de lo que pueden comer. Tómatelo con calma y come un poco de cada plato.
> - Incluso si no te apetece comer algo, pruébalo aunque sea un poco. Si no te gusta, simplemente déjalo sobre tu plato. El mesero se ocupará de llevárselo.
> - Es posible que el anfitrión ponga comida en tu plato. Agradécelo educadamente.

14.19 老师需要提前预订餐馆并准备好摄像机。请享受本练习的乐趣。

- 如果无法去餐馆，也可以让学生编写小品，模拟在中餐馆用餐的真实经历。鼓励学生尽可能多地使用本单元介绍的表达。提醒学生回顾本单元所有"供你参考"的内容，并将他们对中国用餐文化的理解融入小品中。如果学生需要真正的菜单，鼓励他们使用练习14.23中的菜单。

14.19 外出练习：同几位朋友去一家中餐馆用餐，要求餐馆老板或者服务生仅用中文和你们交流。带上摄像机拍下你们之间的交流——从到达、点菜、用餐、结账一直到离开。试着将你的素材剪辑成一到两分钟的视频和同学分享，或者将视频上传到班级的网站上。

🎵 单元说唱　Rap de la Unidad

登录环球汉语网站，听歌曲复习第十四单元所学的主要内容。然后再听一遍并跟着唱！

Encuentro 5　读和写　Lectura y escritura

▶ 读出熟悉的中文句子
Lectura de oraciones familiares en caracteres chinos

14.20—14.22
提醒学生先阅读题目说明，并借助题目说明中的办法来读出不认识的汉字。

14.20 两人一组练习：借助西班牙文，与搭档轮流大声朗读下面的段落（简体字）。可以互换朗读内容，如果有人无法读出某个汉字，搭档可以提供帮助。

1 苏州很大，有很多饭馆，大的小的都有。大饭馆你要什么菜就有什么菜，菜单上菜名多极了，什么都有。小馆子没有大饭馆那么多菜，常常只有家常菜，可是家常菜有时候也很好吃。大饭馆儿的菜不一定最好吃，小饭馆儿的菜不一定不好吃。 *(Suzhou es grande y tiene muchos restaurantes, grandes y pequeños. En los grandes restaurantes puedes comer lo que quieras; la carta incluye muchos platos. Tienen de todo. Los pequeños restaurantes no ofrecen tantos platos como los grandes. A menudo solo tienen platos de cocina casera, pero la comida casera a veces es buena también. La comida de los grandes restaurantes no necesariamente es la mejor, y la comida de los restaurantes pequeños no tiene por qué ser mala.)*

2 广东菜也叫粤菜，味道比较清淡。美国的中国饭馆有很多都是广东饭馆。有人说这是因为广东菜比较适合 (shìhé – apropiado para) 美国人的口味(kǒuwèi – gustos)。也有人说是因为很多年以前从中国到美国来的中国人大多是广东人。最近几年很多中国北方人也到美国来，所以现在美国的北方餐馆越来越多了。 *(La cocina de Guangdong se llama cocina cantonesa o Yue, y sus sabores son relativamente suaves. Muchos restaurantes chinos en EE.UU. son restaurantes cantoneses. Algunos dicen que es porque se adecúan a los gustos estadounidenses. Otros dicen que es porque hace muchos años los chinos que llegaron a EE.UU. eran principalmente cantoneses. En los últimos años también ha llegado mucha gente del norte de China a EE.UU. y por eso hay cada vez más restaurantes chinos de esta región en el país.)*

3 李雯过生日的那天，陈峰请她去一家很贵、很有名的饭馆吃晚饭。李雯先到，在那儿等了很久。陈峰因为工作忙，来得很晚。李雯很不高兴。 *(El día del cumpleaños de Li Wen, Chen Feng la invitó a cenar en un restaurante famoso muy caro. Li Wen llegó antes y esperó mucho tiempo. Como Chen Feng estaba muy ocupado en el trabajo, llegó muy tarde. Li Wen estaba muy descontenta.)*

4 有时候人跟人之间的关系很好，有时候不知道为什么关系不好。Alejandro跟April在西安的时候也是这样。今天关系很好，没问题；明天就不好了，问题很多。 *(A veces, la relación entre dos personas es muy buena; otras veces, no se sabe por qué, la relación no es buena. Eso pasó a Alejandro y April en Xi'an. Un día su relación era buena y no tenían problemas, y al día siguiente era mala y con muchos problemas.)*

5 在苏州一家很好的饭馆里，有一位中国老人和一个外国人一起吃午饭。外国人说要让老先生点菜，因为中国人知道怎么点中国菜。可是那个中国人很客气，要外国人也点他喜欢吃的东西。那么最后是谁点菜呢？大概(dàgài – probablemente)是一个人叫一个菜，中国人叫一个他最爱吃的菜，外国人也叫他最爱吃的菜。 *(Un anciano chino y un extranjero fueron a comer a un muy buen restaurante de Suzhou. El extranjero quería que fuera el anciano quien pidiera los platos, porque es chino y sabe cómo pedir comida china. Pero el chino era muy educado y quería que el extranjero también pidiera lo que le gustara. ¿Quién pidió al final? Probablemente cada uno pidió un plato: el chino pidió lo que más le gustaba y el extranjero también pidió lo que más le gustaba.)*

6 有时候到了周末，大家要是没事，很可能会去一家又大又漂亮的中国餐馆儿吃饭。要是人多，点的菜也会很多，大家就会吃得很高兴。有些人会喝酒。有些人不喝酒，那没关系。不喝酒的人可以喝茶、果汁、可乐或者矿泉水。 *(A veces, al llegar el fin de semana, si la gente tiene tiempo libre es muy posible que vaya a comer en un restaurante chino grande y bonito. Si son muchos, pedirán muchos platos y todos disfrutarán comiendo. Algunos beberán alcohol. Algunos no beberán, pero no pasa nada. Quienes no beben alcohol pueden beber, té, zumo, cola o agua mineral.)*

7 麻婆豆腐、宫保鸡丁、鱼香茄子、蒜蓉菠菜、酸辣汤、炒饭、炒面——这些都是大家很喜欢吃的东西。*(Tofu mapo, pollo kungpao, berenjenas con salsa de ajo, espinacas con ajo, sopa agripicante, arroz sofrito y tallarines sofritos, etc., son platos que a todos les gusta mucho comer.)*

8 有一天唐远在一个小饭馆儿里吃饭，跟他一起吃饭的那个女孩子真能吃。女孩子点了好几个菜，吃了这个，又吃那个，吃了很多很多。吃到一半，又加了两道菜，才说自己吃不下了。*(Un día Tang Yuan estaba comiendo en un pequeño restaurante y la chica joven que iba con él realmente tiene un gran "estómago". Pidió bastante platos y comió de esto y aquello. Comió muchísimo. A mitad de comida añadió dos platos y finalmente dijo que ya no podía comer más.)*

9 很多中国人觉得，人生的滋味跟中国菜一样——酸甜苦辣都有。有时候吃的东西会很甜，有时候会很苦。人生也是这样，也有不同的滋味。我们高兴的时候，觉得生活很甜；不高兴的时候，觉得生活很苦。你说，不是跟菜一样吗？*(Muchos chinos creen que la vida es como la comida china —ácida, dulce, amarga y picante. A veces, lo que comemos es dulce, pero otras es amargo. La vida también es así, tiene diferentes sabores. Cuando estamos felices sentimos que la vida es dulce; cuando no estamos contentos, sentimos que la vida es amarga. ¿No piensas que es como la comida?)*

10 有一天，李雯和April在外面吃川菜。李雯非常喜欢吃辣的，April不太喜欢，觉得如果菜太辣了，就得喝很多冰水。两个人吃了很多，很快就吃饱了，没叫甜点，给了钱就走了。*(Un día Li Wen y April fueron a comer comida de Sichuan. A Li Wen le gusta mucho la comida especiada y picante, pero a April no. Ella piensa que si la comida es muy picante tendrá que beber mucha agua fría. Las dos comieron mucho y se llenaron enseguida. No pidieron postre, pagaron la cuenta y se marcharon.)*

14.21 两人一组练习：再次朗读这些段落，这次没有西班牙文辅助。

1 苏州很大，有很多饭馆，大的小的都有。大饭馆你要什么菜就有什么菜，菜单上菜名多极了，什么都有。小馆子没有大饭馆那么多菜，常常只有家常菜，可是家常菜有时候也很好吃。大饭馆儿的菜不一定最好吃，小饭馆儿的菜不一定不好吃。

2 广东菜也叫粤菜，味道比较清淡。美国的中国饭馆有很多都是广东饭馆。有人说这是因为广东菜比较适合美国人的口味。也有人说是因为很多年以前从中国到美国来的中国人大多是广东人。最近几年很多中国北方人也到美国来，所以现在美国的北方餐馆越来越多了。

3 李雯过生日的那天，陈峰请她去一家很贵、很有名的饭馆吃晚饭。李雯先到，在那儿等了很久。陈峰因为工作忙，来得很晚。李雯很不高兴。

④ 有时候人跟人之间的关系很好，有时候不知道为什么关系不好。Alejandro跟 April 在西安的时候也是这样。今天关系很好，没问题；明天就不好了，问题很多。

⑤ 在苏州一家很好的饭馆里，有一位中国老人和一个外国人一起吃午饭。外国人说要让老先生点菜，因为中国人知道怎么点中国菜。可是那个中国人很客气，要外国人也点他喜欢吃的东西。那么最后是谁点菜呢？大概是一个人叫一个菜，中国人叫一个他最爱吃的菜，外国人也叫他最爱吃的菜。

⑥ 有时候到了周末，大家要是没事，很可能会去一家又大又漂亮的中国餐馆儿吃饭。要是人多，点的菜也会很多，大家就会吃得很高兴。有些人会喝酒。有些人不喝酒，那没关系。不喝酒的人可以喝茶、果汁、可乐或者矿泉水。

⑦ 麻婆豆腐、宫保鸡丁、鱼香茄子、蒜蓉菠菜、酸辣汤、炒饭、炒面——这些都是大家很喜欢吃的东西。

⑧ 有一天唐远在一个小饭馆儿里吃饭，跟他一起吃饭的那个女孩子真能吃。女孩子点了好几个菜，吃了这个，又吃那个，吃了很多很多。吃到一半，又加了两道菜，才说自己吃不下了。

⑨ 很多中国人觉得，人生的滋味跟中国菜一样——酸甜苦辣都有。有时候吃的东西会很甜，有时候会很苦。人生也是这样，也有不同的滋味。我们高兴的时候，觉得生活很甜；不高兴的时候，觉得生活很苦。你说，不是跟菜一样吗？

⑩ 有一天，李雯和April在外面吃川菜。李雯非常喜欢吃辣的，April不太喜欢，觉得如果菜太辣了，就得喝很多冰水。两个人吃了很多，很快就吃饱了，没叫甜点，给了钱就走了。

14.22 两人一组练习：再次朗读这些段落，这次用的是繁体字。

① 蘇州很大，有很多飯館，大的小的都有。大飯館你要甚麼菜就有甚麼菜，菜單上菜名多極了，甚麼都有。小館子沒有大飯館那麼多菜，常常只有家常菜，可是家常菜有時候也很好吃。大飯館兒的菜不一定最好吃，小飯館兒的菜不一定不好吃。

② 廣東菜也叫粵菜，味道比較清淡。美國的中國飯館有很多都是廣東飯館。有人說這是因為廣東菜比較適合美國人的口味。也有人說是因為很多年以前從中國到美國來的中國人大多是廣東人。最近幾年很多中國北方人也到美國來，所以現在美國的北方餐館越來越多了。

3. 李雯過生日那天，陳峰請她去一家很貴、很有名的飯館吃晚飯。李雯先到，在那兒等了很久。陳峰因為工作忙，來得很晚。李雯很不高興。

4. 有時候人跟人之間的關係很好，有時候不知道為甚麼關係不好。Alejandro 跟 April 在西安的時候也是這樣。今天關係很好，沒問題；明天就不好了，問題很多。

5. 在蘇州一家很好的飯館裡，有一位中國老人和一個外國人一起吃午飯。外國人說要讓老先生點菜，因為中國人知道怎麼點中國菜。可是那個中國人很客氣，要外國人也點他喜歡吃的東西。那麼最後是誰點菜呢？大概是一個人叫一個菜，中國人叫一個他最愛吃的菜，外國人也叫他最愛吃的菜。

6. 有時候到了週末，大家要是沒事，很可能會去一家又大又漂亮的中國餐館兒吃飯。要是人多，點的菜也會很多，大家就會吃得很高興。有些人會喝酒。有些人不喝酒，那沒關係。不喝酒的人可以喝茶、果汁、可樂或者礦泉水。

7. 麻婆豆腐、宮保雞丁、魚香茄子、蒜蓉菠菜、酸辣湯、炒飯、炒麵——這些都是大家很喜歡吃的東西。

8. 有一天唐遠在一個小飯館兒裡吃飯，跟他一起吃飯的那個女孩子真能吃。女孩子點了好幾個菜，吃了這個，又吃那個，吃了很多很多。吃到一半，又加了兩道菜，才說自己吃不下了。

9. 很多中國人覺得，人生跟中國菜一樣——酸甜苦辣都有。有時候吃的東西會很甜，有時候會很苦。人生也是這樣，也有不同的滋味。我們高興的時候，覺得生活很甜；不高興的時候，覺得生活很苦。你說，不是跟菜一樣嗎？

10. 有一天，李雯和April在外面吃川菜。李雯非常喜歡吃辣的，April不太喜歡，覺得如果菜太辣了，就得喝很多冰水。兩個人吃了很多，很快就吃飽了，沒叫甜點，給了錢就走了。

阅读真实语言材料

本部分的几个练习的目的是教会学生在中国如何看懂菜单并点菜。由于中国的菜名往往不能体现出菜肴的原料是什么，因此，看懂中文菜单对学习中文的外国学生而言往往很困难。你可以明确地告诉学生他们会遇到此类问题。为了看懂菜单，学生需要按照建议的步骤来完成下面的练习。

阅读真实语言材料　Lectura de textos de la vida real

14.23 下面的菜单是依据美国比较受欢迎的中餐馆菜单归纳出来的。浏览菜单，然后用荧光笔标出你能看懂的词。和一位同学交换比较一下，看看你们能认出多少菜名？

14.23 鼓励学生把能认出的字词都画出来。即使他们只能认出菜名里面的一个字，也要把那个字标出来。

华林饭馆

前菜
- 拼盘 11.95
- 炸馄饨 6.50
- 春卷 6.50
- 鸡丝沙拉 8.50
- 泡菜 4.50

牛肉类
- 蚝油牛肉 9.95
- 黑椒牛肉 9.95
- 沙茶牛肉 10.95
- 芥蓝牛肉 9.95
- 铁板牛肉 11.95
- 苦瓜牛肉 9.95
- 红烧牛肉 11.95
- 牛腩煲 11.95

猪肉类
- 梅菜扣肉 11.95
- 鱼香肉丝 10.95
- 古老糖醋肉 10.50
- 时菜炒肉片 9.95
- 木须肉 11.95
- 椒盐排骨 11.95

汤类
- 西湖牛肉羹 9.50
- 玉米粒鸡汤 8.50
- 酸辣汤 8.50
- 紫菜汤 8.50
- 蛋花汤 8.50
- 冬瓜汤 9.50
- 菠菜豆腐汤 8.50
- 馄饨汤 8.50

素菜类
- 鱼香茄子 9.95
- 干煸四季豆 9.95
- 麻婆豆腐 10.95
- 家常豆腐 9.95
- 红烧豆腐 9.95
- 豆腐扒菠菜 10.95
- 蒜蓉菠菜 8.95
- 蚝油菜心 8.95
- 清炒菜心 8.95
- 清炒兰豆 8.95
- 腐乳通菜 8.95
- 罗汉斋 11.95

主食
- 海鲜炒面 11.95
- 牛肉炒面 9.95
- 三丝炒面 9.95
- 海鲜汤面 11.95
- 牛肉面 10.95
- 馄饨面 9.95
- 招牌炒饭 10.95
- 扬州炒饭 10.95
- 蛋炒饭 8.95
- 三丝炒饭 9.95

鸡鸭类
- 北京烤鸭 32.00
- 广东烧鸭
  (全) .... 24.00 (半) 15.00
- 左宗棠鸡 13.95
- 豉油鸡 9.95
- 炸子鸡 9.95
- 葱姜鸡 9.95
- 宫保鸡丁 9.95
- 腰果鸡丁 9.95
- 时菜鸡球 9.95
- 菜心鸡球 9.95
- 芥蓝鸡球 9.95

海鲜类
- 冬菇海鲜 11.95
- 葱姜龙虾 13.95
- 豉汁龙虾 13.95
- 椒盐螃蟹 12.95
- 葱姜螃蟹 12.95
- 豉汁螃蟹 12.95
- 蒜蓉蒸活虾 15.95
- 四川虾仁 11.95
- 糖醋虾球 11.95
- 核桃虾球 11.95
- 宫保虾仁 11.95
- 时菜虾球 11.95
- 酥炸生蚝 12.95
- 铁板生蚝 12.95
- 清蒸全鱼 .... 市价
- 糖醋鱼片 10.95
- 油泡鱼片 10.95
- 时菜鱼片 10.95

甜品
- 杏仁豆腐 1.95
- 西米露 1.95
- 芝麻汤圆 2.95
- 红豆汤圆 2.95
- 芒果布丁 2.95

120　第十四单元　味美价廉

14.24 • 本练习主要是让学生学会如何问服务员问题，以理解菜单上的菜名。对菜名的意思进行讨论和要求说明是学生独立学习语言的重要方式。这样的方式迫使学生通过使用目标语言来学习目标语言。教师可为本练习留出充分的时间。

• 在学生开始做练习前，先给出一些示例问题，例如："请问……有肉吗？""请问……是蔬菜吗？""是什么样的蔬菜？"

• 鼓励学生集思广益想出更多的问题。教师可作为"活字典"为学生提供提问时所需词汇。将学生想到的问题写在黑/白板上。

14.25 如果学生愿意挑战一下自己，让他们结合第108页"供你参考"中的内容来点菜，点的菜要符合中国饮食营养均衡的标准。

14.26 • 菜单中包括了九个类别，本练习仅要求学生写出五个。学生自行挑选即可。

• 让学生两人一组或几人一组完成练习。完成后，让各小组互相交流、分享答案。

14.26 答案

前菜	qián cài	apetitivos
牛肉类	niúròu lèi	platos de ternera
猪肉类	zhūròu lèi	platos de cerdo
汤类	tāng lèi	sopas
素菜类	sùcài lèi	platos de vegetales
主食	zhǔshí	alimento básico
鸡鸭类	jīyā lèi	platos de pollo y pato
海鲜类	hǎixiān lèi	marisco
甜品	tiánpǐn	postre

14.24 假设你预订了四人用餐的桌子，你能用前面的菜单来点菜吗？如果可以，尽量使你点的菜包括不同的原料和做法。如果你要请服务员帮忙解释菜名，你会问些什么样的问题？用拼音写出你可能会问的两到三个问题。如果你是素食主义者的话，请注意列在"素菜类"中的菜式可能有用肉汤或蚝油调味的，因而点菜时最好和服务员确认一下，或者说明你是素食主义者，要点纯素菜。

_____

_____

_____

14.25 小组活动：和两三位同学组成一组，写出你们在练习14.24中选出的西班牙文菜名。

_____

_____

_____

14.26 这份菜单上面的菜是如何排列的？有哪些类别？和你的老师、同学一起或者借助词典列出至少五个类别。

汉字／漢字	拼音	西班牙文

学写汉字　Aprender a escribir caracteres

14.27 本单元下列汉字的笔画顺序以及其他相关信息，请参见《汉字练习本》。练习写这些汉字的简体字或者繁体字，直到你能熟练地写出为止。

餐，馆／館，常，同，川，汁，可，乐／樂，奶，冰，就

需，随／隨，豆，腐，炒，面／麵，米，蛋，广／廣，安

写一则描述性短文　Escribir un texto descriptivo

14.28 用中文写四五句话，描述你吃中餐的口味或吃中餐的经历，手写或用电脑输入均可。尽量把你喜欢的菜都写出来。写好之后，和几位同学分享你们的作品。

Un poco de cultura　文化点滴

Comer en un restaurante chino

Mira el fragmento de video "Comiendo en un restaurante chino" y después comenta las siguientes cuestiones con tus compañeros y el profesor.

- ¿Qué tipos de restaurantes chinos existen?
- ¿Qué es importante saber sobre la disposición de los asientos en un banquete formal?
- ¿Qué significa comer al "estilo familiar"?
- ¿Cuándo se empieza a comer en un banquete formal?
- ¿Qué debes tener en cuenta al beber alcohol en una cena o banquete chino?
- Habla sobre la escuela de cocina de Yangshuo y sus objetivos.
- Habla de los estilos regionales de la cocina china.
- Comenta las ideas de variedad, equilibrio y armonía en los platos chinos.
- ¿Quién paga normalmente la comida en un restaurante? ¿Qué significado tiene "pelear por pagar la cuenta"?

文化点滴

- 学生的回答会不尽相同。学生能从视频中直接获得部分问题的答案，而另一些问题则需要学生通过消化理解视频的内容，然后给出自己的观点和看法。
- 鼓励全班同学展开讨论，或者让学生通过编写和表演小品来体现他们对相关问题的理解。可以将此布置为作业。

"文化点滴"答案

- 经济的饭店提供家常菜，适合不打算在用餐上花费太多时间和金钱的顾客。在中、高档的饭店用餐则比较正式，需要注意一定的礼仪。在中、高档饭店参加宴请时，要等候主人的安排，不能自行就座。
- 在正式的宴请中，主人的位置对着门，最重要的客人坐在主人的右手边，第二重要的客人则坐在左手边。其余的人或是一主一客交叉着坐，或是随意就座。
- "以家庭的方式用餐"是指大家直接从盘中夹菜。
- 用餐时，客人们在主人说过祝酒辞之后方可用餐。
- 只有敬酒的时候才可喝酒。换言之，如果不是和别人敬酒就不能喝酒。
- 阳朔烹饪学校教授外国人做中国菜的入门课程，包括如何切菜、放油，以及搭配食材。
- 视频中介绍，南方的食物会清淡一些，口味比较多；而北方的食物则口味更重一些，而且量比较大。
- 中餐的一大特点是菜肴的种类丰富。人们相信饮食平衡很重要。在点菜的时候要注意包括不同口味、不同口感、不同色泽的菜。
- 通常的情况下，请客的人是发出邀请和挑选餐厅的人。"抢着付账"是一种礼仪上的习惯，人们很少各付各的账。如果你是请客的人，要把"抢账单"进行到底，坚持买单。

单元总结 RESUMEN

语法 Gramática

副词及其不同形式
Adverbios y sus diferentes formas

Los adverbios son palabras o expresiones que modifican al verbo y se sitúan directamente antes de él. Muchos tienen una o dos sílabas y generalmente matizan al verbo respecto a tiempo, extensión, orden, frecuencia u ocurrencia.

Xiān chī diǎnr dōngxi, zài zǒu.
先吃点儿东西，再走。／
先吃點兒東西，再走。
(Come algo antes de marcharte.)

Wǒ hǎojiǔ méiyǒu kàndào tā.
我好久没有看到他。
(No lo he visto desde hace mucho tiempo.)

Zánmen gǎitiān zài shuō ba.
咱们改天再说吧。／
咱們改天再說吧。
(Ya hablaremos de ello en otro momento.)

Wǒ bù cháng chī zhōngcān.
我不常吃中餐。
(No como comida china frecuentemente.)

Otros adverbios, que deben tener dos sílabas, describen la forma en la que se lleva o se ha llevado a cabo la acción del verbo, y se forman añadiendo la partícula adverbial 地.

Tā mànmān de, hěn kèqi de gēn lǎoshī shuō zàijiàn, ránhòu jiù zǒu le.
他慢慢地、很客气地跟老师说再见，然后就走了。／他慢慢地、很客氣地跟老師說再見，然後就走了。
(Se despidió lenta y educadamente del profesor y después se marchó.)

Todavía hay otra manera de explicar cómo se lleva o se ha llevado a cabo una acción, que puede ser calificada como adverbial. Es la econstrucción de adverbio de modo. En ella se usa un carácter de diferente, 得.

Tā huì shuō Zhōngguóhuà ma?
她会说中国话吗？／她會說中國話嗎？
(¿Ella sabe hablar chino?)

Huì, kěshì shuō de tài màn.
会，可是说得太慢。／會，可是說得太慢。
(Sí, sabe, pero habla muy despacio.)

Recuerda que, a diferencia de la forma descriptiva explicada arriba, la construcción de adverbio de modo se usa solo para describir el modo de una situación citada previamente en la conversación.

生词 Vocabulario

不同菜系 Distintas cocinas

Běijīngcài 北京菜 Cocina de Beijing
Chuāncài 川菜 Cocina de Sichuan (Szechuan)
Huīcài 徽菜 Cocina de Anhui
Lǔcài 鲁菜／魯菜 Cocina de Shandong
Mǐncài 闽菜／閩菜 Cocina de Fujian
Sūcài 苏菜／蘇菜 Cocina de Jiangsu
Xiāngcài 湘菜 Cocina de Hunan
xīcān 西餐 Cocina/comida occidental
Yuècài 粤菜／粵菜 Cocina cantonesa
Zhècài 浙菜 Cocina de Zhejiang
zhōngcān 中餐 Cocina/comida china

几种中餐 Algunos platos chinos

chǎofàn 炒饭／炒飯 arroz frito
chǎolàròu 炒腊肉／炒臘肉 tocino de carne salteado
chǎomiàn 炒面／炒麵 tallarines sofritos
gōngbǎojīdīng 宫保鸡丁／宮保雞丁 cuadritos de pollo kungpao
jièlánniúròu 芥兰牛肉／芥蘭牛肉 ternera con brócoli
kǎoyā 烤鸭／烤鴨 pato asado
mápódòufu 麻婆豆腐 tofu mapo (estofado de tofu con carne picada)
mǐfàn 米饭／米飯 arroz hervido

shíjǐndòufu 什锦豆腐／什锦豆腐 tofu con carne y verduras
sōngshǔyú 松鼠鱼／松鼠魚 pescado agridulce con forma de ardilla
suànróngbōcài 蒜蓉菠菜 espinacas con ajo
xīqíntángcùyú 西芹糖醋鱼／西芹糖醋魚 pescado agridulce con apio
yúxiāngqiézi 鱼香茄子／魚香茄子 berenjenas con sala de ajo
yúxiāngròusī 鱼香肉丝／魚香肉絲 tiras de cerdo con salsa de ajo

饮料 Bebidas

bīng shuǐ 冰水 agua fría
cháshuǐ 茶水 té
guǒzhī 果汁 zumo de frutas
kāfēi 咖啡 café
kělè 可乐／可樂 cola
kuàngquánshuǐ 矿泉水／礦泉水 agua mineral
nǎichá 奶茶 té con leche
nǎixī 奶昔 batido
píjiǔ 啤酒 cerveza
yǐnliào 饮料／飲料 refresco

甜点 Postres

bīngqílín 冰淇淋 helado
dàngāo 蛋糕 pastel
dàntà 蛋挞 tartaleta de crema
mángguǒ bùdīng 芒果布丁 pudín de mango
shuǐguǒ pīnpán 水果拼盘／水果拼盤 plato de frutas
tiándiǎn 甜点／甜點 postre
xīmǐlù 西米露 tapioca de melón
xìngrén dòufu 杏仁豆腐 gelatina de almendra
zhīmaqiú 芝麻球 bolas fritas rellenas de pasta de sésamo

名词 Sustantivos

càidān 菜单／菜單 carta; menú
cānguǎn(r) 餐馆(儿)／餐館(兒) restaurante
fēnggé 风格／風格 estilo, escuela
guǎnzi 馆子／館子 restaurante
jiāchángcài 家常菜 cocina/comida casera
wèidao 味道 sabor

动词 Verbos

bù tóng 不同 no igual; diferente
chīnì(le) 吃腻(了)／吃膩(了) cansado/harto de (comer algo)
diǎncài 点菜／點菜 pedir platos de una carta
lǎo 老 viejo; antiguo; anticuado
málà 麻辣 adormecedor y picante
qīngdàn 清淡 sabor suave
xūyào 需要 necesitar; requerir; querer
zhuāngxiū 装修／裝修 renovar; restaurar

副词 Adverbios

bù cháng 不常 raramente; no a menudo
chángcháng 常常 frecuentemente
duō 多 más
gǎitiān 改天 otro día
gāng 刚／剛 hace un momento
gèng 更 aún más
hǎojiǔ 好久 mucho tiempo
jiù 就 solo (antes de un número)
shāo 稍 un momento; un poco; ligeramente
shǎo 少 menos
shízài 实在／實在 realmente; de hecho
suíbiàn 随便／隨便 como te apetezca
tài 太 muy; demasiado
tǐng 挺 más bien; bastante
xiān 先 primero
yídìng 一定 seguro; ciertamente
yígòng 一共 en total; en conjunto
yòu X yòu Y 又X又Y ambos X e Y
zài 再 un poco más; de nuevo
zài 再 entonces; luego
zuì 最 el/la/lo más

短句 Frases

(Nín) jǐ wèi? (您)几位？／(您)幾位？ ¿Cuántas personas?
Suíbiàn zuò. 随便坐。／隨便坐。 Siéntese donde desee.
Tīng nǐ de. 听你的。／聽你的。 Como tú quieras; Tú decides.
Wǒ kàn háishi nǐ X. 我看还是你X。／我看還是你X。 Creo que es mejor que tú X.
Wǒ lái X. 我来X。／我來X。 Tomaré un/una (comida o bebida).
Zài děng yíxià. 再等一下。 Espera un poco más.
Zài lái X. 再来X。／再來X。 Un poco más de X.
Zhèibian qǐng. 这边请。／這邊請。 Por aquí, por favor.

第十四单元　味美价廉

▶ 你能够完成的任务　Lista de lo aprendido

通过本单元的学习，你应当能完成以下任务。

听和说　Escuchar y hablar

- ☐ Expresar tus preferencias sobre cierto tipo de cocina o restaurante chino.
- ☐ Preguntar por bebidas y pedir tus favoritas.
- ☐ Expresar lo que te gusta y lo que no de ciertos platos de comida china.
- ☐ Pedir tu plato favorito.
- ☐ Expresar el número de comensales.
- ☐ Pedir más platos.
- ☐ Comentar el sabor de un determinado plato.
- ☐ Expresar si desea o no tomar postre.

读和写　Lectura y escritura

- ☐ Encontrar tus platos favoritos en la carta de un restaurante chino.
- ☐ Escribir una nota a un amigo comentando tus platos favoritos.

文化理解　Entendimiento

- ☐ Demostrar el conocimiento de al menos dos cocinas regionales chinas y de cómo pedir platos de forma equilibrada.
- ☐ Comprender el comportamiento típico del anfitrión de una comida china.
- ☐ Comprender las principales diferencias de comer en un restaurante en China y en tu país.

你能够完成的任务

留出20~30分钟，让学生两人一组一同查看这份任务表。告诉学生，在任务表上画"√"并不是目的，而是要检验他们能否真正完成这些任务。为了确认，学生应与搭档一起实践每项任务。

听和说

要检查学生是否能够完成这部分的任务，可以要求学生以小组为单位编写并表演小品，小品应包含这部分任务中的几个或所有项目。

读和写

学生完成练习14.23~14.28的表现，可以表明他们完成这部分任务的能力。

第十五单元 — UNIDAD 15

"Ocio y entretenimiento"
休闲娱乐
Xiūxián yúlè

Hablar sobre actividades de ocio

在本单元，你将学习：如何——

- 介绍你喜欢的运动和休闲活动
- 介绍你保持健康的方法
- 谈论业余时间的工作和学习
- 谈论你喜欢的社交方式
- 从日记中提炼大意
- 写一则简单的日记，详细描述日常活动

如需要本单元的补充材料，请访问环球汉语网站：www.EncountersChinese.com.cn.

Encuentro 1　一些休闲活动　Algunas actividades de ocio

15.1 • 看连续剧之前，问问学生记住了上一集的哪些内容。鼓励学生尽量用中文回答。教师作为"活字典"，可以为学生提供造句、表达观点时所需的词汇。如果时间允许，可以把生词写在黑/白板上。
• 播放连续剧，让学生放松欣赏。

15.2 • 答案会不尽相同。
• 一些人会觉得这是一个较为私人的问题。为让学生感觉好一些，可让他们两人一组或几人一组进行交流和讨论，而不是在全班范围内进行。

15.3–15.5 • 这些练习对有些学生来说可能比较困难，因为他们要从视频中一连串真实自然的讲话中推断出新的词汇。相对而言，电视剧中的对话是经过排练的。
• 如果学生遇到困难或挑战，如视频中人物的讲话速度过快、口音过重，教师可以暂停并重复播放相关片段，并给出提示。

15.3 在播放视频之前，先让学生与搭档朗读这些词汇。搭档之间应比较、分享答案，然后再进行下一个练习。

15.1 看连续剧第十五集。如果有的地方不完全明白也不要担心，只管欣赏就可以！

15.2 准备活动：你平时的娱乐和休闲活动有哪些？请用西班牙文写下来。

_____

_____

_____

15.3 看视频"开心快乐"，几个人在谈论休闲活动。通读下列休闲活动，并根据每个人的叙述在对应的框中画"✓"。

	1.	2.	3.	4.	5.
a. liáotiān(r)	☐	☐	☐	☐	☑
b. tīng yīnyuè	☐	☐	☑	☐	☐
c. jiātíng jùhuì	☑	☐	☐	☐	☐
d. lǚyóu	☐	☑	☐	☐	☐
e. shàngwǎng	☐	☐	☐	☑	☐
f. kàn diànyǐng	☐	☐	☐	☐	☑
g. gēn péngyou yìqǐ chūqù wán(r)	☐	☐	☐	☐	☑
h. guàng jiē	☐	☐	☐	☐	☑
i. dǎ qiú	☐	☑	☐	☑	☐
j. dǎ májiàng	☑	☐	☐	☐	☐

15.4 请将对应的中西文连线。

a. jiātíng jùhuì 家庭聚会／家庭聚會
b. dǎ májiàng 打麻将／打麻將
c. dǎ qiú 打球
d. lǚyóu 旅游／旅遊
e. tīng yīnyuè 听音乐／聽音樂
f. shàngwǎng 上网／上網
g. kàn diànyǐng 看电影／看電影
h. gēn péngyou yìqǐ chūqù wán(r) 跟朋友一起出去玩(儿)／跟朋友一起出去玩(兒)
i. liáotiān(r) 聊天(儿)／聊天(兒)
j. kànshū 看书／看書
k. guàng jiē 逛街

1. viajar
2. conversar
3. juntarse con la familia
4. salir con amigos
5. ver una película
6. leer
7. jugar a mahjong
8. navegar en Internet
9. practicar deportes de pelota
10. salir de compras
11. escuchar música

15.4 • 告诉学生可借助西班牙文推测不熟悉的中文词汇的意思。
• 对于有难度的词汇，可暂停并重复播放相关片段，并给出提示。

15.4 答案
a. 3
b. 7
c. 9
d. 1
e. 11
f. 8
g. 5
h. 4
i. 2
j. 6
k. 10

15.5 与"有空的时候"类似的表达有哪些？再看一遍视频"开心快乐"，并在你听到的表达方式前画"✓"。然后将对应的中西文连线。

☑ a. xián xiàlái de shíjiān
　　闲下来的时间／閒下來的時間

☑ b. méi shì
　　没事

☑ c. xiàbān yǐhòu
　　下班以后／下班以後

☐ d. fàngxué yǐhòu
　　放学以后／放學以後

☐ e. bù gōngzuò de shíhou
　　不工作的时候／不工作的時候

1. después de clase
2. cuando tengo tiempo libre
3. cuando no estoy trabajando
4. cuando no tengo nada que hacer
5. después del trabajo

15.5 答案
a. 2
b. 4
c. 5
d. 1
e. 3

第十五单元　休闲娱乐

语法点滴
- 为帮助学生理解本部分包含的语法概念，可与他们分享以下内容：西语中有行为动词，如"mirar, buscar, escuchar"，以及与之相对应的表示结果的词语，如"ver, encontrar, oir"。在汉语中，会在动词后加上"补语"，来表示该动词得到的结果。本"语法点滴"部分将介绍一些汉语补语。
- 如果有时间或者有学生提问，教师可指出一些补语的用法之间的区别，如"见不到"和"没见到"。

"语法点滴"答案
1. ver (kàn = por ver dào = ya visto, ya cumplido)
2. comer (chī = por comer; wán = ya comido)
3. citar (yuē = por citar con alguien; hǎo = ya citado y cumplido)
4. no poder más

15.7 ● 鼓励学生尽量用拼音或汉字作笔记。

Un poco de gramática 语法点滴

Complementos del verbo

■ Resultado

Wǒ chībǎo le.

A menudo los verbos son seguidos por su resultado. Por ejemplo:

Wǒ chī**bǎo** le.
我吃饱了。／我吃飽了。
(Estoy lleno.) (Literalmente: *"He comido y como resultado estoy lleno."*)

Estos son otros complementos verbales que indican resultado:

见／見 *jiàn* — "percepción visual"
Wǒ jīntiān kàn**jiàn** Zhāng lǎoshī le.
我今天看见张老师了。／我今天看見張老師了。
(Hoy he visto al profesor Zhang.)

错／錯 *cuò* — "resultado erróneo"
Wǒ kàn**cuò**le nèi sān gè zì.
我看错了那三个字。／我看錯了那三個字。
(He leído mal esos tres caracteres.)

完 *wán* — "compleción, finalización"
Wǒ kàn**wán** nèi běn shū le.
我看完那本书了。／我看完那本書了。
(He terminado de leer ese libro.)

懂 *dǒng* — "comprensión"
Nǐ shuō de huà wǒ dōu tīng**dǒng** le.
你说的话我都听懂了。／你說的話我都聽懂了。
(comprensión)

Ejercicio: ¿Puedes comprender las oraciones siguientes? Escribe su significado en los espacios en blanco.

1. Wǒ jīntiān méiyǒu **kàndào** Zhāng lǎoshī. _____

2. Wǒ **chīwán** le. _____

3. Wǒmen **yuēhǎo**le shíjiān, míngtiān sān diǎnzhōng qù. _____

■ Dirección

Recuerda que 闲下来的时间／閒下來的時間 *xián xiàlái de shíjiān* está compuesto por 闲／閒 *xián* (desocupado) + 下 *xià* (abajo [dirección]) + 来／來 *lái* (en dirección al hablante) + 的 *de* + 时间／時間 *shíjiān* (tiempo) = "el tiempo en el que dejo de estar ocupado". Con esta información puedes comprender más fácilmente el "sentido interno" de 吃不下了 *chī bú xià le* (ya no puedo comer más).

Ejercicio: Escribe la traducción literal de *chī bú xià le*.

4. _____

En la sección Resumen de esta unidad hay más información sobre complementos.

15.6 下班后或课余时间，你喜欢做什么？借助练习15.5中的表达，用拼音或汉字写下至少两三句表述。

_____

_____

_____

15.7 两人一组练习：问问搭档："你没事的时候喜欢做什么？"用练习15.6的内容作答，并将搭档的回答记在下面。

_____

_____

_____

- 在做分享交流练习时，如有可能，可让学生轮流与大组或全班分享他们的内容。让学生听听其他同学说出从自己的回答中记住的内容，通常会很有趣。

然后把搭档的回答告诉另外一组或全班同学。

_____说他没事的时候喜欢……／

_____说他没事的時候喜歡……

Encuentro 2 闲暇时保持积极状态
Mantenerse activo en las horas libres

15.8 准备活动：下班后或课余时间，你是如何保持积极状态的？你是如何保持健康的？请用西班牙文记下来。

_____

_____

_____

15.8 • 学生可能会对本练习指的是哪些活动产生疑问。教师可指出，很多中国人认为人们应当利用时间做有用的事。在这方面，"保持积极状态"包括锻炼身体、学习演奏音乐等自我提升活动。
- 如果你认为对学生有益，可在练习之前播放本单元的文化视频。这将有助于学生理解这个典型的中国式观念，并集思广益想出答案。

第十五单元 休闲娱乐

15.9 • 在播放视频之前，先让学生与搭档朗读这些表达。
• 对于有难度的表达，可暂停视频并给出提示。
• 完成练习后，让学生两人一组或几人一组对比并分享答案。

15.9 答案
a. 2
b. 5
c. 1
d. 12
e. 3
f. 4
g. 6
h. 11
i. 7
j. 8
k. 10
l. 9

 15.9 看视频"积极的休闲活动"，在你听到的表达前画"✓"。然后将对应的中西文连线。

☐ a. jiēzhe gōngzuò
接着工作／接著工作

☑ b. jiēzhe qù xué wǒ xǐhuan de
接着去学我喜欢的／
接著去學我喜歡的

☑ c. xué yìdiǎnr Rìyǔ
学一点儿日语／學一點兒日語

☑ d. kàn yìxiē kèwài shū
看一些课外书／看一些課外書

☐ e. qù jiāo Yīngyǔ
去教英语／去教英語

☑ f. dǎ yǔmáoqiú
打羽毛球

☑ g. dǎ wǎngqiú
打网球／打網球

☑ h. yóuyǒng
游泳

☑ i. dǎ lánqiú
打篮球／打籃球

☑ j. dǎ táiqiú
打台球

☑ k. qù páshān
去爬山

☑ l. qù qí zìxíngchē
去骑自行车／去騎自行車

1. *estudiar un poco de japonés*
2. *seguir trabajando*
3. *enseñar inglés*
4. *jugar al bádminton*
5. *estudiar algo que me gusta*
6. *jugar al tenis*
7. *jugar al baloncesto*
8. *jugar al billar*
9. *montar en bicicleta*
10. *hacer senderismo*
11. *nadar*
12. *leer libros que me gustan*

15.10 鼓励学生写出完整的句子，并尽量运用本节及之前章节学过的词汇。

15.10 你在闲暇时是如何保持积极状态的？你最喜欢参加哪三项活动？请把你的表述用拼音或汉字记录下来。

_____
_____
_____

15.11 互动练习：问问你的同学是如何保持积极状态的。总结出班上大部分同学最常参加的活动。

INFO 供你参考

¿Baloncesto? ¡Por supuesto! ¿Y peleas de grillos?

¡Pues sí! En China se practican deportes normales, pero también otros más inusuales. Las peleas de grillos, como prácticamente todo en China, tienen una larga historia que se remonta a siglos atrás. Las peleas tienen lugar en pistas en miniatura, tan pequeñas como recipientes de plástico. Los jueces las contemplan usando lupas; los espectadores las ven a través de circuitos cerrados de televisión; y los propietarios de los grillos muestran una ramita de hierba atada a un palillo a sus insectos para que vayan por ella y, de esta forma, se hagan pedazos mutuamente. Al mismo tiempo, los observadores gritan 加油，加油！ *Jiāyóu, jiāyóu!* (¡Vamos! ¡Vamos!) (literalmente: "pon más gasolina"). Se dice que los mejores grillos de pelea son los de la provincia de Shandong (山东／山東 *Shāndōng*) y pueden llegar a costar hasta 10.000 dólares. En chino, grillo se dice 蟋蟀 *xīshuài*.

¿Quieres más? ¿Qué te parecen los concursos de canto para pájaros? Criar pájaros ha sido desde siempre una de las aficiones favoritas de los ricos y poderosos en China, pero ahora esta afición se ha extendido ampliamente entre todas las clases sociales. Es muy común ver a la gente en los parques con jaulas de bambú cubiertas con tela para sacar a "pasear" a sus pájaros, como si fueran perros. Los concursos de canto suelen hacerse los domingos por la mañana; los pájaros ganadores son los que pueden cantar más canciones en 15 minutos.

Ahora hablemos de botes, de los botes de dragón. Las carreras de botes de dragón, muy populares en China, son una práctica deportiva que honra la memoria del primer gran poeta patriota 屈原 *Qū Yuán*. Qu Yuan, un ministro leal de la corte real del reino de Chu durante el siglo III a.n.e, fue desterrado por un soberano ingrato. Cuando más tarde el reino de Chu que tanto amaba fue invadido, Qu se suicidó ahogándose en las aguas del río Miluo. Las carreras de botes de dragón celebran el deseo de la gente deseo de la gente común por devolverle la vida. Para ello, los competidores golpean febrilmente sus remos contra el agua para evitar que los peces devoren el cuerpo de Qu. Las carreras se celebran todos los años durante la Fiesta de los Botes de Dragón 端午节／端午節 *Duānwǔ Jié*, que tiene lugar el día cinco del quinto mes del calendario lunar. Además, ese día se lanzan al agua 粽子 *zòngzi*, pasteles de arroz envueltos en hojas de bambú, para satisfacer el hambre de los peces y honrar a Qu Yuan, ahora y siempre.

Es interesante destacar que en China se intentó introducir el toreo, pero fracasó rápidamente. ¿Por qué crees que ocurrió? ¿Está relacionado con la cultura china? Habla de ello con tus compañeros.

15.11
- 你可能需要检查学生是否知道如何提问——"你有空的时候喜欢做什么？"
- 在教室里转一转，观察学生的表现并在必要时提供帮助。
- 如有可能，可让学生与全班分享他们的答案。看看学生是否会说出相同的"全班喜爱的活动"，这将会很有趣。

供你参考
端午节通常是汉语课上介绍的主要文化话题。如有可能，可将有关该节日的视频或照片带到课堂上。

Encuentro 3 计划休闲活动 Planear actividades de ocio

15.12
- 学生的回答会不尽相同。
- 你可以让学生两人一组或几人一组进行讨论。

15.12 准备活动：你喜欢结伴还是单独活动？写下你喜欢独自做的事情以及愿意与他人一起做的事情。请写西班牙文。

___

___

___

15.13
- 在播放视频之前，给学生时间来预习这些句子。
- 学生完成练习后，让他们分享并对比答案。

15.13 答案
a. 6
b. 3
c. 5
d. 4
e. 2
f. 1

15.13 看视频"制订计划"。用拼音填空，然后将对应的中西文连线。

a. Nǐ shì zǎo shuì zǎo qǐ háishi wǎn shuì ___wǎn qǐ___?
你是早睡早起还是晚睡晚起？／
你是早睡早起還是晚睡晚起？

b. Wǒ měitiān qǐ de hěn ___zǎo___, wǎnshang shí diǎn yǐqián jiù ___shuì___ le.
我每天起得很早，晚上十点以前就睡了。／
我每天起得很早，晚上十點以前就睡了。

c. ___Hǎo___ xíguàn.
好习惯。／好習慣。

d. Nà míngtiān ___zǎoshang___ wǒmen yìqǐ qù ___dǎ qiú___ ba.
那明天早上我们一起去打球吧。／
那明天早上我們一起去打球吧。

e. Yǒu yí gè qiúchǎng jiù zài nǐ jiā fùjìn, ___yìqǐ___ qù ba!
有一个球场就在你家附近，一起去吧！／
有一個球場就在你家附近，一起去吧！

f. Wò, ___hǎo___ a.
哦，好啊。

1. Oh. ¡Vale!

2. Hay una pista cerca de tu casa. ¡Vamos juntos!

3. Me levanto muy pronto todos los días y me acuesto siempre antes de las diez de la noche.

4. Entonces vamos a jugar juntos mañana por la mañana.

5. Es una buena costumbre.

6. ¿Te levantas y acuestas pronto, o al contrario?

ENCUENTRO 3 | 133

15.14 你如何回答"你是早睡早起还是晚睡晚起"这个问题？请用拼音将答案写在下面。

_____

用这个问题问同学。当你被问到这个问题时，根据上面自己的回答作答。如果你询问的人作息时间与你的不同，继续询问其他同学，直到找到与你作息时间相近的人。然后与这些同学共同安排一些活动，如果你们起得早就把活动安排得早一些，如果起得晚就安排得晚一些。把你们的安排告诉全班。

15.15 看视频"陈飞想参与"。请用拼音填空，然后将对应的中西文连线。

15.14 • 通过本练习教会学生如何认知语法结构，以及通过上下文来推测生词的意思。
• 大声读出这个问题，让学生给出可能的回答。指出"还是"只能用在问句中。在肯定陈述中，应当用"或者"。
• 在做互动练习时，如果你认为有必要，可与一名自信的同学为大家作示范。鼓励学生运用练习15.9中的词组完成自己的对话。

15.15 g项为学生介绍了一个新句式：缩略选择问句（可不可以、欢不欢迎，等等）。与学生练习这一句式。

15.15 答案
a. 2
b. 5
c. 1
d. 4
e. 7
f. 3
g. 8
h. 6

a. Ài, _míngtiān_ jiù shì xīngqīliù. 哎，明天就是星期六。

b. Nǐ yǒu _shénme_ ānpái ya? 你有什么安排呀？／你有甚麼安排呀？

c. Wǒmen jǐ ge yuēhǎo, xiàwǔ qù wǒ jiā fùjìn de tǐyùguǎn yìqǐ _dǎ qiú_. 我们几个约好，下午去我家附近的体育馆一起打球。／我們幾個約好，下午去我家附近的體育館一起打球。

d. Wǎnshang qù cāntīng _chīfàn_. 晚上去餐厅吃饭。／晚上去餐廳吃飯。

e. Chīwán _wǎnfàn_, wǒmen zài qù chàng kǎlā OK. 吃完晚饭，我们再去唱卡拉OK。／吃完晚飯，我們再去唱卡拉OK。

f. À, _dǎ qiú_, hē jiǔ, _chàng gē_, zhè _dōu_ shì wǒ de qiángxiàng a. 啊，打球、喝酒、唱歌，这都是我的强项啊。／啊，打球、喝酒、唱歌，這都是我的強項啊。

g. Ài, _huān_ bu huānyíng wǒ jiārù a? 哎，欢不欢迎我加入啊？／哎，歡不歡迎我加入啊？

h. Wǒ gāng lái _Běijīng_, xiǎng duō jiāo jǐ ge _péngyou_. 我刚来北京，想多交几个朋友。／我剛來北京，想多交幾個朋友。

1. Algunos de nosotros hemos quedado esta tarde para ir a un gimnasio cerca de mi casa a jugar juntos al baloncesto.

2. Eh, mañana es sábado.

3. Ah, jugar al baloncesto, beber y cantar son mis puntos fuertes.

4. Por la noche vamos a cenar en un restaurante.

5. ¿Qué planes tienes?

6. Acabo de llegar a Beijing y me gustaría hacer amigos nuevos.

7. Después de cenar vamos a cantar en un karaoke.

8. Oye, ¿queréis que me una a vosotros?

Un poco de gramática 语法点滴

Las distintas caras de *zài*: 在 vs. 再

Hasta ahora has visto dos caracteres—在 y 再, que se pronuncian igual *zài* (salvo por ocasionales diferencias de acento), y que cuentan con abundantes significados. Sus diferencias son importantes, pero fáciles de comprender una vez explicadas. Estas son algunas claves:

■ 在 *zài*

1. Como verbo, 在 significa "estar en".

    Nǐ jiā zài nǎr?
    你家在哪儿？／你家在哪兒？
    (¿Dónde está tu casa?)

2. 在 puede ser un coverbo de ubicación situado generalmente antes del verbo para indicar dónde se realiza la acción.

    Wǒ kěyǐ zài zhèr chōuyān ma?
    我可以在这儿抽烟吗？／我可以在這兒抽煙嗎？
    (¿Puedo fumar aquí?) (抽煙／抽烟 *chōuyān* "fumar")

3. Como sufijo verbal 在 puede aparecer también detrás de ciertos verbos, como 住 y 坐.

    Tā zhù zài chéng lǐtou.
    他住在城里头。／他住在城裡頭。
    (Él vive en la ciudad.)

4. 在 puede ser usado también como un marcador de aspecto (tiempo) para indicar que una acción está siendo realizada (gerundio). Cuando se usa así, 在 suele ir acompañado de 呢 *ne*.

    Xiǎo Lǐ zài kàn diànshì ne.
    小李在看电视呢。／小李在看電視呢。
    (Xiao Li está viendo TV.)

■ 再 *zài*

1. 再 como un adverbio que significa "de nuevo".

    Zàijiàn!
    再见！／再見！
    (¡Adiós!) (literalmente: "nos vemos de nuevo")

    Qǐng nín zài shuō yí biàn.
    请您再说一遍。／請您再説一遍。
    (Por favor, dilo de nuevo.)

    Nǐ chī de hěn shǎo, zài chī yìdiǎnr.
    你吃得很少，再吃一点儿。／你吃得很少，再吃一點兒。
    (Has comido muy poco; come de nuevo/un poco más.)

2. Significa "de nuevo", 再 puede ser usado con una acción que va a ocurrir en el futuro . . .

    Wǒ xiān zǒu le, míngtiān zài lái.
    我先走了，明天再来。／我先走了，明天再來。
    (Me voy, volveré de nuevo mañana.)

. . . o ha ocurrido ya en el pasado.

Tā zǒu le, méiyǒu zài huílái.

她走了，没有再回来。／她走了，沒有再回來。

(Se fue y no volvió de nuevo.)

3. 再 puede ser usado también para marcar una acción futura planeada ("luego").

Chīwán wǎnfàn yǐhòu wǒmen zài qù chàng kǎlā OK.

吃完晚饭以后我们再去唱卡拉OK。／
吃完晚饭以後我們再去唱卡拉OK。

(Después de cenar, iremos (luego) a cantar en un karaoke.)

15.16 听关于休闲活动的音频。在视频"陈飞想参与"中，陈飞提到了他的强项。你的强项是什么？根据情况在下表对应的框中画"√"。

15.16 学生的回答会不尽相同。让他们先阅读题目要求，然后再完成练习。

	常常 chángcháng **a menudo**	有的时候／ 有的時候 yǒude shíhou **a veces**	从来不／ 從來不 cónglái bù **nunca**
听音乐会／聽音樂會 tīng yīnyuèhuì	☐	☐	☐
听歌剧／聽歌劇 tīng gējù	☐	☐	☐
看戏／看戲 kànxì	☐	☐	☐

第十五单元 休闲娱乐

	常常 chángcháng a menudo	有的时候／ 有的時候 yǒude shíhou a veces	从来不／ 從來不 cónglái bù nunca
看舞蹈表演 kàn wǔdǎo biǎoyǎn	☐	☐	☐
逛博物馆／逛博物館 guàng bówùguǎn	☐	☐	☐
去兜风／去兜風 qù dōufēng	☐	☐	☐
去野餐 qù yěcān	☐	☐	☐

15.17 请将对应的中西文连线。

15.17 答案
a. 5
b. 3
c. 6
d. 2
e. 4
f. 1
g. 7

a. tīng yīnyuèhuì
听音乐会／聽音樂會

1. *ir de picnic*

b. tīng gējù
听歌剧／聽歌劇

2. *ver un espectáculo de danza*

c. kànxì
看戏／看戲

3. *ir a la ópera*

d. kàn wǔdǎo biǎoyǎn
看舞蹈表演

4. *ir a un museo*

e. guàng bówùguǎn
逛博物馆／逛博物館

5. *ir a un concierto*

f. qù yěcān
去野餐

6. *ir al teatro*

g. qù dōufēng
去兜风／去兜風

7. *dar una vuelta en coche*

INFO 供你参考

¿Planificar o improvisar?

En sociedades tradicionales, donde las personas viven en pueblos o comunidades de familias y vecinos, las actividades de ocio suelen ocurrir sin planificarlas. Si alguien lanza una pelota a un espacio abierto, enseguida aparecerá un grupo de niños alegres alrededor de ella. Igualmente, una bandeja de sabrosos aperitivos recién hechos por un vecino atraerá pronto a otros miembros de la comunidad y dará pie a conversar o disfrutar simplemente de una tranquila tarde en compañía. En las sociedades modernas, con el reclamo de mayor cantidad de espacio vital y de "privacidad", las personas viven en espacios aislados donde la conexión con los demás se produce solo por acuerdo. Debemos llamar a los demás para juntarnos con ellos, o hacer planes anticipadamente para organizar nuestras ocupadas agendas.

Las "megalópolis" chinas se parecen a las zonas metropolitanas más densas de nuestras grandes ciudades. En 2010, la población de Shanghai era de 23 millones de personas. Para quedar, los ciudadanos de Shanghai o Beijing se llaman con sus teléfonos móviles de camino a casa después del trabajo. Sin embargo, en muchos vecindarios urbanos, los residentes siguen reuniéndose espontáneamente en los parques locales y las extensiones de césped para hacer taichi (*tàijí*), cantar, andar, pasear a sus pájaros, practicar bailes de salón o realizar otras actividades sociales.

Un buen estilo de vida, tanto en Oriente como en Occidente, implica equilibrio, incluso entre actividades espontáneas y planificadas.

15.18—15.19 练习15.18可作为15.19的热身练习。因此，学生完成15.18时很可能会遇到困难，表达也许不很流利，这是可以允许的。

15.18 结对子：在教室里转一转，大声说出你在练习15.16中参加频率最高的活动。和与你说出同样活动的人结成对子之后，确定你们的活动时间。如果没有人想参加你的活动，可选定自己独自活动的时间，再把计划告诉全班。

15.19 小组练习：与两三位同学一起练习。写一段包含三四句对话的小品，内容为了解他人的休闲活动。可使用你学到的任何词汇；如果你想表达一些尚未学到的说法，也可向别人求助。安排一下，与小组成员一起进行你们选定的活动。把你们的小品展示给全班。

单元说唱　Rap de la Unidad

登录环球汉语网站，听歌曲复习第十五单元所学的主要内容。然后再听一遍并跟着唱！

Encuentro 4　读和写　Lectura y escritura

读出熟悉的中文句子
Lectura de oraciones familiares en caracteres chinos

15.20—15.22 提醒学生阅读题目说明，并借助题目说明中的办法来读出不认识的汉字。

15.20 两人一组练习：借助西班牙文，与搭档轮流大声朗读下面的段落（简体字）。可以互换朗读内容，如果有人无法读出某个汉字，搭档可以提供帮助。

1　有一个男的说他什么运动都不喜欢，到周末喜欢待在家里，跟家人打麻将。他的太太跟他一样，也不喜欢运动，只是天天在家里做家务。 (Hay un hombre que dice que no le gusta ningún deporte. Al llegar el fin de semana, le gusta quedarse en casa y jugar al mahjong con su familia. Su mujer es igual que él, tampoco le gusta el deporte y solo se dedica a las tareas domésticas todos los días.)

2　我女朋友有空的时候很喜欢听音乐，她什么音乐都喜欢听。我呢，不太喜欢听音乐，我有空的时候，喜欢出去看电影。我什么电影都喜欢看，中国电影、外国电影都喜欢。如果电影里有音乐，我女朋友有时候也会跟我一起去看。我们每次出去都玩儿得很高兴。 (A mi novia le gusta escuchar música en su tiempo libre. Le gusta todo tipo de música. En cuanto a mí, no me gusta mucho escuchar música y cuando tengo tiempo libre me gusta salir a ver películas. Me gusta ver todo tipo de películas, chinas y extranjeras. Si hay música en las películas, a veces mi novia viene conmigo. Cada vez que salimos juntos lo pasamos muy bien.)

3 北京的商店非常多。大的、小的都有。大的，店员当然很多，小的只有一两个。大的商店里店员们在店里不忙的时候，喜欢在一块儿聊聊天。有时候下班以后也常常一起出去吃晚饭、看电影或者去逛逛街。 *(En Beijing hay muchas tiendas. Hay grandes y pequeñas. Las grandes tienen muchos empleados, y las pequeñas solo uno o dos. A los empleados de las tiendas grandes les gusta charlar cuando no están ocupados. A veces, después de trabajar suelen salir a cenar juntos, ver una película o ir de compras.)*

4 有一个学生很喜欢打球。放学以后要是同学们想去打球的话就跟大家一起去打球，打完球以后就回家上网玩电子游戏。 *(Hay un estudiante al que le gusta jugar juegos de pelota. Después de clase, si sus compañeros quieren, juega con ellos. Después vuelve a casa y navega en Internet o juega a videojuegos.)*

5 周末的时候，你要是没事，想出去玩儿或者运动，可以做的事情真是不少。你喜欢打球，就可以去打网球、篮球什么的。喜欢锻炼 (duànliàn – *hacer ejercicio*)，可以去健身房锻炼，或者出去跑步。不想运动，想跟朋友去喝酒吃饭唱歌儿，可以到卡拉OK酒吧去。你也可以去逛逛博物馆，或者去看戏、看舞蹈表演、听歌剧什么的。 *(El fin de semana, si no estás ocupado y te apetece salir o practicar deporte, hay muchas cosas que puedes hacer. Si te gustan los deportes de pelota, puedes jugar al tenis, baloncesto, etc. Si te gusta el ejercicio, puedes ir al gimnasio o salir a correr. Si no quieres hacer deporte y te apetece salir con amigos a beber, comer o cantar, puedes ir al karaoke. También puedes visitar un museo, ir al teatro, ver un espectáculo de danza, ir a la ópera, etc.)*

6 有些人不工作的时候，或者下课以后，很喜欢学习他们觉得有意思的东西。比如说，有一个女大学生每天下课以后跟一个日本老师学一点日语。可是也有一些人，没事的时候从来不去学习新的东西。 *(A algunas personas les gusta estudiar cosas que les parecen interesantes cuando no están en el trabajo o la escuela. Por ejemplo, una estudiante universitaria estudia un poco de japonés todos los días después de clase con un profesor japonés. Pero hay otras personas a las que no les gusta aprender cosas nuevas en su tiempo libre.)*

7 有些人下班以后还是要接着去做其他的工作。比如说，有一个三十七岁的女工人说她每个星期一三五下班以后去一家外国公司教中文。还有一个男工人说，他根本没有周末 (gēnběn méiyǒu zhōumò – *no tiene fin de semana en absoluto*)，他每天都得工作。 *(Algunas personas cuando salen de trabajar siguen haciendo otros trabajos. Por ejemplo, una empleada de 37 años dice que todos los lunes, miércoles y viernes va a una empresa extranjera a enseñar chino. También, un empleado dice que no tiene fin de semana en absoluto, tiene que trabajar todos los días.)*

8 现在很多人喜欢下班以后去健身房锻炼、散步、跑步或游泳。还有人天气好的时候到外面去爬山、骑自行车、野餐什么的。可是也有人说他们从来不运动。到了周末这些人喜欢出去兜兜风，或者只是待在家里，什么都不想做。 *(Ahora, a mucha gente le gusta ir al gimnasio después de trabajar para hacer ejercicio, andar, correr o nadar. Cuando hace buen tiempo, a otras personas les gusta salir a hacer senderismo, montar en bicicleta, hacer un picnic, etc. Pero hay personas que dicen que nunca hacen deporte. Cuando llega el fin de semana, a estas personas les gusta dar una vuelta en coche o simplemente quedarse en casa sin hacer nada.)*

9 小毛的同事里面，有一个是外国人，一个是中国人。他们两个是很好的朋友，都很喜欢打球。中国同事每天都睡得很早，起得也很早。外国同事也一样，也是早睡，早起。所以他们两个常常约好，早上一起来就到附近的一个球场去打球。 *(De los colegas de Xiao Mao, uno es extranjero y otro chino. Los dos son buenos amigos y a ambos les gusta el baloncesto. El chino se acuesta y se levanta pronto. El extranjero también. Por eso, los dos quedan a menudo por la mañana para ir a jugar al baloncesto en una pista cercana.)*

10 小飞很喜欢晚上出去玩儿。有一个星期五下午，在上班的时候，他问办公室的两个同事周末闲下来的时间，都有什么安排。同事两个都说他们准备出去打球、吃饭，然后去唱卡拉OK。小飞说这些都是他的"强项"、他的爱好，希望能加入这些活动，给他一个好机会认识一些新朋友。 *(A Xiao Fei le gusta salir por la noche a divertirse. Un viernes por la tarde, durante el trabajo preguntó a dos de sus colegas de la oficina qué planes tenían para el fin de semana en su tiempo libre. Los dos dijeron que iban a jugar a baloncesto, ir a comer y cantar en un karaoke. Xiao Fei les dijo que esos eran sus "puntos fuertes" —sus aficiones, y les pidió si podía unirse a ellos porque era una oportunidad para hacer nuevos amigos.)*

15.21 两人一组练习：再次朗读这些段落，这次没有西班牙文辅助。

1 有一个男的说他什么运动都不喜欢，到周末喜欢待在家里，跟家人打麻将。他的太太跟他一样，也不喜欢运动，只是天天在家里做家务。

2 我女朋友有空的时候很喜欢听音乐，她什么音乐都喜欢听。我呢，不太喜欢听音乐，我有空的时候，喜欢出去看电影。我什么电影都喜欢看，中国电影、外国电影都喜欢。如果电影里有音乐，我女朋友有时候也会跟我一起去看。我们每次出去都玩儿得很高兴。

3. 北京的商店非常多。大的、小的都有。大的，店员当然很多，小的只有一两个。大的商店里店员们在店里不忙的时候，喜欢在一块儿聊聊天。有时候下班以后也常常一起出去吃晚饭、看电影或者去逛逛街。

4. 有一个学生很喜欢打球。放学以后要是同学们想去打球的话就跟大家一起去打球，打完球以后就回家上网玩电子游戏。

5. 周末的时候，你要是没事，想出去玩儿或者运动，可以做的事情真是不少。你喜欢打球，就可以去打网球、篮球什么的。喜欢锻炼，可以去健身房锻炼，或者出去跑步。不想运动，想跟朋友去喝酒吃饭唱歌儿，可以到卡拉OK酒吧去。你也可以去逛逛博物馆，或者去看戏、看舞蹈表演、听歌剧什么的。

6. 有些人不工作的时候，或者下课以后，很喜欢学习他们觉得有意思的东西。比如说，有一个女大学生每天下课以后跟一个日本老师学一点日语。可是也有一些人，没事的时候从来不去学习新的东西。

7. 有些人下班以后还是要接着去做其他的工作。比如说，有一个三十七岁的女工人说她每个星期一三五下班以后去一家外国公司教中文。还有一个男工人说，他根本没有周末，他每天都得工作。

8. 现在很多人喜欢下班以后去健身房锻炼、散步、跑步或游泳。还有人天气好的时候到外面去爬山、骑自行车、野餐什么的。可是也有人说他们从来不运动。到了周末这些人喜欢出去兜兜风，或者只是待在家里，什么都不想做。

9. 小毛的同事里面，有一个是外国人，一个是中国人。他们两个是很好的朋友，都很喜欢打球。中国同事每天都睡得很早，起得也很早。外国同事也一样，也是早睡，早起。所以他们两个常常约好，早上一起来就到附近的一个球场去打球。

10. 小飞很喜欢晚上出去玩儿。有一个星期五下午，在上班的时候，他问办公室的两个同事周末闲下来的时间，都有什么安排。同事两个都说他们准备出去打球、吃饭，然后去唱卡拉OK。小飞说这些都是他的"强项"、他的爱好，希望能加入这些活动，给他一个好机会认识一些新朋友。

15.22 两人一组练习：再次朗读这些段落，这次用的是繁体字。

1. 有一個男的說他甚麼運動都不喜歡，到週末喜歡待在家裡，跟家人打麻將。他的太太跟他一樣，也不喜歡運動，只是天天在家裡做家務。

2. 我女朋友有空的時候很喜歡聽音樂，她甚麼音樂都喜歡聽。我呢，不太喜歡聽音樂，我有空的時候，喜歡出去看電影。我甚麼電影都喜歡看，中國電影、外國電影都喜歡。如果電影裡有音樂，我女朋友有時候也會跟我一起去看。我們每次出去都玩兒得很高興。

3. 北京的商店非常多。大的、小的都有。大的，店員當然很多，小的只有一兩個。大的商店裡店員們在店裡不忙的時候，喜歡在一塊兒聊聊天。有時候下班以後也常常一起出去吃晚飯、看電影或者去逛逛街。

4. 有一個學生很喜歡打球。放學以後要是同學們想去打球的話就跟大家一起去打球，打完球以後就回家上網玩電子遊戲。

5. 週末的時候，你要是沒事，想出去玩兒或者運動，可以做的事情真是不少。你喜歡打球，就可以去打網球、籃球甚麼的。喜歡鍛煉，可以去健身房鍛煉，或者出去跑步。不想運動，想跟朋友去喝酒吃飯唱歌兒，可以到卡拉OK酒吧去。你也可以去逛逛博物館，或者去看戲、看舞蹈表演、聽歌劇甚麼的。

6. 有些人不工作的時候，或者下課以後，很喜歡學習他們覺得有意思的東西。比如說，有一個女大學生每天下課以後跟一個日本老師學一點日語。可是也有一些人，沒事的時候從來不去學習新的東西。

7. 有些人下班以後還是要接著去做其他的工作。比如說，有一個三十七歲的女工人說她每個星期一三五下班以後去一家外國公司教中文。還有一個男工人說，他根本沒有週末，他每天都得工作。

8. 現在很多人喜歡下班以後去健身房鍛煉、散步、跑步或游泳。還有人在天氣好的時候喜歡到外面去爬山、騎自行車、野餐甚麼的。可是也有人說他們從來不運動。到了週末這些人喜歡出去兜兜風，或者只是待在家里，甚麼都不想做。

9 小毛的同事裡面，有一個是外國人，一個是中國人。他們兩個是很好的朋友，都很喜歡打球。中國同事每天都睡得很早，起得也很早。外國同事也一樣，也是早睡，早起。所以他們兩個常常約好，早上一起來就到附近的一個球場去打球。

10 小飛很喜歡晚上出去玩兒。有一個星期五下午，在上班的時候，他問辦公室的兩個同事週末閒下來的時間，都有甚麼安排。同事兩個都說他們準備出去打球、吃飯，然後去唱卡拉OK。小飛說這些都是他的"強項"、他的愛好，希望能加入這些活動，給他一個好機會認識一些新朋友。

▶ 阅读真实语言材料　Lectura de textos de la vida real

15.23 以下是一篇日记。标出其中你能认读的所有汉字，然后与搭档一起通读一遍，看看你们能理解多少。

15.23 • 本阅读练习旨在教给学生如何看懂一则真实的阅读材料。
• 再次向学生强调，处理此类阅读任务的最佳方式并不是逐字阅读和翻译。他们应当完全按照题目要求去做：标出所有认识的汉字，然后结合上下文，推断短文的意思。确保学生要遵循题目要求。

> 2010年7月3日　　星期六
>
> 　　这个礼拜好累！每天早上七点半上学，下午五点半放学，放学以后就回家马上做作业，不到半夜都不能上床睡觉。今天是礼拜六，可以好好玩一下了！早上起床以后，我就和爷爷奶奶去爬山。山上空气很好，很多人在跑步，也有人在散步。回家稍稍休息以后，我又和同学约好了出去玩。我们先去看了场电影，然后去逛街。晚上家里有一个小型的家庭聚会。叔叔阿姨表哥表姐们都来了。大家边吃饭边聊天。妈妈要我有空的时候多读一些课外书，可我总找不到时间。这样，一天就这么过去了。明天好好加油吧！

和一名同学一起，写一段你们对这篇日记的总结。尽量不要逐字翻译。请写西班牙文。

15.24 • 本文的语言更为正式、书面化。此类写作多见于中国报纸或较为正式的网络博客。现在就是让学生接触此类文章的最佳时机。要明确提醒学生：本文的语气更为正式，但为了理解其意思，还应采用相同的阅读策略——先圈出或标出熟悉的词，再浏览文章，获取意思。

• 本练习结束时，提醒学生他们刚刚阅读并理解了一段相当难的材料，受过教育的中国成年人一般会在报纸或杂志上读到这类材料。这将极大提升学生的自信（同时也会增强他们掌握阅读策略的信心）。

15.24 以下是一篇关于中国时下流行的休闲活动的博客。作者是一位中国大学生。

| 论坛 | 精华博文 | 最新博文 | 视频 | 成员 | 游客 | 留言 | | 邀请朋友 | 管理博客 | 加入圈子 |

博主

王强

‹加为好友›
‹给我留言›
‹发消息›

‹最近登录› 2011-02-12

上一篇 | 下一篇

　　隨著經濟水平的發展，中國人的娛樂休閒方式也是與日俱增。除了逛街、看電影、唱卡拉OK，越來越多的人喜歡旅遊。短則花個週末到附近的地方轉轉，長則花兩三個禮拜到歐洲、美國跑一圈。打麻將打撲克的人也少了。現在的青年人喜歡在有空的時候充充電，比如學習外語，或上網看新聞瞭解國內外大事。另一方面，由於現代生活節奏快，壓力大，人們也開始注意身體了。早上，公園裡總能看到不少老人在晨練。不少青年人下了班，就往健身房跑。同時，鍛煉身體的方式也逐漸多樣化。從傳統的跑步、打太極拳、打籃球、打乒乓球，到時下時髦的瑜珈、高爾夫、跆拳道等等。中國人真是活得越來越精彩了。

回复 | 阅读 (12) | 评论 (20)

在文中标出下列词组并标出序号。

1. ir de compras
2. ir al cine
3. cantar en un karaoke
4. viajar
5. (durante) un fin de semana
6. (durante) dos o tres semanas
7. A Europa o EE.UU.
8. mahjong
9. jugar a las cartas (buscar 撲克 *pūkè* "póker")
10. actualmente
11. gente joven (buscar 青年人 *qīngnián rén*, que literalmente significa "personas en sus años verdes")
12. cuando tienen tiempo libre
13. aprender un idioma extranjero
14. navegar en Internet
15. nacional e internacional (buscar 國內外 *guó nèiwài*, que literalmente significa dentro y fuera del país)
16. sucesos importantes (buscar "grandes cosas/eventos")
17. mañanas
18. personas mayores
19. después del trabajo
20. gimnasio
21. al mismo tiempo
22. hacer ejercicio
23. correr
24. practicar taichi
25. jugar a baloncesto
26. jugar a ping-pong
27. hacer yoga
28. jugar al golf
29. personas chinas

15.24 答案
1. 逛街
2. 看電影
3. 唱卡拉OK
4. 旅遊
5. 週末
6. 兩三個禮拜
7. 歐洲、美國
8. 麻將
9. 撲克
10. 現在的
11. 青年人
12. 有空的時候
13. 學習外語
14. 上網
15. 國內外
16. 大事
17. 早上
18. 老人
19. 下了班
20. 健身房
21. 同時
22. 鍛鍊
23. 跑步
24. 打太極拳
25. 打籃球
26. 打乒乓球
27. 瑜珈
28. 高爾夫
29. 中國人

15.25 再读一遍练习15.24的博客。根据文章内容将下列段落排序。

___1___ A medida que amenta su nivel económico, las formas de entretenimiento de los chinos son cada día más numerosas.

___4___ Por otro lado, debido a que el ritmo de vida es más rápido y la presión mayor, la gente ha empezado a prestar atención a su salud. Por la mañana es posible ver unas cuantas personas mayores haciendo ejercicio en los parques. Muchos jóvenes van a los gimnasios después del trabajo.

___3___ Cada vez menos personas juegan a las cartas o el mahjong. Actualmente, cuando tienen tiempo libre los jóvenes intentan ponerse al día, por ejemplo, aprendiendo un idioma extranjero o navegando en Internet para buscar información sobre sucesos importantes nacionales e internacionales.

___5___ Al mismo tiempo, las formas de hacer ejercicio son cada vez más variadas: desde formas tradicionales como salir a correr, hacer taichi, practicar baloncesto o jugar al ping-pong, hasta actividades de moda como el yoga, el golf, el taekwondo, etc.

___2___ Además de ir de compras, al cine y al karaoke, a cada vez más personas les gusta viajar. Excursiones cortas a lugares cercanos pueden hacerse en un fin de semana, pero viajes más largos a Europa o EE.UU. pueden necesitar de dos a tres semanas.

___6___ La vida de los chinos se está volviendo cada vez más estimulante.

▶ 学写汉字　Aprender a escribir caracteres

15.26 本单元下列汉字的笔画顺序以及其他相关信息，请参见《汉字练习本》。练习写这些汉字的简体字或者繁体字，直到你能熟练地写出为止。

打，球，旅，游／遊，听／聽，音，书／書，放，工，作，

跑，步，运／運，动／動，约／約，交，唱，歌，外

▶ 写一则描述性短文　Escribir un texto descriptivo

15.27 用中文写四五句话，描述你喜欢的休闲活动和周末活动。写好之后，与几位同学分享你们的作品。

15.27 题目要求让学生与几名同学分享他们所写的便条。如果你想使分享和阅读的过程更具交际性，可让阅读者对便条作出评论，比如：他们可以说"我也喜欢……"，来表明他们具有相似的爱好。

RESUMEN 147

Un poco de cultura 文化点滴

Más sobre actividades diarias

Mira el fragmento de video "Más sobre actividades diarias" y después comenta las siguientes cuestiones con tus compañeros y el profesor.

- Si se hubiera realizado un mini-documental similar con personas de tu país o comunidad, ¿qué crees que habrían respondido a la pregunta "¿Qué haces en tu tiempo libre?"?
- ¿Qué parecidos y diferencias piensas que existen entre las actividades de ocio citadas en el video y las actividades que hacen las personas de tu comunidad?

文化点滴
- 当学生观看"文化点滴"视频时，教师可询问一些与内容相关的指导性问题，来检查他们的理解程度。例如，当一个人物介绍完他（她）的休闲活动时，暂停视频，让学生用自己的话重述听到的内容。
- 如果有时间，重放几个人物带有一点口音的片段。《环球汉语》特意在视频片段中安排了这类讲话者，以便让学生熟悉真实生活中将会听到的讲话。
- 学生观看视频后，教师按照本练习的要求带领全班进行讨论。鼓励学生用中文讨论。在讨论过程中，教师可作为"活字典"为学生解决生词问题。若时间允许，可以将这些生词写在黑/白板上，并复习其意义。

单元总结 RESUMEN

语法　Gramática

动词的补语　Complementos del verbo

En chino, los complementos son una forma de doblar e incluso triplicar el potencial de los verbos. Son añadidos al verbo que expresan dirección, ubicación, modo o resultado. Adverbialmente, se vinculan al verbo con la partícula 得 *de* para indicar el nivel alcanzado por la acción. A continuación, se incluyen algunos ejemplos. Haz todo lo posible por comprender lo que cada complemento añade al verbo.

表示结果及方式　Resultado y modo

Nǐmen dōu tīng**dǒng** le ma?
你们都听懂了吗？／
你們都聽懂了嗎？
(¿Habéis entendido todo [lo que he dicho]?)

Wǒ chī**bǎo** le, bù néng zài chī le.
我吃饱了，不能再吃了。／
我吃飽了，不能再吃了。
(Estoy lleno, no puedo comer más.)

Zuòyè zuò**hǎo** le, wǒ qù shuì le.
作业做好了，我去睡了。／
作業做好了，我去睡了。
(He hecho las tareas, me voy a dormir.)

Wǒ méi tīng **qīngchu**, qǐng nín zài shuō yí biàn.
我没听清楚，请您再说一遍。／
我没聽清楚，請您再説一遍。
(No he escuchado bien lo que dices, repítelo de nuevo por favor.)

Wǒ qùnián ná**dào**le shuòshì xuéwèi.
我去年拿到了硕士学位。／
我去年拿到了碩士學位。
(El año pasado obtuve el título de máster.)

Xià**wán** kè wǒ jiù qù jiàn lǎoshī.
下完课我就去见老师。／
下完課我就去見老師。
(Después de clase voy a ver al profesor.)

Tā pǎobù pǎo **de** fēicháng kuài.
他跑步跑得非常快。
(Corre muy rápido.)

表示方向及位置　Dirección y ubicación

Lǎoshī yǐjīng huí**qù** le, kǒngpà bù huí**lái** le.
老师已经回去了，恐怕不回来了。／
老師已經回去了，恐怕不回來了。
(El profesor se ha marchado (allí), no va a volver (aquí).)

Lǐ lǎoshī, qǐng xià**lái** gēn wǒmen liáoliao tiānr, chī diǎnr dōngxi, hē bēi chá.
李老师，请下来跟我们聊聊天儿，吃点儿东西，喝杯茶。／李老師，請下來跟我們聊聊天兒，吃點兒東西，喝杯茶。
(Profesor Li, por favor baje (donde estamos nosotros) a comer algo, tomar un té y charlar un poco.)

Xián **xiàlái** de shíjiān, nǐ děi hǎohāo lìyòng.

闲下来的时间，你得好好利用。／
閒下來的時間，你得好好利用。
(Debes usar bien tu tiempo libre.)

■ Capacidad o incapacidad

Nǐ tīngdedǒng tīngbùdǒng Éyǔ?
你听得懂听不懂俄语？／
你聽得懂聽不懂俄語？
(¿Entiendes ruso o no?)

Hēibǎn shang de zì xiě de tài xiǎo, wǒmen dōu kànbújiàn.
黑板上的字写得太小，我们都看不见。／
黑板上的字寫得太小，我們都看不見。
(Los caracteres de la pizarra están escritos muy pequeños y ninguno de nosotros puede verlos.)

Las distintas caras de *zài*: 再 vs. 在

■ 再

1. 再 significa "de nuevo" o "más"

   Xuéxí, xuéxí, zài xuéxí.
   学习，学习，再学习。／
   學習，學習，再學習。
   (Estudiar, estudiar y volver a estudiar.)

   Zài chī yìdiǎnr.
   再吃一点儿。／再吃一點兒。
   (Come un poco más.)

   Zài gāo yìdiǎnr jiù hǎo le.
   再高一点儿就好了。／
   再高一點兒就好了。
   (Un poco más alto sería perfecto.) [dicho cuando un cuadro está siendo colgado muy bajo, por ejemplo]

2. 不……再 bù...zài significa "ya no más".

   Wǒ bù néng zài hē le.
   我不能再喝了。
   (Ya no puedo beber más.)

3. 再 puede usarse para indicar una acción futura sucesiva ("entonces").

   Nǐ zuòwánle zuòyè zài chūqù wánr.
   你做完了作业再出去玩儿。／
   你做完了作業再出去玩兒。
   (Después de terminar tus tareas puedes ir a jugar. [Antes de ir a jugar, termina tus tareas.])

   Chīwán le zài zǒu.
   吃完了再走。
   (Termina tu comida antes de irte. [Antes de irte, termina tu comida.])

■ 在

1. Como verbo, 在 significa "estar situado en".

   Wǒ jiā zài Bōshìdùn.
   我家在波士顿。／我家在波士頓。
   (Mi casa está en Boston.)

2. Como coverbo, 在 va generalmente delante o detrás de verbos como 住 and 坐 para indicar ubicación.

   Nǐ bù kěyǐ zài túshūguǎn li liáotiānr.
   你不可以在图书馆里聊天儿。／
   你不可以在圖書館裡聊天兒。
   (No puedes hablar en la biblioteca.)

   Tā zhù zài Běijīng.
   他住在北京。
   (Vive en Beijing.)

3. 在 puede ser usado también como un marcador de aspecto (tiempo) para indicar que una acción está siendo realizada (gerundio). Cuando se usa así, 在 suele ir acompañado de 呢 ne.

   Xiǎo Fēi zài tīng yīnyuè ne.
   小飞在听音乐呢。／
   小飛在聽音樂呢。
   (Xiaofei está escuchando música.)

▶ 生词 Vocabulario

运动及休闲活动 Deportes y actividades de ocio

chàng kǎlā OK 唱卡拉OK
  cantar karaoke

dǎ lánqiú 打篮球／打籃球
  jugar al baloncesto

dǎ májiàng 打麻将／打麻將
  jugar al mahjong

dǎ pūkèpái 打扑克牌／打撲克牌
  jugar a cartas/póker

dǎ qiú 打球 jugar a deportes de pelota/baloncesto

dǎ tàijíquán 打太极拳／打太極拳
  practicar taichi

dǎ táiqiú 打台球 jugar al billar

dǎ wǎngqiú 打网球／打網球 jugar al tenis
dǎ yǔmáoqiú 打羽毛球 jugar al bádminton
gēn péngyou yìqǐ chūqù wán(r) 跟朋友一起出去玩(儿)／跟朋友一起出去玩(兒) salir con amigos
guàng bówùguǎn 逛博物馆／逛博物館 ir a un museo
guàng jiē 逛街 ir de compras; salir a dar una vuelta
jiāo péngyou 交朋友 hacer (nuevos) amigos
jiātíng jùhuì 家庭聚会／家庭聚會 reunión familar
kàn diànyǐng 看电影／看電影 ir a ver una película
kàn kèwài shū 看课外书／看課外書 leer libros extracurriculares
kàn wǔdǎo biǎoyǎn 看舞蹈表演 ver un espectáculo de danza
kànxì 看戏／看戲 ir al teatro
liáotiān(r) 聊天(儿)／聊天(兒) conversar
lǚyóu 旅游／旅遊 viajar; hacer turismo
qí zìxíngchē 骑自行车／騎自行車 montar en bicicleta
qù dōufēng 去兜风／去兜風 dar una vuelta en coche
qù jiànshēnfáng duànliàn 去健身房锻炼／去健身房鍛煉 ir al gimnasio a hacer ejercicio
qù jiǔbā hē jiǔ 去酒吧喝酒 ir a un bar a beber
qù páshān 去爬山 hacer senderismo; escalar montañas
qù yěcān 去野餐 hacer un picnic
qù yùndòng 去运动／去運動 hacer deporte
shàngwǎng 上网／上網 navegar en Internet
tīng gējù 听歌剧／聽歌劇 ir a la ópera
tīng yīnyuè 听音乐／聽音樂 escuchar música
tīng yīnyuèhuì 听音乐会／聽音樂會 ir a un concierto
wán(r) diànzǐ yóuxì 玩(儿)电子游戏／玩(兒)電子遊戲 jugar a videojuegos
yóuyǒng 游泳 nadar

一些动词 Algunos verbos

fàngxué 放学／放學 terminar las clases (del día)
gōngzuò 工作 trabajar
huānyíng 欢迎／歡迎 dar la bienvenida
jiāo(shū) 教(书)／教(書) enseñar (en la escuela)
jiārù 加入 unirse
shàngbān 上班 ir a trabajar
xiàbān 下班 salir del trabajo
yuē 约／約 concertar una cita; invitar

一些副词 Algunos adverbios

jīběnshàng 基本上 básicamente
jiēzhe + V 接着 + V／接著 + V seguir (V en gerundio)
kànlái 看来／看來 parece como si; parece que

一些名词 Algunos nombres

ānpái 安排 planes; arreglos
cāntīng 餐厅／餐廳 cafetería
fùjìn 附近 cercanías; vecindad
qiángxiàng 强项／強項 fortalezas; puntos fuertes
qīngnián rén 青年人 persona joven
qiúchǎng 球场／球場 pista/campo de juego (pelota)
tǐyùguǎn 体育馆／體育館 gimnasio
xíguàn 习惯／習慣 hábito, costumbre
yùndòng 运动／運動 deporte

常用表达 Frases útiles

méi shì 没事 no tener nada que hacer; estar libre
wǎn shuì wǎn qǐ 晚睡晚起 "acostarse y levantarse tarde"
Wǒ jīntiān xiánzhe. 我今天闲着。／我今天閒著。 Hoy estoy libre.
xián xiàlái de shíjiān 闲下来的时间／閒下來的時間 tiempo libre
zǎo shuì zǎo qǐ 早睡早起 "acostarse y levantarse pronto"

第十五单元 休闲娱乐

你能够完成的任务   Lista de lo aprendido

通过本单元的学习，你应当能完成以下任务。

听和说 Escuchar y hablar

☐ Contar a un amigo lo que haces por diversión en tu tiempo libre.

☐ Conocer qué hace un compañero para mantenerse en forma.

☐ Expresar cuáles son tus "puntos fuertes" *(qiángxiàng)*.

☐ Decir a un amigo cuál es tu actividad deportiva favorita.

☐ Preguntar a un amigo qué le gusta hacer después de clase.

读和写 Lectura y escritura

☐ Leer y escribir oraciones sencillas sobre actividades de ocio.

☐ Escribir un breve artículo de blog describiendo tus "diversiones" preferidas.

文化理解 Entendimiento cultural

☐ Demostrar tu comprensión de las principales diferencias entre las actividades de ocio que practicas y las que se practican en China.

任务表

听和说
让学生两人一组，在课堂上一同查看这部分任务表。告诉学生，在任务表上画"√"并不是目的，而是要检验他们能否真正完成这些任务。为了确认，学生应与搭档一起实践每项任务，来展示他们的技能。

读和写
将第二项任务（写博客）布置为家庭作业。

文化理解
让学生用中文创作一个小品。他们应当运用本单元学到的词汇来展示自己对本学习目标的理解。

第十六单元 / UNIDAD 16

"Estudiar duro y mejorar día a día"
好好学习，天天向上
Hǎohāo xuéxí, tiāntiān xiàngshàng

Hablar de la escuela y de tus estudios

在本单元，你将学习：如何——

- 谈论各个阶段的学校教育
- 谈论不同的学科和专业
- 讨论学校课程安排
- 简要介绍你的校园
- 读熟悉的句子，内容涉及学校、学科及校园
- 理解一所中国学校的课程表
- 写一份有关学校及课程安排的便条
- 讨论东、西方学校教育的异同

如需要本单元的补充材料，请访问环球汉语网站：www.EncountersChinese.com.cn

Encuentro 1   讨论各个阶段的学校教育
Hablar de niveles de estudio

16.1 ● 看连续剧之前，问问学生记住了上一集的哪些内容。鼓励学生尽量用中文回答。教师可以作为"活字典"，为学生提供造句、表达观点时需要的词汇。如果时间允许，把生词写在黑/白板上。
● 播放连续剧，让学生放松欣赏。

16.2 ● 可能的回答：小学、中学（初中、高中）、大学、研究生院。
● 让学生以"爆米花"方式给出答案。
● 教师可作为"活字典"，告诉学生如何用中文表达这些词汇。将这些词写在黑/白板上，配上西班牙文释义和拼音，并鼓励学生记笔记。

16.3 ● 作为本练习的热身，可让学生两人一组，在空白处填上相应的西班牙文。通过其他有西班牙文释义的词，学生会很容易猜出这些词的意思。鼓励学生朗读这些词汇。
● 在每一个讲话者说完后暂停视频，可以帮助学生核对听到的词汇。让学生两人一组比较答案。
● 作好多次播放视频的准备。本练习设计得较难，学生需要反复观看视频才能完成。本练习旨在为学生"输入大量信息流"，以便他们熟悉生词的发音。

16.1 看连续剧第十六集。如果有的地方不完全明白也不要担心，只管欣赏就可以！

16.2 准备活动：假设你在给别人介绍你们国家不同阶段的学校教育，你会怎么说？用西班牙文写一些笔记。

_____

_____

_____

16.3 看视频"不同阶段的学校教育"。在你听到的词汇旁画"✓"，然后在空白处填上相应的西班牙文。

☑ xuéxiào
学校／學校
escuela

☐ tuō'érsuǒ
托儿所／托兒所
preescolar

☐ yòu'éryuán
幼儿园／幼兒園
guardería infantil

☑ xiǎoxué
小学／小學
escuela primaria

☐ chūxiǎo
初小
grados 1–3

☐ gāoxiǎo
高小
grados 4–6

☐ zhōngxué
中学／中學
escuela secundaria

☐ chūzhōng
初中
primer ciclo de escuela secundaria

☑ gāozhōng
高中
bachillerato

☐ gāozhōng yī niánjí
高中一年级／高中一年級
El primer año de bachillerato superior

☐ gāozhōng èr niánjí
高中二年级／高中二年級
El segundo año de bachillerato superior

☐ gāozhōng sān niánjí
高中三年级／高中三年級
El tercer año de bachillerato superior

☑ dà-yī
大一
el primer año de universidad

☑ dà-èr
大二
el segundo año de universidad

☑ dà-sān
大三
el tercer año de universidad

☐ dà-sì
大四
el cuarto año de universidad

ENCUENTRO 1 **153**

- ☐ dàxué
  大学／大學
  <u>Instituto/universidad</u>

- ☐ běnkē
  本科
  <u>curso universitario regular</u>

- ☐ yánjiūshēngyuàn
  研究生院
  escuela de postgrado

- ☐ shàng X
  上 X
  tomar clases de X

- ☑ shàngkè
  上课／上課
  ir a clase

- ☑ xiě zuòyè
  写作业／寫作業
  hacer las tareas

- ☑ xiū xuéfēn
  修学分／修學分
  tomar clases por créditos

- ☑ kǎoshì
  考试／考試
  hacer un examen

- ☐ dú xuéshì xuéwèi
  读学士学位／讀學士學位
  estudiar un grado

- ☐ dú shuòshì xuéwèi
  读硕士学位／讀碩士學位
  estudiar un máster

- ☐ dú bóshì xuéwèi
  读博士学位／讀博士學位
  estudiar un doctorado

- ☑ X bìyè
  X毕业／X畢業
  graduarse por X

 16.4 再看一遍视频"不同阶段的学校教育"。补全说话人的陈述。请用西班牙文填空。

16.4 • 观看视频之前，给学生留出阅读这些西班牙文段落的时间，这有助于他们带着目的观看视频。
• 鼓励学生两人一组完成练习。对于有难度的词汇，可暂停视频并给出提示。

 a. "Tenía <u>7 años</u> cuando comencé la escuela primaria. Estuve <u>escuela</u> durante <u>10</u> años, y me gradué por <u>la escuela de enseñanza superior</u> en 19<u>75</u>."

 b. "Generalmente, tienes más clases en <u>el primer y el segundo</u> año de la universidad. En este periodo, no tienes mucho tiempo para trabajar a tiempo parcial. Solo puedes <u>ir a clase</u>, <u>hacer ejercicios</u> y <u>tomar clases por créditos</u>". Durante el <u>primer</u> y <u>el segundo</u> año, también hay algo más importante para los estudiantes <u>chinos</u>, se trata de examen llamado examen de dominio del inglés. Si no eres capaz de aprobar lo que llamamos examen CET, es difícil <u>graduarse</u>".

 c. "Si llegas al <u>tercer</u> año y más allá, como estás muy ocupado con diferentes cosas, realmente ya no puedes <u>ir a la clase</u>. Además, como te sueles ir a dormir más bien tarde, realmente es difícil llegar a tiempo por la mañana".

16.5 在下列符合你的情况的表述前画"✓",并补全相应的句子。

☐ Wǒ shàng gāozhōng.
我上高中。

☐ Wǒ shì gāozhōngshēng.
我是高中生。

☐ Wǒ dú gāozhōng _____ niánjí.
我读高中_____年级。／我讀高中_____年級。

☐ Wǒ gāozhōng bìyè le.
我高中毕业了。／我高中畢業了。

☐ Wǒ shì _____ nián gāozhōng bìyè de.
我是_____年高中毕业的。／我是_____年高中畢業的。

☐ Wǒ shàng dàxué.
我上大学。／我上大學。

☐ Wǒ shì dàxuéshēng.
我是大学生。／我是大學生。

☐ Wǒ dú dàxué _____ niánjí.
我读大学_____年级。／我讀大學_____年級。

☐ Wǒ dú xuéshì xuéwèi.
我读学士学位。／我讀學士學位。

☐ Wǒ dàxué bìyè le.
我大学毕业了。／我大學畢業了。

☐ Wǒ shì _____ nián dàxué bìyè de.
我是_____年大学毕业的。／我是_____年大學畢業的。

☐ Wǒ _____ nián nádào xuéshì xuéwèi le.
我_____年拿到学士学位了。／我_____年拿到學士學位了。

☐ Wǒ shì yánjiūshēng.
我是研究生。

☐ Wǒ dú shuòshì xuéwèi.
我读硕士学位。／我讀碩士學位。

☐ Wǒ _____ nián nádào shuòshì xuéwèi le.
我_____年拿到硕士学位了。／我_____年拿到碩士學位了。

☐ Wǒ dú bóshì xuéwèi.
我读博士学位。／我讀博士學位。

☐ Wǒ shì _____ nián nádào bóshì xuéwèi de.
我是_____年拿到博士学位的。／我是_____年拿到博士學位的。

16.6 写几句有关你当前的学校教育程度的表述。请写拼音。

_____

_____

_____

16.7 **两人一组练习**：与同学谈论你当前的学校教育程度。可提出如下问题，并记录搭档的回答。当搭档向你提问时，用练习16.6中你所写的内容作答。

你读（高中）／（大学）几年级？∥你讀（高中）／（大學）幾年級？
你（高中）／（大学）毕业了吗？∥你（高中）／（大學）畢業了嗎？
你是哪年毕业的？／你是哪年畢業的？

_____

_____

_____

16.6 提醒学生用本单元所学词汇完成本练习。

16.7
• 开始本练习前，确保学生能够阅读并理解这些问题。
• 如有必要，教师可与一名自告奋勇的学生共同为大家作示范，或者请一组有自信的同学为全班示范他们的对话。

Un poco de gramática 语法点滴

Aclaración sobre el verbo 毕业／畢業 bìyè (graduarse)

Este verbo —más exactamente, este verbo-objeto, exige un tiempo para acostumbrarse a él. Mira cómo se comporta en los siguientes contextos.

Wǒ bìyè le. 我毕业了。／我畢業了。 (Me he graduado.)

Nǐ bìyè yǐhòu xiǎng zuò shénme? 你毕业以后想做什么？／你畢業以後想做甚麼？ (¿Qué quieres hacer cuando te gradúes?)

Wǒ jiù yào bìyè le. 我就要毕业了。／我就要畢業了。 (Voy a graduarme muy pronto.)

Wǒ hái yǒu liǎng nián cái néng bìyè. 我还有两年才能毕业。／我還有兩年才能畢業。 (Todavía me quedan dos años para poder graduarme.)

Hasta ahora, todo ha sido directamente hacia delante, pero eche un vistazo a siguientes ejemplos. Atención por el lugar de _daxue_ y _gāozhōng_.

Wǒ dàxué bìyè le. NOT ~~Wǒ bìyè le dàxué.~~ 我大学毕业了。／我大學畢業了。 (He obtenido un graduado universitario.)

Tā dàxué hái méi bìyè ne. 她大学还没毕业呢。／她大學還沒畢業呢。 (Ella no ha obtenido todavía el graduado universitario.)

Wǒ shì èr líng yī líng nián liùyuè gāozhōng bìyè de (O bì de yè). 我是二零一零年六月高中毕业的（毕的业）。／我是二零一零年六月高中畢業的（畢的業）。 (Obtuve el graduado de bachiller en junio de 2010.)

语法点滴
• 本部分引导学生注意中、西文语法结构的差异，即有关动词"毕业"的不同词序。在西语中，机构或项目名称出现在动词之后，如，"Ella se ha graduado de este colegio"。在汉语里，机构名称则出现在动词前。
• 由于课文已经清晰地呈现了相关信息，因此没有必要细讲本语法点。让学生默读本"语法点滴"，为了检查学生的理解情况，可让他们说出自己是何时、从哪所学校毕业的。在黑／白板上给出一个例子，如："我十二岁的时候小学毕业"。

Encuentro 2 谈论学科和专业
Hablar sobre materias y especialidades

16.8 ● 给学生留出足够的时间列出自己所学学科。他们或许已经知道一些学科的相关中文词汇。鼓励他们用中文书写尽可能多的学科名称。对于不会写的词汇，可让他们写西班牙文。
● 鼓励全班在黑/白板上列一份完整的学科清单。完成练习16.9后，再次对照本清单，检查学生是否已经学会表达他们列出的学科。

16.9 ● 作为热身练习，可让学生预测哪些科目属于"主科"，哪些属于"副科"。告诉他们可用不同于标注答案的符号来标注他们的预测。此类热身练习可以使学生建立与本材料的切身联系，以此来提高参与度；当学生试图检验自己预测的准确性时，就会更加仔细地去听。
● 本视频中的女孩讲话速度较快，而且练习中列出的词序也与视频播放的不同。作好反复多次播放视频的准备。本练习的设计初衷便是为学生"输入大量信息流"，以使他们熟悉生词。

16.8 准备活动： 假设你在给别人介绍你所学的学科，你会怎么说？用西班牙文写一些笔记。

_____

_____

_____

 16.9 看视频"学科设置"。每听到一个词，便在相应的栏目里画"✓"。

	主科 zhǔ kē materia principal, obligatoria	副科 fù kē materia secundaria, opcional
a. dìlǐ 地理 *geografía*	☐	✓
b. huàxué 化学／化學 *química*	✓	☐
c. lìshǐ 历史／歷史 *historia*	☐	✓
d. měishù 美术／美術 *arte*	☐	✓
e. shēngwù 生物 *biología*	☐	✓
f. shùxué 数学／數學 *matemáticas*	✓	☐
g. tǐyù 体育／體育 *educación física*	☐	✓
h. wùlǐ 物理 *física*	✓	☐
i. Yīngyǔ 英语／英語 *inglés*	✓	☐
j. yīnyuè 音乐／音樂 *música*	☐	✓

	主科	副科
k. yǔwén 语文／語文 *arte del lenguaje**	✓	
l. zhèngzhì 政治 *política*		✓

"语文"指的是母语的学习。在本语境中，指的是汉语和中国文学的学习。注意此处汉语指的是普通话（台湾地区称国语，中国大陆称普通话），而不是方言（如上海话或广东话）。汉语中的各种方言的口头表达是很难听懂的，但它们的写法均与普通话一致。

如果你正在读高中，再次浏览上表并写下你正在学习的学科。如果你已读完高中，请写下你高中最后一个学期学习的学科。如有不会表达的课程名称，可以寻求帮助。请写拼音。

_____
_____
_____

16.10 两人一组练习：问搭档："你这个学期上什么课？"轮到你回答时，可说出你在练习16.9中选出的科目。记录下搭档的回答。若时间允许，可向全班介绍你们的回答，或与几名同学一起做这个练习，互相问、答本问题。

_____
_____
_____

16.11 两人一组练习：问搭档："你这个学期修多少学分？"轮到你回答时，可说出你这个学期所修的学分数。将答案写在下面，然后在最符合情况的比较句前画"✓"。

Wǒ xiū _____ gè xuéfēn; wǒ de tóngxué xiū _____ gè xuéfēn.

我修_____个学分；我的同学修_____个学分。／

我修_____個學分；我的同學修_____個學分。

☐ Wǒ xiū de xuéfēn bǐ tā duō.
　我修的学分比他多。／我修的學分比他多。

☐ Wǒ xiū de xuéfēn méiyǒu tā duō.
　我修的学分没有他多。／我修的學分沒有他多。

☐ Wǒ xiū de xuéfēn gēn tā yíyàng duō.
　我修的学分跟他一样多。／我修的學分跟他一樣多。

16.11 • 如有可能，可以告诉学生如果该问题中用的是"有"，而不是"修"，意思便会发生改变。"你这个学期有多少学分？"意味着这些学分已经在成绩单上。"修"则表明该学生仍在学习这些课程。

158　第十六单元　好好学习，天天向上

16.12
- 若时间允许，可以让学生先阅读159页的"供你参考"。这将为他们提供一些背景性的文化信息，有助于他们理解视频的语境。
- 作为热身练习，可以让学生快速预测文科生和理科生学习的科目。
- 本练习对学生来讲或许较难（但很有趣）。播放两遍视频，将有助于他们完成练习16.13。练习16.13可以帮助他们确认本练习的答案。
- 如果学生仍有困难，教师可给出三个关键词汇："决定""需要学"和"不需要再学"。告诉学生可通过练习16.13中的西班牙文段落来确定每个词汇的意思。

16.12 看视频"文理科"。然后在你认为文科生和理科生分别应当学习的科目上画"✓"。与搭档对比你们的答案，之后再同老师核对。

	文科 wénkē humanidades	理科 lǐkē ciencias
a. yǔwén 语文／語文	✓	✓
b. shùxué 数学／數學	✓	✓
c. Yīngyǔ 英语／英語	✓	✓
d. huàxué 化学／化學		✓
e. wùlǐ 物理		✓
f. lìshǐ 历史／歷史	✓	
g. dìlǐ 地理	✓	
h. zhèngzhì 政治	✓	
i. shēngwù 生物		✓
j. tǐyù 体育／體育	✓	✓
k. yīnyuè 音乐／音樂	✓	✓
l. měishù 美术／美術	✓	✓

16.13 请再看一次视频。然后请用西班牙文填写以下的空格。

"En el segundo año de ___la escuela de bachillerato___ chino, tienes que decidir si quieres estudiar ___ciencias___ o ___humanidades___. Si estudias humanidades, después del ___segundo___ año, no tienes que estudiar ___química___ o ___física___. Si decides estudiar ___humanidades___, después ___del segundo año___, no tienes que estudiar las materias como ___historia___ y ___geografía___."

INFO 供你参考

Especialidades de bachillerato

En China continental y Taiwan, los estudiantes de bachillerato deben elegir entre las especialidades de humanidades y ciencias para preparar los duros exámenes de acceso a la universidad. Estos exámenes permiten a los estudiantes competir por las escasas plazas de las universidades públicas, más prestigiosas y solicitadas que las privadas. Elegir una especialidad significa que los estudiantes no tienen que estudiar a la vez para los exámenes de humanidades y ciencias. Debido a que se comprometen con la especialidad ya durante el bachillerato, los estudiantes chinos deciden sus futuras carreras a una edad mucho más temprana que los estudiantes de otros países. Como resultado, para los chinos es más difícil cambiar sus carreras a lo largo de la vida, especialmente entre distintas disciplinas.

供你参考

最好让学生先阅读本"供你参考",然后再完成练习16.12。更多信息可参见该练习注释。

16.14 • 对学生来说,本练习应较容易,因为他们目前应当已经掌握了声调。

- 学生或许会遇到两个挑战:(1)由于连读变调引起的"舞蹈"一词的声调。(2)在新的复合词"会计"中,"会"字的发音发生了改变,读"kuài"。
- 学生完成练习后,为他们提供答案。

 16.14 根据你在录音中听到的内容,为下列常见的大学专业名称的拼音加上正确的声调。

kuaiji
会计／會計
contabilidad
kuàijì

jianzhu
建筑／建築
arquitectura
jiànzhù

meishu
美术／美術
arte
měishù

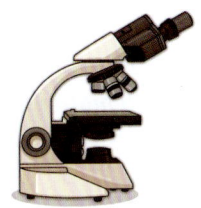

shengwu
生物
biología
shēngwù

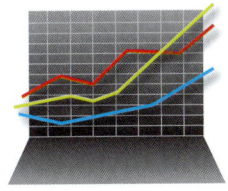

shangxue
商学／商學
negocios
shāngxué

huaxue
化学／化學
química
huàxué

diannao kexue
电脑科学／
電腦科學
*informática**
diànnǎo kēxué

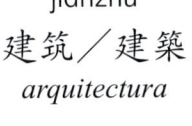

wudao
舞蹈
danza
wǔdǎo

jiaoyu
教育
educación
jiàoyù

gongcheng
工程
ingeniería
gōngchéng

*En China continental, "informática" se llama *jìsuànjī kēxué* 计算机科学／計算機科學.

第十六单元　好好学习，天天向上

jinrong
金融
finanzas
jīnróng

dili
地理
geografía
dìlǐ

lishi
历史／歷史
historia
lìshǐ

falü
法律
derecho
fǎlǜ

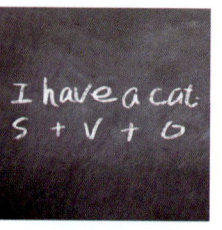
yuyanxue
语言学／
語言學
filología
yǔyánxué

wenxue
文学／文學
literatura
wénxué

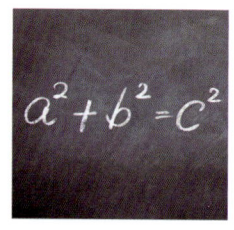
shuxue
数学／數學
matemáticas
shùxué

yixue
医学／醫學
medicina
yīxué

yinyue
音乐／音樂
música
yīnyuè

huli
护理／護理
enfermería
hùlǐ

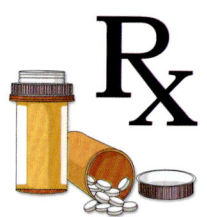
yaowu
药物／藥物
farmacia
yàowù

wuli
物理
física
wùlǐ

zhengzhi
政治
ciencias políticas
zhèngzhì

xinlixue
心理学／
心理學
psicología
xīnlǐxué

shehuixue
社会学／
社會學
sociología
shèhuìxué

xiju
戏剧／戲劇
teatro
xìjù

16.15 写出你现在就读的专业名称（或将来可能就读的专业名称）。如果在练习16.14中没能找到你的专业，可以询问老师或查双语词典。

_____

16.16 两人一组练习：向搭档提出下列问题之一——

- 【如果你的搭档已经选好了大学的专业】

    (Uso en China continental) Nǐ de zhuānyè shì shénme?
    你的专业是什么？／你的專業是甚麼？

    (Uso en Taiwan) Nǐ zhǔ xiū shénme?
    你主修什么？／你主修甚麼？
    (¿Cuál es tu especialidad?)

- 【如果你的搭档还没有选好大学的专业】

    (Uso en China continental) Nǐ jiānglái de zhuānyè shì shénme?
    你将来的专业是什么？／
    你將來的專業是甚麼？

    ((Uso en Taiwan) Nǐ jiānglái zhǔ xiū shénme?
    你将来主修什么？／你將來主修甚麼？
    (¿Cuál será tu especialidad?)

记录下搭档的回答：

_____

_____

_____

轮到你回答时，可说出你在练习16.15中写下的内容。

16.17 互动练习：在教室里转一转，了解同学们现在（或将来/可能）学习的专业。

> **16.16** 如有必要，教师可与一名自告奋勇的学生为全班作示范，或者请一组有自信的同学为全班演示对话。

Encuentro 3   谈论学校的课程安排
Hablar del horario escolar

16.18 这是一个开放性的问题，学生的答案会不尽相同。可让学生先思考几分钟，然后再写出答案。

16.18 准备活动：假设你要向别人介绍你的课程、课表和喜欢的学科，你会怎么说？用西班牙文记下来。

_____

_____

_____

 16.19 看视频"李雅图的课程"，然后用西班牙文填空。

a. Sus clases son: _____inglés_____, _____matemática_____, _____historia de España_____, _____química_____, fotografía, _____educación física_____, y otras más.

b. La clase que le parece más interesante es _____fotografía_____, y las que son un poco aburridas son _____química_____ e _____inglés_____.

c. Su clase preferida es _____matemática_____, y no le gusta _____inglés_____ e _____historia de España_____, porque piensa que son _____difíciles_____.

d. Estas clases son _____3_____ veces a la semana.

e. Sus _____compañeros_____ y _____profesores_____ son bastante agradables con él.

16.20 阅读以下简体字及繁体字版本的"李雅图的课程",然后选词填空。如果愿意,可再看一遍视频并跟读。

a. 有意思的　　　　e. 每周／每週　　　　　　i. 课／課
b. 英文　　　　　　f. 美国历史／美國歷史　　j. 数学／數學
c. 好　　　　　　　g. 三次
d. 老师／老師　　　h. 比较／比較

我上的课有英文、___j. 数学___、___f. 美国历史___、化学、摄影、体育,还有一些其他的___i. 课___。我认为最___a. 有意思的___课是摄影,比较无聊的课是像化学还有英文。我觉得我最喜欢的课是数学,不太喜欢的课是___b. 英文___还有美国历史,因为它们___h. 比较___难。我___e. 每周___上这些课___g. 三次___。同学和___d. 老师___都比较___c. 好___。

我上的課有英文、___j. 數學___、___f. 美國歷史___、化學、攝影、體育,還有一些其他的___i. 課___。我認為最___a. 有意思的___課是攝影,比較無聊的課是像化學還有英文。我覺得我最喜歡的課是數學,不太喜歡的課是___b. 英文___還有美國歷史,因為牠們___h. 比較___難。我___e. 每週___上這些課___g. 三次___。同學和___d. 老師___都比較___c. 好___。

16.20 • 让学生浏览文章,并为所有认识的字标注上拼音。如果学生只认识其中几个字,也不必担心,视频会为他们提供足够的信息以便完成练习。
• 学生完成后,让他们两人一组比较答案。

16.21 请将对应的表达连线。

a. *primera clase*	1. yǒu yìsi de kè	A. 很无聊的课／很無聊的課
b. *seis clases al día*	2. hěn wúliáo de kè	B. 第一节课／第一節課
c. *una clase interesante*	3. dì-yī jié kè	C. 每周三次／每週三次
d. *una clase aburrida*	4. yì jié kè wǔshíwǔ fēnzhōng	D. 有意思的课／有意思的課
e. *una clase fácil*	5. hěn nán de kè	E. 一天六节课／一天六節課
f. *una clase difícil*	6. měi zhōu sān cì	F. 很容易的课／很容易的課
g. *una clase es de 55 minutos.*	7. hěn róngyì de kè	G. 一节课55分钟／一節課55分鐘
h. *tres veces por semana*	8. yì tiān liù jié kè	H. 很难的课／很難的課

16.21 告诉学生不要被不熟悉的字束缚住。他们应当将这些短语当成"语块"处理，并通过自己认识的字推断整个语块的意思。

16.21 答案
a. 3. B
b. 8. E
c. 1. D
d. 2. A
e. 7. F
f. 5. H
g. 4. G
h. 6. C

语法点滴
- 通过本"语法点滴"，学生应当理解"次"和"遍"的区别，并知道何时使用它们。学生可根据自身兴趣阅读其他语法点，但当前阶段尚不要求完全掌握。
- "次"表示某人做某事的频率或某人已经做某事的次数。而"遍"表示某人已经数次从始至终地做过某事。例如，"我看这电影看了三次，每次我只看了二十分钟就睡着了。"意为说话的人去影院看了三次电影，但他（她）或许并没有从始至终看完。而"我看这电影看了三遍"则意为这个人从始至终看了三遍电影。
- 为检验学生的理解，可以询问他们：为什么李雅图说"我每周上这些课三遍"会很奇怪？（因为这句话意为李去听同样的课，并且从始至终听了三遍。）

Un poco de gramática 语法点滴

Frecuencia y duración

Las expresiones de frecuencia indican con qué frecuencia ocurre una acción, mientras que las de duración describen cuánto ha durado o va a durar una acción. Ambas se sitúan después del verbo. Ya conoces una expresión clave de frecuencia—次 *cì*. Otras son 回 *huí*, 遍 *biàn*, y 趟 *tàng*, que significan también "veces". No obstante, 遍 enfatiza "de principio a fin" y 趟 se refiere a viajes o trayectos. Estas son algunas oraciones de ejemplo, y en algunas de ellas se combinan expresiones de frecuencia y duración.

那部电影我看了一次，觉得很不错。／那部電影我看了一次，覺得很不錯。 Nà bù diànyǐng wǒ kànle yí cì, juéde hěn búcuò.

那本书我读了两遍，花了五天，还是不喜欢。／那本書我讀了兩遍，花了五天，還是不喜歡。 Nà běn shū wǒ dúle liǎng biàn, huāle wǔ tiān, háishi bù xǐhuan.

我去过两趟北京，住了三个星期，玩得很高兴。／我去過兩趟北京，住了三個星期，玩得很高興。 Wǒ qùguo liǎng tàng Běijīng, zhùle sān gè xīngqī, wán de hěn gāoxìng.

这个字我写了好几回，写了半天，还是写得不好。／這個字我寫了好幾回，寫了半天，還是寫得不好。 Zhè ge zì wǒ xiěle hǎo jǐ huí (*muchas veces*), xiěle bàn tiān (*largo tiempo*), háishi xiě de bù hǎo.

Si el verbo es una construcción verbo-objeto, la expresión de frecuencia generalmente se sitúa entre el verbo y el objeto. Esto ocurre especialmente cuando el verbo es seguido de la partícula 過／过 *guo*, que expresa que la acción se ha completado.

我们见过两次面。／我們見過兩次面。 Wǒmen jiànguo liǎng cì miàn. (见面／見面 *jiànmiàn*)

我们吃过两次中国饭。／我們吃過兩次中國飯。 Wǒmen chīguo liǎng cì Zhōngguó fàn. (吃饭／吃飯 chīfàn)

我们每周上三次英文课。／我們每週上三次英文課。 Wǒmen měi zhōu shàng sān cì Yīngwén kè.

O

我们每周上英文课三次。／我們每週上英文課三次。 Wǒmen měi zhōu shàng Yīngwén kè sān cì. (上课／上課 shàngkè)

Si el objeto es una ubicación, la expresión de frecuencia puede ir antes o después de dicha ubicación.

我今年去了两趟北京，还想再去。／我今年去了兩趟北京，還想再去。 Wǒ jīnnián qùle liǎng tàng Běijīng, hái xiǎng zài qù.

他今年去了北京三趟，不想再去了。 Tā jīnnián qùle Běijīng sān tàng, bù xiǎng zài qù le.

Si el objeto es un pronombre personal o nombre propio, la expresión de frecuencia debe seguir a dicho pronombre o nombre.

我见过她两次。／我見過她兩次。
Wǒ jiànguo tā liǎng cì. NO ES ~~Wǒ jiànguo liǎng cì tā.~~

16.22 描述你每天学习的课程。写一些有关这些课程的介绍，包括哪些是你最喜欢的，哪些是你最不喜欢的，以及你每周上多少次课。请写拼音或汉字。

_____

_____

_____

16.23 两人一组练习：找一位搭档，问问对方："你每天的课程怎么样？"当轮到你回答这个问题时，可说出你在练习16.22中写的内容。记录下搭档的回答，并为另一对搭档或全班介绍你们的对话。

_____

_____

_____

16.22 • 鼓励学生参照使用练习16.20和16.21中的词汇。学生在本阶段应当学会尝试着使用语言，而不再是单纯地模仿所听到的内容。

• 学生自己造句时，可以提示他们通过提问来寻求帮助。在黑/白板上写下这些问句，如："……对吗？""我可以说……吗？"

Encuentro 4 参观校园 Visitar un campus

16.24 本练习要求学生思考学校校园的设施。他们应先自己列清单，然后一起在黑/白板上列一份完整的清单。学完本单元后，回顾这部分内容，看看学生是否已经掌握了如何表述所有的设施、地点。

16.24 准备活动：如果有人想参观你的校园，你会带他们去哪里？用西班牙文写下来。

_____

_____

_____

16.25 • 播放一遍视频，告诉学生在观看时不要低头看书或作记录。
• 在看视频的过程中，学生会应对较长的文本。如果在观看时还要不时地注意所列出的词语、拼音段落，他们或许会感到信息量过大。一个比较好的策略是先不让学生看所列出的词，他们应把精力集中在拼音段落上，并且用拼音尽量写出听到的词汇（就像在听写）。做完后，他们可以对照所列词语，检查自己的拼写和声调。

 16.25 看视频"欢迎来到我的校园"，其中有一名学生在介绍她的学校，即中国传媒大学。从所列词语中选取恰当的词，补全下列拼音文本。某些词可能会被多次使用。

Part 1

xuésheng gōngyù(lóu)	jiāoxuélóu	cāochǎng
xuéxiào	túshūguǎn	bàngōnglóu
jìsuànjī zhōngxīn	mǔxiào	

a. Dàjiā hǎo. Wǒ jiào Táng Xīnyí. Zhèlǐ shì wǒ de ___*mǔxiào*___, Zhōngguó Chuánméi Dàxué. Tā de Yīngwén míngchēng shì CUC. Jiēxiàlái, wǒ yào dài dàjiā qù cānguān yíxià zhèi suǒ ___*xuéxiào*___.
(Hola a todos. Me llamo Tang Xinyi. Esta es mi alma mater, Zhongguo Chuanmei Daxue. Su nombre en inglés es CUC. Ahora me gustaría llevaros a todos a dar una vuelta por el campus.)

b. Xiànzài wǒmen zài zhèlǐ. Jiēxiàlái wǒmen huì qù cānguān ___*jiāoxuélóu*___, ___*túshūguǎn*___, ___*xuésheng gōngyù*___, ___*cāochǎng*___ hé qítā de dìfang.
(Ahora estamos aquí. A continuación, iremos a ver un aulario, la biblioteca, un dormitorio de estudiantes, la pista de atletismo y otros lugares.)

c. Xuéxiào li yǒu hěn duō de ___*jiāoxuélóu*___. Zhè shì qízhōng de yí dòng. Yě shì zuì xīn, zuì xiàndài de. Yīnwèi tā zhèngfāngxíng de xíngzhuàng, tóngxuémen dōu jiào tā Biànxíng Jīngāng.
(Hay muchos aularios en la escuela. Este es uno de ellos. También es el más nuevo y moderno. Debido a sus formas cuadradas, los estudiantes lo llaman "el transformer" [un apodo, como el juguete].)

d. Zhèlǐ shì xiàozhǎng ___bàngōnglóu___ . Xuéxiào de xiàozhǎng, fùxiàozhǎng, hé tāmen de mìshū, dōu zài zhèi dòng lóu li bàngōng. Měi suǒ yuàn xì yě yǒu gèzì de ___bàngōnglóu___ . Yuàn xì li de yuànzhǎng, jiàoshòu, lǎoshī, jiù zài gèzì de ___bàngōnglóu___ li bàngōng.
(Este es el edificio de la oficina del director de la universidad. El director, el vicedirector y sus secretarios trabajan en este edificio. Cada facultad y departamento también tienen su propio edificio de oficinas. Los decanos, catedráticos y profesores de las facultades y departamentos trabajan en sus propios edificios de oficinas.)

e. Zhèlǐ shì wǒmen ___xuéxiào___ de ___jìsuànjī zhōngxīn___ . Tóngxuémen zài zhèlǐ shàng jìsuànjī kè. Kè hòu yě kěyǐ zài zhèlǐ shàngwǎng.
(Este es el centro de informática de nuestra universidad. Aquí los estudiantes tienen clase de informática. Después de clase aquí también pueden conectarse a Internet.)

Part 2

xuésheng gōngyù(lóu)	shítáng	cāochǎng
xuéxiào	túshūguǎn	cāntīng

a. ___Xuéxiào___ lǐ yǒu liǎng gè ___túshūguǎn___ . Zhèlǐ shì qízhōng zhī yī, Nányuàn ___túshūguǎn___ . ___Túshūguǎn___ li yǒu xǔduō yuèlǎnshì. Tóngxuémen kěyǐ lái zhèlǐ zìxí, yuèdú. (La universidad tiene dos bibliotecas. Esta es una de ellas, la Biblioteca del Campus Sur. En su interior hay varias salas de lectura. Los estudiantes vienen aquí a estudiar y leer.)

b. Zhèlǐ shì xuésheng yī ___cāntīng___ . Dì-yī céng shì dà ___shítáng___ . Zǎoshang liù diǎn bàn dào xiàwǔ yì diǎn zhōng kāifàng. Xiàng tóngxuémen tígōng zǎocān hé wǔcān. Wǎnshang wǔ diǎn dào liù diǎn bàn kāifàng. Xiàng tóngxuémen tígōng wǎncān. Dì-èr céng ne, hé dì-yī céng bù yíyàng. Tā yǒu xǔduō de xiǎo diànpù, kěyǐ zài zǎoshang shí diǎn dào wǎnshang jiǔ diǎn xiàng tóngxuémen tígōng shíwù.
(Esta es la Cafetería de Estudiantes N.º 1. La primera planta es un gran comedor. Abre desde la 6:30 de la mañana hasta la 1:00 de la tarde, ofreciendo desayuno y almuerzo a los estudiantes. Por la noche abre de 5:00 a 6:30 para ofrecer la cena a los estudiantes. La segunda planta no es igual que la primera. Tiene pequeñas tiendas que ofrecen [venden] comida a los estudiantes desde las 10:00 de la mañana hasta las 9:00 de la noche.)

c. Zhèlǐ shì wǒmen ___xuéxiào___ de Nányuàn ___cāochǎng___ . Nǐ kěyǐ kànjiàn tóngxuémen zhèngzài tī zúqiú. Wǒmen ___xuéxiào___ hái yǒu qítā de tǐyù chǎngsuǒ. Tóngxuémen kěyǐ tī zúqiú, dǎ lánqiú, dǎ yǔmáoqiú, dǎ pīngpāngqiú, dǎ wǎngqiú, děngděng. Nǐ kěyǐ zuò hěn duō tǐyù yùndòng.
(Esta es la pista de atletismo del Campus Sur de nuestra universidad. Puedes ver a los estudiantes jugando al fútbol. Nuestra universidad cuenta con otras instalaciones deportivas. Los estudiantes pueden jugar a fútbol, baloncesto, bádminton, ping-pong, tenis, etc. Se pueden practicar muchos deportes.)

d. Zhè shì yí dòng ___xuésheng gōngyùlóu___. Wǒmen ___xuéxiào___ yǒu bùtóng de ___xuésheng gōngyùlóu___. Bǐrú shuō, xiào nèi de, xiào wài de. Bùtóng de ___xuésheng gōngyùlóu___ xiàng tóngxuémen tígōng bùtóng de fángjiān. Bǐrú shuō, bóshìshēng de ___xuésheng gōngyùlóu___ yǒu liǎng rén jiān, yánjiūshēng de ___xuésheng gōngyùlóu___ shì sì rén jiān, ér běnkēshēng de gōngyùlóu shì liù rén jiān.

(Este es un edificio de dormitorios de estudiantes. Nuestra universidad tiene diferentes tipos de dormitorios. Por ejemplo, dentro y fuera del campus. Los diferentes dormitorios ofrecen diferentes tipos de habitación a los estudiantes. Por ejemplo, los dormitorios para estudiantes de doctorado tienen habitaciones dobles, los dormitorios para estudiantes de postgrado habitaciones cuádruples y los dormitorios para estudiantes de grado habitaciones de seis personas.)

e. Hěn gāoxìng jīntiān dàilǐng dàjiā cānguān wǒ de ___xuéxiào___. Xīwàng nǐmen néng xǐhuan wǒ de jièshào. Zàijiàn.

(Estoy muy contenta de haberos acompañado a visitar la universidad hoy. Espero que os haya gustado mi presentación. Gracias.)

16.26 请把对应的西班牙文填在横线上。

a. 母校　　　　　　　　　　　mǔxiào　　　　　　_____

b. 学校／學校　　　　　　　　xuéxiào　　　　　　_____

c. 学生公寓楼／學生公寓樓　　xuésheng gōngyùlóu　_____

d. 教学楼／教學樓　　　　　　jiàoxuélóu　　　　　_____

e. 图书馆／圖書館　　　　　　túshūguǎn　　　　　_____

f. 食堂　　　　　　　　　　　shítáng　　　　　　_____

g. 操场／操場　　　　　　　　cāochǎng　　　　　_____

h. 办公楼／辦公樓　　　　　　bàngōnglóu　　　　_____

i. 计算机中心／計算機中心　　jìsuànjī zhōngxīn　　_____

j. 餐厅／餐廳　　　　　　　　cāntīng　　　　　　_____

16.26 • 学生通常会忽视"供你参考"中的词汇。为了巩固学习成果,可让学生在完成练习16.26之后阅读"供你参考"中有关大学宿舍的内容,并让他们将"宿舍"、"男生宿舍"和"女生宿舍"写在"学生公寓楼"(词汇c)旁边;这些词汇常用于中国的学校校园。

• 学生或许会问到"食堂"(词汇f)和"餐厅"(词汇j)的区别。它们都意为"吃饭的场所",但"食堂"通常指学校或单位中供本机构成员吃饭的地方,而"餐厅"一般是指机场、火车站及宾馆等附设的营业性饭馆。

16.26 答案
a. alma mater
b. escuela
c. dormitorio de estudiantes
d. aulario
e. librería
f. comedor
g. campo de deportes
h. edificio de oficinas
i. centro de informática
j. cafetería

INFO 供你参考

Dormitorios universitarios

Los dormitorios de los campus se llaman generalmente 宿舍 *sùshè* y se dividen en 男生宿舍 *nánshēng sùshè* y 女生宿舍 *nǚshēng sùshè*. La universidad presentada en el video "Bienvenidos a mi campus" utiliza el término 学生公寓楼／學生公寓樓 *xuésheng gōngyùlóu* (edificio de apartamentos para estudiantes). Muchas universidades llegan a tener habitaciones de ocho personas, de forma que los que viven en los "apartamentos de estudiantes" de esta universidad viven relativamente mejor.

16.27 分组练习：假设你向一名来自中国的游客介绍你的校园，你将为他（她）展示什么？你将怎么说？分成小组练习，写出在此类介绍中可能用到的至少五个句子。与老师进行核对，然后练习大声说出这些句子，直到流利掌握为止。请写拼音。

_____
_____
_____
_____
_____

16.28 两人一组练习：找一名没有和你一起做练习16.27的同学。假设你在为他/她介绍你的学校，说出你准备的句子。当你作介绍时，该同学应在学校地图上找出你提到的每个地方。确认同学所找到的就是你所描述的地方，以此检查你的表达和对方的理解是否正确。

16.27 鼓励学生在他们的介绍中运用本单元学到的词语。学生在本阶段应当学会尝试运用语言，而不再是单纯地模仿所听到的内容。

INFO 供你参考

Las dos "comas" del chino

El chino tiene dos "comas". Una separa oraciones como en español, y la otra, exclusiva del chino, se usa en listas y en frases con enumeraciones. La primera es conocida como "coma de pausa" en chino. Es posible que ya hayas visto esta peculiar (pero muy útil y sensible) coma en unidades anteriores. Quizás has pensado: "Bueno, es un error de impresión". ¡No! Se trata de una coma muy real. En el pasado, el chino se escribía sin ningún signo de puntuación. Los signos de puntuación (como puntos, comas, signos de interrogación, dos puntos, punto y coma y comillas) fueron añadidos al chino escrito a principios del siglo XX. La poesía china moderna (igual que la clásica) sigue sin utilizar signos de puntuación, pero la prosa china moderna fue más lejos e "inventó" un nuevo tipo de coma: la "coma de series".

我今年上的课有英文、化学、文学和音乐。／我今年上的課有英文、化學、文學和音樂。 Wǒ jīnnián shàng de kè yǒu Yīngwén, huàxué, wénxué hé yīnyuè. (Este año tengo clase de inglés, química, literatura y música.)

中国大学的一、二、三年级，课很多，也很难。／中國大學的一、二、三年級，課很多，也很難。 Zhōngguó dàxué de yī, èr, sān niánjí, kè hěn duō, yě hěn nán. (En las universidades chinas, el primer, segundo y tercer curso tienen muchas clases y son muy difíciles.)

Busca más ejemplos de este signo de puntuación en las lecturas del Encuentro 5

供你参考
- 确保学生先阅读本"供你参考"，然后再完成 Encuentro 5 中的练习。
- 为检查学生的理解程度，可让他们每人写一个含有逗号和顿号的句子。让他们与一名或多名同学分享自己的句子。
- 在学生完成此任务时，教师可在教室里转一转，看看他们是否出现了错误。如果有，指出问题并告诉学生如何改正错误。

♪ 单元说唱　Rap de la Unidad

登录环球汉语网站，听歌曲复习第十六单元所学的主要内容。然后再听一遍并跟着唱！

Encuentro 5 读和写 Lectura y escritura

▶ **读出熟悉的中文句子**
Lectura de oraciones familiares en caracteres chinos

16.29–16.31
提醒学生先阅读题目说明，并借助题目说明中的办法来读出不认识的汉字。

16.29 两人一组练习： 借助西班牙文，与搭档轮流大声朗读下面的段落（简体字）。可以互换朗读内容，如果有人无法读出某个汉字，搭档可以提供帮助。

1. 中国的小孩子一般 (yìbān – *generalmente*) 六七岁上小学。这以前，有的孩子有机会上托儿所或者幼儿园，还有一些孩子因为钱不够没法子上，在家里一直待(dāi – *permanecer*) 到六岁。在中国，小学一共六年。读完小学后，孩子们上中学。先是读三年的初中，然后读三年的高中。中国中学的高一、高二和高三跟美国高中十年级、十一年级和十二年级一样。 *(Los niños chinos empiezan la escuela primaria a los seis o siete años. Antes de esto, algunos niños tienen la oportunidad de ir a preescolar o la guardería. Otros no pueden porque los recursos económicos de sus familias son insuficientes. Estos niños se quedan en casa hasta los seis años (cuando empiezan la escuela primaria). En China, la educación primaria dura seis años; después de terminar la escuela primaria, los niños van a la escuela secundaria. Primero cursan tres años de enseñanza intermedia y después, tres años de bachillerato superior. El primer, segundo y tercer año de bachillerato superior chino equivalen a los niveles diez, once y doce de secundaria en EE.UU..)*

2. 在中国读大学一、二年级的时候，课很多。每天除了忙着上课、写作业，学生没有时间做别的。在大一、大二的时候还得考全国(quánguó – *a escala nacional*)大学英语考试，这是一个很重要的考试。到了大三以后，学生就开始忙自己的事情了，比方说，开始考虑(kǎolǜ – *considerar*)找工作的事，这样就不一定天天都会去上课了。 *(En el primer y segundo curso de las universidades chinas hay muchas clases. Aparte de ir a clase todos los días y hacer las tareas, los estudiantes no tienen tiempo para otras cosas. Durante el primer y segundo curso los estudiantes deben asimismo presentarse al examen nacional universitario de inglés [CET]. Es un examen muy importante. Al llegar al tercer curso, los estudiantes empiezan a ocuparse de cosas más personales como pensar en encontrar un trabajo y, por este motivo, no necesariamente van a clase todos los días.)*

3. 中国中学的课程分主科和副科。主科有语文、数学、英语、化学和物理。副科有历史、地理、政治、生物、体育、音乐和美术。美国的中学一般不分主科和副科。还有，美国的中小学一般没有政治课。教外语的中小学在美国也不多。这和欧洲很不一样：在欧洲，几乎(jīhū – *casi*) 所有的中小学都教外语，是个主课。 *(En China, las clases de la escuela secundaria se dividen en materias principales (obligatorias) y secundarias. Las materias principales incluyen lengua, matemáticas, inglés, química y física. Las materias secundarias incluyen historia, geografía, política, biología, educación física, música y arte. Generalmente la escuela primaria y secundaria de EE.UU. no divide entre materias principales y secundarias. Además, la escuela primaria y secundaria de EE.UU. no enseña política, y muchas tampoco enseñan idiomas extranjeros. Esto es*

diferente en Europa, donde casi todas las escuelas primarias y secundarias enseñan una lengua extranjera de forma obligatoria.)

4 在中国，高中一、二年级的学生一定要决定是读理科或者读文科。读理科的话，上高二以后就不用学历史、地理这样的科目了。读文科的话，上高二以后就不用学化学、物理这样的科目了。 *(En China, los estudiantes del primer y segundo curso de bachillerato superior deben decidir si estudiarán ciencias o humanidades. Si eligen ciencias, no tienen que cursar materias como historia y geografía después del segundo año. Si eligen humanidades, no tienen que cursar materias como física o química después del segundo año.)*

5 李雅图是一个在美国读高中的北京孩子。他说他最喜欢的课是数学和摄影，因为这两门课对他来说比较容易。他最不喜欢的课是美国历史和英语，因为这两门都比较难。他怕他学英文学得不好，可是他的老师对他父母说，李雅图的英语其实学得很不错。 *(Li Yatu es un chico de Beijing que estudia bachillerato superior en EE.UU.. Él dice que sus materias favoritas son matemáticas y fotografía, porque son relativamente fáciles para él. La materia que menos le gusta es historia de EE.UU. e inglés, porque son más difíciles. Tiene miedo de no aprender bien inglés, pero su profesor ha dicho a sus padres que en realidad está aprendiendo muy bien.)*

6 有一个大学生给大家介绍她的母校。她说她要带大家去参观学校的教学楼、图书馆、学生公寓、操场和其他的地方。她先带大家去参观了一栋教学楼。这栋楼是学校里最新的、最现代的教学楼，非常大，非常好看。 *(Una estudiante de universidad nos presenta su alma mater. Dice que nos va a llevar a visitar los aularios, bibliotecas, dormitorios de estudiantes, pistas deportivas y otros lugares. Primero nos lleva a visitar un aulario, que es el más nuevo y más moderno de la universidad. Es muy grande y muy bonito.)*

7 这位学生带大家参观的第二栋楼是校长办公楼。学校的校长、副校长和他们的秘书都在这栋楼里办公。然后我们又去参观了学校的一个图书馆。学校里有两个图书馆，一个大，一个小。我们参观的那个是南院大图书馆，里面的书又多又好。 *(El segundo edificio que nos presenta es el de la oficina del director de la universidad. El director, vicedirector y sus secretarios trabajan en este edificio. Más tarde visitamos una de las bibliotecas del campus. La universidad tiene dos bibliotecas, una grande y otra pequeña. La que visitamos es la biblioteca grande del Campus Sur. En su interior hay muchos libros interesantes.)*

8 那位学生也给我们介绍了学校的餐厅，叫做"学生一餐厅"。大食堂在第一层楼。学生可以从早上六点半到九点半在那儿吃早饭，中午十二点到下午两点吃午饭。晚饭是五点到六点半。餐厅的二楼有些地方可以买到各种各样的小吃，这对学生来说很方便。 *(La estudiante también nos presenta la cafetería de la universidad, llamada Cafetería de Estudiantes N.º 1. En la primera planta hay un gran comedor. Los estudiantes pueden desayunar desde las 6:30 hasta las 9:30 a.m., y almorzar desde las doce del mediodía hasta las 2:00 p.m. La cena es desde las 5:00 hasta las 6:30 pm. En la segunda planta hay varios lugares donde los estudiantes pueden comprar todo tipo de aperitivos. Es muy conveniente para los estudiantes.)*

❾ 学校里有很多体育场所。我们参观了南院操场。当时有几个学生正在踢足球。同学们也可以做很多其他的体育活动。比如说，也可以打篮球、打乒乓球、打网球，等等。学校里有两个游泳池，可是我们没有去参观。*(La universidad tiene varias pistas deportivas. Nosotros visitamos la pista de atletismo del Campus Sur. En ese momento unos estudiantes estaban jugando al fútbol. Los estudiantes pueden practicar otros deportes. Por ejemplo, pueden jugar al baloncesto, al ping-pong, al tenis, etc. La universidad tiene dos piscinas, pero no las visitamos.)*

❿ 最后，大家参观了一栋学生宿舍，叫作"学生公寓楼"。学校当然有很多种不同的宿舍：给博士生住的、给研究生住的、给本科生住的。本科生的宿舍里住的人最多，多到六个人一间。博士生的房间只是两个人一间。 *(Finalmente visitamos un dormitorio, llamado "apartamentos de estudiantes". La universidad, por supuesto, tiene diferentes dormitorios —para estudiantes de doctorado, de máster y de grado. Los dormitorios para estudiantes de grado son los que pueden albergar más estudiantes, hasta seis por habitación. Las habitaciones para estudiantes de doctorado solo son para dos personas.)*

16.30 两人一组练习： 再次朗读这些段落，这次没有西班牙文辅助。

① 中国的小孩子一般六七岁上小学。这以前，有的孩子有机会上托儿所或者幼儿园，还有一些孩子因为钱不够没法子上，在家里一直待到六岁。在中国，小学一共六年。读完小学后，孩子们上中学。先是读三年的初中，然后读三年的高中。中国中学的高一、高二和高三跟美国高中十年级、十一年级和十二年级一样。

② 在中国读大学一、二年级的时候，课很多。每天除了忙着上课、写作业，学生没有时间做别的。在大一、大二的时候还得考全国大学英语考试，这是一个很重要的考试。到了大三以后，学生就开始忙自己的事情了，比方说，开始考虑找工作的事，这样就不一定天天都会去上课了。

③ 中国中学的课程分主科和副科。主科有语文、数学、英语、化学和物理。副科有历史、地理、政治、生物、体育、音乐和美术。美国的中学一般不分主科和副科。还有，美国的中小学一般没有政治课。教外语的中小学在美国也不多。这和欧洲很不一样：在欧洲，几乎所有的中小学都教外语，是个主课。

④ 在中国，高中一、二年级的学生一定要决定是读理科或者读文科。读理科的话，上高二以后就不用学历史、地理这样的科目了。读文科的话，上高二以后就不用学化学、物理这样的科目了。

5 李雅图是一个在美国读高中的北京孩子。他说他最喜欢的课是数学和摄影，因为这两门课对他来说比较容易。他最不喜欢的课是美国历史和英语，因为这两门都比较难。他怕他学英文学得不好，可是他的老师对他父母说，李雅图的英语其实学得很不错。

6 有一个大学生给大家介绍她的母校。她说她要带大家去参观学校的教学楼、图书馆、学生公寓、操场和其他的地方。她先带大家去参观了一栋教学楼。这栋楼是学校里最新的、最现代的教学楼，非常大，非常好看。

7 这位学生带大家参观的第二栋楼是校长办公楼。学校的校长、副校长和他们的秘书都在这栋楼里办公。然后我们又去参观了学校的一个图书馆。学校里有两个图书馆，一个大，一个小。我们参观的那个是南院大图书馆，里面的书又多又好。

8 那位学生也给我们介绍了学校的餐厅，叫作"学生一餐厅"。大食堂在第一层楼。学生可以从早上六点半到九点半在那儿吃早饭，中午十二点到下午两点吃午饭。晚饭是五点到六点半。餐厅的二楼有些地方可以买到各种各样的小吃，这对学生来说很方便。

9 学校里有很多体育场所。我们参观了南院操场。当时有几个学生正在踢足球。同学们也可以做很多其他的体育活动。比如说，也可以打篮球、打乒乓球、打网球等等。学校里有两个游泳池，可是我们没有去参观。

10 最后，大家参观了一栋学生宿舍，叫做"学生公寓楼"。学校当然有很多种不同的宿舍：给博士生住的、给研究生住的、给本科生住的。本科生的宿舍里住的人最多，多到六个人一间。博士生的房间只是两个人一间。

16.31 两人一组练习：再次朗读这些段落，这次用的是繁体字。

1 中國的小孩子一般六七歲上小學。這以前，有的孩子有機會上托兒所或者幼兒園，還有一些孩子因為錢不夠沒法子上，在家裡一直待到六歲。在中國，小學一共六年。讀完小學後，孩子們上中學。先是讀三年的初中，然後讀三年的高中。中國中學的高一、高二和高三跟美國高中十年級、十一年級和十二年級一樣。

2. 在中國讀大學一、二年級的時候，課很多。每天除了忙著上課、寫作業，學生沒有時間做別的。在大一、大二的時候還得考全國大學英語考試，這是一個很重要的考試。到了大三以後，學生就開始忙自己的事情了，比方說，開始考慮找工作的事，這樣就不一定天天都會去上課了。

3. 中國中學的課程分主科和副科。主科有語文、數學、英語、化學和物理。副科有歷史、地理、政治、生物、體育、音樂和美術。美國的中學一般不分主科和副科。還有，美國的中小學一般沒有政治課。教外語的中小學在美國也不多。這和歐洲很不一樣：在歐洲，幾乎所有的中小學都教外語，是個主課。

4. 在中國，高中一、二年級的學生一定要決定是讀理科或者讀文科。讀理科的話，上高二以後就不用學歷史、地理這樣的科目了。讀文科的話，上高二以後就不用學化學、物理這樣的科目了。

5. 李雅圖是一個在美國讀高中的北京孩子。他說他最喜歡的課是數學和攝影，因為這兩門課對他來說比較容易。他最不喜歡的課是美國歷史和英語，因為這兩門都比較難。他怕他學英文學得不好，可是他的老師對他父母說，李雅圖的英語其實學得很不錯。

6. 有一個大學生給大家介紹她的母校。她說她要帶大家去參觀學校的教學樓、圖書館、學生公寓、操場和其他的地方。她先帶大家去參觀了一棟教學樓。這棟樓是學校裡最新的、最現代的教學樓，非常大，非常好看。

7. 這位學生帶大家參觀的第二棟樓是校長辦公樓。學校的校長、副校長和他們的秘書都在這棟樓裡辦公。然後我們又去參觀了學校的一個圖書館。學校裡有兩個圖書館，一個大，一個小。我們參觀的那個是南院大圖書館，裡面的書又多又好。

8. 那位學生也給我們介紹了學校的餐廳，叫做"學生一餐廳"。大食堂在第一層樓。學生可以從早上六點半到九點半在那兒吃早飯，中午十二點到下午兩點吃午飯。晚飯是五點到六點半。餐廳的二樓有些地方可以買到各種各樣的小吃，這對學生來說很方便。

9 學校裡有很多體育場所。我們參觀了南院操場。當時有幾個學生正在踢足球。同學們也可以做很多其他的體育活動。比如說，也可以打籃球、打乒乓球、打網球，等等。學校裡有兩個游泳池，可是我們沒有去參觀。

10 最後，大家參觀了一棟學生宿舍，叫作"學生公寓樓"。學校當然有很多種不同的宿舍：給博士生住的、給研究生住的、給本科生住的。本科生的宿舍裡住的人最多，多到六個人一間。博士生的房間只是兩個人一間。

INFO 供你參考

Vida de los estudiantes chinos

Como puedes imaginar, la vida de los estudiantes en China es un tema bastante amplio imposible de cubrir de forma completa aquí. Teniendo esto en cuenta, estas son algunas breves observaciones (sin un orden especial):

- Como parte de la formación para convertir a los jóvenes en adultos responsables, los estudiantes de primaria y secundaria deben encargarse de limpiar sus aulas y algunos laboratorios. Los estudiantes universitarios también comparten responsabilidades en la limpieza del campus.

- Los estudiantes tienen capacidad de elegir (pero no mucha) las materias que cursan. En el nivel universitario, algunas universidades hacen exámenes de admisión al principio del año para distribuir a los estudiantes en los cursos apropiados.

- Los estudiantes de primaria y secundaria reciben enormes cantidades de tareas para casa y tienen que hacer exámenes muy difíciles y competitivos. A menudo los estudiantes acuden a "cursos intensivos" fuera de las horas de clase regulares para obtener ventaja.

- Todas las escuelas de China, desde el nivel de primaria hasta el de postgrado, siguen un sistema semestral. El primer semestre comienza en septiembre y finaliza en enero, y el segundo comienza en febrero o marzo, según la fecha (calendario lunar) del Año Nuevo chino de ese año, y finaliza en julio. El semestre chino dura aproximadamente tres semanas más que el típico semestre universitario de EE.UU.

- Hasta hace poco, toda la educación era financiada por el estado. Esta situación ha cambiado a medida que se han elevado las exigencias económicas sobre los estudiantes y sus familias.

- La memorización y el aprendizaje pasivo siguen prevaleciendo en las aulas chinas. Los profesores presentan la información sin apenas participación de los estudiantes. Los estudiantes chinos son atentos, respetuosos y pasivos en clase, y normalmente toman abundantes apuntes.

- La tradición china siempre ha considerado la educación como un aspecto clave para el futuro de las personas. En la China moderna, esto es todavía más cierto. A medida que China y el resto del mundo se vuelven más competitivos, los padres se vuelcan cada vez más en la educación de sus hijos y realizan mayores sacrificios para asegurar su éxito.

供你參考

任选下列一种方法检查学生的理解情况：

（1）用汉语进行讨论，并鼓励学生分享阅读中感兴趣的某一点。以本讨论为契机，让学生组织并运用语言表达想法。学生可使用许多本单元介绍的词汇和短语。在黑/白板上列出生词的西班牙文和拼音，供学生参考并在讨论时再次使用。

（2）让学生创作并表演小品，以反映"供你参考"中列出的几个要点。你或许需要为本练习留出大量的时间，但学生的收获也会很大。这将是他们运用并自己组织语言的机会，他们将会受益匪浅。

阅读真实语言材料　Lectura de textos de la vida real

16.32 下面是中国的一份标准的"2009–2010学年度高中总课程表"（高一年级）。浏览该表，然后回答问题。

2009—2010学年度高中总课程表

	星期一								星期二								星期三							
	一	二	三	四	五	六	七	八	一	二	三	四	五	六	七	八	一	二	三	四	五	六	七	八
高一(1)	英语	数学	化学	历史	政治	语文	校本	体育活动	英语	物理	语文	体育	音乐	美术	数学	体育活动	地理	研学3	研学1	电脑	数学	生物	英语	体育活动
高一(2)	数学	化学	物理	语文	美术	地理	校本	体育活动	英语	生物	体育	数学	语文	音乐	研学3	体育活动	历史	研学1	政治	英语	电脑	数学	地理	体育活动
高一(3)	语文	物理	英语	数学	音乐	化学	校本	体育活动	数学	语文	地理	历史	电脑	政治	体育	体育活动	化学	数学	生物	英语	研学1	语文	美术	体育活动
高一(4)	历史	语文	生物	地理	数学	研学1	校本	体育活动	电脑	语文	化学	物理	政治	数学	英语	体育活动	数学	体育	研学3	历史	音乐	生物	英语	体育活动

	星期四								星期五							
	一	二	三	四	五	六	七	八	一	二	三	四	五	六	七	八
高一(1)	语文	物理	体育	研学2	英语	政治	历史	体育活动	数学	地理	生物	化学	语文	电脑	班会	体育活动
高一(2)	生物	体育	语文	化学	政治	英语	研学2	体育活动	英语	物理	历史	电脑	数学	语文	班会	体育活动
高一(3)	地理	政治	历史	物理	电脑	数学	英语	体育活动	生物	研学3	英语	体育	研学2	语文	班会	体育活动
高一(4)	英语	化学	电脑	数学	美术	地理	语文	体育活动	政治	研学2	物理	英语	语文	体育	班会	体育活动

Fuente: Publicado en www.yce.cn /np ic /2009/200992983026482.xls 2009-9-29 y consultado en octubre de 2010

16.32 ● 提示学生阅读真实的语言材料时可用到的策略。
步骤一：阅读之前，他们应了解阅读该材料的目的。他们想要从中获取什么信息。
步骤二：浏览该材料，了解其结构。了解材料的结构会使学生关注与阅读目的相关联的信息。

(接下页)

a. ¿Cuál es el título de la tabla? 请用拼音填空/請用拼音填空。

2009—2010 学年度高中总课程表

2009—2010 _____ dù _____ zǒng _____ biǎo.

(Horario general de clases del bachillerato superior del año académico 2009—2010)

b. Mira la columna 1. ¿Qué indica?
_____

c. Mira la columna 2. ¿Cuántas clases hay al día? _____

d. Mira la columna 1. En general, ¿cuántos grupos (班级／班級 bānjí) hay este nivel, en cada escuela? _____ (los estudiantes de un mismo grupo estudian juntos a lo largo de un día de clase).

e. Indica cuántas veces a la semana los estudiantes tienen las siguientes materias:

Matemáticas	
Química	
Inglés	
Arte del lenguaje	
Biología	
Física	
Geografía	
Música	
Arte	
Historia	
Ciencias políticas	

f. Los estudiantes tienen al mismo tiempo clases específicas de educación física y periodos de tiempo para realizar actividades físicas. ¿Cuántas veces a la semana tienen clases específicas de educación física? _____ ¿Cuántas veces a la semana tienen periodos para hacer ejercicio en general? _____

g. ¿Cuántas veces a la semana tienen los estudiantes "salón de estudio" (研学 yán xué) para investigar y estudiar por su cuenta? _____

h. Todos los lunes hay actividades en las que participa toda la escuela. ¿En qué periodo de clase tienen lugar? _____

i. Todos los viernes hay reunión de clase. ¿En qué clase tiene lugar? _____

j. En el horario también hay tiempo para la informática (电脑 diànnǎo). ¿Cuántas veces a la semana ocurre esto? _____

16.32 （接上页）
步骤三：可通过认识的词语来推断不认识部分的意思。

• 不要仅仅告诉学生正确答案，而要给学生提示，引导他们找到答案，这将教会他们更多的阅读方法。示例如下：
——在f中，学生可能会问"体育"和"体育活动"有什么区别。你可以说："'体育'和英语、数学一样是正式的课程。你会在课程表的什么位置找到它？"
——在h中，学生可能会问："你如何表达'活动的学校？'"提示他们，着重注意"horario"一词，即四个班级在特定的时间段内参加相同的活动。
——鼓励学生运用相同的逻辑找出i中班会的时间。

16.32 答案
a. xuénián, gāozhōng, kèchéng
b. días de la semana
c. 8
d. 4
e. matemática: 4
química: 2
inglés: 4
arte del lenguaje: 4
biología: 2
física: 2
geografía: 2
música: 1
arte: 1
historia: 2
ciencia política: 2
f. 2, 5
g. 3
h. 7 clases
i. 7 clases
j. dos veces

供你参考
提出如下引导性的问题，以检查学生的理解程度：什么是高考？古代科举制度对中国现代教育体制产生了什么样的影响？

> **INFO** 供你参考
>
> **El sistema imperial de exámenes: antes y ahora**
>
> Hace siglos, el camino hacia el éxito en China pasaba por presentarse a los exámenes imperiales —un sistema patrocinado por el estado con el fin de atraer a las mejores mentes de China para servir como funcionarios enviados por la corte a lo ancho del país. ¿Qué debían estudiar los candidatos? Los clásicos confucianos, por supuesto. Los "cuatro libros" (四书／四書 *Sì Shū*) y los "cinco clásicos" (五经／五經 *Wǔ Jīng*) conformaban los textos básicos, cuyo dominio conducía al éxito en los exámenes, la obtención de un cargo imperial y una vida entera de facilidades, confort y bienestar. Este sistema duró siglos y no fue abolido hasta la caída del sistema imperial a principios del siglo XX. ¿Desapareció así la rigurosa estructura de exámenes? Quizás no. En la China moderna, un estudiante normal realiza cientos de exámenes, que en último lugar conducen al examen de acceso a la universidad (高考 *gāokǎo*), en el que una buena nota con suerte resulta en la admisión por las "mejores" universidades, un buen trabajo y seguridad económica y social.
>
> ¿Cómo consigue un estudiante el éxito académico? Bueno, igual que los antiguos eruditos memorizaban los textos clásicos, gran parte del sistema educativo moderno chino se basa todavía en la memorización —un sistema que, según los críticos, deja poco espacio a la creatividad. La presión sobre los estudiantes y sus familias es alta. Esto es cierto no solo para las familias en China, sino para las familias chinas emigradas por todo el mundo —quizás, todavía más alta en este caso. ¿No te lo crees? Echa un vistazo a los periódicos locales y nacionales y busca signos del éxito chino en el país y el extranjero. No subestimes la fórmula china del éxito. Piensa en el título chino de esta unidad: 好好学习，天天向上／好好學習，天天向上.

▶ 学写汉字　Aprender a escribir caracteres

16.33 本单元下列汉字的笔画顺序以及其他相关信息，请参见《汉字练习本》。练习写这些汉字的简体字或者繁体字，直到你能熟练地写出为止。

校，教，楼／樓，图／圖，办／辦，公，厅／廳，始，直，初，读／讀，完，课／課，只，考，试／試，语／語，理，科，参／參，观／觀，活

▶ 写一则描述性短文　Escribir un texto descriptivo

16.34 手写或用电脑打出四五个中文句子，描述你的课表及课程。然后与几个同学分享你的作品。

16.34 本练习要求学生与几名同学分享自己的作品。为使该过程更具交际性，可让学生对所听到的内容作出一些评论，比如可以说"我也有"，表示他们的课表中也有同样的课程。

RESUMEN 179

Un poco de cultura 文化点滴

Escuela y horario escolar

Mira el fragmento de video "Escuela y horario escolar" del episodio y después comenta las siguientes cuestiones con tus compañeros y el profesor.

- ¿Crees que las escuelas chinas son más "estructuradas" que las de tu país? Da detalles.
- ¿Cuáles piensas que son los beneficios y desventajas de un currículo escolar nacional unificado?
- El tamaño de las clases en China es mayor, pero hay más disciplina. Comenta las implicaciones que esto puede tener en la vida de los estudiantes.
- ¿Qué sabes sobre los exámenes nacionales de China y de sus efectos sobre la vida de los estudiantes chinos?
- ¿Cómo crees que sería estudiar en China como estudiante extranjero? ¿Qué deberías tener en cuenta cuando estuvieras allí?

文化点滴
这些问题具有启发性，并没有固定答案，旨在鼓励学生在观看视频"学校及课程"后得出自己的答案。教师应鼓励学生尽量提出自己的观点。

单元总结 RESUMEN

语法　Gramática

表达动作的数量 Una y otra vez: Expresiones de frecuencia

Para expresar la frecuencia de una acción, debes aprender las siguientes palabras de medida y tener presente que normalmente van detrás del verbo (con ciertas excepciones). Más información en las páginas 164-165.

- biàn 遍 *(implica de principio a fin)*
  Nà běn shū wǒ kànle liǎng biàn, háishi bù dǒng.
  那本书我看了两遍，还是不懂。／
  那本書我看了兩遍，還是不懂。

- cì 次 *(veces, ocasiones)*
  Tā láile sān cì, wǒ dōu bú zài jiā.
  他来了三次，我都不在家。／
  他來了三次，我都不在家。

- huí 回 *(más coloquial que cì)*
  Wǒ hái yào shì liǎng sān huí, kànkan wǒ xíng bu xíng.
  我还要试两三回，看看我行不行。／
  我還要試兩三回，看看我行不行。

- tàng 趟 *(usado para viajes, trayectos)*
  Qùnián wǒ qùle liǎng tàng Shànghǎi, hěn yǒu yìsi.
  去年我去了两趟上海，很有意思。／
  去年我去了兩趟上海，很有意思。

表达动作持续的时间 Durante cuánto tiempo: Expresiones de duración

Las expresiones de frecuencia y duración también van detrás del verbo. Estos son algunos ejemplos:

Tā xuéle yì nián Zhōngwén yǐhòu, xiǎng xué diǎnr Fǎwén.
他学了一年中文以后，想学点儿法文。／他學了一年中文以後，想學點兒法文。

Tā dào xiànzài yǐjīng xuéle sì nián Zhōngwén le, juéde hěn yǒu yìsi.
他到现在已经学了四年中文了，觉得很有意思。／他到現在已經學了四年中文了，覺得很有意思。

顿号和逗号 Comentario sobre las "comas" chinas

¿Puedes diferenciar las dos "comas" usadas en la siguiente oración?

Yī, èr, sān, zhè sān gè zì, xuésheng dōu juéde hěn róngyì xiě, hěn róngyì jì, kěshì xuédào sì, wǔ, liù, nà jiù bù yíyàng le.
一、二、三，这三个字，学生都觉得很容易写，很容易记，可是学到四、五、六，那就不一样了。／一、二、三，這三個字，學生都覺得很容易寫，很容易記，可是學到四、五、六，那就不一樣了。

▶ 生词 Vocabulario

不同教育阶段 Niveles de estudios

tuō'érsuǒ 托儿所／托兒所 preescolar

yòu'éryuán 幼儿园／幼兒園 guardería infantil

xiǎoxué 小学／小學 escuela primaria

zhōngxué 中学／中學 escuela secundaria

chūzhōng 初中 bachillerato intermedio

gāozhōng 高中 bachillerato superior

dàxué 大学／大學 universidad

yánjiūshēng yuàn 研究生院 escuela de postgrado

学生 Estudiantes

xiǎoxuéshēng 小学生／小學生 estudiante de primaria

zhōngxuéshēng 中学生／中學生 estudiante de secundaria

chūzhōngshēng 初中生 estudiante del bachillerato intermedio

gāozhōngshēng 高中生 estudiante del bachillerato superior

dàxuéshēng 大学生／大學生 estudiante de universidad

běnkēshēng 本科生 estudiante del curso universitario regular

yánjiūshēng 研究生 estudiante de postgrado

bóshìshēng 博士生 estudiante de doctorado

校内场所 Lugares de un campus

bàngōnglóu 办公楼／辦公樓 edificio de oficinas

cāntīng 餐厅／餐廳 cafetería

cāochǎng 操场／操場 pista de deportes

jiàoxuélóu 教学楼／教學樓 aulario

jìsuànjī zhōngxīn 计算机中心／計算機中心 centro de informática

shítáng 食堂 comedor

sùshè 宿舍 dormitorio

túshūguǎn 图书馆／圖書館 biblioteca

xuésheng gōngyùlóu 学生公寓楼／學生公寓樓 dormitorio de estudiantes (literalmente: "edificio de apartamentos de estudiantes")

学校相关的词汇
Palabras relacionadas con la escuela

běnkē 本科 curso universitario
bìyè 毕业／畢業 graduarse (V)
bìyèshēng 毕业生／畢業生 graduado (N)
dú 讀／读 leer; estudiar
dú bóshì xuéwèi 读博士学位／讀博士學位 estudiar un doctorado
dú shuòshì xuéwèi 读硕士学位／讀碩士學位 estudiar un máster
dú xuéshì xuéwèi 读学士学位／讀學士學位 estudiar un grado
fù kē 副科 materia secundaria; curso optativo
jié 节／節 (clasificador de periodos de clase)
kǎoshì 考试／考試 hacer un examen
kè 课／課 materia; curso; clase
kè 课／課 (clasificador de lección; curso; clase)
kèchéng 课程／課程 curso; currículo
mǔxiào 母校 alma mater
nádào xuéwèi 拿到学位／拿到學位 obtener un grado
niánjí 年级／年級 nivel/año de estudio
shàngkè 上课／上課 ir a clase; tener/dar clase
xiě zuòyè 写作业／寫作業 hacer las tareas
xiū xuéfēn 修学分／修學分 tomar clases por créditos
xuéfēn 学分／學分 crédito de estudios
xuéqī 学期／學期 semestre
xuéxiào 学校／學校 escuela
zhuānyè 专业／專業 especialidad de estudios
zhǔ kē 主科 materia principal; curso obligatorio
zhǔ xiū 主修 especialidad en

学科及专业
Materias y especialidades

diànnǎo kēxué 电脑科学／電腦科學 ciencias informáticas
dìlǐ 地理 geografía
fǎlǜ 法律 derecho
gōngchéng 工程 ingeniería
huàxué 化学／化學 química
hùlǐ 护理／護理 enfermería
jiànzhù 建筑／建築 arquitectura
jiàoyù 教育 educación
jīnróng 金融 finanzas
kuàijì 会计／會計 contabilidad
lǐkē 理科 ciencias
lìshǐ 历史／歷史 historia
měishù 美术／美術 bellas artes
shāngxué 商学／商學 negocios
shèhuìxué 社会学／社會學 sociología
shēngwù 生物 biología
shùxué 数学／數學 matemáticas
tǐyù 体育／體育 educación física
wénkē 文科 humanidades
wénxué 文学／文學 literatura
wǔdǎo 舞蹈 danza
wùlǐ 物理 física
xìjù 戏剧／戲劇 teatro
xīnlǐxué 心理学／心理學 psicología
yàowù 药物／藥物 farmacia
Yīngyǔ 英语／英語 inglés
yīnyuè 音乐／音樂 música
yīxué 医学／醫學 medicina
yǔwén 语文／語文 lengua (lengua y literatura china)
yǔyánxué 语言学／語言學 lingüística, fitología
zhèngzhì 政治 ciencias políticas

其他 Otras palabras y expresiones

nán 难／難 difícil
róngyì 容易 fácil
wúliáo 无聊／無聊 aburrido
yǒu yìsi 有意思 interesante; divertido

第十六单元　好好学习，天天向上

你能够完成的任务　Lista de lo aprendido

通过本单元的学习，你应当能完成以下任务。

听和说　Escuchar y hablar

- [ ] Explicar a qué tipo de escuela asistes.
- [ ] Decir a un amigo qué nivel de estudios pretendes alcanzar.
- [ ] Hablar sobre cuáles son tus clases.
- [ ] Decir qué clase te gusta más y cuál menos.
- [ ] Proporcionar algunos datos sobre tu horario escolar diario.
- [ ] Decir qué especialidad principal estudias.
- [ ] Decir algunas palabras sobre el campus de tu escuela.

读和写　Lectura y escritura

- [ ] Leer frases habituales sobre escuelas, materias y edificios de un campus.
- [ ] Identificar información básica de un currículo escolar chino.
- [ ] Escribir un pequeño texto sobre tus clases, tu especialidad y tu escuela.

文化理解　Entendimiento cultural

- [ ] Comentar las principales diferencias entre los hábitos de estudios de los estudiantes chinos y occidentales.

任务表

听和说

- 让学生两人一组，在课堂上逐一完成这些任务。学生应通过与搭档完成每项任务来检验自己的能力。
- 也可以让学生对照所列内容，编写并表演小品，小品应至少包含四项任务内容。

读和写

学生完成练习16.23~16.34的表现，可以表明他们完成这部分任务的能力。

文化理解

在讲授每个单元时，可由"供你参考"的内容引发讨论，来检验学生完成本部分所列任务的能力。

第十七单元 / UNIDAD 17

"Más vale humo de mi casa que fuego de la ajena"
金窝银窝不如自己的草窝
Jīn wō yín wō bùrú zìjǐ de cǎo wō

Hablar de tu casa

在本单元,你将学习:如何——

- 谈论你居住的房间
- 赞美别人的房间
- 描述你成长的房间
- 听懂中国人谈论他们的住房
- 简要对比描述现代住宅和传统住宅
- 读懂有关家和住宅的简单表述
- 理解租房广告上的一些关键信息
- 写出对理想住宅的简单描述

如需要本单元的补充材料,请访问环球汉语网站: www.EncountersChinese.com.cn

Encuentro 1 参观别人的房间 Visitar la habitación de otros

17.1 看连续剧第十七集。如果有的地方不完全明白也不要担心，只管欣赏就可以！

17.2 准备活动：假如你第一次参观别人的房间，你会如何评价呢？用西班牙文记下来。

_____

_____

_____

17.3 看视频"琳参观阿娟的房间"。请用拼音填空。

Ā Juān: Kuài ___jìnlái___ ba, suíbiàn zuò.

Lynn: Hǎo, xièxie!

Ā Juān: Zhè shì wǒ de fángjiān, dìfang yǒudiǎnr ___xiǎo___.

Lynn: Wǒ juéde hěn shūfu, ___bú dà bù xiǎo___. Nǐ ___yí gè rén___ zhù ma?

Ā Juān: Ǹg, shì de. Wǒ yí gè rén zhù. Nǐ ne? ___Zài Měiguó___ yě shì yí gè rén zhù ma?

Lynn: Xiǎo shíhou, wǒ gēn ___wǒ māma___ yìqǐ zhù. ___Shàng dàxué___, wǒ yǒu yí gè shìyǒu.

17.4 将对应的表达连线

a. Kuài jìnlái ba.
   快进来吧。／快進來吧。

b. Suíbiàn zuò.
   随便坐。／隨便坐。

c. Zhè shì wǒ de fángjiān.
   这是我的房间。／這是我的房間。

d. Dìfang yǒudiǎnr xiǎo.
   地方有点儿小。／地方有點兒小。

1. *Es un poco pequeña.*

2. *Entra, entra.*

3. *Siéntate donde quieras.*

4. *Me parece muy confortable.*

e. Wǒ juéde hěn shūfu.
我觉得很舒服。／我覺得很舒服。

f. Bú dà bù xiǎo.
不大不小。

g. Nǐ yí gè rén zhù ma?
你一个人住吗？／你一個人住嗎？

h. Xiǎo shíhou, wǒ gēn wǒ māma yìqǐ zhù.
小时候，我跟我妈妈一起住。／
小時候，我跟我媽媽一起住。

i. Shàng dàxué, wǒ yǒu yí gè shìyǒu.
上大学，我有一个室友。／
上大學，我有一個室友。

5. Cuando era pequeña vivía con mi madre.

6. Esta es mi habitación.

7. En la universidad tenía un compañero de habitación.

8. No es muy grande ni muy pequeña.

9. ¿Vives sola?

17.5 描述一个房间时，你还可能用到哪些其他词语？根据录音内容，在下面的拼音上标出声调。然后在可以用来描述你现在房间的词语前画"✓"。

17.5 至此，学生已能很准确地辨识声调。因此，本练习应能快速完成。但是，提醒学生注意连读变调，因为 hěn(很) 在本练习中多次出现。

☐ guangxian hen hao
光线很好／
光線很好
bien iluminada, luminosa
guāngxiàn hěn hǎo

☐ hen an
很暗
oscura
hěn àn

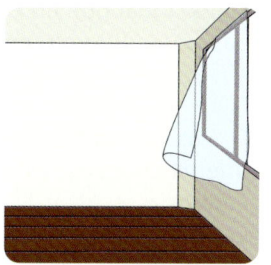
☐ hen tongfeng
很通风／
很通風
aireada, bien ventilada
hěn tōngfēng

☐ you yidianr men
有一点儿闷／
有一點兒悶
un poco cargada
yǒu yìdiǎnr mēn

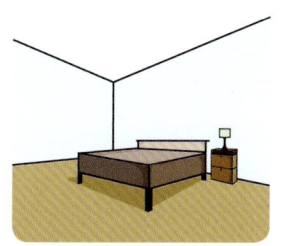
☐ hen kuanchang
很宽敞／
很寬敞
amplia, espaciosa
hěn kuānchang

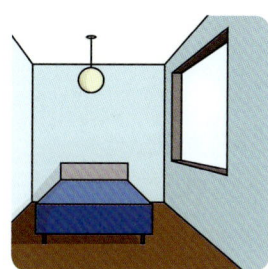
☐ hen zhaixiao
很窄小
estrecha, pequeña
hěn zhǎixiǎo

☐ hen zhengqi
很整齐／
很整齊
arreglada, ordenada
hěn zhěngqí

☐ hen luan
很乱／很亂
desordenada
hěn luàn

186 第十七单元 金窝银窝不如自己的草窝

☐ hen anjing
很安静／
很安靜
tranquila
hěn ānjìng

☐ hen chao
很吵
ruidosa
hěn chǎo

☐ hen piaoliang
很漂亮
bonita
hěn piàoliang

☐ buzhi de hen hao
布置得很好
bien decorada
bùzhì de hěn hǎo

17.6 为学生指出或引导学生理解以下内容：当有人来访时，中国的传统文化认为应该否定对方的赞许，或自我批评自己的房间或住宅，以示谦虚，而吹嘘、夸奖自己或自己的物品、自己的家都是不礼貌的。

语法点滴

• 在看练习17.3的视频时，学生可能不理解阿娟说"有点小"的意思，"语法点滴"对此作出了解释。如果学生阅读本部分，可告诉他们相关的语境，以便能和本单元的内容联系起来。如果学生认识不到"语法点滴"与本单元所学内容之间的联系，他们可能就会认为语法点好像都是孤立的。

• 不必细讲本语法材料。书面讲解及语法点本身已经相当清晰。让学生用练习17.5中的词语和此处讲到的副词造句，描述自己或他人的房间，以此来检查学生的理解程度。最后，让学生在班里大声朗读自己的句子。

17.6 两人一组练习：和搭档创作一个小品，主要表现其中一个人参观另一个人的房间。参照"琳参观阿娟的房间"的模式，进行简短的对话。然后交换角色，再做一遍。

Un poco de gramática 语法点滴

"Banquete" de adverbios

En chino, los adverbios van siempre antes del verbo y no pueden aparecer solos. Igual que en español, limitan o amplían el alcance de la acción verbal. Ya has aprendido algunos como 很, 也, 不, 都, y 真. Mira esta oración: 你的房间不大也不小，真不错。／你的房間不大也不小，真不錯。 Fíjate en la ubicación de los adverbios cuando hay más de uno en la oración.

Las siguientes oraciones contienen algunos de los adverbios más comunes que ya conoces. Observa cómo algunos adverbios modifican verbos de acción (como 来／來 y 吃饭／吃飯), mientras que otros aparecen con verbos de estado (como 好, 小, y 舒服). Además, otros modifican tanto verbos de acción como verbos de estado. Comenta con un compañero el significado de cada oración.

■ 才 cái *(solo, justo)*

多 duō *(más)*

你才来。别走，别走。多坐一会儿。／
你才來。別走，別走。多坐一會兒。

(dice un anfitrión a un invitado que acaba de llegar y tiene intención de marcharse pronto)

■ 常 cháng *(a menudo)*

你不常吃中国饭，多吃点儿。／
你不常吃中國飯，多吃點兒。

(dice un anfitrión chino a invitados extranjeros en un restaurante)

■ 更 gèng *(aún más)*

这件很好，可是那件更好。／這件很好，可是那件更好。

(dice la empleada de una tienda a uno o más clientes)

- 最 zuì *(el/la/lo más)*
  你一个人去不行，你最好跟我一起去。／
  你一個人去不行，你最好跟我一起去。
  (dice un anfitrión local a alguien recién llegado a la ciudad)

- 有点（儿）／有點（兒）yǒudiǎn(r) *(un poco)*
  非常 fēicháng *(muy)*
  她住的地方有点（儿）小，可是非常舒服。／
  她住的地方有點（兒）小，可是非常舒服。
  (dice alguien que acaba de mudar a un estudio amueblado de un barrio lujoso)

- 快 kuài *(rápidamente)*
  快进来，随便坐。／快進來，隨便坐。
  (dice un anfitrión a un invitado en la puerta)

- 又 yòu *(de nuevo)* [usado para hechos ocurridos en el pasado]
  太 tài *(demasiado)*
  昨天他又说到那件事，觉得太不好意思了。／
  昨天他又說到那件事，覺得太不好意思了。
  (dice a un conocido que suele hablar de temas embarazosos)

- 先 xiān *(luego)*
  再 zài *(entonces)*
  先来我家吃饭，然后再去你家做功课。／
  先來我家吃飯，然後再去你家做功課。
  (dicen dos compañeros que planean las actividades de la tarde)

Encuentro 2 — 讲述儿时的家
Contar recuerdos sobre la casa de tu infancia

17.7 准备活动：如果有人问你儿时的家的情况，你会如何描述？用西班牙文写一些笔记。

17.7 • 每个学生都有各自不同的经历和记忆，因此答案会不尽相同。本练习旨在让学生思考如何描述儿时的家，并引出本章将要学习的内容。
• 如果你觉得让学生用西班牙语讨论会破坏汉语的语言环境，就让学生安静地记下自己想说的内容。

188 第十七单元 金窝银窝不如自己的草窝

17.8 • 播放视频之前，先做热身练习，给学生两分钟时间，猜测句中需要填入哪些词汇。可以借助西班牙文翻译的提示。

• 告诉学生可以先将自己的猜测写在另外一张纸上。最后再把自己的猜测和最终答案进行对比。

• 反复播放视频，让学生完成练习。如有必要，可以在视频中的说话者说完几个句子后暂停一下视频，给学生理解和思考的时间。如果时间允许，可以让学生与搭档互相核对答案。

17.8 答案：
a. xiǎo
b. píngfáng
c. chúfáng; wòshì
d. Wèishēngjiān
e. yuànzi
f. hòu yuàn
g. yǎng; Suǒyǒu de

 17.8 看视频"王描述她儿时的家"。请选择拼音来填空。

| wèishēngjiān | píngfáng | xiǎo | wòshì | chúfáng |
| suǒyǒu de | yuànzi | yǎng | hòu yuàn | |

a. Wǒ _____ de shíhou, shēnghuó zài yí gè shānqū li.
   (Cuando era pequeña vivía en una zona montañosa.)

b. Wǒmen de jiā shì yí gè _____.
   (Nuestra casa tenía solo una planta.)

c. Lǐmiàn yǒu _____, kètīng, hái yǒu liǎng gè _____.
   (En su interior había una cocina, un comedor y dos habitaciones.)

d. _____ dāngrán shì zài wàimiàn.
   (El baño, por supuesto, estaba fuera)

e. Yǒu liǎng gè _____—qiányuàn hé hòuyuàn.
   (Tenía dos patios, uno delantero y otro trasero)

f. Qiányuàn zhòngle yīngtao shù, _____ zhòngle yùmǐ, bìmá, xiàngrìkuí, hái yǒu huángguā.
   (En el patio delantero había cerezos y en el trasero maíz, plantas de ricino, girasoles y pepinos.)

g. Wǒ _____ guo jī. _____ jī dōu yǒu míngzi.
   (Criaba gallinas. Todas las gallinas tenían nombre.)

17.9 • 本练习对学生来说难度不大。每个表述按视频中出现的顺序排列，换言之，第一位说话人对应第一个表述，下两位说话人对应下两个表述，等等。学生需要确认哪位说话人说了哪一段表述。

• 完成本练习的过程中，不需要暂停视频。如果暂停，可能会泄露答案。为了使本练习的教学价值最大化，视频播放不能停顿，让学生类推答案。

• 如果时间允许，让学生阅读190页的"供你参考"。学生看完后再播放一遍视频，让他们听相关的例子。

17.9 看视频"记忆中儿时的家",几个人对自己小时候的家进行了描述。在每段表述前填上对应的说话人的序号。

 a.  b.  c.  d. 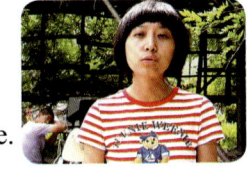 e.

__a__ 1. Wǒ xiǎo shíhou, wǒ jìde jiā li de shì yí gè yuànzi. Ránhòu ne, nèi ge fángzi bǐjiào de gǔlǎo. *(Cuando era pequeña, recuerdo que nuestra casa tenía un patio y que la casa era bastante vieja.)*

__b__ 2. Zuì xiǎo de shíhou, zài wǒ yǒu jìyì de shíhou, shì zhù zài nóngcūn. Yǒu sì jiān, wǔ jiān fángzi. Dōu shì wǎ fáng. *(Cuando era pequeño, mi primer recuerdo es que vivíamos en el campo. Teníamos cuatro o cinco pabellones, todos con tejado de teja.)*

__b__ 3. Dànshì nèi huìr de tiáojiàn hěn chà. Wǒ jìde méiyǒu diàn, dāngshí. Quánbù diǎn de shì méiyóudēng. *(Pero las condiciones eran malas en aquel entonces. Recuerdo que no teníamos electricidad. Todas nuestras lámparas eran de queroseno.)*

__c__ 4. Wǒ xiǎo shíhou, wǒmen jiā zhù de shì nèi zhǒng, jítǐ sùshè. Jiùshì yì céng lóu shàngmiàn yǒu hǎo duō hǎo duō hǎo duō hù rénjiā. *(Cuando era pequeña, nuestra familia vivía en una especie de dormitorio comunal. Es decir, en una planta vivían muchísimas familias.)*

__c__ 5. Ránhòu yǒu yí gè gōnggòng cèsuǒ. Ránhòu měi tiān jiù shì hǎo duō hù rénjiā kěyǐ suíbiàn chuàn. *(Y había un baño común. Además, cada día podíamos entrar en la casa de quien quisiéramos.)*

__c__ 6. Ránhòu jiù kěyǐ... Qù zhèi jiā wánr jǐ fēnzhōng, qù nèi jiā wánr jǐ fēnzhōng. Suǒyǒu de xiǎohái dōu zài yíkuàir wánr. *(Entonces podíamos... ir aquí a jugar unos minutos y después ir allí a jugar unos minutos. Todos los niños jugábamos juntos.)*

__d__ 7. Wǒ jìyì dāngzhōng, wǒ xiǎo shíhou, wǒmen jiā zhù zài Zhōngguó chuántǒng de nèi zhǒng tǒngzilóu lǐbianr. Yǒu... nèi ge fángzi yǒu sān céng. Wǒmen jiā zhù sān lóu. *(En mi memoria, cuando era pequeña, nuestra familia vivía en un típico bloque de viviendas chino. Tenía... aquel edificio tenía tres plantas. Vivíamos en la tercera planta.)*

__d__ 8. Wàibianr yǒu yí gè gōnggòng zǒuláng. Zǒuláng shang huì měi jiā měi hù yǎng yìxiē zìjǐ de huār, hái yǒu pénjǐng. *(Afuera había un corredor común. Cada familia cuidaba sus propias flores y plantas en el corredor.)*

__d__ 9. Wǒmen jiā zhù zài qízhōng yí tào fángzi lǐbianr. Shì yí gè liǎng shì yì tīng. Dài yí gè chúfáng. Dànshì méiyǒu wèishēngjiān. *(Nuestra casa estaba dentro de uno de esos edificios. Tenía una habitación principal y dos dormitorios, e incluía una cocina. Pero no tenía baño.)*

__d__ 10. Yīnwèi dāngshí Zhōngguó suǒyǒu de fángzi jīběnshàng dōu shì gōnggòng wèishēngjiān, zài lóuxià yí gè dìfang. *(Porque en aquella época, todos los bloques de viviendas en China tenían baños comunes, que estaban afuera en alguna parte.)*

__e__ 11. Xiǎo shíhou zhù de fángzi ne, shì.... Yǒudiǎnr xiàng tǒngzilóu ba. Yě shì hěn duō hù zhù zài yìqǐ. *(La casa en la que vivía cuando era pequeña era... Imagino que era algo así como un bloque de viviendas. También había mucha gente viviendo junta.)*

__e__ 12. Ránhòu, xǐshǒujiān na, hái yǒu zhèi ge, chúfáng dōu shì gōngyòng de. *(Y el baño y la cocina eran ambos compartidos.)*

__e__ 13. Fángjiān bú dà, fēicháng xiǎo. Dànshì ne, nèi ge fángjiān fēicháng gāo. Céng gāo fēi cháng gāo. Hěn xiàng lǎo fángzi. Yǒu yìdiǎnr diǎnr àn ba. *(Las habitaciones no eran grandes, eran muy pequeñas. Pero los techos eran muy altos. La altura era muy grande, como una casa antigua. Creo que era un poco oscuro.)*

第十七单元　金窝银窝不如自己的草窝

供你参考

最好让学生在做练习17.9时，阅读"供你参考"。例如，播放一到两遍视频，让学生完成练习，然后花几分钟时间阅读"供你参考"。随后，再播放视频，让学生检查练习17.9的答案，并注意中国人不时使用的"灵活多变"的语言。

17.10 • 告诉学生，如果他们需要提示来理解这些短语，可以参考练习17.9中的西班牙文翻译。
• 注意，到此阶段，学生应具备理解语块意义的能力，而不再是简单地听单个的字词。

INFO 供你参考

El idioma "real" es a veces muy desordenado

Como estudiante de idiomas que pronto se encontrará cara a cara con el "idioma real", debes ser consciente de que los chinos, como los hablantes de otros idiomas, no siguen siempre las reglas gramaticales que has estudiado en el aula. A veces, después de comenzar una frase, sin previo aviso la dejan sin terminar y pasan a otra cosa, incluyen palabras que no tienen que ver con lo que se habla, omiten palabras, etc. El contexto suele ayudar a aclarar lo que dice el hablante, pero como estudiante del idioma debes estar preparado para esto.

El idioma "real" a menudo no es tan claro como el del "aula" o el "libro de texto". Un ejemplo que has visto en el Ejercicio 17.9 es el uso de *ránhòu*, que normalmente significa "después". (Por ejemplo, "Vamos a ver una película y después a comer algo".) En el Ejercicio 17.9, sin embargo, parece que significa "y" y se usa como conector. No estamos sugiriendo que debas interrumpir el hilo de tus pensamientos en mitad de una oración para pasar a otro tema, pero debes estar preparado para encontrar este tipo de comportamiento cuando empieces a usar tu chino en el "mundo real".

¿Puedes detectar otras formas de idioma "desordenado" en el Ejercicio 17.9?

17.10 请填入对应的西班牙文。

a. xiǎo shíhou　　　　　　　小时候／小時候　　　　　_____

b. wǒ jìde　　　　　　　　　我记得／我記得　　　　　_____

c. zhù zài nóngcūn　　　　　住在农村／住在農村　　　_____

d. zhù zài chéng li　　　　　住在城里／住在城裡　　　_____

e. tiáojiàn hěn chà　　　　　条件很差／條件很差　　　_____

f. tiáojiàn hěn hǎo　　　　　条件很好／條件很好　　　_____

g. méiyǒu diàn　　　　　　　没有电／沒有電　　　　　_____

h. méiyǒu zìláishuǐ　　　　　没有自来水／沒有自來水　_____

i. Suǒyǒu de xiǎohái'r dōu zài yíkuài'r wán'r.　　所有的小孩儿都在一块儿玩儿。／所有的小孩兒都在一塊兒玩兒。　_____

j. Nèi ge fángzi yǒu sān céng.　　那个房子有三层。／那個房子有三層。　_____

k. Wǒmen jiā zhù sān lóu.   我们家住三楼。／我們家住三樓。   _____

l. yǎng yìxiē zìjǐ de huār   养一些自己的花儿／養一些自己的花兒   _____

m. liǎng shì yì tīng   两室一厅／兩室一廳   _____

n. kètīng, fàntīng   客厅，饭厅／客廳，飯廳   _____

o. wòshì   卧室／臥室   _____

p. suǒyǒu de fángzi   所有的房子   _____

q. xiǎo shíhou zhù de fángzi   小时候住的房子／小時候住的房子   _____

r. xǐshǒujiān, chúfáng shì gōngyòng de   洗手间、厨房是公用的／洗手間、廚房是公用的   _____

s. yǒu zìjǐ de xǐshǒujiān, chúfáng   有自己的洗手间、厨房／有自己的洗手間、廚房   _____

Nota: Estrictamente decir, 房子 *fángzi* significa casa (clasificador = 个／個 *gè* o 栋／棟 *dòng*), y 房间／房間 *fángjiān* significa habitación (clasificador = 间／間 *jiān*). Como puedes ver, sin embargo, los hablantes nativos usan a veces 房子 para referirse también a una habitación. Una 房子 tiene una o dos plantas; un edificio con varias plantas es un 楼房／樓房 *lóufáng* (clasificador = 座 o 栋／棟), y un edificio alto es un 高楼／高樓 *gāo lóu* (clasificador = 座 o 栋／棟).

17.10 答案
a. cuando era niño
b. yo recuerdo
c. vivir en una granja
d. vivir en la ciudad
e. las condiciones son malas
f. las condiciones son buenas
g. sin electricidad
h. sin agua corriente
i. todos los niños jugaban juntos.
j. el edificio tiene tres pisos.
k. mi casa está en el tercer piso.
l. plantar nuestras flores
m. dos dormitorios y una sala de estar
n. dormitorio, comedor
o. dormitorio
p. todo de las habitaciones
q. la casa en la que vivía yo cuando yo era pequeño
r. el baño y la cocina son públicos
s. privados (personal) baño y cocina

语法点滴

不必细讲语法材料。"把"的用法的掌握难点是理解何时使用"把",实践和练习是最好的老师。随着汉语学习的深入,学生将接触到更多的语言范例,他们会理解"把"的用法和使用场合。本部分的目的不在于让学生掌握"把",而是让学生开始留意这个语法点,在接下来的汉语学习中,他们应该注意并思考"把"的用法。

"语法点滴"答案
1. Qǐng nǐ bǎ chuānghu guānshàng.
2. Qǐng bǎ nèi běn shū gěi wǒ.
3. Tā bǎ nèi dòng fángzi màigěi wǒ le.

Un poco de gramática 语法点滴

"Poner el carro delante del caballo": Más sobre 把 bǎ

Una característica fundamental de las oraciones chinas (y también del español) es que el objeto se sitúa detrás del verbo. Has visto esto varias veces: 我买了三本书。／我買了三本書。 *Wǒ mǎile sān běn shū*. (He comprado [verbo] tres libros [objeto]).

Ahora considera la siguiente indicación, que ha sido utilizada recientemente en el Ejercicio 17.10: 请把西班牙文填进去。／請把西班牙文填進去。 *Qǐng bǎ Xībānyáwén tián jìnqù*. (literalmente: Por favor toma el español y rellena el interior). Esta indicación utiliza la llamada construcción *bǎ*—una característica única del chino. Es posible que recuerdes que fue presentada en la Unidad 12. El coverbo 把 *bǎ* (literalmente: tomar) permite mover un objeto (como 西班牙文／西班牙文 *Xībānyáwén*) situándolo antes del verbo principal (como 填 *tián*) y libera espacio para añadir otros elementos al verbo que indican algún resultado de la acción verbal (como 进去／進去 *jìnqù*).

¿Por qué usar esta construcción? Nos permite mostrar el efecto del verbo sobre el objeto o cómo el objeto será o ha sido manipulado. ¿Cuándo se usa la construcción *bǎ*? Se usa a menudo en órdenes o instrucciones (como en la indicación citada), y normalmente aparece en narraciones. Estas son algunas pautas:

1. El verbo principal debe ser un verbo de acción. Otros verbos como 是, 有, y 喜欢／喜歡, no se usan con *bǎ*.
2. El objeto debe tener una referencia definida (como 这个／這個, 那个／那個, 我的).
3. El verbo debe ir seguido de algún tipo de complemento; no puede quedarse en su forma simple. En otras palabras, no puede ser simplemente *tián*, sino *tián jìnqù* (rellena metiendo dentro). Los complementos del verbo especifican que algo ha pasado al objeto o que este ha sido "manipulado" de alguna forma.

Si una oración cumple estas tres condiciones, es probable que un hablante chino nativo use la estructura *bǎ* Es posible expresar lo mismo sin utilizar *bǎ*, pero generalmente resultara torpe e incómodo.

....

Ejercicio: Diviértete con *bǎ* y reformula las oraciones siguientes con la estructura *bǎ*. ¡Comprueba cuánto eres capaz de acercarte a la forma en la que lo diría un chino nativo! En las oraciones, la parte verbal están en rojo y sus objetos en azul.

EJEMPLOS:

Shéi hēle wǒ de chá? ⇒ Shéi bǎ wǒ de chá hē le?

Wǒ wàngle nèi jiàn shìqing. ⇒ Wǒ bǎ nèi jiàn shìqing wàng le.

1. Qǐng nǐ guānshang *(cerrar)* chuānghu *(ventana)*.
   _____

2. Qǐng gěi wǒ nèi běn shū.
   _____

3. Tā màigěi wǒ le nèi dòng fángzi.
   _____

17.11 用汉字或拼音写三四句话，描述你小时候的住宅。如果你愿意，可以编一些相关信息。必要时可以寻求帮助。

_____
_____
_____
_____
_____
_____
_____

17.12 **两人一组练习：** 问问搭档："你小时候住什么样的房子？"轮到你回答问题时，请用练习17.11中写的句子作答。

17.11 鼓励学生灵活应用本章学过的词语造句。现在学生应该能用汉语造句，而不是简单重复听过的话。如果学生想使用生词，教师应充当"活字典"，鼓励他们向你寻求帮助。提醒学生，用"请问……对吗？"这一句式对自己造的句子进行确认。

17.11–17.12 • 为使这两个练习更具交际性，让学生把练习17.11完成的句子单独写在一张纸上。然后在规定的时间内，尽可能多地采访几个同学，并将受访者的回答记录下来。

• 采访后，请学生提交写出的句子。把学生分成几个小组，随机大声朗读学生提交的句子，让同学们猜猜是谁写的。猜对得最多的一组获胜。

Encuentro 3 描述现在的住宅
Describir una casa moderna

17.13 学生的回答将会各不相同。让学生自己安静地写下来，不需要分组讨论。

17.14 • 本练习对学生来说难度不大。每个表述按视频中出现的顺序排列，换言之，第一位说话人对应第一个表述，下两位说话人对应下两个表述，等等。学生需要确认哪个表述来自哪位说话人。

• 完成本练习不需要暂停视频播放。如果暂停，可能会泄露答案。为了达到本练习的教学目标，教师需要不间断地重复播放几遍视频。

17.13 准备活动：如果让你描述现在居住的地方，你会说些什么？用西班牙文记下来。

_____
_____
_____

 17.14 看视频"描述现在的住宅"，人们对自己现在的住房进行描述。在每段表述前填上对应的说话人的序号。

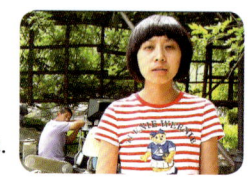 a.  b.  c.  d.  e.

__a__ 1. Wǒ xiànzài zhù de shì zuì chángjiàn de zhèi zhǒng lóufáng. *(Donde vivo ahora es el típico edificio.)*

__a__ 2. Ránhòu yǒu dúlì de wèishēngjiān, yǒu dúlì de chúfáng. Gēn xiǎo shíhou hěn bù yíyàng. *(Y tiene su propio baño y cocina. Es muy diferente a la casa de mi infancia.)*

__b__ 3. Wǒmen jiā shì liǎng céng lóu de. Ránhòu dǐxia shì sì jiān, lóushàng shì sān jiān. *(Nuestra casa tiene dos plantas. Hay cuatro habitaciones, una abajo y tres arriba.)*

__b__ 4. Chàbuduō, jiù shì, yǒu, yì céng yīnggāi yǒu yìbǎi lái mǐ ba. Píngfáng ba. *(Más o menos, es decir, una planta debe tener un poco más de cien metros cuadrados.)*

__c__ 5. Xiànzài fángzi yǒu sì céng lóu, shuǐní jiégòu, ránhòu. . . . Āya kuānchang de hěn a. *(Los edificios de hoy en día tienen cuatro plantas, estructura de hormigón, y… ¡Ay, son muy espaciosos!)*

__c__ 6. Měi yì céng lóu yǒu dài wèishēngjiān a, yòu yǒu chúfáng a. Bǐqǐ yǐqián comfortable la*. *(Cada planta tiene un baño y una cocina. ¡Ay, es mucho más confortable que antes!)*

__c__ 7. Ránhòu, háiyǒu wǒ jìde wǒ shì gēn wǒ nǎinai jǐ zài yìqǐ de. *(Entonces, recuerdo que vivía yo junto con mi abuela.)*

__d__ 8. Xiànzài ne, wǒ zhù zài yí gè gōngyù lǐmiàn. *(Ahora vivo en un apartamento.)*

__d__ 9. Wǒ jīběnshàng kàn . . . zhǐ néng kànjiàn tiān, dànshì kàn bú jiàn dì. Ránhòu wǒ de zhōuwéi de línjū wǒ bú rènshi. *(Básicamente puedo ver… solo veo el cielo, pero no el suelo. Y no conozco a mis vecinos.)*

__e__ 10. Xiànzài wǒmen zhù de gāo céng. Wǒmen jiā shì dǐng lóu. *(Ahora vivimos en un edificio alto. Nuestra casa está en la planta superior.)*

__e__ 11. Ránhòu, yǐqián zài, xiǎo shíhou de huà, dōu zài xiāngxia. Jiù chūlai jiù kàndào nóngtián a . . . shénme dōngxi a. *(Y…en el pasado vivíamos, si te refieres a cuando éramos pequeños, vivíamos todos en el campo. Nada más salir de casa veías los campos…cosas como esa.)*

__e__ 12. Xiànzài shénme tián dōu kàn bú jiàn le. Quán shì fángzi. Quán shì gāolóu-dàshà. *(Ahora no puedes ver campos por ninguna parte. Todo son edificios, edificios altos y rascacielos.)*

*啦 *la* es la fusión fonética de la partícula oracional 了 *le* y la partícula exclamativa 啊 *a*, expresa exclamación, interrogación o urgencia.

Un poco de gramática 语法点滴

Decir "muy" de verdad

Una de las mujeres del video dice: "Āya kuānchang de hěn a" (¡Ay, son muy espaciosos!). ¿Por qué está *hěn* en el lado "equivocado" del verbo de estado *kuānchang* (espacioso, amplio)? Realmente esto no es un ejemplo de idioma "desordenado", sino una estructura común sobre la que debes saber más. Ya has aprendido sobre como los verbos de acción suelen llevar complementos de modo para expresar cómo se realiza la acción.

他说中国话说得很好。／他說中國話說得很好。
Tā shuō Zhōngguóhuà shuō de hěn hǎo.
(Él habla chino muy bien.)

Igualmente, verbos de estado como *kuānchang*, *hǎo*, y *guì* pueden ir acompañados de complementos que expresan grado o intensidad. Así, *kuānchang de hěn* significa MUY espacioso, a diferencia de *hěn kuānchang*, que significa simplemente espacioso (sin implicar necesariamente "muy").

Veamos cómo un verbo de estado, 贵／貴 *guì* (costoso, caro), puede ser utilizado de diferentes maneras para expresar varios niveles de intensidad (en este caso, para expresar que son caras las cosas en una tienda).

Dōngxi guì de hěn. 东西贵得很。／東西貴得很。 *(muy)*
Dōngxi guìjíle. 东西贵极了。／東西貴極了。 *(extremadamente)*
Dōngxi guì de bùdéliǎo. 东西贵得不得了。／東西貴得不得了。
   (terriblemente, sumamente)
Dōngxi guì de shéi dōu bù xiǎng mǎi. 东西贵得谁都不想买。／東西貴得誰都不想買。 *(tan caro que nadie quiere comprarlo)*

Ejercicio: Usa las estructuras anteriores para rehacer las siguientes oraciones expresando varios niveles de intensidad. (Pista: En la cuarta oración usa el verbo *chūqù* [salir].)

Zuótiān tiānqì hěn lěng. *(Ayer hacía frío.)*

1. _____
2. _____
3. _____
4. _____

(Hace tanto frío que nadie quiere salir.)

语法点滴

• 让学生阅读理解"语法点滴"。不必细讲，书面的解释和语法点已经相当清晰。在做与本"语法点滴"相关的练习时，教师要注意观察学生的表现，以检查他们对"语法点滴"的理解情况。

• 学生完成书面练习后，让他们用练习17.5中学到的词语描述自己或他人的住宅。然后请学生在班上分享自己的句子。鼓励学生带感情地朗读句子，这个练习旨在锻炼学生用不同的语言表达不同的感情程度。开心练习！

"语法点滴"答案
1. Zuótiān tiānqì lěng de hěn.
2. Zuótiān tiānqì lěng jí le.
3. Zuótiān tiānqì lěng de bùdéliǎo.
4. Zuótiān tiānqì lěng de shéi dōu bù xiǎng chūqù.

17.15 请填入对应的西班牙文。

a. zuì chángjiàn de	最常见的／最常見的	
b. lóufáng	楼房／樓房	
c. dúlì de chúfáng	独立的厨房／獨立的廚房	
d. gēn ... hěn bù yíyàng	跟……很不一样／跟……很不一樣	
e. liǎng céng lóu	两层楼／兩層樓	
f. lóushàng lóuxià	楼上楼下／樓上樓下	
g. chàbuduō	差不多	
h. píngfāngmǐ	平方米	
i. shuǐní	水泥	
j. bǐ yǐqián hǎo	比以前好	
k. wǒ jìde	我记得／我記得	
l. gēn ... jǐ zài yìqǐ	跟……挤在一起／跟……擠在一起	
m. gōngyù	公寓	
n. dànshì	但是	
o. kàn bú jiàn dì	看不见地／看不見地	
p. línjū	邻居／鄰居	
q. rènshi	认识／認識	
r. dǐng lóu	顶楼／頂樓	
s. xiāngxia	乡下／鄉下	
t. nóngtián	农田／農田	
u. gāolóu-dàshà	高楼大厦／高樓大廈	

17.15 答案
a. muy corriente
b. edificio
c. cocina independiente/personal
d. es muy diferente que
e. edificio de dos pisos
f. piso superior e inferior
g. más o menos
h. metro cuadrado
i. cemento
j. es mejor que antes
k. yo recuerdo
l. hacinarse con
m. apartamento
n. pero
o. no puede ver
p. vecino
q. conocer (alguien)
r. planta superior
s. campo
t. campo de cultivo
u. edificio alto

17.16 写两三句话，描述你现在的住宅。试着使用前面"语法点滴"中讲到的新句式和结构。

_____

_____

_____

17.17 两人一组练习：问搭档："你现在住在什么样的房子？"轮到你回答问题时，请用练习17.16中写的句子作答。

> **INFO** 供你参考
>
> ### De las comunas a los bloques de apartamentos
>
> Comprar una casa es un ideal por el que muchas personas están dispuestas a sacrificarse. Para incontables familias, los céntimos ahorrados se convierten poco a poco en cantidades de dinero depositadas en cuentas de ahorro destinadas a pagar la futura casa. Un día, tras mucho sacrificio y dificultades, hay dinero suficiente para pagar la entrada. El banco local concede la hipoteca, que cargará la economía familiar durante años. No obstante, todo es asumido con felicidad a cambio de la casa soñada para la familia. ¿Te suena esto? Seguro. Estas escenas son comunes y ocurren diariamente en nuestro país.
>
> Este escenario se ha vuelto también habitual en China ahora. ¿Quién puede imaginar que fuera factible sólo hace una década antes? Comprar en propiedad una casa a través del préstamo del banco es parte de reformas que han llevado a China a pasar de las comunas a los bloques de apartamentos. Igual que ocurre aquí, las casas chinas son de todos los tamaños —desde pequeños apartamentos (que cuestan decenas de miles de dólares) hasta lujosas villas (que cuestan varios cientos de miles de dólares)—, y ofrecen estilos de vida inimaginables pocos años atrás.
>
> Tanto la gente de otros países como los chinos vemos la compra de una casa como una inversión de futuro, pero esto es más así en el caso de los chinos, que no pueden depender de seguridad social o pensiones y las oportunidades de inversión son mucho más limitadas. Incluso, poseer una segunda casa se ha convertido en una meta alcanzable. Por supuesto, mucho de esto ha ocurrido y ocurre en las zonas urbanas, pero se está extendiendo rápidamente a las áreas rurales, pues todos los chinos buscan una vida mejor para ellos y sus hijos.

🎵 单元说唱　Rap de la Unidad

登录环球汉语网站，听歌曲复习第十七单元所学的主要内容。然后再听一遍并跟着唱！

第十七单元　金窝银窝不如自己的草窝

Encuentro 4　读和写　Lectura y escritura

📢 读出熟悉的中文句子
Lectura de oraciones familiares en caracteres chinos

17.18—17.20

提醒学生先阅读题目说明，并借助题目说明中的方法来读出不认识的字。

17.18 两人一组练习：借助西班牙文，与搭档轮流大声朗读下面的段落（简体字）。可以互换朗读内容，如果有人无法读出某个汉字，搭档可以提供帮助。

1 琳去看阿娟的房间。阿娟说她的房间有一点小，可是琳说她觉得不大也不小，很舒服。阿娟一个人住这个房间。她弟弟阿龙也有他自己的房间。 (Lynn va a ver la habitación de A Juan. A Juan dice que su habitación es un poco pequeña, pero Lynn dice que no es ni grande ni pequeña y que es muy confortable. A Juan vive sola en su habitación. Su hermano pequeño también tiene su propia habitación.)

2 有一位女士说她小时候住的房子是在山区里的一个平房。房子里面有两间卧室、一个客厅，有自己的厨房。卫生间在外面。前后都有院子。前院里有一棵树(yì kē shù – un árbol)。后院里种(zhòng – plantar)了很多菜和花。这位女士很喜欢她小时候的家。 (Una mujer dice que la casa en la que vivía en su niñez era una casa de una sola en zona montañosa. Tenía dos dormitorios, un salón y una cocina. El baño estaba fuera. Delante y detrás de la casa había dos patios. En el patio delantero había un árbol. En el patio trasero habían plantados muchas verduras y flores. A esta mujer le gustaba mucho la casa de su infancia.)

3 有一个女的记得她小时候的家是和很多很多其他户人家住在一个楼里面。所有的孩子们都喜欢在一起玩。他们每天先在这家玩几分钟，然后再到那家玩几分钟。非常好玩儿。 (Una mujer recuerda que cuando era pequeña su familia vivía con muchas otras familias en un edificio. A todos los niños les gustaba jugar juntos. Cada día, primero jugaban unos minutos en una casa y después unos minutos en otra. Lo pasaban muy bien.)

4 另外一个女的说，她以前住在一栋三层楼的楼房里。他们家住第三层。是两室一厅。有厨房，可是没有自己的卫生间。那时候的中国，厕所一般都是公用的，都在房子外面的一个地方。 (Otra mujer dice que vivía en un edificio de tres plantas. Su casa estaba en la tercera planta. Tenía dos habitaciones y un salón. Tenía cocina, pero no un baño propio. En aquella época en China los baños normalmente eran comunes y se encontraban en algún lugar fuera de la casa.)

5 以前，在中国许多地方连厨房都是公用的。这就是说，有很多户在一个地方洗菜、做饭。做好饭以后，回到自己的房间里去吃。吃完以后再去公用的厨房里洗碗。 (En el pasado, en muchos lugares de China incluso la cocina era comunitaria. Es decir, varias familias limpiaban las verduras y cocinaban en el mismo lugar. Después de cocinar, regresaban a sus habitaciones para comer. Después de comer, iban otra vez a la cocina para lavar los platos.)

6 以前农村的条件比较差。常常是没有电、没有自来水。人们天天要到外面去打水，晚上点煤油灯。 (méiyóudēng – *lámpara de queroseno*) *(Las condiciones del campo en el pasado eran bastante malas. Muchas veces no había electricidad ni agua corriente. La gente tenían que salir todos los días a buscar agua. Por la noche encendían lámparas de queroseno.)*

7 很多人小的时候都住在农村里。出了门就看得见田地了。现在这些人很多都住在城里。他们家在高楼里面。出门看不到田地了。全都是楼房。 *(Muchas personas vivían en el campo cuando eran pequeñas. Nada más salir de casa podían ver los campos. Ahora, muchas de estas personas viven en las ciudades. Viven en edificios altos. Cuando salen de casa ya no pueden ver los campos, sino solo edificios.)*

8 住在城里，条件会比较好。一般的房子是两室一厅，或者两室两厅，有自己的厨房、卫生间。 *(Las condiciones son mejores cuando se vive en la ciudad. En general, las casas tienen dos dormitorios y una zona de estar-comedor, o dos dormitorios y dos zonas de estar, una cocina propia y baño propio.)*

9 有自己的厨房、卫生间，当然很好。生活很舒服、很方便。进了自己的家门就像进了自己的天地一样。可是一天一天，谁也看不见谁。时间长了也会觉得没有以前好。以前大家在一起的时候，吃吃唱唱，聊聊笑笑，那时候比较高兴，比较快乐。 *(Por supuesto, es mejor tener una cocina y un baño propios. La vida es más cómoda y conveniente. Traspasar la puerta de casa es como entrar en un mundo propio. Pero, día tras día, nadie ve a nadie. A medida que pasa el tiempo, la gente puede pensar que los viejos días eran mejores. En el pasado, cuando todos estaban juntos, comían y cantaban juntos, charlaban y reían. En aquella época, las personas eran más felices y alegres.)*

10 自己的家，大也好，小也好；在农村里也好，在城市里也好；人多也好，人少也好；家就是家。一般的人都很喜欢自己的家，很爱自己的家。就是说，"金窝、银窝，不如自己的草窝。" *(No importa si tu casa sea grande o pequeña, si está en el campo o en la ciudad, si tiene mucha gente o poca. El hogar es el hogar. A mucha gente le gusta y ama su propia casa. Es decir: "Un nido de oro o plata no vale tanto como el propio nido de paja". [Más vale humo de mi casa que fuego de la ajena])*

17.19 两人一组练习：再次朗读这些段落，这次没有西班牙文辅助。

1 琳去看阿娟的房间。阿娟说她的房间有一点小，可是琳说她觉得不大也不小，很舒服。阿娟一个人住这个房间。她弟弟阿龙也有他自己的房间。

2 有一位女士说她小时候住的房子是在山区里的一个平房。房子里面有两间卧室、一个客厅，有自己的厨房。卫生间在外面。前后都有院子。前院里有一棵树。后院里种了很多菜和花。这位女士很喜欢她小时候的家。

3. 有一个女的记得她小时候的家是和很多很多其他户人家住在一个楼里面。所有的孩子们都喜欢在一起玩。他们每天先在这家玩几分钟，然后再到那家玩几分钟。非常好玩儿。

4. 另外一个女的说，她以前住在一栋三层楼的楼房里。他们家住第三层。是两室一厅。有厨房，可是没有自己的卫生间。那时候的中国，厕所一般都是公用的，都在房子外面的一个地方。

5. 以前，在中国许多地方连厨房都是公用的。这就是说，有很多户在一个地方洗菜、做饭。做好饭以后，回到自己的房间里去吃。吃完以后再去公用的厨房里洗碗。

6. 以前农村的条件比较差。常常是没有电、没有自来水。人们天天要到外面去打水，晚上点煤油灯。

7. 很多人小的时候都住在农村里。出了门就看得见田地了。现在这些人很多都住在城里。他们家在高楼里面。出门看不到田地了。全都是楼房。

8. 住在城里，条件会比较好。一般的房子是两室一厅，或者两室两厅，有自己的厨房、卫生间。

9. 有自己的厨房、卫生间，当然很好。生活很舒服、很方便。进了自己的家门就像进了自己的天地一样。可是一天一天，谁也看不见谁。时间长了也会觉得没有以前好。以前大家在一起的时候，吃吃唱唱，聊聊笑笑，那时候比较高兴，比较快乐。

10. 自己的家，大也好，小也好；在农村里也好，在城市里也好；人多也好，人少也好；家就是家。一般的人都很喜欢自己的家，很爱自己的家。就是说，"金窝、银窝，不如自己的草窝。"

17.20 两人一组练习：再次朗读这些段落，这次用的是繁体字。

1. 琳去看阿娟的房間。阿娟說她的房間有一點小，可是琳說她覺得不大也不小，很舒服。阿娟一個人住這個房間。她弟弟阿龍也有他自己的房間。

2. 有一位女士說她小時候住的房子是在山區裡的一個平房。房子裡面有兩間臥室、一個客廳，有自己的廚房。衛生間在外面。前後都有院子。前院裡有一棵樹。後院裡種了很多菜和花。這位女士很喜歡她小時候的家。

3. 有一個女的記得她小時候的家是和很多很多其他戶人家住在一個樓裡面。所有的孩子們都喜歡在一起玩。他們每天先在這家玩幾分鐘，然後再到那家玩幾分鐘。非常好玩兒。

4. 另外一個女的說，她以前住在一棟三層樓的樓房裡。他們家住第三層。是兩室一廳。有廚房，可是沒有自己的衛生間。那時候的中國，廁所一般都是公用的，都在房子外面的一個地方。

5. 以前，在中國許多地方連廚房都是公用的。這就是說，有很多戶在一個地方洗菜、做飯。做好飯以後，回到自己的房間裡去吃。吃完以後再去公用的廚房裡洗碗。

6. 以前農村的條件比較差。常常是沒有電、沒有自來水。人們天天要到外面去打水，晚上點煤油燈。

7. 很多人小的時候都住在農村裡。出了門就看得見田地了。現在這些人很多都住在城裡。他們家在高樓裡面。出門看不到田地了。全都是樓房。

8. 住在城裡，條件會比較好。一般的房子是兩室一廳，或者兩室兩廳，有自己的廚房、衛生間。

9. 有自己的廚房、衛生間，當然很好。生活很舒服、很方便。進了自己的家門就像進了自己的天地一樣。可是一天一天，誰也看不見誰。時間長了也會覺得沒有以前好。以前大家在一起的時候，吃吃唱唱，聊聊笑笑，那時候比較高興，比較快樂。

10. 自己的家，大也好，小也好；在農村裡也好，在城市裡也好；人多也好，人少也好；家就是家。一般的人都很喜歡自己的家，很愛自己的家。就是說，"金窩、銀窩，不如自己的草窩。"

阅读真实语言材料　Lectura de textos de la vida real

17.21 下面是一则模拟真实广告的"乐乐租屋虚拟搜寻平台"广告。浏览广告，标出你能理解的内容。

歡迎使用樂樂租屋搜尋平台
經紀人聯繫電話 ☎ 15271925102

| 一般住宅 | 編號：56AJKDI4 | 日期：2010-10-30 |

聯絡資料	林女士		電話	0427492095	
座落地址	台中市503東城區中山路30巷15號				
出租格局	一房一廳一衛	出租對象	■不限男女 □只限男性 □只限女性 □只限學生 □只限單身		
租金方式	每月 5000 元， 押金 5000 元	坪數大小	使用坪數 15 坪		
房　　型	南北樓層, 第四層／總八層				
停車規劃	□平面式車位　□機械式車位	附屬設備	■電梯　■冰箱　■冷氣　□電話		
	□電視 ■有線電視 ■洗衣機 □單人床 ■雙人床 ■桌椅 ■衣櫥 ■寬帶網				
地段特色	離大、中、小學都很近。有公車直通市中心。適合對象：學生、上班族。				
備　　註	本大樓禁養寵物！				

17.22 再读一遍广告，完成下列任务。

1. La palabra *jīngjìrén.* significa "agente". Señala estos caracteres y márcalos como "1".
   círculo 經紀人 y etiqueta #1.
2. Señala los caracteres del nombre de la dueña, Sra. Lin, y márcalos como "2".
   círculo 林女士 y etiqueta #2.
3. ¿Cuál es la dirección del apartamento? Detállala lo máximo que puedas.

   Ciudad: 台中市　　Distrito: 東城區　　Calle: 中山路
   Callejón: 30巷　　Edificio #: 15號　　Apartamento #: no específico

4. La casilla *bú xiàn nán nǚ* está marcada, lo que significa que el inquilino puede ser hombre o mujer. ¿Qué significan las otras casillas? Escríbelo en español:

   a. solo rentar para hombres   c. solo rentar para estudiantes

   b. solo rentar para mujeres   d. solo rentar para solteros

5. ¿Cuánto cuesta el alquiler? 5000 yuanes/mes ¿Cuánto es la fianza (*yājīn*)? 5000 yuanes

6. La superficie del apartamento es 15 *píng*, una unidad de medida usada en Taiwan basada en el tamaño del *tatamis* japonés. Un *píng* son aproximadamente 3,3 metros cuadrados. Señala el carácter de *píng* y márcalo como "3".
   círculo 坪 y etiqueta #3.

7. Este apartamento tiene el siguiente número de habitaciones (indícalo):

   a. 1 salón(es)/comedor(es)   c. 1 baño(s)

   b. 1 dormitorio(s)

   Señala los caracteres correspondientes y márcalos como "4".
   círculo 一房一廳一衛 y etiqueta #4.

8. El apartamento tiene una orientación norte-sur. Señala los caracteres correspondientes y márcalos como "5".
   círculo 南北樓層 y etiqueta #5.

9. ¿En qué planta está el apartamento? __4__ ¿Cuántas plantas tiene el edificio? __8__ Señala los caracteres correspondientes y márcalos como "6".
   círculo 第四層／總八層 y etiqueta #6.

10. ¿El apartamento está con plaza de estacionamiento?

    ☐ si (en planta baja)   ☐ si (en estructura mecánica)   ☑ no

11. ¿Qué mobiliario incluye el apartamento? Señala los apartados correspondientes. Después localiza los caracteres chinos en el anuncio y márcalos con la letra correspondiente.

    ☑ a. *Internet de banda ancha* 宽带网／寬帶網 kuāndài wǎng

    ☑ b. *armario de ropas* 衣橱 yīchú

    ☑ c. *mesas y sillas* 桌椅 zhuō yǐ (*short for* zhuōzi, yǐzi)

    ☑ d. *cama doble* 双人床／雙人床 shuāngrén chuáng

    ☐ e. *cama individual* 单人床／單人床 dānrén chuáng

    ☑ f. *lavadora* 洗衣机／洗衣機 xǐyījī

    ☑ g. *televisión por cable* 有线电视／有線電視 yǒuxiàn diànshì

    ☐ h. *televisor* 电视／電視 diànshì

    ☐ i. *teléfono* 电话／電話 diànhuà

    ☑ j. *aire acondicionado* 冷气／冷氣 lěngqì (*also called* kōngtiáo 空调／空調)

    ☑ k. *refrigerador* 冰箱 bīngxiāng

    ☑ l. *ascensor* 电梯／電梯 diàntī

12. En el apartado "características de la ubicación" el anuncio dice que el apartamento es . . . __3__ apropiado para estudiantes y profesionales.

___1___ está cerca de escuelas de primaria y secundaria y de la universidad

___2___ tiene cerca una parada de autobús hacia el centro de la ciudad.

Numera las frases anteriores según el orden en el que aparecen en el anuncio.

13. En el apartado "Nota" el anuncio indica que en el edificio no se permiten las mascotas. Numera las siguientes palabras en *pinyin* según el orden en el que aparecen.

　　__2__ dàlóu　　__3__ jìn　　__5__ chǒngwù　　__1__ běn　　__4__ yǎng

Según el significado de la frase, ¿qué crees que significa 禁 *jìn* ____not allowed____

▶ 学写汉字　Aprender a escribir caracteres

17.23 本单元下列汉字的笔画顺序以及其他相关信息，请参见《汉字练习本》。练习写这些汉字的简体字或者繁体字，直到你能熟练地写出为止。

房，间／間，舒，服，平，卧／臥，室，自，己，卫／衛，院，棵，树／樹，花，种／種，记／記，方，较／較

▶ 写一则描述性短文　Escribir un texto descriptivo

17.24 假设你搬到中国住，需要找房子。请你给房地产代理写一则描述性的短文，用简、繁体字均可。列出4～6条你对房屋的详细要求。以"我找的房子……"（*La casa que estoy buscando...*）开头，以"麻烦你帮我留意，谢谢"（*Por favor, ayúdame a mirar algo [apropiado para mí]. Gracias...*）结尾。

17.24
• 学生构思成文后，将定稿贴在班级墙上。
• 让学生想象自己是房地产代理商，有一处要出售或出租的房产。上课前，复印练习17.21的广告，每个选框都必须是空白的，发给学生（房地产代理商），让他们根据自己的房产信息完成广告。
• 随后，让学生在班里走一走，读一读墙上张贴的短文，看看能不能找到潜在的客户。如果有人对学生的房产信息感兴趣，他们可以进一步和潜在的客户沟通，尝试实现交易。

Un poco de cultura 文化点滴

Hogar dulce hogar

Mira el fragmento de video "Hogar dulce hogar" del episodio y después comenta las siguientes cuestiones con tus compañeros y el profesor.

- China tiene una historia que se remonta miles de años en el pasado y en la actualidad está viviendo un periodo de rápidos cambios. Comenta cómo estos cambios afectan a la vida de las personas corrientes.
- ¿Qué piensas de las condiciones de alojamiento en China comparadas con las que estás acostumbrado?
- ¿El ambiente en el que vives define tu visión de vida?

文化点滴
文化点滴中这三个问题中提出的话题、论点非常有趣。实际上，无论东方、西方，人们现在的生活比以前的任何时候都更加孤立。视频中，说话者均提及他们不像以前那样了解自己的邻居。邻里之间也没有以前来往得频繁。问问学生对此现象有何感受。作为现代居住规划的产物，人们在有了更多私人空间的同时，也更加孤立，这一现象的优势和劣势分别是什么？

单元总结 RESUMEN

语法 Gramática

副词复习 Repaso de adverbios

Los adverbios modifican verbos —verbos de acción como 吃饭／吃飯 chīfàn (快吃饭！／快吃飯！ Kuài chīfàn!) y 说话／說話 shuōhuà (少说话！／少說話！ Shǎo shuōhuà!) y verbos de estado como 高兴／高興 gāoxìng (非常高兴／非常高興 fēicháng gāoxìng). Dos adverbios usados frecuentemente son 就 jiù, que indica "prontitud" de la acción, y 才 cái, que indica "tardanza". Mira estos ejemplos:

你十点就睡？／你十點就睡？ Nǐ shí diǎn jiù shuì? (¿Te duermes a las 10:00? [¿Tan temprano?])

你十点才睡？／你十點才睡？ Nǐ shí diǎn cái shuì? (¿No te duermes hasta las 10:00? [¿Tan tarde?])

A veces, varios adverbios aparecen juntos. Cuando lo hacen, siguen un orden específico, que debe aprenderse por experiencia. Ejemplos:

你也还没睡？／你也還沒睡？ Nǐ yě hái méi shuì? (¿Tú tampoco te has dormido todavía?)

你不也还没睡吗？／你不也還沒睡嗎？ Nǐ bú yě hái méi shuì ma? (Tú tampoco te has dormido todavía, ¿no?)

Nota: 不也 se usa normalmente en preguntas retóricas, similar a una coletilla interrogativa en español.

把字句 "Simplemente hazlo" con 把 bǎ

Cuando un objeto o asunto específico son manipulados, movido o afectado de otra manera, el chino usa la construcción bǎ. Bǎ (que literalmente significa "manilla" o "sujetar con la mano/agarrar") destaca el objeto y, de forma apropiada, le da preponderancia al inicio de la oración. El verbo sigue al objeto y es seguido por algún tipo de complemento —en otras palabras, el verbo no aparece nunca en su forma simple, que indica que acción ha ocurrido y cuál ha sido su resultado.

Mira estas dos distintas situaciones:

我去买书。／我去買書。 Wǒ qù mǎi shū.
我去把（那本）书买回来了。／我去把（那本）書買回來了。 Wǒ qù bǎ (nèi běn) shū mǎi huílái le.

La primera oración significa simplemente que el sujeto va a salir a comprar libros —no uno en especial. En la segunda oración, bǎ automáticamente define el objeto —"Fui a comprar el libro y lo traje".

第十七单元 金窝银窝不如自己的草窝

生词　Vocabulario

住房相关词汇 Palabras relativas al hogar o la casa

cāntīng 餐厅／餐廳 salón/comedor
chúfáng 厨房／廚房 cocina
dìfang 地方 lugar; espacio
fángjiān 房间／房間 habitación
fàntīng 饭厅／飯廳 comedor
gōngyù 公寓 apartamentos; viviendas públicas
hòuyuàn 后院／後院 patio trasero
kètīng 客厅／客廳 salón; sala de estar
liǎng shì yì tīng 两室一厅／兩室一廳 dos dormitorios y un salón/comedor
lóushàng 楼上／樓上 arriba
lóuxià 楼下／樓下 abajo
píngfáng 平房 casa de una sola
qiányuàn 前院 patio delantero
sùshè 宿舍 dormitorio (edificio)
tǒngzilóu 筒子楼／筒子樓 bloque de viviendas
wèishēngjiān 卫生间／衛生間 baño
wòshì 卧室／臥室 dormitorio
xǐshǒujiān 洗手间／洗手間 aseo
yuànzi 院子 patio
zǒuláng 走廊 corredor

名词 Sustantivos

chéng li 城里／城裡 dentro de la ciudad
dàshà 大厦／大廈 edificio
dì 地 suelo
diàn 电／電 electricidad
dǐng lóu 顶楼／頂樓 planta superior; buhardilla
gāolóu 高楼／高樓 edificio alto
gōnggòng cèsuǒ 公共厕所／公共廁所 baño público
huā(r) 花(儿)／花(兒) flor
jìyì 记忆／記憶 recuerdo
lóu 楼／樓 edificio; planta; piso
lóufáng 楼房／樓房 edificio de dos o más plantas
méiyóudēng 煤油灯／煤油燈 lámpara/ linterna de queroseno
nǎinai 奶奶 abuela paterna
nóngcūn 农村／農村 pueblo; zona rural; campo
nóngtián 农田／農田 campo de cultivo
píngfāngmǐ 平方米 metro cuadrado
rénjiā 人家 familia; casa; hogar
shānqū 山区／山區 región montañosa
shìyǒu 室友 compañero de habitación
shuǐní 水泥 cemento
tiān 天 cielo
tiáojiàn 条件／條件 condiciones
wǎ fáng 瓦房 casa con tejado de tejas
xiāngxia 乡下／鄉下 el campo
zhōuwéi 周围／周圍 vecindad; alrededores
zìláishuǐ 自来水／自來水 agua corriente

副词 Adverbios

bǐjiào 比较／比較 relativamente, bastante, comparativamente
chàbuduō 差不多 más o menos
dǐng 顶／頂 muy; lo más; extremadamente
fēicháng 非常 sumamente
hǎo 好 bastante, muy
jīběnshàng 基本上 básicamente, en general, en lo principal
kuài 快 rápido; pronto
quán/quánbù 全／全部 completamente, totalmente, en su totalidad
suíbiàn 随便／隨便 como uno quiera
yí gè rén 一个人／一個人 una persona; solo; por sí mismo
yòu 又 y; además
yǒudiǎn(r) 有点(儿)／有點(兒) algo; más bien; un poco (solo en negativo)

静态动词 Verbos de estado

àn 暗 oscuro; poco iluminado
ānjìng 安静／安靜 tranquilo
chà 差 inferior, pobre
chángjiàn 常见／常見 común; habitual
chǎo 吵 ruidoso
chuántǒng 传统／傳統 tradicional
gǔlǎo 古老 antiguo; viejo
jǐ 挤／擠 lleno de gente; atestado
kuānchang 宽敞／寬敞 espacioso
luàn 乱／亂 desordenado
mēn 闷／悶 cargado
piàoliang 漂亮 bello (a), bonito (a)
tōngfēng 通风／通風 aireado, bien ventilado
zhǎixiǎo 窄小 estrecho, pequeño
zhěngqí 整齐／整齊 ordenado, aseado

其他动词及动词短语 Otros verbos y oraciones verbales

bǐqǐ 比起 comparado con
bùzhì de hěn hǎo 布置得很好 bien amueblado
chuàn 串 ir de un lugar a otro
dài 带／帶 incluir; tener; "venir con"
diǎn 点／點 encender
guāngxiàn hǎo 光线好／光線好 luminoso, bien iluminado
jìde 记得／記得 recordar
kàn bú jiàn 看不见／看不見 no poder ver
shēnghuó 生活 vivir
xiàng 像 como; parecido a
zhòng 种／種 plantar; cultivar

量词 Clasificadores

céng 层／層 (planta, piso): liǎng céng lóu 两层楼／兩層樓 edificio de dos plantas/pisos
dòng 栋／棟 (casa, edificio): yí dòng lóu 一栋楼／一棟樓 un edificio
hù 户／戶 (familia, hogar): yí hù rénjiā 一户人家／一戶人家 una familia
jiā 家 (familia): měi jiā měi hù 每家每户／每家每戶 cada familia y hogar
jiān 间／間 (habitación): sān jiān fángjiān 三间房间／三間房間 tres habitaciones
mǐ 米 (metro): yì bǎi píngfāngmǐ 一百平方米 cien metros cuadrados
tào 套 (conjunto): yí tào fángjiān 一套房间／一套房間 un conjunto de habitaciones
zhǒng 种／種 (especie; tipo; clase): nà zhǒng fángzi 那种房子／那種房子 ese tipo de casa

其他词汇及短语 Otras palabras y expresiones

Āya! 啊呀 ¡Hala!
dāngzhōng 当中／當中 entre
dànshì 但是 pero, sin embargo
dúlì de 独立的／獨立的 independiente (habitaciones, baños, etc.)
gōngyòng 公用 compartido; común; público
jǐ 几／幾 algunos, varios
lái 来／來 sobre; y más (yì bǎi lái mǐ 一百来米／一百來米 sobre unos cien metros)
nà huìr 那会儿／那會兒 en aquel entonces
qízhōng 其中 entre (varios)
ránhòu 然后／然後 entonces; después; luego
suǒyǒu de 所有的 todos
xiǎo shíhou 小时候／小時候 de pequeño; en la infancia
zìjǐ de 自己的 de uno mismo; personal; privado

第十七单元　金窝银窝不如自己的草窝

你能够完成的任务　Lista de lo aprendido

通过本单元的学习，你应当能完成以下任务。

听和说　Escuchar y hablar

- ☐ Hablar a un amigo sobre tu habitación y tu casa.
- ☐ Elogiar la habitación o casa de un amigo.
- ☐ Hablar brevemente sobre la familia en la que creciste.
- ☐ Describir algunos aspectos de las casas chinas más comunes.

任务表

- 任务表中列出的任务是每一单元的教学目标。单元学习结束时，花些时间回顾任务表中所列项目，通过学生的表现，检查他们是否达到了学习目的，这是至关重要的。
- 教师可以根据任务表的内容，设计相关的表演性任务，对学生进行评估。可以参考以下建议：

听和说

- 让学生把列表中的部分或全部任务融入小品的编写中，并在班里表演。

读和写

- 学生们在"阅读真实语言材料"和练习17.24中的表现，可表明他们是否已经达到本部分的目标。
- 教师可将中国大陆和台湾地区的真实房地产广告添加进练习17.21中，以便学生接触不同的广告模式。用"阅读真实语言材料"作为模板，通过设计有效的阅读理解题为学生提供重要的阅读技巧，来帮助他们理解日常真实的广告，例如：广告的结构通常是什么样的？看房地产广告时，人们最希望找到哪些典型信息？中国大陆和台湾地区最大的房屋租赁网站分别是哪个？等等。可以在报纸、杂志、网络上搜集真实材料。

读和写　Lectura y escritura

- ☐ Identificar detalles importantes de un anuncio de alquiler.
- ☐ Leer textos sencillos sobre alojamiento y casas.
- ☐ Escribir una nota a un agente inmobiliario con tus preferencias de alojamiento.

文化理解　Entendimiento cultural

- ☐ Demostrar tu comprensión de las principales diferencias de las condiciones de alojamiento de China en el pasado y el presente.

第十八单元 — UNIDAD 18

"Un paso incesante de coches y caballos"
车水马龙
Chēshuǐ-mǎlóng

Desplazarse y viajar

在本单元，你将学习：如何——

- 说出不同交通方式的名称
- 评论不同种交通方式的利与弊
- 询问并告知购票的方式
- 谈论使用不同交通方式的方法
- 解释在利用不同交通方式时需注意的内容
- 辨别纸币、票据等上面的大写数字
- 辨别运输票据上的信息
- 简单描述你所喜欢的交通方式

如需要本单元的补充材料，请访问环球汉语网站：www.EncountersChinese.com.cn。

Encuentro 1 寻求帮助 Viajar con ayuda

18.1 观看连续剧之前，问问学生记住了上集的哪些内容，鼓励学生尽可能多用中文回答。教师作为"活字典"，可以为学生提供造句、表达观点时所需的词汇。如果时间允许，可以把生词写在黑/白板上。
• 播放视频，让学生放松欣赏。

18.2 • 集体讨论并不利于营造课堂的汉语氛围，因而不是完成本练习的最好方法。相反，可考虑以下方式：(1) 让学生各自回忆他们的经历，安静地记下要点；(2) 鼓励学生与搭档相互用中文讨论和提问。可提供给学生一些引导性的问题，比如：你想去哪儿？你当时在哪儿？你是怎么去的？
• 根据实际情况，学生的答案会不尽相同。本练习的目的就是为了让学生将个人经历与本节内容和语境相联系。本节视频主要讲述艾波茹乘车时下错了站，但通过其他方式到达目的地的故事。

18.3 • 在本练习中，学生既要理解整段对话，也要理解单个的表达，他们需完成多项任务，这样对学生来讲会感觉困难，因而教师可一步一步地对他们进行指导。
• 第一步：让学生看视频，重点完成西班牙文翻译部分的练习。学生可运用语言知识和视觉信息来理解语篇。如有必要，可播放两遍视频让学生完成本练习，鼓励他们与搭档核对答案。
• 第二步：当学生基本理解意思后，让他们注意捕捉拼音内容。如有必要可暂停视频，给学生留出时间写下重要细节。演员有些发音并不清楚，比如，艾波茹有几处发音的声调就不对，还有一名男士说话略带口音。当听到这些地方时，你可大声重复，并指导学生写出正确的拼音和声调。

18.1 看连续剧第十八集，如果有的地方不完全明白也不要担心，只管欣赏就可以！

18.2 准备活动：你是否曾要去某地，但又不认识路，只好去问路，或是需要一边走一边找路呢？请根据自己的经历（可以是真实的也可以是想象的）用西班牙文记下来：

_____

_____

_____

18.3 看视频 "艾波茹去青海湖"（青海湖在史上被称为"库库诺尔"，是中国最大的湖）。请填上拼音和西班牙文。

Pasajero A: Nǐ xiǎng qù ___nǎr___?
(¿Adónde quieres ir?)

April: ___Qīnghǎi Hú___.
(___Lago Qinghai___.)

Pasajero A: Nà hái yuǎnzhe ne. Nǐ xiān yào dào ___qiánmiàn de___ Dàhuá Zhèn, ránhòu cái néng dào Qīnghǎi Hú.
(Eso todavía está lejos. Primero tienes que ir más allá de la ciudad de Dahua y luego podrás llegar al lago Qinghai.)

April: ___Yǒu gōnggòng qìchē ma___?
(___¿Hay autobuses___?)

Pasajero A: Yǒu a. Dào Dàhuá Zhèn ___chēzhàn___ nǐ kěyǐ zuò chángtúchē.
(Hay. En la estación de autobuses de Dahua puedes tomar un autobús de larga distancia.)

April: ___Chēzhàn zěnme zǒu___?
(___¿Cómo puedo ir a la estación___?)

Pasajero A: Yìzhí cháo qián zǒu. Jiù zài qiánfāng.
___Wǎng qián yìzhí zǒu jiù dào le___.
(___Sigue recto. Está un poco más allá___.)

April: _Yǒu duō yuǎn_ ?
(_¿Cuánto lejos está_ ?)

Pasajero A: Méi duō yuǎn. _Zǒulù kěnéng dàgài yào yí kè zhōng ba_. Zài mǎlù yòubian nǐ kěyǐ kàndào chēzhàn de biāozhì.
(No demasiado lejos. Andando probablemente tome un cuarto de hora. En el lado derecho de la carretera verás la señal de la estación de autobuses.)

April: _Xièxie nǐ_.
(_Gracias_ .)

Pasajero B: _Wǒmen yě qù Qīnghǎi Hú de_. Yǒu kǎchē lái jiē wǒmen. Nǐ yàoshi bú jièyì de huà, kěyǐ zuò kǎchē yíkuàir zǒu.
(_Vamos también al Lago Qinghai_. Un camión viene a recogernos. Si no tienes inconveniente, puedes venir con nosotros.)

April: _Zhēnde ma? Hǎo a_ !
(_¡Genial!_ !)

Pasajero A: _Zhè shì wǒ de xīn péngyou_. Bǎ tā dàishang ba.
(_Este es mi amiga_. Por favor, déjala subir.)

Truck driver: _Hǎo a, hǎo a_.
(_Ok, vale._)

Pasajero A: Nín zuò jiàshǐshì ba!
(¡Siéntate en la cabina!)

April: _Bú yào, bú yào_.
(_No nececitan_ .)

Pasajero B: _Nín jiù zuò jiàshǐshì ba_ !
(¡Vamos, súbete en la cabina!)

Pasajero A: Nín zuòdào jiàshǐshì ba! Nín shì yuǎn dào lái de kèren, _bú yào kèqi_.
(¡Siéntate en la cabina! Eres una invitada de muy lejos. No seas tan educada [ponte cómoda].)

April: _Bù hǎoyìsi, tài xièxie le_ !
(Te lo agradezco. ¡Muchas gracias!)

18.4 请填上对应的西班牙文。

a. Nà hái yuǎnzhe ne.	那还远着呢。／那還遠著呢。	
b. gōnggòng qìchē	公共汽车／公共汽車	
c. chángtúchē	长途车／長途車	
d. Chēzhàn zěnme zǒu?	车站怎么走？／車站怎麼走？	
e. cháo qián zǒu	朝前走	
f. jiù zài qiánfāng	就在前方	
g. méi duō yuǎn	没多远／沒多遠	
h. chēzhàn de biāozhì	车站的标志／車站的標誌	
i. kǎchē	卡车／卡車	
j. lái jiē wǒmen	来接我们／來接我們	
k. bú jièyì	不介意	
l. jiàshǐshì	驾驶室／駕駛室	
m. yuǎndào lái de kèren	远道来的客人／遠道來的客人	
n. bù hǎoyìsi	不好意思	

18.4 ● 在练习之前，先让学生读懂练习要求，是要求填写所列词汇的西语翻译。
● 练习18.3的答案可为学生提供帮助。

18.4 答案
a. todavía está lejos.
b. autobús.
c. autobús de larga distancia
d. ¿Cómo puedes ir a la estación?
e. sigue recto.
f. está un poco más allá.
g. no muy lejos.
h. signo de la estación
i. camión
j. venir a recibirnos
k. no importar
l. cabina de conducción
m. huéspedes provenientes de lejos
n. te lo agradezco

18.5 你搭过便车吗？如果搭过，请在下面写出相关细节，比如搭便车的地点、时间和原因等。请写拼音或者汉字。

18.5 ● 为了营造汉语氛围，在本练习中，你可以尝试以下方法：第一，让学生各自回忆他们的经历，并安静地记下要点；第二，鼓励学生与搭档用中文讨论和提问。可提出一些引导性的问题，比如：你想去哪儿？你当时在哪儿？谁帮助了你？你说了什么？
● 根据实际情况，学生的答案会各不相同。本练习是为了给学生编写和表演练习18.6的小品而作准备。

18.6 两人一组练习：设计编写一个小品，其中一人问去一个较远的地方怎么走，另一人给出回答。排练小品，直到可以脱稿，然后向其他小组或全班同学表演。下面是一些供复习的表达，可根据需要使用。

> Qǐngwèn, dào _____ zěnme zǒu?
> Yìzhí wǎng qián zǒu jiù dào le.
> Guò liǎng gè lùkǒu jiù dào le.
> Xiàng yòu guǎi jiù dào le.
> Lí zhèr yuǎn bu yuǎn?
> Hěn yuǎn. Zǒulù zǒu bu dào. Děi zuò chē.
> Chēzhàn ne?
> Yào zuò nǎ lù chē?
> Děi zuò jǐ zhàn?
> Kěyǐ qí zìxíngchē qù ma?
> Bù yuǎn, jiù zài qiánmiàn. Kànjiàn le ma?
> Wǒ kěyǐ dā nǐ de biànchē ma?

18.6 • 在编写小品前，让学生先用一些时间复习这些表达。可提示他们运用练习18.3和18.4来推测这些看似生疏的语句表达的意思。

• 除了复习这些表达外，还可鼓励学生使用目前为止已介绍过的语言点来创造新的表达方式。

_____
_____
_____
_____
_____
_____
_____

Encuentro 2 骑自行车　Montar en bicicleta

18.7 准备活动：如果有人问你骑车是为了娱乐还是用以出行，你怎么回答？用西班牙文记下来。

_____
_____

在 Encuentro 2 这一部分中，学生将看到两人谈论在中国骑自行车的情况。学生将了解到自行车的使用频率、自行车的种类以及谁经常骑车等内容。

18.7 • 给学生几分钟时间安静地作记录。如果此时让他们用西班牙语讨论，将不利于营造汉语氛围。

• 学生的偏好不同，答案也会各不相同。本练习主要是为了帮助学生去思考自己是如何使用自行车的。

214 第十八单元 车水马龙

18.8 ● 作为看视频前的热身练习，教师可以让学生先分别读以下对话中的拼音和西班牙文，并猜测标红词语的意思，然后在横线上写出猜测的答案。观看视频时，再让学生用另一种颜色的笔把句子填写完整，对比前后两次的答案，看看他们的猜测是否准确。

● 学生应能利用视频和熟悉的表达推断出标红词语的正确意思。练习中，可在不同的地方要求学生互相比较答案。最后再提供参考答案，并再次播放视频，让学生注意这些表达在语境中的使用。

18.8 答案
a. raramente
b. debería
c. si
d. eléctrico
e. más y más
f. montar en motocicletas
g. hace falta
h. pero
i. oportunidad
k. carril especial para bicicletas
l. conveniente

18.8 看视频"唐润（Stephen Tschudi）和舒宁讨论骑车"。指出以下各句是谁说的，并依据标红的中文，填空完成西班牙文句子。

	Stephen	宁／寧
a. Wǒ hěn shǎo qí zìxíngchē. (Monto _____ en bicicleta.)	☑	☐
b. Wǒ yīnggāi duō qí zìxíngchē. (_____ montar en bicicleta más a menudo.)	☑	☐
c. Wǒ juéde rúguǒ nǐ qù Běijīng de huà, nǐ yīnggāi zài Běijīng qíqi zìxíngchē gǎnshòu yíxià. (Creo que _____ vas a Beijing, debes montar en bicicleta y probar qué se siente.)	☐	☑
d. À, zhèr yǒu yìxiē zìxíngchē shì diàndòng de. Duì bu duì? (Ah, aquí hay algunas bicicletas que son _____. ¿Correcto?)	☑	☐
e. Duì, xiànzài diàndòng zìxíngchē yuèláiyuè duō le. (Correcto. Hay _____ bicicletas eléctricas actualmente.)	☐	☑
f. Yīnwèi mótuōchē, zài Běijīng qí mótuōchē shì bú tài róngyì de. (Porque _____ motocicletas en Beijing no es fácil.)	☐	☑
g. Nǐ xūyào kǎo yí ge mótuōchē de zhèng. (_____ examinarse para obtener un permiso de motocicletas.)	☐	☑
h. Dànshì diàndòng zìxíngchē jiù bú yòng le. (_____ para llevar bicicletas eléctricas no es necesario.)	☐	☑
i. Suǒyǐ hěn duō rén dōu xuǎnzé diàndòng zìxíngchē. (Por eso mucha gente _____ las bicicletas eléctricas.)	☐	☑
j. Ò, yuánlái zhèyàng. (Oh, resulta que es así.)	☑	☐
k. Nǐ kàn, zài Běijīng yǒu zhuānmén de zìxíngchē dào. (¡Mira! En Beijing hay _____ especiales.)	☐	☑
l. Zhèyàng bǐjiào fāngbiàn, yě bǐjiào ānquán. (De esta forma es más _____ y bastante seguro.)	☐	☑

18.9 你骑自行车时有哪些习惯？你骑车是为了交通出行、娱乐，还是其他原因？看一看以下哪个表述与你的情况一致，在前边的框中画"✓"；如果都不一致，可以在老师的帮助下描述自己的情况。

☐ Wǒ měi tiān qí zìxíngchē shàngbān huòzhě shàngxué.

我每天骑自行车上班或者上学。
我每天騎自行車上班或者上學。

☐ Wǒ ǒu'ěr *(ocasionalmente)* qí. Wǒ qí zìxíngchē shì wèile duànliàn shēntǐ huòzhě yúlè.

我偶尔骑。我骑自行车是为了锻炼身体或者娱乐。
我偶爾騎。我騎自行車是為了鍛煉身體或者娛樂。

☐ Wǒ xǐhuan qí zìxíngchē, kěshì xiànzài wǒ méiyǒu zìxíngchē.

我喜欢骑自行车，可是现在我没有自行车。
我喜歡騎自行車，可是現在我沒有自行車。

☐ Wǒ xǐhuan qí zìxíngchē, kěshì xiànzài méiyǒu jīhuì qí.

我喜欢骑自行车，可是现在没有机会骑。
我喜歡騎自行車，可是現在沒有機會騎。

☐ Wǒ hái méi xuéhuì qí zìxíngchē.

我还没学会骑自行车。
我還沒學會騎自行車。

☐ Wǒ huì qí zìxíngchē, kěshì bù xǐhuan qí.

我会骑自行车，可是不喜欢骑。
我會騎自行車，可是不喜歡騎。

☐ Wǒ juéde qí zìxíngchē tài wēixiǎn le.

我觉得骑自行车太危险了。
我覺得騎自行車太危險了。

☐ _____

【你自己的情况】

18.9 本练习为阅读练习，通过将新的表达用于略有不同的语境以及句子结构里，让学生进一步熟悉这些表达。如果学生想在空白处写出自己的句子，他们应模仿练习提供的这些句子。

18.10 互动练习：在同学中走一走，问他们："你经常骑自行车吗？"根据他们的答案作个调查，并在表格中写下同学的名字。

Monta diaria/frecuentemente para ir al trabajo o a la escuela.	
Monta a veces para hacer ejercicio o por placer.	
No tiene bicicleta o no tiene oportunidad de montar.	
No sabe montar en bicicleta.	
No le gusta montar en bicicleta o piensa que es peligroso.	
Otras respuestas:	

在 Encuentro 3 这一部分中，学生将看到两人在谈论中国的公共汽车，并了解到在中国乘坐公共汽车的相关信息，包括购票方式、票价、售票点、看路线图等内容。

Encuentro 3　乘公共汽车　Viajar en autobús

18.10 把自己当成学生中的一员，和他们一起练习。利用这个机会了解学生的表现，但不能打断他们的谈话来纠正错误，除非这个错误严重改变了学生本想表达的意思。如果在学生中发现了普遍性的错误，可将其记录下来，活动结束之后，再和全班同学一起讨论。

18.11 让学生用西班牙文安静地写出答案。

18.12 ● 作为看视频前的热身练习，可先让学生阅读这些问题并尽力猜答案，在空白处写下所猜的答案。看完视频后，学生可将实际答案与所猜的答案进行对比。学生的猜测应该是基于其在美国乘坐公共汽车的经历，他们会发现一些重要的文化差异。

● 练习18.12是练习18.13和18.14的热身练习。在本练习中，学生将视频大致看懂，并根据视觉信息来推测语意。在接下来的两个练习中，应指导学生注意语言细节。

18.11 准备活动：如果有人要在你的家乡乘坐公共汽车，你将如何指导他？用西班牙文记下来。

_____

_____

 18.12 看视频"唐润（Stephen Tschudi）和舒宁讨论乘坐公共汽车"。用西班牙文回答下列问题。

a. ¿Dónde están estas personas? ¿Qué están haciendo?
　　Están en una estación de autobuses. Están esperando el autobús.

b. Cuando el autobús llega a una parada, ¿cómo saben los pasajeros que han llegado?
　　Hay un aviso que te indica cuál parada ha llegado.

c. ¿Dónde suben y bajan del autobús las personas?
　　La gente sube al autobús por la puerta delantera y baja por la puerta trasera.

d. ¿Cómo pagan los pasajeros el billete de autobús?
　　Ellos usan la tarjeta de transporte que pueden comprarla en la estación grande de autobuses y en la estación de metro.

18.13 请再看一次录像片断。然后在横线上填上拼音。

a. Zhèxiē rén ___zài děng___ gōnggòng qìchē.
   (Estas personas están esperando el autobús.)

b. Zài gōnggòng qìchē ___zhàn___.
   ([Están] en la parada del autobús.)

c. Nà tā ___jìn zhàn___ de shíhou, huì bu huì yǒu shēngyīn zài ___gàosu___ nǐ tā dào-le shénme ___zhàn___ ne?
   (Entonces, cuando se acerca una parada ¿hay una voz que dice a qué parada has llegado?)

d. Huì yǒu. Huì gàosu nǐ, shénme shénme zhàn dào le. ___Qǐng nín xià chē___.
   (La hay. Te dice que has llegado a tal o cual parada y que por favor salgas del autobús.)

e. Nǐ kàn, dàjiā dōu shì cóng qián mén ___shàng chē___, hòu mén ___xià chē___.
   (Mira, todos suben por la puerta delantera y salen por la puerta trasera.)

f. Nà qián mén shàngqù yǐhòu, yào mǎshàng ___gěi qián___ ma?
   (Entonces, cuando subes por la puerta delantera ¿tienes que pagar inmediatamente?)

g. Yào ___shuā kǎ___?
   (¿Hay que validar una tarjeta?)

h. Zài Běijīng, xiànzài, dàjiā chángcháng yòng ___gōngjiāo kǎ___. Yīnwèi zhèyàng, yí gè bǐjiào ___fāngbiàn___, èr bǐjiào ___piányi___.
   (En Beijing, ahora normalmente todos usan una tarjeta de transporte público. Porque de esta forma, primero, es bastante conveniente y, segundo, es más barato.)

i. Chē shang bù néng mǎi. Nǐ děi qù bǐjiào dà de ___chēzhàn___, huòzhě shì dìtiězhàn, nǐ ___kěyǐ mǎidào___.
   (No puedes comprarla a bordo. Tienes que ir a una parada bastante grande o a una estación de metro y allí puedes comprarla.)

j. Rúguǒ shì yí gè hěn ___cháng___ de chē, yǒu sān gè mén de huà, ___yìbān___ shì ___zhōng mén___ shàng chē, qián-hòu mén xià chē.
   (Si se trata de un autobús muy largo con tres puertas, normalmente se sube por la puerta central y se baja por la delantera o la trasera.)

18.13 • 你可能需要多次播放或暂停视频，给学生一些提示，要给学生足够的时间写出正确答案。
• 完成本练习后，鼓励学生两人一组或几人一组核对答案并互相帮助。

18.14 • 在本练习中，有些题设计为选择题，体现出有些词存在着一词多义的现象。有些词学生以前已经学过，但由于在此处出现的语境不同，其意义也发生了变化，学生可依据本单元语境，作出有根据的猜测。不过重要的还是要问学生，比如在题g中，"时间表"意思是"horario"，那么"ver"用什么词来表示呢？

• 教师也可鼓励学生依据多音节词的构成来推测词义。例如：时间表 (*shíjiānbiǎo*) 一词是由"时间 (tiempo)"和"表 (ver)"组成的，意为"calendario"或"horario"；或是指出"路 (*lù*)"一词在不同语境中的不同意义，比如路程 (*lùchéng*)、路线 (*lùxiàn*)、几路车 (*jǐ lù chē*)、六路车 (*liù lù chē*)。

• 这里提供几点建议，可帮助学生完成其他选择题：k. 用于描述地址时，calle="马路"或"路"；l. varios autobuses=几辆车；m. seis buses=六辆车；dar vuelta el bus=令车转向。

k. Dànshì wǒ ___juéde___ rúguǒ nǐ qù Běijīng de huà, nǐ ___gēnzhe___ dàbùfen rén zǒu jiù ___kěyǐ le___.
(Pero pienso que, si vas a Beijing, será suficiente con que sigas a la mayoría de la gente.)

l. Tāmen ___zěnme zuò___, wǒ jiù ___zěnme zuò___.
(Lo que ellos hagan, haré yo también.)

m. Nèi ge rén zài ná kǎ. Tā ___shǒu li___ yǒu kǎ.
(Esa persona lleva una tarjeta. Tiene una tarjeta en la mano.)

n. Ò, bú shì, tā huì gēnjù nǐ de ___lùchéng___ de ___chángduǎn___ lái suàn nǐ děi fù ___duōshao qián___.
(Oh, no es así. Se calcula cuánto dinero tienes que pagar en función de la distancia de tu viaje.)

o. Nà tā shì yí gè hěn ___cōngming___ de kǎ.
(Entonces es una tarjeta muy inteligente.)

18.14 词汇复习和扩展：请在横线上填入对应的西班牙文，或者选一个答案。

a. gōnggòng qìchē	公共汽车／公共汽車		autobús
b. gōnggòng qìchēzhàn	公共汽车站／公共汽車站		estación de autobús
c. shàng chē	上车／上車		subir al autobús
d. xià chē	下车／下車		bajar del autobús
e. chēpiào	车票／車票		ticket
f. qián, zhōng, hòu mén	前、中、后门／前、中、後門		puerta delantera/central/trasera
g. shíjiānbiǎo	时间表／時間表		☑ *horario* ☐ *reloj*
h. gōngjiāokǎ	公交卡		tarjeta de transporte
i. shuā kǎ	刷卡		validar una tarjeta

j. lùchéng	路程	trip	
k. lùxiàn	路线／路線	☐ carretera ☑ línea	
l. Jǐ lù chē?	几路车？／幾路車？	☑ ¿Qué número (línea) de autobús? ☐ ¿Cuántos autobuses hay en la carretera?	
m. liù lù chē	六路车／六路車	☑ Autobús N.6 ☐ seis autobuses	
n. yì bān chē	一班车／一班車	☑ un turno ☐ un tipo de autobús	
o. zhuǎn chē	转车／轉車	☐ gira el autobús ☑ cambiar de autobús	

INFO 供你参考

Olvida el automóvil; toma el autobús

La vida en nuestra sociedad gira en torno al automóvil. Si tienes que ir a alguna parte, salta en tu automóvil y ponte en marcha. Como ya se dijo en la Unidad 10 del Libro 1 (ver página 261), la vida en China también se está volviendo más orientada al uso del automóvil. Sin embargo, tomar el autobús sigue siendo la primera opción para la mayoría de las personas —por buenas razones—, porque llegan prácticamente a todas partes. En desplazamientos de larga distancia (长途旅行／長途旅行 *chángtú lǚxíng*), los billetes de autobús son normalmente más baratos que los billetes de tren, y mucho más fáciles de adquirir. Busca los autobuses extranjeros más nuevos y lujosos, aunque montar en los viejos y desvencijados autobuses chinos pueden ser más beneficiosos para tu chino. Igual que en los trenes, hay "autobuses cama" para viajar a lugares lejanos y minibuses para ir a lugares cerca de casa. Usar la red local de autobuses en combinación con el metro (en grandes ciudades) es la forma más barata y conveniente de desplazarse de un lugar a otro, con excepción de la bicicleta, por supuesto.

Pero, ¿y si te gusta conducir? Bien, las guías de viaje dirán que estás loco. ¿Por qué? En primer lugar, porque tendrás que hacer el examen de conducir y pasar una revisión médica, y normalmente son más estrictos que en otros países. El proceso toma varias semanas y te costará dinero. Y lo que es más importante, los conductores chinos a menudo ignoran los reglamentos de tráfico. Ahórrate preocupaciones: llama al autobús o hincha las ruedas de tu bicicleta. Estarás mejor, tu chino probablemente mejorará y es muy posible que hagas nuevos e interesantes amigos.

供你参考

采用如下三个建议，检查学生的理解情况：
1. 可把该部分布置为家庭作业，让学生两人一组或几人一组编写和表演小品，展示该部分的主要内容。
2. 通过问某些引导性问题，如"在中国，你最好是坐公车和地铁还是自己开车？为什么？在中国考驾照容易吗？"等，引导学生用中文讨论。
3. 让学生根据该部分内容，设计几句中文的表述，让其他同学判断正误。鼓励学生使用本单元已经学过的表达。也可布置为家庭作业，让学生将设计好的表述带到课堂，考考其他同学。

18.15 • 这实际上是一个仿写练习，范例段落教会学生如何使用新的语言表达方式组织或重组句子。确保学生在开始写作前能够理解该段落。如有必要，可留出充足的时间，让学生针对范例段落的意思提问。

• 由于社区的大小和地段不同，学生们也许还没有乘坐公交系统的经历，写不出相关材料。如果这样，你可以搜集附近城市或其他大城市的地铁、公交线路图，学生可根据这些线路图进行描述。

18.15 两人一组练习：假定你接到一个电话或收到一份电子邮件，其信息以拼音和汉字两种方式记录如下。请参照这一范例，与搭档一起描述从你们当前的所在地到几公里外的一个购物中心的乘车路线。

Cóng wǒmen zhèr zuò gōnggòng qìchē dào gòuwù zhōngxīn fēicháng róngyì. Chēzhàn jiù zài wǒmen lóu wàimiàn. Nǐ kěyǐ zuò liù lù huò sì lù gōnggòng qìchē. Liù lù chē kěyǐ zhíjiē dào gòuwù zhōngxīn, Zhōuyī dào Zhōuwǔ, měi èrshí fēnzhōng yì bān. Sì lù chē gèng duō: měi shí fēnzhōng yì bān, kěshì děi zhuǎn chē. Xiān zuòdào yóujú nàr xià chē, zài zhuǎn shíwǔ lù. Shíwǔ lù yě hěn duō, dàgài měi shí fēnzhōng yì bān. Yìbān shì cóng qián mén shàng chē, hòu mén xià chē. Shàng chē yào mǎi piào, chē piào shì liǎng kuài qián yí gè rén, bìxū gěi xiànjīn, yě bù néng zhǎoqián. Zhuǎn chē bú yòng zài gěi qián; gēn sījī ná yì zhāng zhuǎn chē piào jiù kěyǐ le. Lùchéng dàgài xūyào shíwǔ fēnzhōng.

从我们这儿坐公共汽车到购物中心非常容易。车站就在我们楼外面。你可以坐六路或四路公共汽车。六路车可以直接到购物中心，周一到周五，每二十分钟一班。四路车更多：每十分钟一班，可是得转车。先坐到邮局那儿下车，再转十五路。十五路也很多，大概每十分钟一班。一般是从前门上车，后门下车。上车要买票，车票是两块钱一个人，必须给现金，也不能找钱。转车不用再给钱，跟司机拿一张转车票就可以了。路程大概需要十五分钟。

從我們這兒坐公共汽車到購物中心非常容易。車站就在我們樓外面。你可以坐六路或四路公共汽車。六路車可以直接到購物中心，週一到週五，每二十分鐘一班。四路車更多：每十分鐘一班，可是得轉車。先坐到郵局那兒下車，再轉十五路。十五路也很多，大概每十分鐘一班。一般是從前門上車，後門下車。上車要買票，車票是兩塊錢一個人，必須給現金，也不能找錢。轉車不用再給錢，跟司機拿一張轉車票就可以了。路程大概需要十五分鐘。

你的描述：
_____
_____
_____
_____
_____

现在交换搭档，将你们的描述读给新搭档听，看对方是否能猜对你们所描述的购物中心。

Un poco de gramática 语法点滴

Expresar antes y ahora

Hasta el momento hemos aprendido a usar 了 *le* y 过／過 *guo* para expresar algo sobre acciones que han ocurrido.

了 *le*

- Puede indicar que una acción se ha completado.
  Wǒ chīle liǎng wǎn fàn. 我吃了两碗饭。／我吃了兩碗飯。 *(Comí dos cuencos de arroz.)*

- Puede indicar que cuando una acción se ha completado otra va a comenzar.
  Wǒ chīle fàn jiù zǒu. 我吃了饭就走。／我吃了飯就走。 *(Me marcharé cuando termine de comer.)*

- Puede indicar un cambio de una vieja situación a una nueva.
  Tā yǐqián hěn pàng, xiànzài shòu le. 他以前很胖，现在瘦了。／他以前很胖，现在瘦了。 *(Antes estaba gordo pero ahora ha adelgazado.)*

(Mira la sección "Un poco de gramática" de la Unidad 11 (página 5) para más información sobre 了.)

过／過 *guo*, cuando va junto al verbo, indica una experiencia pasada.

Wǒ qùguo Zhōngguó. 我去过中国。／我去過中國。  *(He estado en China)*

(Mira la sección "Un poco de gramática" de la Unidad 4 del Libro 1 (página 101) para más información sobre 过／過.)

Ahora algunas más.

- Usa 在 *zài* antes del verbo para expresar una acción en progreso. En los siguientes ejemplos, 在 *zài* está marcado en rojo y los verbos en azul.
  Tā bú shì zài xuéxí, tā zài huàhuàr. 她不是在学习，她在画画儿。／她不是在學習，她在畫畫兒。 *(Ella no está estudiando, está pintando.)*

语法点滴

帮助学生学习这些语法点的意思、用法和形式，最好的办法不是照本宣科，而是要为学生创造机会，在语境下运用和学习它们。例如，可让学生运用已提及的语法点来设计和表演小品。不过，在学生记住并向同学表演小品前，你要收集他们的剧本，提供建设性的反馈。

Nǐ jìnlái zài zuò shénme? 你近来在做什么？／你近來在做甚麽？ (¿Qué estás haciendo últimamente?)

Nǐ zài shuō shénme ya? 你在说什么呀？／你在說甚麽呀？ (¿De qué estás hablando?)

- Añade 呢 *ne* para enfatizar que la acción está ocurriendo en este momento.

  Lǎo Lǐ zài lóushàng shuìjiào ne. 老李在楼上睡觉呢。／老李在樓上睡覺呢。 (Lao Li está arriba durmiendo.)

- Usa 正在 *zhèngzài* en lugar de 在 para hacer mayor énfasis en que la acción está ocurriendo en este mismo momento.

  Tā zhèngzài dǎ diànhuà (ne). 她正在打电话(呢)。／她正在打電話(呢)。 (Está haciendo una llamada en este momento.)

在 Encuentro 4 这一部分，学生将看到两人谈论中国的城市轨道及地铁交通，他们将了解到在中国乘轨道交通或地铁的实用信息，包括购票、票价、购票处、看路线图等。

Encuentro 4 乘坐城铁或地铁
Viajar en tren interurbano o metro

18.16 • 给学生几分钟在课本上作记录。尽量避免此时在课堂上用西班牙语讨论，因为你要营造一个汉语氛围。
• 根据学生的个人经历，答案会各不相同，本练习旨在让学生和即将介绍的内容建立联系。

18.16 准备活动：你搭乘过城铁或地铁吗？根据你的经历，用西班牙文记下要点。如果你没有类似经历，可以展开想象。

_____
_____
_____

18.17 • 也许可以告诉学生，他们要找的答案不一定出现在同一句话中。换句话说，本练习更具挑战性，因为学生不是简单地去填写句中缺失的词，或跟听某一语音提示。在此，学生需要看完整段视频，推理语意，并根据语意回答每个问题。
• 在练习过程中，可分几次鼓励学生两人一组或几人一组核对答案。

18.17 看视频"史蒂文·楚迪和舒宁讨论乘坐城铁或地铁"。请用拼音填空。

a. Q: ¿Qué hacen esas personas?

   A: Tāmen zài páiduì _____mǎi piào_____ .

b. Q: ¿Cuál es la diferencia entre *chéngtiě* y *dìtiě*?

   A: Chéngtiě chángcháng shì zài _____dìshàng_____ de, dìtiě chángcháng shì zài _____dìxià_____ de.

c. Q: ¿Qué dos ciudades se mencionan?

   A: _____Běijīng_____ hé _____Shànghǎi_____.

d. Q: ¿Qué deben hacer los pasajeros para entrar en la estación?

   A: Tāmen yào ____shuākǎ____ jìnzhàn.

e. Q: En Shanghai, ¿cómo se determinan los precios del *chéngtiě*?

   A: Dōu shì gēnjù ____jùlí (lùchéng)____ de chángduǎn suàn de.

f. Q: ¿Suele viajar mucha gente en *chéngtiě*?

   A: Shì de. Chéngtiě li chángcháng huì yǒu hěn duō rén, hěn __jǐ__.

g. Q: ¿Por qué todo el mundo espera dentro de la línea blanca?

   A: Yīnwèi zài báisè de xiàn ____lǐmiàn____ bǐjiào ____ānquán____.

18.18 请在横线上填入对应的拼音。

18.18 学生可利用练习18.17中的相关信息完成本练习。

18.18 答案
a. páiduì mǎi piào
b. zuò chéngtiě
c. zuò dìtiě
d. dìxià
e. dìshàng
f. shuākǎ
g. jìn zhàn
h. piào jià hěn gāo
i. piào jià hěn dī
j. shàng chē
k. xià chē
l. Rén hěn duō, hěn jǐ.

a. hacer cola para comprar billetes	排队买票／排隊買票	_____
b. viajar en tren interurbano	坐城铁／坐城鐵	_____
c. viajar en metro	坐地铁／坐地鐵	_____
d. bajo tierra	地下	_____
e. sobre tierra	地上	_____
f. validar la tarjeta	刷卡	_____
g. entrar a la estación	进站／進站	_____
h. el precio del billete es alto	票价很高／票價很高	_____
i. el precio del billete es bajo	票价很低／票價很低	_____
j. subir al tren	上车／上車	_____
k. bajar del tren	下车／下車	_____
l. Hay mucha gente, está abarrotado.	人很多，很挤。／人很多，很擠。	_____

供你参考

建议采用以下三种方法,检查学生的理解情况:

1. 让学生两人一组或几人一组编写和表演小品,演示该部分内容。
2. 通过引导性问题(比如"在中国,我们排队吗?"等等),让全班用中文进行讨论。
3. 让学生根据该部分内容,设计几句中文的表述,让其他同学判断正误。鼓励学生使用本单元已经学过的表达。也可布置为家庭作业,让学生将设计好的表述带到课堂,考考其他同学。

INFO 供你参考

Cultura y comportamiento: hacer cola

Más allá del refugio seguro de las grandes ciudades como Beijing o Shanghai, los viajeros a veces tienen la impresión de que siempre hay presente una masa impaciente de personas donde y cuando se necesita comprar billetes o acceder a otro servicio. En ciertas circunstancias como comprar billetes o subir al tren o al autobús —especialmente en ciudades pequeñas o en las zonas rurales—, hacer cola educadamente puede parecer la excepción en vez de la norma.

De hecho, excepto en determinadas circunstancias especiales o fechas del año (como el Año Nuevo Chino), muchos chinos, especialmente en las grandes ciudades, esperan que todos respeten hacer cola educadamente. Muchas veces lo hacen en colas increíblemente largas —como es de esperar en un país con una población tan grande como la china. No obstante, si un día te encuentras en una situación en la que te has puesto en cola, pero de pronto aparece una masa indisciplinada de personas ante ti, lo único que tienes que hacer es sumergirte en ella y olvidar las formas momentáneamente. Sigue el ejemplo de la gente a tu alrededor: presiona, empuja, grita, agita tu dinero y olvida evitar el contacto físico. Por el momento, haz lo mismo que los demás si deseas llegar adonde quieres ir.

18.19 • 本练习要求学生用练习18.17和18.18中所介绍的表达来造句,描述他们的感受。

• 教师可能需要在课堂上留出时间,帮助学生写句子。你可以作为"活字典",根据他们的需要提供新词,一定要把这些新词写在黑/白板上,并提醒学生用"请问……对吗"这一句型来进行确认。

18.19 写两至三句话,介绍你所熟悉的城市轨道或地铁系统。如果你从未搭乘过城铁或地铁,那就描述一下你在本单元视频中所见到的交通系统。

_____
_____

18.20 两人一组练习:问问搭档:"你坐过城铁或者地铁吗?你觉得坐城铁或者地铁怎么样?"轮到你回答时,可使用你在练习18.19中所写的句子。

语法点滴

这一部分所讲的语法点和解释是相当直白的,可设计活动让学生在语境中学习,而不必照本宣科。比如,让学生两人一组或几人一组编写小品,并要求他们将本部分提及的大多数或所有的语法点都编进小品中。先留出时间对学生的剧本进行点评,并给出建设性的反馈,然后再让学生熟悉小品。

Un poco de gramática 语法点滴

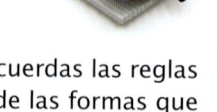

Pon a prueba tu habilidad con las oraciones

¿Has intentado unir dos o tres ideas seguidas en chino? ¿Recuerdas las reglas de la gramática española? A continuación, se incluyen algunas de las formas que tiene el chino para vincular ideas. Algunas ya las has visto y otras son nuevas. Todas te van a resultar muy útiles.

■ **Expresar causa/razón y efecto**

因为／因為___所以___; yīnwèi ___ suǒyǐ ___ (porque ___, por lo tanto ___)

Usar 因为／因為 yīnwèi y 所以 suǒyǐ juntos sirve para enfatizar una relación causal (porque X, por lo tanto Y). En el habla coloquial, 因为／因為 puede ser omitido.

(Yīnwèi) nǐ qù, suǒyǐ wǒ yě qù.

（因为）你去，所以我也去。／（因為）你去，所以我也去。

([Porque] Tú vas, por eso yo también voy.)

(Yīnwèi) tāmen méi mǎi dìtú, suǒyǐ mílù le.

（因为）他们没买地图，所以迷路了。／（因為）他們沒買地圖，所以迷路了。

([Porque] No compraron un mapa, por eso se perdieron.)

■ **Expresar suposición**

如果___就___; rúguǒ ___ jiù ___ *(si)*

要是___就___; yàoshi ___ jiù ___ *(si)*

Nǐ rúguǒ qù, wǒ yě jiù qù, nǐ rúguǒ bú qù, wǒ yě jiù bú qù.

你如果去，我也就去，你如果不去，我也就不去。

(Si tu vas, yo también iré. Si tú no vas, yo tampoco iré.)

Yàoshi tāmen mǎile dìtú, jiù bú huì mílù le.

要是他们买了地图，就不会迷路了。／要是他們買了地圖，就不會迷路了。

(Si hubieran comprado un mapa, no se habrían perdido)

■ **Expresar una condición (1)**

只要___就___; zhǐyào ___ jiù ___ *(en el caso de que ___, entonces ___)*

Zhǐyào nǐ qù, wǒ yě jiù qù.

只要你去，我也就去。
(En el caso de que tu vayas, yo también iré.)

Zhǐyào nǐ yǒu dìtú, nǐ jiù bú huì mílù.

只要你有地图，你就不会迷路。／只要你有地圖，你就不會迷路。
(En el caso de que tengas un mapa, entonces no te perderás.)

■ **Expresar una condición (2)**

只有___才___; zhǐyǒu ___ cái ___ *(solo si ___, entonces ___)*

Zhǐyǒu nǐ qù wǒ cái qù.

只有你去我才去。
(Solo iré si tu vas.)

Zhǐyǒu yǒu dìtú, nǐmen cái bú huì mílù.

只有有地图，你们才不会迷路。／只有有地圖，你們才不會迷路。
(Solo si tienes un mapa no te perderás) [Tienes que tener un mapa o de lo contrario te perderás.]

第十八单元　车水马龙

■ Expresar que ocurre algo contrario a lo esperado

虽然＿＿可是＿＿；雖然＿＿可是＿＿; suīrán ＿＿ kěshì ＿＿ (aunque ＿, pero, sin embargo)

Suīrán tiānqì bú tài hǎo, kěshì wǒ háishi qù le.

虽然天气不太好，可是我还是去了。／
雖然天氣不太好，可是我還是去了。
([Aunque] Hacía mal tiempo, pero fui de todas formas.)

Suīrán méiyǒu dìtú, kěshì wǒmen méiyǒu mílù.

虽然没有地图，可是我们没有迷路。／
雖然沒有地圖，可是我們沒有迷路。
(Aunque no teníamos un mapa, [sin embargo] no nos perdimos.)

■ Expresar determinación

不管＿＿还是／還是＿＿; bùguǎn ＿＿ háishi ＿＿ (no importa ＿)

无论／無論＿＿还是／還是＿＿; wúlùn ＿＿ háishi ＿＿ (no importa ＿)

Wúlùn zěnyàng, wǒ háishi yào qù.

无论怎样，我还是要去。／無論怎樣，我還是要去。
(No importa lo que pase, iré de todas formas)

Bùguǎn nǐ qù bu qù, wǒ háishi huì qù de.

不管你去不去，我还是会去的。／不管你去不去，我還是會去的。
(No importa si tú vas o no, iré de todas formas)

■ Expresar secuencia temporal

- 一＿＿就＿＿; yī ＿＿ jiù ＿＿ (en cuanto ＿, entonces ＿)

    Wǒ yì shuō, tā jiù dǒng le.

    我一说，他就懂了。／我一說，他就懂了。
    (En cuanto hablé, él entendió [lo que dije].)

- ＿＿的时候／時候＿＿; ＿＿ de shíhou ＿＿ (＿ cuando/durante ＿)

    Nǐ qù mǎi piào de shíhou, bié wàngle gěi wǒ mǎi yì zhāng.

    你去买票的时候，别忘了给我买一张。／你去買票的時候，別忘了給我買一張。
    (Cuando vayas a comprar billetes, no olvides comparme uno.)

- ＿＿以后／以後; ＿＿ yǐhòu (después)

    Nǐ dàole yǐhòu, bié wàngle gěi wǒ dǎ diànhuà.

    你到了以后，别忘了给我打电话。／你到了以後，別忘了給我打電話。
    (Después de llegar, no olvides llamarme.)

- 先___后／後___; xiān ___ hòu ___

    先___然后／然後___; xiān ___ ránhòu ___ (primero ___, después ___)

    Qǐchuáng yǐhòu, wǒ xiān shuā yá, hòu chīfàn. Wǒ xiānsheng xǐhuan xiān chīfàn, hòu shuā yá.

    起床以后，我先刷牙，后吃饭。我先生喜欢先吃饭，后刷牙。／起床以後，我先刷牙，後吃飯。我先生喜歡先吃飯，後刷牙。
    (Después de levantarme, primero me lavo los dientes y después desayuno. A mi marido le gusta desayunar primero y lavarse los dientes después.)

    Nǐ xiān zuò gōngkè, ránhòu zài qù xǐzǎo.

    你先做功课，然后再去洗澡。／你先做功課，然後再去洗澡。
    (Primero haz las tareas y después ve a ducharte.)

- 才 cái (entonces y solo entonces)

    Nǐ zuòwán gōngkè cái kěyǐ kàn diànshì.

    你做完功课才可以看电视。／你做完功課才可以看電視。
    (Termina tus tareas; entonces [y solo entonces] puedes ver la TV.) [Solo puedes ver la TV cuando termines tus tareas.]

■ **Expresar finalidad**

为了／為了 wèile (para/con el fin de)

Wèile xuéhǎo Zhōngwén, wǒ yídìng yào dào Zhōngguó qù.

为了学好中文，我一定要到中国去。／為了學好中文，我一定要到中國去。
(Para aprender bien chino, tengo que ir a China.)

■ **Añadir características**

又___又___又___; yòu ___ yòu ___ yòu ___ (y ___ y ___ y ___)

Zuò Běijīng de dìtiě yòu kuài yòu shūfu yòu piányi.

坐北京的地铁又快又舒服又便宜。／坐北京的地鐵又快又舒服又便宜。
(Tomar el metro en Beijing es rápido, conveniente y barato.)

■ **Preguntar cuál**

(是)___还是／還是___; (shì) ___ háishi ___ (Es A ___ o es B ___?)

(Shì) zuò dìtiě fāngbiàn háishi zuò gōnggòng qìchē fāngbiàn?

(是)坐地铁方便还是坐公共汽车方便？／(是)坐地鐵方便還是坐公共汽車方便？
(¿Es más conveniente tomar el metro o el autobús?)

Todas estas construcciones son útiles. Trata de identificar algunas en los textos siguientes.

18.21 词汇复习和扩展：请用西班牙文在横线上写出以下出行方式。然后根据你使用这些方式的频率，在对应的方框中画"✓"。

	每天 měi tiān **cada día**	一周好几次／ 一週好幾次 yì zhōu hǎo jǐ cì **varias veces por semana**	很少 hěn shǎo **poco**	从来不／ 從來不 cónglái bù **nunca**
a. 走路 zǒulù *caminar*	☐	☐	☐	☐
b. 过马路／過馬路 guò mǎlù *pasar por el camino*	☐	☐	☐	☐
c. 走过街天桥／走過街天橋 zǒu guòjiē tiānqiáo *pasar por paso peatonal elevado*	☐	☐	☐	☐
d. 走地下通道 zǒu dìxià tōngdào *pasar por paso peatonal subterráneo*	☐	☐	☐	☐
e. 在十字路口走人行横道 zài shízì lùkǒu zǒu rénxíng héngdào *pasar por paso de peatones en el cruce*	☐	☐	☐	☐

ENCUENTRO 4

	每天 měi tiān **cada día**	一周好几次／ 一週好幾次 yì zhōu hǎo jǐ cì **varias veces por semana**	很少 hěn shǎo **poco**	从来不／ 從來不 cónglái bù **nunca**
f. 开车／開車 kāichē *conducir*	☐	☐	☐	☐
g. 骑自行车／騎自行車 qí zìxíngchē *montar en bicicleta*	☐	☐	☐	☐
h. 骑摩托车／騎摩托車 qí mótuōchē *montar en motocicleta*	☐	☐	☐	☐
i. 坐公共汽车／坐公共汽車 zuò gōnggòng qìchē *tomar autobús*	☐	☐	☐	☐
j. 坐地铁或城铁／坐地鐵或城鐵 zuò dìtiě huò chéngtiě *tomar tren interurbano o metro*	☐	☐	☐	☐
k. 坐火车／坐火車 zuò huǒchē *tomar tren*	☐	☐	☐	☐

	每天 měi tiān cada día	一周好几次／ 一週好幾次 yì zhōu hǎo jǐ cì varias veces por semana	很少 hěn shǎo poco	从来不／ 從來不 cónglái bù nunca
l. 打的 dǎdí *tomar un taxi*	☐	☐	☐	☐
m. 搭渡轮／搭渡輪 dā dùlún *tomar transbordador*	☐	☐	☐	☐

单元说唱　Rap de la Unidad

登录环球汉语网站，听歌曲复习第十八单元所学的主要内容。然后再听一遍并跟着唱！

Encuentro 5　读和写　Lectura y escritura

▶ 读出熟悉的中文句子
Lectura de oraciones familiares en caracteres chinos

18.22—18.24
提醒学生阅读题目说明，并借助题目说明中的办法来读出不认识的汉字。

18.22 两人一组练习：借助西班牙文，与搭档轮流大声朗读下面的段落（简体字）。可以互换朗读内容，如果有人无法读出某个汉字，搭档可以提供帮助。

1 April想离开西安，到青海湖去找亲戚。她不知道怎么走，问了路以后有人告诉她，青海湖离那儿很远，她得坐长途车去。另外一个人说他们也去青海湖，有卡车很快就要来接他们，请April坐他们的车一起去。April一听就很高兴，虽然不认识那些人她也不怕(pà – *tener miedo*)。卡车来了她就跟他们上车一起走了。那些人一路上都对April很客气。　(*April quiere dejar Xi'an e ir al lago Qinghai para visitar a sus familiares. No sabe cómo llegar, pero después de preguntar, una persona le dice que el lago Qinghai está muy lejos y que tiene que tomar un autobús de larga distancia. Otra persona dice que ellos también van al lago Qinghai, que un camión vendrá a recogerlos pronto, e invita a April a ir con ellos. Al oír esto, April se pone muy contenta. Aunque no conoce a estas personas, no tiene miedo. Cuando el camión llega, April sube y se va con ellos. Durante el trayecto, estas personas son muy amables con April.*)

2 Stephen Tschudi 的中文名字叫唐润(Táng Rùn)。他是大学中文老师。唐老师和他的同事舒宁有一个星期六下午在舒宁家里一起聊天儿看电视。舒老师是中国北京人，也教中文。他们一边看电视，一边谈电视上的事情。 *(El nombre chino de Stephen Tschudi es Tang Run. Es profesor de chino en la universidad. Un sábado por la tarde, el profesor Tang y su colega Shu Ning estuvieron hablando y viendo la TV en casa de Shu Ning. La profesora Shu Ning es de Beijing. Ella también enseña chino. Los dos vieron la TV y al mismo tiempo comentaron lo que vieron.)*

3 在大城市里，行人从路面上过马路常常很危险。那是因为一，路上车太多了。二，很多大的十字路口没有人行横道。所以行人过马路通常走过街天桥或者地下通道。这两个，一个在空中，一个在地下，都很安全。可是，有的时候，有些行人还是喜欢试着从路面上过马路。这样很危险，行人真是不应该这样做。 *(En las grandes ciudades, a menudo para los peatones es muy peligroso cruzar la calle. Esto es porque, por un lado, hay muchos coches en la calle. En segundo lugar, en muchos cruces no hay pasos de peatones. Por eso, los peatones normalmente cruzan la calle por pasos elevados o subterráneos. Estos dos, uno está por encima del nivel del suelo y el otro por debajo. Ambos son muy seguros. Sin embargo, a veces algunas personas todavía prefieren cruzar las calles sin paso de peatones. Esto es bastante peligroso. Realmente los peatones no deberían hacerlo.)*

4 因为北京、西安、上海这样的大城市有专门给自行车设置的自行车道，所以骑自行车又方便、又省钱 (shěng qián – *ahorrativo, económico*)、又安全、又健康。以前在全中国，城里城外骑自行车的人多极了，但是汽车却很少，因为普通人买不起。因为自行车那么多，所以以前中国也叫"自行车王国"。可是近来因为人们赚的钱越来越多了，所以越来越多的人能买自己的汽车，不再骑自行车了。 *(Como las grandes ciudades como Beijing, Xi'an o Shanghai tienen carriles especiales para bicicletas, montar en bicicleta es conveniente, económico, seguro y saludable. En el pasado, en toda China había muchas personas que montaban en bicicleta dentro y fuera de las ciudades, pero había muy pocos coches porque la gente corriente no podía pagarlos. Como había tantas bicicletas, antes solía llamarse también a China el "Reino de las bicicletas". Sin embargo, como desde hace un tiempo los chinos cada vez ganan más dinero, más personas pueden comprar un coche y ya no montan en bicicleta.)*

5 在中国的大城市里，坐公共汽车的人非常非常多，公共汽车上不管哪天都很挤。虽然这样，因为公车票价非常便宜，挤不挤大部分人觉得没有什么大关系。还有，因为大城市里公共汽车都有专用的公车道，坐公共汽车有时候会比开自己的车或者打的还要快。 *(En las grandes ciudades de China, muchísimas personas toman los autobuses públicos, por lo que siempre están muy llenos, todos los días. Pese a esto, como el precio del billete es muy barato, a la mayoría no le importa si los autobuses están abarrotados o no. Además, debido a que en las grandes ciudades hay carriles de autobús especiales, a veces tomar el autobús es más rápido que ir con el propio automóvil o en taxi.)*

6 坐公共汽车最好要有公交卡。这样上车以后刷卡就行，不用拿现金买票了。在北京用公交卡比用现金买票便宜得多。有些车是上车刷一次卡，下车再刷一次卡的，车费是根据路程的长短来算的。公交卡可以在地铁站或者其他地方买到。 *(Para tomar el autobús es mejor tener una tarjeta de transporte público. De esta forma, después de subir al autobús solo tienes que validar la tarjeta y no es necesario usar dinero efectivo para pagar el billete. En Beijing, usar la tarjeta de transporte público es mucho más barato que comprar un billete con efectivo. En algunos autobuses hay que validad la tarjeta al subir y otra vez al bajar. La tarifa de transporte se calcula según la distancia del viaje. Las tarjetas de transporte público pueden comprarse en las estaciones de metro o en otros lugares.)*

7 有人说：骑车累，打车贵，坐车慢，开车烦。那怎么办呢？有人觉得骑摩托车比什么都好，可是骑摩托车很危险。你想到一个比较近的地方可能最好还是走路。走路最方便、最安全、最省钱，对身体也好。可惜要是路远，那么走路去就不行了，只能骑车或坐车去。 *(Algunas personas dicen que montar en bicicleta es cansado, que tomar un taxi es caro, que ir en autobús es lento y que conducir es tedioso. ¿Qué hacer entonces? Algunos piensan que montar en motocicleta es la mejor opción, pero las motocicletas son peligrosas. Si quieres ir a un sitio que está cerca, andar probablemente es la mejor opción. Andar es lo más conveniente, seguro y económico. Además, es bueno para la salud. Lo malo es que andando no se puede ir muy lejos y tienes que ir en bicicleta o en autobús.)*

8 北京、上海这两个大城市都有城铁，也有地铁。城铁是在地面上走的，地铁是在地面下走的。你坐这两种铁路最好先买一张交通卡，刷卡后就可以进站。进了站以后可以坐你想坐的车。坐城铁、地铁都很方便、很快、很安全，可是上、下班的时候人非常多，车上非常挤。 *(Tanto Beijing como Shanghai tienen tren interurbano y metro. El tren interurbano circula por encima del suelo y el metro por debajo. Para tomar ambos es mejor comprar primero una tarjeta de transporte público. Después de validarla, puedes entrar a la estación y una vez dentro puedes tomar el tren que quieras. Tomar el tren urbano o el metro es conveniente, rápido y seguro. Sin embargo, en las horas de entrada y salida del trabajo hay muchísima gente y los trenes van abarrotados.)*

9 在中国南方，有河的城市常常有渡轮。不管你是走路还是骑自行车或者骑摩托车上船的，都是一个人一张票，票价都一样。虽然渡轮上座位很少，可是因为过河的时间很短，五六分钟就到了，所以大部分人也不介意座位不够。 *(En el sur de China, las ciudades con río suelen tener transbordadores. No importa si vas al bordo andando, en bicicleta o en motocicleta, cada persona compra un solo billete con el mismo precio. Aunque en el transbordador hay muy pocos asientos, como cruzar el río no cuesta más de cinco o seis minutos, a la mayoría no le importa que no haya asientos suficientes.)*

10 北京、西安的马路又多又宽(kuān – amplio)，可是因为车非常多，所以交通还是不好。私人汽车、公共汽车、出租车，都挤在路上。因为车太多，所以空气常常不太好。这对人们的身体很不好。晴(qíng – sunny)天的日子不多，可是还是会有的。天一晴，大家就都非常高兴，这时候城市各个地方看起来都很漂亮。 *(Beijing y Xi'an tienen muchas calles que son amplias. Sin embargo, como hay muchos vehículos, aún así el tráfico no es bueno. Automóviles privados, autobuses y taxis abarrotan las calles. Debido a que hay demasiados automóviles, a menudo el aire no es muy bueno. Esto es muy malo para la salud de las personas. No hay muchos días soleados, pero aún así hay algunos. Cuando está soleado, la gente se pone muy contenta. Esos días, todos los rincones de la ciudad son bonitos.)*

18.23 两人一组练习：再次朗读这些段落，这次没有西班牙文辅助。

1. April想离开西安，到青海湖去找亲戚。她不知道怎么走，问了路以后有人告诉她，青海湖离那儿很远，她得坐长途车去。另外一个人说他们也去青海湖，有卡车很快就要来接他们，请April坐他们的车一起去。April一听就很高兴，虽然不认识那些人她也不怕。卡车来了她就跟他们上车一起走了。那些人一路上都对April很客气。

2. Stephen Tschudi 的中文名字叫唐润。他是大学中文老师。唐老师和他的同事舒宁有一个星期六下午在舒宁家里一起聊天儿看电视。舒老师是中国北京人，也教中文。他们一边看电视，一边谈电视上的事情。

3. 在大城市里，行人从路面上过马路常常很危险。那是因为一，路上车太多了。二，很多大的十字路口没有人行横道。所以行人过马路通常走过街天桥或者地下通道。这两个，一个在空中，一个在地下，都很安全。可是，有的时候，有些行人还是喜欢试着从路面上过马路。这样很危险，行人真是不应该这样做。

4. 因为北京、西安、上海这样的大城市有专门给自行车设置的自行车道，所以骑自行车又方便、又省钱、又安全、又健康。以前在全中国，城里城外骑自行车的人多极了，但是汽车却很少，因为普通人买不起。因为自行车那么多，所以以前中国也叫"自行车王国"。可是近来因为人们赚的钱越来越多了，所以越来越多的人能买自己的汽车，不再骑自行车了。

5. 在中国的大城市里，坐公共汽车的人非常非常多，公共汽车上不管哪天都很挤。虽然这样，因为公车票价非常便宜，挤不挤大部分人觉得没有什么大关系。还有，因为大城市里公共汽车都有专用的公车道，坐公共汽车有时候会比开自己的车或者打的还要快。

6. 坐公共汽车最好要有公交卡。这样上车以后刷卡就行，不用拿现金买票了。在北京用公交卡比用现金买票便宜得多。有些车是上车刷一次卡，下车再刷一次卡的，车费是根据路程的长短来算的。公交卡可以在地铁站或者其他地方买到。

7 有人说：骑车累，打车贵，坐车慢，开车烦。那怎么办呢？有人觉得骑摩托车比什么都好，可是骑摩托车很危险。你想到一个比较近的地方可能最好还是走路。走路最方便、最安全、最省钱，对身体也好。可惜要是路远，那么走路去就不行了，只能骑车或坐车去。

8 北京、上海这两个大城市都有城铁，也有地铁。城铁是在地面上走的，地铁是在地面下走的。你坐这两种铁路最好先买一张交通卡，刷卡后就可以进站。进了站以后可以坐你想坐的车。坐城铁、地铁都很方便、很快、很安全，可是上、下班的时候人非常多，车上非常挤。

9 在中国南方，有河的城市常常有渡轮。不管你是走路还是骑自行车或者骑摩托车上船的，都是一个人一张票，票价都一样。虽然渡轮上座位很少，可是因为过河的时间很短，五六分钟就到了，所以大部分人也不介意座位不够。

10 北京、西安的马路又多又宽，可是因为车非常多，所以交通还是不好。私人汽车、公共汽车、出租车，都挤在路上。因为车太多，所以空气常常不太好。这对人们的身体很不好。晴天的日子不多，可是还是会有的。天一晴，大家就都非常高兴，这时候城市各个地方看起来都很漂亮。

18.24 两人一组练习：再次朗读这些段落，这次用的是繁体字。

1 April想離開西安，到青海湖去找親戚。她不知道怎麼走，問了路以後有人告訴她，青海湖離那兒很遠，她得坐長途車去。另外一個人說他們也去青海湖，有卡車很快就要來接他們，請April坐他們的車一起去。April一聽就很高興，雖然不認識那些人她也不怕。卡車來了她就跟他們上車一起走了。那些人一路上都對April很客氣。

2 Stephen Tschudi 的中文名字叫唐潤。他是大學中文老師。唐老師和他的同事舒寧有一個星期六下午在舒寧家裡一起聊天兒看電視。舒老師是中國北京人，也教中文。他們一邊看電視，一邊談電視上的事情。

3 在大城市裡，行人從路面上過馬路常常很危險。那是因為一，路上車太多了。二，很多大的十字路口沒有人行橫道。所以行人過馬路通常走過街天橋或者地下通道。這兩個，一個在空中，一個在地下，都很安全。可是，有的時候，有些行人還是喜歡試著從路面上過馬路。這樣很危險，行人真是不應該這樣做。

4. 因為北京、西安、上海這樣的大城市有專門給自行車設置的自行車道，所以騎自行車又方便、又省錢、又安全、又健康。以前在全中國，城裡城外騎自行車的人多極了，但是汽車卻很少，因為普通人買不起。因為自行車那麼多，所以以前中國也叫"自行車王國"。可是近來因為人們賺的錢越來越多了，所以越來越多的人能買自己的汽車，不再騎自行車了。

5. 在中國的大城市裡，坐公共汽車的人非常非常多，公共汽車上不管哪天都很擠。雖然這樣，因為公車票價非常便宜，擠不擠大部分人覺得沒有甚麼大關係。還有，因為大城市裡公共汽車都有專用的公車道，坐公共汽車有時候會比開自己的車或者打的還要快。

6. 坐公共汽車最好要有公交卡。這樣上車以後刷卡就行，不用拿現金買票了。在北京用公交卡比用現金買票便宜得多。有些車是上車刷一次卡，下車再刷一次卡的，車費是根據路程的長短來算的。公交卡可以在地鐵站或者其他地方買到。

7. 有人說：騎車累，打車貴，坐車慢，開車煩。那怎麼辦呢？有人覺得騎摩托車比甚麼都好，可是騎摩托車很危險。你想到一個比較近的地方可能最好還是走路。走路最方便、最安全、最省錢，對身體也好。可惜要是路遠，那麼走路去就不行了，只能騎車或坐車去。

8. 北京、上海這兩個大城市都有城鐵，也有地鐵。城鐵是在地面上走的，地鐵是在地面下走的。你坐這兩種鐵路最好先買一張交通卡，刷卡後就可以進站。進了站以後可以坐你想坐的車。坐城鐵、地鐵都很方便、很快、很安全，可是上、下班的時候人非常多，車上非常擠。

9. 在中國南方，有河的城市常常有渡輪。不管你是走路還是騎自行車或者騎摩托車上船的，都是一個人一張票，票價都一樣。雖然渡輪上座位很少，可是因為過河的時間很短，五六分鐘就到了，所以大部分人也不介意座位不夠。

10. 北京、西安的馬路又多又寬，可是因為車非常多，所以交通還是不好。私人汽車、公共汽車、出租車，都擠在路上。因為車太多，所以空氣常常不太好。這對人們的身體很不好。晴天的日子不多，可是還是會有的。天一晴，大家就都非常高興，這時候城市各個地方看起來都很漂亮。

第十八单元 车水马龙

18.25 • 可用积极有益的竞赛来帮助学生认识大写数字。把全班分成小组，并提前准备一组测试问题（例如用大写数字写一组电话号码）。给学生5～10分钟时间尽力记下这些大写数字（只需认识，不用书写），然后在小组之间开展竞赛，既要比速度，也要比准确性。

• 制作一个"步行廊"，让学生分享记忆大写数字的方法。可在一张纸上写一个大写数字，并将纸贴在墙上，请学生自愿上前，介绍每个数字的记忆方法。

阅读真实语言材料　Lectura de textos de la vida real

18.25 在正式文本中，数字要大写以避免被篡改（例如简单的数字"一"，增加一笔能变成"十"）。下面是中文的大写数字，全班共同思考，想出最佳办法来记住每一个大写数字，并把记忆办法写在空白处。

壹（一）　_____

贰／貳（二）　_____

叁／參（三）　_____

肆（四）　_____

伍（五）　_____

陆／陸（六）　_____

柒（七）　_____

捌（八）　_____

玖（九）　_____

拾（十）　_____

佰（百）　_____

仟（千）　_____

18.26 请看下面这张钞票：

a. ¿Dónde se usa esta moneda? _____

b. Señala los números en "mayúscula" para "100 yuanes" y márcalos como "1".

c. Señala la palabra *Zhōngguó Yínháng* (Banco de China) y márcalo como "2".

18.27 跟据你所看到的汉字内容，对如下钞票写下尽可能多的描述。

a. _____

b. _____

18.26 • 本练习旨在教会学生认钞票时应关注的重要信息，比如钞票使用的国家或地区，钞票的面值等。

18.26 答案
a. Hong Kong
b. 壹佰圓
c. 中國銀行

18.27 • 告诉学生可参照练习18.26来认这些钞票，并关注如下信息：钞票使用的地区，钞票的面值以及发行钞票的银行，学生可在钞票上圈出相关的汉字。

• 给学生提供一些词汇来描述这些钞票，可模仿练习18.26中描写钞票的语言。例如：这是香港用的钱，这是一百块，银行是中国银行。

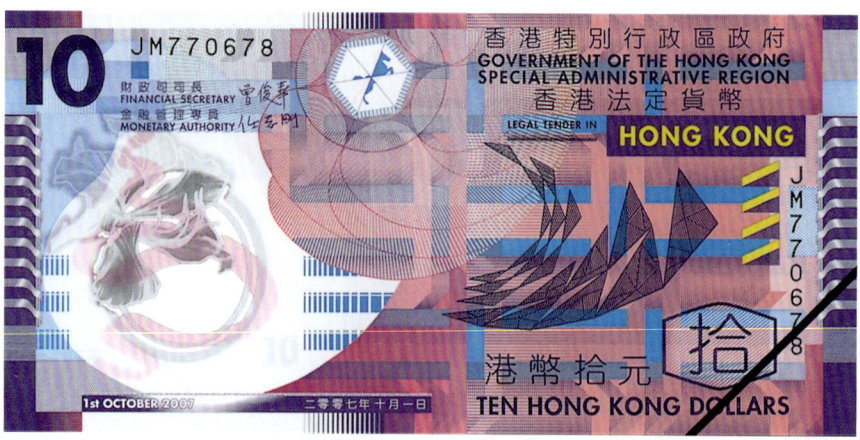

c. _____

18.28 本练习旨在帮助学生认识交通票据或卡片上的重要信息，比如问题b，可指出汉字"客票"来帮助学生确定这是一张公共汽车票。如有必要，可告诉学生"发票"是"recibo"的意思。

18.28 看以下的图片。请选一个答案，然后在横线上填入西班牙文。

a. Se trata de
☑ una tarjeta de transporte
☐ un recibo de una tarjeta de transporte
☐ un billete de autobús
Emitido/a en ___Beijing___ (ciudad).

b. Se trata de
☐ una tarjeta de transporte
☐ un recibo de una tarjeta de transporte
☑ un billete de autobús
Emitido/a en ___Beijing___ (ciudad). Vale ___1___ ¥.

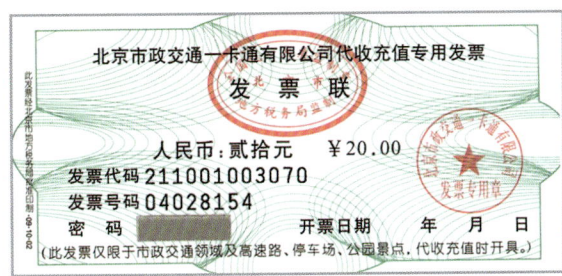

c. Se trata de
☐ una tarjeta de transporte
☑ un recibo de una tarjeta de transporte
☐ un billete de autobús

Emitido/a en ___Beijing___ (ciudad).

(Señala los números en "mayúsculas" y márcalos como "3".) Círculo y etiqueta 貳拾.

18.29 这是一张台北的交通卡。请将对应的汉字、拼音和西班牙文连线。

18.29 答案
a. 2. C
b. 3. A
c. 1. B

a. 台北智慧卡票證公司
b. 普通
c. 悠遊卡

1. Yōuyóukǎ
2. Táiběi Zhìhuìkǎ Piàozhèng Gōngsī
3. pǔtōng

A. *ordinario*
B. *tarjeta de viaje ocioso*
C. *Compañía de Tarjetas Inteligentes de Taipei*

18.30 这两幅图均来自上海地铁系统。

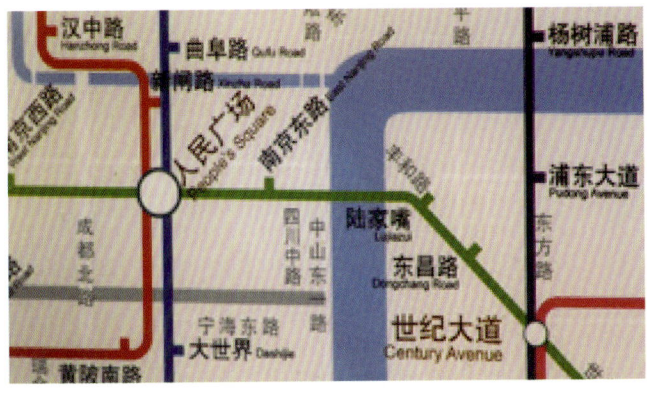
a.

b.

a. 如果从人民广场到世纪大道，你将会乘坐哪一条线路？请选择一条。

☐ 黑线／黑線 (hēi xiàn)　　　☑ 绿线／綠線 (lǜ xiàn)

☐ 红线／紅線 (hóng xiàn)　　☐ 蓝线／藍線 (lán xiàn)

b. 请写汉字和拼音。

	汉字／漢字	拼音
Line 3	3号线 (3號線)	sān hào xiàn
Line 4	4号线 (4號線)	sì hào xiàn

▶ 学写汉字　Aprender a escribir caracteres

18.31 本单元下列汉字的笔画顺序以及其他相关信息请参见《汉字练习本》。练习写这些汉字的简体字或者繁体字，直到你能熟练地写出为止。

聊，城，通，应／應，该／該，街，桥／橋，全，选／選，择／擇，危，险／險，骑／騎，行，越，共，汽，非，卡，票

▶ 写一则描述性短文　Escribir un texto descriptivo

18.32 给你的一位中国朋友写一则便条，描述平时以及周末你一般如何往返于校园或工作场所，如何进行休闲活动或外出办事的情况。描述中你可以增加一些细节。

文化点滴
为了解学生的理解情况并与本单元内容相联系,可让学生编写和表演小品,演示要点。

Un poco de cultura 文化点滴

Desplazarse de un lugar a otro

Mira el fragmento de video "Desplazarse de un lugar a otro" y después comenta las siguientes cuestiones con tus compañeros y el profesor.

- ¿Cuál es la situación del transporte público y los automóviles privados en China? Resúmela y compárala con la situación en tu país.
- ¿Cuál es la historia y el estado actual de las bicicletas en China?
- ¿Qué atención debe tener en cuenta un peatón en China?
- ¿Qué atención deben tener en cuenta cuando se toma un taxi en China?

单元总结 RESUMEN

语法 Gramática

表达完成和进行时
Expresar antes y ahora

- Usa 了 *le* para expresar la compleción de una acción o un cambio de estado.

    Wǒ zuòwán gōngkè le.
    我做完功课了。／我做完功課了。
    (He terminado mis tareas.)

    Wǒ è le.
    我饿了。／我餓了。
    (Tengo hambre ahora.)

- Usa 过／過 *guo* para indicar una experiencia.

    Nǐ dāguo Shànghǎi de chéngtiě ma?
    你搭过上海的城铁吗？／你搭過上海的城鐵嗎？
    (¿Has viajado alguna vez en el tren interurbano de Shanghai?)

- Usa 在 *zài* para expresar una acción en progreso. Añade 呢 *ne* para enfatizar. Usa 正在 *zhèngzài* para mayor énfasis.

    Wǒ bàba zài kàn diànshì, māma zài kàn shū.
    我爸爸在看电视，妈妈在看书。／
    我爸爸在看電視，媽媽在看書。
    (Mi padre está viendo la TV y mi madre leyendo.)

    Wǒ mèimei (zhèng)zài tīng yīnyuè (ne).
    我妹妹(正)在听音乐(呢)。／我妹妹(正)在聽音樂(呢)。
    (Mi hermana pequeña está escuchando música [en este momento].)

动词的特点 Otra mirada a los verbos

Una característica común de los verbos en chino es que no se conjugan para expresar tiempo; es decir, no cambian para indicar el tiempo de la acción. El chino usa expresiones de tiempo como 今天 *jīntiān* o 明天 *míngtiān* y marcadores como 了 *le* y 过／過 *guo* para cubrir un amplio rango de situaciones. A continuación, se incluye un resumen de algunas formas que ya has visto y que ya deben serte familiares.

- Acción habitual

    Wǒ tiāntiān kàn diànshì.
    我天天看电视。／我天天看電視。
    (Veo TV cada día.)

- Acción a largo plazo

    Wǒ xìn Fójiào.
    我信佛教。
    (Soy budista.) [Creo en el budismo.]

- Acción prevista

    Jīntiān wǒ qù fànguǎnr chīfàn.
    今天我去饭馆儿吃饭。／
    今天我去飯館兒吃飯。

(Hoy iré a comer al restaurante.)

- Acción completada

    Wǒ chīle sān wǎn fàn.
    我吃了三碗饭。／我吃了三碗飯。
    (He comido tres cuencos de arroz.)

- Acción experimentada

    Wǒ qùguo Zhōngguó, hěn xiǎng zài qù.
    我去过中国，很想再去。／
    我去過中國，很想再去。
    (He estado en China y me apetece mucho volver.)

- Acción en curso

    Tā zài kàn diànshì.
    她在看电视。／她在看電視。
    (Ella está viendo la TV.)

    Tā zhèngzài wàimiàn děng nǐ ne.
    他正在外面等你呢。
    (El está afuera ahora esperándote.)

- Acción inminente

    Tā de shēngrì kuài dào le.
    她的生日快到了。
    (Pronto será su cumpleaños.)

- Acción minimizada

    Wǒ bù zhīdào, nǐ wènwen Lǎo Zhāng ba.
    我不知道，你问问老张吧。／
    我不知道，你問問老張吧。
    (No lo sé, intenta preguntar a Lao Zhang.)

连词 Vincular tus ideas

El chino tiene varias formas de vincular las ideas. A continuación, se incluyen algunas de las más comunes. Como repaso, trata de construir oraciones con ellas:

- Dar una razón:

    因为／因為……所以……; yīnwèi … suǒyǐ … (porque ___, por lo tanto ___)

- Expresar suposición:

    - 如果……就……; rúguǒ … jiù … (si ___, entonces ___)
    - 要是……就……; yàoshi … jiù … (si ___, entonces ___)

- Expresar condición:

    - 只有……才……; zhǐyǒu … cái … (en el caso de que ___, entonces ___)
    - 只要……就……; zhǐyào … jiù … (solo si ___, entonces ___)

- Expresar contraste:

    虽然／雖然……可是……; suīrán … kěshì … (aunque ___, pero, sin embargo ___)

- Expresar finalidad:

    为了／為了 wèile (para/con el fin de)

- Expresar secuencia temporal:

    - 先……然后／然後……; xiān … ránhòu … (primero ___, después ___)
    - ……的时候／時候; … de shíhou (cuando ___)
    - ……以前; … yǐqián (antes)
    - ……以后／以後; … yǐhòu (después)
    - 一……就……; yī … jiù … (en cuanto ___, entonces ___)

- Expresar "no importa":

    - 不管……还是／還是……; bùguǎn … háishi …
    - 无论／無論……还是／還是……; wúlùn … háishi …

- Expresar "entonces y solo entonces":

    才 cái

- Expresar varias cosas:

    又……又……又……; yòu … yòu … yòu … (y ___ y ___ y ___)

- Expresar alternativas:

    （是）……还是／還是……; (shì) … háishi … (Es A ___ o es B ___?)

词汇 Vocabulario

名词 Sustantivos

biāozhì 标志／標誌 signo; marca; símbolo

chángduǎn 长短／長短 longitud

chángtú (qì)chē 长途(汽)车／長途(汽)車 autobús de larga distancia

chéngtiě 城铁／城鐵 tren interurbano

chēzhàn 车站／車站 estación

RESUMEN

de metro/autobús
dà bùfen 大部分／大部份 la mayor parte
dìtiě 地铁／地鐵 metro
dìxià tōngdào 地下通道 paso peatonal subterráneo
dùlún 渡轮／渡輪 transbordador
gōnggòng qìchē 公共汽车／公共汽車 autobús
gōngjiāokǎ 公交卡 tarjeta de transporte
guòjiē tiānqiáo 过街天桥／過街天橋 paso peatonal elevado
huǒchē 火车／火車 tren
jiàshǐshì 驾驶室／駕駛室 cabina de conducción
jīhuì 机会／機會 oportunidad
jùlí 距离／距離 distancia
kǎ 卡 tarjeta
kǎchē 卡车／卡車 camión
kèren 客人 invitado; pasajero visitante
lùchéng 路程 distancia de viaje; trayecto
mǎlù 马路／馬路 calle; carretera
mótuōchē 摩托车／摩托車 motocicleta
piào 票 billete
piào jià 票价／票價 precio del billete
qián-zhōng-hòu mén 前-中-后门／前-中-後門 Puerta delantera/central/trasera
Qīnghǎi Hú 青海湖 lago Qinghai (**Kokonor**) en la provincia de Qinghai, el más grande de China
rénxíng héngdào 人行横道 paso de peatones
shēngyīn 声音／聲音 sonido; voz
shénme shénme 什么什么／甚麼甚麼 tal o cuál

shíjiānbiǎo 时间表／時間表 horario (de trenes, autobuses, etc.)
shízì lùkǒu 十字路口 cruce
sījī 司机／司機 conductor
xiàn 线／綫 línea
yuǎn dào 远道／遠道 largo camino; lejos
yúlè 娱乐／娛樂 diversión; placer
zhàn 站 estación; parada
zhèng 证／證 carnét; certificado
zìxíngchē 自行车／自行車 bicicleta
zìxíngchēdào 自行车道／自行車道 carril para bicicletas

方位词 Palabras de situación

dìshàng 地上 sobre tierra
dìxià 地下 bajo tierra
lǐmiàn 里面／裡面 dentro
qiánfāng 前方 al frente
qiánmiàn 前面 delante
wàimiàn 外面 afuera

动词 Verbos

dā biànchē 搭便车／搭便車 hacer autostop
dǎdí 打的 tomar un taxi
dàishàng 带上／帶上 llevar; (带／帶 **dài**) traer
děng 等 esperar
diàndòng 电动／電動 eléctrico
duànliàn 锻炼／鍛煉 ejercicio; hacer ejercicios
fù (qián) 付(钱)／付(錢) pagar (dinero)
gǎnshòu 感受 experimentar; sentir
gàosu 告诉／告訴 decir; informar; hacer saber
gēnzhe 跟着／跟著 seguir
jiē 接 recibir; recoger

jièyì 介意 importar; sentirse ofendido
jìn zhàn 进站／進站 entrar en la estación
juéde 觉得／覺得 creer; pensar
kāichē 开车／開車 conducir
kàndào 看到 ver; darse cuenta
kǎo 考 hacer un examen
páiduì 排队／排隊 hacer cola
pǎo 跑 correr (*aquí:* "viajar en")
shàng chē 上车／上車 subir al automóvil, autobús, metro o tren
shuākǎ 刷卡 validar una tarjeta
xià chē 下车／下車 bajar del automóvil, autobús, metro o tren
xuǎnzé 选择／選擇 elegir; seleccionar
zhīdào 知道 saber; comprender
zhuǎn chē 转车／轉車 hacer trasbordo de autobús/tren; cambiar de autobús/tren
zǒulù 走路 andar

静态动词 Verbos de estado

ānquán 安全 seguro; a salvo
cōngming 聪明／聰明 inteligente; listo
fāngbiàn 方便 conveniente
jǐ 挤／擠 lleno; abarrotado
róngyì 容易 fácil
wēixiǎn 危险／危險 peligroso
yuǎn 远／遠 lejos
zhuānmén 专门／專門 especial; especializado

连词 Conjunciones

dànshì 但是 pero; aunque; sin embargo
rúguǒ ... de huà 如果……的话／如果……的話 si ___ entonces; en caso de
wèile 为了／為了 para; por; a fin de

yàoshi ... de huà 要是……的话／要是……的話 si ___ entonces; en caso de

量词 Clasificadores
bān 班 (turnos de autobús)
dào 道 (puertas)
liàng 辆／輛 (automóviles)
lù 路 (líneas de autobús)
zhāng 张／張 (billetes, tarjetas)

介词 Preposiciones
cháo 朝 en dirección a
gēnjù 根据／根據 según

副词 Adverbios
dàgài 大概 aproximadamente
hěn shǎo 很少 raramente
kěnéng 可能 probablemente; quizás
mǎshàng 马上／馬上 enseguida; inmediatamente
ǒu'ěr 偶尔／偶爾 ocasionalmente
ránhòu 然后／然後 entonces; después
shǒu li 手里／手裡 en la mano;
yìbān 一般 generalmente
yīnggāi 应该／應該 deber de; tener que
yìzhí 一直 recto (en relación a direcciones); siempre (en relación al tiempo)
zài 再 de nuevo; otra vez más; aún más
zhíjiē 直接 directamente

短语 Frases
Bù hǎoyìsi. 不好意思。 disculpe; perdón; Estoy avergonzado.
Nà hái yuǎnzhe ne. 那还远着呢。／那還遠著呢。 Todavía está lejos.
Ò, yuánlái (shì) zhèyàng. 哦，原来(是)这样。／哦，原來(是)這樣。 Oh, ya veo que es así.
Tāmen (Biéren) zěnme zuò, wǒ jiù zěnme zuò. 他们(别人)怎么做，我就怎么做。／他們(別人)怎麼做，我就怎麼做。 Haré como ellos/otros hagan.
Yǒu duō yuǎn? 有多远？／有多遠？ ¿Cuán lejos está?
Zhēn de ma? 真的吗？／真的嗎？ ¿De verdad? ¿Es eso cierto?
... zěnme zǒu? ……怎么走？／……怎麼走？ ¿Cómo se llega a ___? (¿Cuál es el camino?)
... zěnme qù? ……怎么去？／……怎麼去？ ¿Cómo puedo ir ___? (¿Qué medios de transporte debo tomar?)

你能够完成的任务　Lista de lo aprendido

通过本单元的学习，你应当能完成以下任务。

听和说　Escuchar y hablar
☐ Decir adónde quieres ir.
☐ Comprender explicaciones sencillas sobre direcciones.
☐ Preguntar por la disponibilidad de ciertos modos de transporte.
☐ Preguntar a alguien cómo llegar a cierto lugar
☐ Expresar tu preferencia por un modo de transporte.
☐ Hacer preguntas básicas relacionadas con el transporte como el precio del billete, la ubicación de una estación o parada de autobús, dónde bajar, etc.
☐ Citar las ventajas de un tipo de transporte respecto a otro.

读和写　Lectura y escritura
☐ Leer textos sencillos sobre transporte.
☐ Comprender ciertas características del dinero impreso.
☐ Comprender algunas cosas escritas en billetes de transporte.
☐ Escribir textos sencillos sobre qué modo de transporte prefieres y por qué.

文化理解　Entendimiento cultural
☐ Demostrar la comprensión de algunas de las características del transporte en China.

任务表
- 这些任务可作为每一单元的教学目标。为了解学生是否已达到学习目标并能完成相关任务，在单元结束时回顾这些目标是非常重要的。
- 围绕这些任务，教师可创造性地设计一些活动来评价学生的表现，建议可采用如下方式：

听和说
让学生将任务表中所列的部分或全部任务设计成小品，为全班表演。

读和写
学生完成练习18.25～18.30的表现，可以表明他们完成前三个任务的能力。第四个任务可布置为家庭作业，用以评价学生的表现。

文化理解
如果你让学生为"供你参考"和"文化点滴"两个部分编写和表演小品，那么他们的表现应体现出他们对相关内容的理解。

第十九单元 / UNIDAD 19

"Tan ilimitado como el cielo y el mar"
海阔天空
Hǎikuò-tiānkōng
Planear escapadas

在本单元，你将学习：如何——

- 谈论季节和天气
- 谈论到另一个国家旅行
- 计划周末远足
- 辨识旅行社广告的关键信息
- 计划户外或水上活动
- 写关于一次远足的简单表述

如需要本单元的补充材料，请访问环球汉语网站：*www.EncountersChinese.com.cn。*

Encuentro 1 谈论季节和天气
Hablar sobre las estaciones y el tiempo

19.1 看连续剧之前，问问学生记住了上一集的哪些内容。鼓励学生尽量用中文回答。教师作为"活字典"，可以为学生提供造句、表达观点时所需的词汇。如果时间允许，可以把生词写在黑/白板上。
- 播放视频，让学生放松欣赏。

19.2 • 要求学生们按照题目要求安静地记下自己的想法。
- 在时间允许、学生愿意的情况下，召集全班同学，鼓励他们用中文交流自己的想法。提供新的词汇，帮助学生们表达想法。

19.3-19.4
- 播放两遍视频，让学生们完成练习19.3，然后直接完成练习19.4。做完后，再回到练习19.3，问学生是否要更改练习19.3的答案。
- 说话人B带有典型的中国北方口音，他说的 yùbào（用原稿的拼音，下同）听上去像是 yùbáo。如果学生们问起他们听到的与正确答案的区别，教师要能够提供解释说明。

19.1 看连续剧第十九集。如果有的地方不完全明白也不要担心，只管欣赏就可以！

19.2 准备活动：你多久查一次天气预报？天气预报会影响你周末的活动安排吗？用西班牙文写一些笔记。

_____

_____

_____

19.3 观看视频"天气和周末计划"，在下列空白处用拼音填入听到的词。

A: ___Zhōumò___ dào le. Bù zhīdao ___míngtiān___ tiānqì huì ___zěnmeyàng___?

(Ya ha llegado el fin de semana. ¿Que tiempo hará mañana?)

B: Kànkan ___tiānqì yùbào___.

(Mira el pronóstico del tiempo.)

A: Wa, míngtiān tiānqì ___hěn hǎo___. Zánmen qù ___jiāowài___ zǒuzou, fàngsōng fàngsōng ba.

(¡Guau! Mañana va a hacer un tiempo estupendo. ¿Qué te parece si vamos al campo a hacer senderismo y relajarnos?)

B: ___Hǎo a___.

(OK.)

ENCUENTRO 1 **247**

19.4 将对应的表达连线。

a. tiānqì	1. 走走	A. *relajarse*
b. tiānqì yùbào	2. 郊外	B. *pronóstico del tiempo*
c. jiāowài	3. 天气／天氣	C. *pasear; hacer senderismo*
d. zǒuzou	4. 放松／放鬆	D. *afueras; alrededores de la ciudad*
e. fàngsōng	5. 天气预报／天氣預報	E. *tiempo*

19.4 答案
a. 3. E
b. 5. B
c. 2. D
d. 1. C
e. 4. A

19.5 将下面给出的四季的拼音及中文名称与对应的图片连线。

19.5 让学生们辨认熟悉的汉字，并推测这些词的意思。

19.5 答案
a. 3. D
b. 1. C
c. 4. A
d. 2. B

a.  1. xià(tiān) A. 秋(天)

b.  2. dōng(tiān) B. 冬(天)

c.  3. chūn(tiān) C. 夏(天)

d.  4. qiū(tiān) D. 春(天)

19.6 • 下一页练习的目的是让学生们在有意义的语境下学习和使用与天气有关的词汇。让学生们两人一组练习并互相帮助。

• 在学生独立完成这部分练习前，确定他们明白"常常""有的时候"和"从来不"这些表示频率的短语的意思。为了检查学生们的理解程度，可以让他们用中文解释或用这些短语造句。可以模仿以下例句："我常常吃苹果"的意思是"我每天吃苹果"。"有的时候"的意思是"我不常做什么什么"。"我从来不吃苹果"的意思是"我不吃苹果"。

19.6 根据你居住城市的季节变化，在适当的天气表述的方框内画"✓"，可以多选也可以不选。然后请用西班牙文填空。

	春天			夏天			秋天			冬天		
	常常	有的时候	从来不	常常	有的时候	从来不	常常	有的时候	从来不	常常	有的时候	从来不
chū tàiyáng 出太阳／出太陽 *salir el sol*	□	□	□	□	□	□	□	□	□	□	□	□
xiàyǔ 下雨 *llover*	□	□	□	□	□	□	□	□	□	□	□	□
guāfēng 刮风／颱風 *soplar el viento*	□	□	□	□	□	□	□	□	□	□	□	□
dǎléi 打雷 *tronar*	□	□	□	□	□	□	□	□	□	□	□	□
xiàxuě 下雪 *nevar*	□	□	□	□	□	□	□	□	□	□	□	□

	春天			夏天			秋天			冬天		
	常常	有的时候	从来不	常常	有的时候	从来不	常常	有的时候	从来不	常常	有的时候	从来不
hěn rè 很热／很熱 *muy caliente*	☐	☐	☐	☐	☐	☐	☐	☐	☐	☐	☐	☐
hěn nuǎnhuo 很暖和 *muy cálido*	☐	☐	☐	☐	☐	☐	☐	☐	☐	☐	☐	☐
hěn liángshuǎng 很凉爽／很涼爽 hěn liángkuai 很凉快／很涼快 *muy fresco*	☐	☐	☐	☐	☐	☐	☐	☐	☐	☐	☐	☐
hěn lěng 很冷 *muy frío*	☐	☐	☐	☐	☐	☐	☐	☐	☐	☐	☐	☐

19.7 请用拼音或汉字描写你家乡的气候、季节和天气。

_____

_____

_____

19.7 • 提醒学生们运用练习19.6里介绍过的语言点完成练习，并鼓励学生向老师询问更多新的表达方法。

• 如有必要，老师可以造一个例句，作为范例。如：……的冬天很冷，常常下大雪，刮大风。春天什么天气都有，有时候天晴，有时候下雨、打雷。

250 第十九单元 车水马龙

19.8 两人一组练习：跟你的搭档说说你家乡的天气情况。如果你们来自同一个地方，分享并比较你们的感受。如果来自不同的地方，对比一下你们的不同感受。

_____

_____

_____

19.9 将对应的表达连线。

19.9 • 这道练习题没有相应的音频文件。不过，学生仍可通过辨认熟悉的汉字以推断生词或短语的意思。
• 学生做完练习后，指导他们互相比较、检验答案。

19.9 答案
a. 4. C
b. 5. A
c. 1. D
d. 2. E
e. 3. B

a. qíng 晴　　　　1. 阴　　　　A. *nublado*

b.  duōyún 多雲　　　　2. 阵雨　　　　B. *tormenta*

c.  yīn 陰　　　　3. 雷雨　　　　C. *despejado*

d.  zhènyǔ 阵雨　　　　4. 晴　　　　D. *encapotado*

e.  léiyǔ 雷雨　　　　5. 多云　　　　E. *chubasco*

19.10 请填空。

a. zuì gāo wēndù èrshíwǔ shèshìdù
   最高温度25摄氏度／最高溫度25攝氏度
   ([Temperatura] máxima 25 grados Celsius = _____ Fahrenheit*)

b. zuì dī wēndù shíwǔ shèshìdù
   最低温度15摄氏度／最低溫度15攝氏度
   ([Temperatura] mínima 15 grados Celsius = _____ Fahrenheit*)

* líng shèshìdù děngyú sānshí'èr huáshìdù
   0摄氏度等于32华氏度／0攝氏度等於32華氏度
   (Para convertir de Celsius a Fahrenheit multiplica la temperatura Celsius por 1,8 y súmale 32.)

19.11 听一段天气预报的录音，然后用西班牙文写下你所听到的信息。

Mañana: _____

Tarde: _____

Noche: _____

Temp. máxima: _____

Temp. mínima: _____

19.12 请用拼音或汉字写几句话，描述今天的天气状况或你对明天天气的预测。

_____
_____
_____

19.13 两人一组练习：问问搭档："明天的天气会怎么样？"并记下对方的回答。轮到你回答时，用你在练习19.12写下的句子回答。向另一组同学或全班总结一下你们的预测。

_____
_____
_____

19.10 • 在本练习中，学生们将学习到：（1）在中国使用的是摄氏温度；（2）如何用中文转换华氏和摄氏。

• 课本中只提供了如何将摄氏转换为华氏的提示。如果学生问如何将华氏转换为摄氏，告诉他们将华氏温度减去32度，再将结果除以1.8即可。

• 为达到练习生词和转换方法的目的，邀请学生们互相出数学题。例如：5摄氏度等于多少华氏度？

19.10 答案
a. 77
b. 59

19.11 答案
早上：despejado, luego encapotado
下午：chubasco
晚上：nublado
最高温度：20ºC
最低温度：15ºC

19.12 • 学生们在写句子的时候，告诉他们参照练习19.11里的语言点。为此，可以再放一遍录音，让学生们留心听并记下他们想用的有用表达。

• 之后，让全班同学分享他们写下的句子，并在黑/白板上写下这些语言点，好让学生们记笔记。

252　第十九单元　车水马龙

供你参考

为了更好地讲授这篇"供你参考"的内容，可以先让学生们分组作调查，把学生分成大小合理的小组，每组分配一个中国的地理区域。本部分内容可以作为调查的起点。之后，学生们需根据所分配的区域进行更深入的调查。最后要他们准备海报，展示各组分到的区域的天气情况。

INFO 供你参考

El tiempo en China

Hasta ahora ya has seguido a las personas de **Encounters** de una punta a otra de China. China posee un vasto territorio con todo tipo de climas —desde un frío glacial a un calor abrasador. De forma general, el clima de China es bastante parecido al de EE.UU.. En el norte, las temperaturas extremas de Beijing coinciden prácticamente con las de Boston, mientras que en el sur Guangzhou (conocida en el pasado como Cantón) tiene un clima bastante parecido al del sur de Florida. El sur de China tiene tifones en septiembre, igual que Florida, que es visitada por huracanas alrededor de esta misma época del año. En la China central (incluida Shanghai) los veranos son largos, cálidos y húmedos —tan cálidos que los chinos llaman a esta zona el "horno". Entonces, ¿cuándo ir a China? ¿Dónde ir —al norte, al sur o al centro del país? Ve a donde te lleven tus intereses y cuando puedas. Algunos dicen que 春天最好 *chūntiān zuì hǎo*, mientras que otros prefieren los días claros y fríos de otoño. Muchos te aconsejarán que te mantengas lejos del Tíbet (西藏 *Xīzàng*) en invierno (brrrrr!), pero hay viajeros curtidos para los que no hay nada más inolvidable que respirar el aire glacial del Himalaya.

Encuentro 2　计划远足　Planear una excursión

19.14
让学生们安静快速地写下自己的想法。如果时间允许，学生们也愿意的话，组织全班讨论。教师可提供一些新的语言点来帮助学生们分享他们写下的内容。
• 可能的答案：*destino a que alguien iría, transporte, qué debe llevar.*

19.14 准备活动： 假设你计划和朋友一起远足，你们会讨论些什么呢？用西班牙文记下来。

_____

_____

_____

19.15–19.17
• 给学生一两分钟时间快速阅读253页"供你参考"的内容。这部分提供的文化背景信息能帮助他们更好地理解对话内容。
• 视频"周末计划一"对学生来说应该很容易，因为部分内容在练习19.3中出现过。
• 相反，视频"周末计划二"对于学生有些难度。可以在重要的地方暂停视频，给学生一些提示，或者让学生直接完成练习19.16和19.17。在这三个练习中，学生们观看的是同一段视频，只是练习不同而已。学生们可以利用三个练习提供的不同信息，帮助自己理解视频并核对他们的答案。

 19.15 观看视频"周末计划一"和"周末计划二"。请用拼音填空，完成下页的表格。

ENCUENTRO 2 253

	Plan de fin de semana 1	Plan de fin de semana 2
a. Tipo de excursión	hacer senderismo en la montaña (*literalmente*: escalar montañas) _____	hacer senderismo; salir de excursión _____
b. Destino	Colina fragante _____	Colina fragante _____
c. Razones para elegir el destino	paisaje bonito _____ aire fresco _____	todas las hojas se han vuelto rojas _____ el momento más bonito _____
d. Número de personas que participan	_____	_____
e. Cosas que llevar	agua _____ aperitivos _____	pan _____ salchichas _____ fruta _____ bebidas _____

- 让学生们先阅读255页的"语法点滴",再最后播放一遍视频,让学生在有意义的语境下更好地理解语法内容。

19.15 答案
周末计划一
a. pá shān
b. Xiāngshān
c. fēngjǐng hěn měi; kōngqì xīnxiān
d. liǎng gè (rén)
e. shuǐ; yìxiē língshí

周末计划二
a. jiāoyóu
b. Xiāngshān
c. shùyè dōu hóng le; zuì piàoliang de shíhou
d. hǎo jǐ ge (rén)
e. miànbāo; xiāngcháng; shuǐguǒ; yǐnliào

INFO 供你参考

Incluye *Xiāngshān* en tu lista de cosas pendientes

Cuando llega el otoño en Beijing, no debes dejar de ir al parque de la Colina Fragante (香山公园／香山公園 *Xiāngshān Gōngyuán*). El espectacular paisaje natural se vuelve rojo intenso a medida que miles de árboles dan la bienvenida al otoño. El mejor momento para ir es noviembre (después de las primeras heladas), cuando se pueden disfrutar de las mejores escenas. Durante la temporada turística los visitantes pueden contarse por millones, superando incluso a los de la Gran Muralla (长城／長城 *Chángchéng*). Sin embargo, si estás de buena salud, puedes tomar senderos y trepar pendientes para escapar de las aglomeraciones y, quizás, encontrarte con los escaladores que aparecen en los videos de esta unidad.

19.16 再次观看视频"周末计划二",然后请用拼音和西班牙文填空。

a. Zhèi ge ____zhōumò____ wǒmen qù nǎr wár ne?
(____¿Qué vamos a divertirnos este fin de semana?____?)

b. Nà, wǒmen zhōumò jiù ____yìqǐ____ qù Xiāngshān.
(Entonces iremos ____juntos____ a Xiangshan este fin de semana.)

c. Zài jiào ____jǐ ge rén____ ba.
(Preguntemos a ____más personas____.)

d. Hǎo, nà jiù shì jiào ____wǒmen sùshè de rén____, zài jiào . . .
(OK, entonces preguntamos a ____la gente de nuestro dormitorio____ y también a . . .)

e. Jiào jǐ ge ____nánshēng____ zěnmeyàng?
(¿Y si preguntamos a varios ____muchachos (masculino)____?)

f. Hǎo a, hǎo a. Tāmen kěyǐ ____bāng wǒmen____ bēi dōngxi.
(Bien, bien. Ellos pueden ____ayudarnos____ para cargar cosas [sobre sus espaldas].)

g. Nà wǒmen hái yào dài yìdiǎn ____chī de____, ____hē de____, shénme de.
(Entonces también debemos llevar algo ____para comer y beber____, etc.)

h. Nà, wǒ gǎnjǐn ____dǎ diànhuà____.
(Entonces voy a darme prisa para ____hacer llamadas.____)

i. Duì. Wǒmen Xīngqīliù yìzǎo chūfā. ____Zuò gōnggòng qìchē qù pá Xiāngshān____.
(Sí. Saldremos el sábado a primera hora ____a tomar el autobús para ir a Xiangshan____.)

Un poco de gramática 语法点滴

¿Cuándo 请/請 *qǐng* y cuándo 叫 *jiào*?

Ambos verbos significan "invitar (a alguien)", pero ¿cuándo es más apropiado uno y cuándo otro? Fíjate que en "Plan de fin de semana 2" las dos jóvenes quieren invitar a algunos estudiantes chicos, claramente para que les ayuden a llevar cosas. Se trata de un caso en el que gente joven invita a gente también joven, todos del mismo nivel social, por lo que 叫 *jiào* es apropiado. Pensemos ahora en una situación en la que la gente joven quiere invitar a profesores, padres u otras personas de mayor edad o de una posición social más alta. En este caso, la palabra utilizada para "invitar" cambia a 请／請 *qǐng*. Así, podemos considerar 请／請 *qǐng* como "invitar educadamente" y 叫 *jiào* como "pedir o hacer que alguien haga algo". 叫几个男生来，好不好？／叫幾個男生來，好不好？ *Jiào jǐ ge nánshēng lái, hǎo bu hǎo?* puede traducirse como: "Llamemos a varios chicos para que vengan con nosotras, ¿vale?". Ya has visto este tipo de distinción en chino antes. ¿Recuerdas la diferencia entre 你 *nǐ* y 您 *nín*? Por último, recuerda que 叫 *jiào* tiene otros significados también: 你叫什么名字？／你叫甚麼名字？

语法点滴
提醒学生在完成练习19.15、19.16、19.17后，再阅读此部分的语法点滴。这部分信息在有意义的上下文语境中可以得到更好的理解。

19.17 答案
a. 4. K
b. 7. F
c. 6. B
d. 5. G
e. 11. E
f. 1. A
g. 2. I
h. 8. C
i. 9. H
j. 10. D
k. 3. J

19.17 将对应的表达连线。

a. *pá shān*	1. *pronto por la mañana; al amanecer*	A. 一大早（一早）
b. *fēngjǐng hěn měi*	2. *partir; iniciar un viaje*	B. 空气新鲜／空氣新鮮
c. *kōngqì xīnxiān*	3. *darse prisa en hacer algo*	C. 郊游／郊遊
d. *língshí*	4. *hacer senderismo en la montaña*	D. 背东西／背東西
e. *xiāngcháng*	5. *aperitivo*	E. 香肠／香腸
f. *yí dà zǎo (yìzǎo)*	6. *el aire es fresco*	F. 风景很美／風景很美
g. *chūfā*	7. *el paisaje es muy hermoso*	G. 零食
h. *jiāoyóu*	8. *hacer una excursión*	H. 树叶都红了／樹葉都紅了
i. *shùyè dōu hóng le*	9. *las hojas se han vuelto rojas*	I. 出发／出發
j. *bēi dōngxi*	10. *llevar cosas a la espalda*	J. 赶紧／趕緊
k. *gǎnjǐn*	11. *salchicha*	K. 爬山

19.18 阅读下面的对话内容（简体或繁体），进行阅读练习并进一步熟悉"周末计划一"的对话。也可再次观看视频并跟着一起读。

甲：周末到了。不知道明天天气会怎么样？
乙：看看天气预报。
甲：哇，明天天气很好。咱们去郊外走走，放松放松吧。
乙：好啊！
甲：那我们去爬山？
乙：去哪儿爬山？
甲：我建议去香山。
乙：好啊！
甲：那儿风景很美，空气新鲜，可是好远哦！
乙：需要带什么呢？
甲：每个人都需要带水，一些零食。

甲：週末到了。不知道明天天氣會怎麼樣？
乙：看看天氣預報。
甲：哇，明天天氣很好。咱們去郊外走走，放鬆放鬆吧。
乙：好啊！
甲：那我們去爬山？
乙：去哪兒爬山？
甲：我建議去香山。
乙：好啊！
甲：那兒風景很美，空氣新鮮，可是好遠哦！
乙：需要帶甚麼呢？
甲：每個人都需要帶水，一些零食。

19.19 两人一组练习：与搭档一起计划一次周末远足。请先写拼音。

到哪儿去／到哪兒去：＿＿＿＿＿＿＿＿＿＿＿＿＿＿＿＿

为什么去／為甚麼去：＿＿＿＿＿＿＿＿＿＿＿＿＿＿＿＿

什么时候去／甚麼時候去：＿＿＿＿＿＿＿＿＿＿＿＿＿＿＿＿

出发时间／出發時間：＿＿＿＿＿＿＿＿＿＿＿＿＿＿＿＿

怎么去／怎麼去：＿＿＿＿＿＿＿＿＿＿＿＿＿＿＿＿

和谁去／和誰去：＿＿＿＿＿＿＿＿＿＿＿＿＿＿＿＿

要带什么／要帶甚麼：＿＿＿＿＿＿＿＿＿＿＿＿＿＿＿＿

现在请记录下你与搭档计划周末远足的对话内容。

最后，你和搭档可以向另一组或全班同学表演你们的对话情节。如果愿意的话，你和搭档可以进行一次真实的计划，并根据计划去远足。

INFO 供你参考

En contacto con la naturaleza

Los periódicos de todo el mundo informan de cómo la prosperidad se propaga como el fuego por toda China. De la mano de la prosperidad, la tradicional pasión por el aire libre sigue muy viva entre los chinos. De una punta a otra del país, millones de chinos salen a pasear diariamente por la naturaleza. La cercanía y afinidad con la naturaleza ha jugado un papel destacado en la cultura china. Los chinos creen tradicionalmente que las montañas están imbuidas de poder sagrado, manifestación de la fuerza de la naturaleza —el 气／氣 *qì*—. La historia y las leyendas chinas están repletas de historias en las que las personas se adentran en las montañas buscando la purificación, la inmortalidad y otros efectos benéficos. En la naturaleza, el poeta encontraba inspiración, el santo alcanzaba la divinidad, el monje construía su templo y el hombre común obtenía consuelo. Cada uno encontraba lo que buscaba. Por eso, los personajes de nuestro video no dudaron en hacer una excursión para 爬山 *pá shān*, explorar la montaña y disfrutar a cambio de nada.

Encuentro 3　去沙滩游玩　Ir a la playa

19.20 • 让学生们安静地快速写下自己的想法。之后，如果时间允许，学生们也愿意的话，组织全班讨论。列出一些新的词汇帮助学生们分享他们写下的内容。
• 可能的答案：*Voy a ponerme crema contra el rayo solar y la gafa. Voy a llevar un libro para leerlo en la playa.*

19.20 准备活动：你会如何计划去沙滩游玩呢？（海边、湖边或河边，如果周围没有沙滩，也可以考虑到游泳池玩！）用西班牙文记下来。

_____
_____
_____

19.21 • 这个视频片段是一段独白。与对话不同，独白一般比较难懂，但这段独白相对来说比较简单。因为说话者语速较慢，发音很清晰。
• 如果学生们有困难，可以在关键地方暂停视频片段以提供帮助。

19.21 观看视频"去海滩玩"，李雅图叙述去海滩游玩的事。从方框里选择正确的拼音完成叙述内容，然后根据用红色标明的拼音完成西班牙文翻译。

shātān páiqiú	hǎi biān	tàiyáng
Hālì Bōtè	hǎitān	shài

Zhèi ge Zhōuliù wǒ huì hé *tóngxué* qù _____*hǎitān*_____ wán, huì zài ____*hǎi biān*____ yóuyǒng, háiyǒu hé *tóngxuémen* wánr ____*shātān páiqiú*____.
Yīnwèi *hǎi biān* bǐjiǎo _____*shài*_____, suǒyǐ yào zhǔnbèi *hěn duō dōngxi*, xiàng fángshàishuāng, hái yǒu sǎn, lái dǎng _____*tàiyáng*_____.

Qùwán hǎi biān huì qù *kàn diànyǐng*. Yīnwèi zuìjìn xīn chūle ____*Hālì Bōtè*____ 7, suǒyǐ huì qù kàn diànyǐng.

Este sábado, iré con mis ____compañeros____ a pasarlo bien en la playa; ____nadaremos____ en la orilla, y jugaré al voleibol con ____compañeros____. Como la ____playa____ será bastante soleada, debemos preparar ____muchas cosas____, como crema contra el rayo solar y una sombrilla para evitar el sol.

Después de la playa, veremos una ____película____. Como recientemente han estrenado Harry Potter 7, iremos al cine.

19.22 请用西班牙文填空。

a. hǎi biān   海边／海邊   _____
b. tàiyáng   太阳／太陽   _____
c. hǎitān   海滩／海灘   _____
d. shātān   沙滩／沙灘   _____
e. shài   晒／曬   _____
f. fángshàishuāng 防晒霜／防曬霜   _____
g. sǎn   伞／傘   _____
h. páiqiú   排球   _____

19.22 答案
a. playa
b. sol
c. playa
d. playa de arena
e. mucho sol (muy soleado)
f. crema contra el rayo solar
g. paragua
h. voleibol

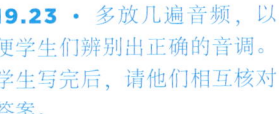

19.23 词汇拓展：更多和水有关的词。根据你所听到的，在下列词的拼音上标注正确的音调。然后写出相应的西班牙文。

19.23 • 多放几遍音频，以便学生们辨别出正确的音调。学生写完后，请他们相互核对答案。
• 如果学生对某一生词有困难，大声说出这个词，并请全班同学说出自己的理解，达成共识。

hu bian
湖边／湖邊
hú biān; *lado de lago*

he bian
河边／河邊
hé biān; *lado de río*

hua chuan
划船
huá chuán; *remar*

diao yu
钓鱼／釣魚
diào yú; *pescar*

hua dumuzhou
划独木舟／
划獨木舟
huá dúmùzhōu; *remar piragua*

huashui
滑水
huáshuǐ; *esquiar sobre agua*

chonglang
冲浪／衝浪
chōnglàng; *surfing*

19.24
- 以视频"去海滩玩"为例，请学生写下自己的行程安排。
- 提醒学生所写的内容应包含以下信息：旅行目的地、理由、可能出现的天气情况、结伴而行的人、携带的物品，等等。

19.24 请用拼音写几句话，描写你想参加的水上或户外的活动。

_____

_____

_____

_____

19.25 可以考虑设定一个情境，让学生练习对话。一位学生向另一位发出邀请并描述自己的出游计划。另外一位学生应认真聆听并提供自己的反馈，例如喜欢之处或不喜欢之处，自己的喜好及补充建议等。

19.25 两人一组练习：询问搭档是否愿意参加你在练习19.24中描写的出游。记下你们互动的情况，并向另外一组或全班进行展示。

_____

_____

_____

_____

供你参考
- 调动全班同学用中文进行讨论，以此检查学生对这篇文章的理解。用引导性的问题进行提问，并提供新的语言点以帮助学生们表达自己的观点。
- 引导性问题包括：今天的中国人喜欢旅游吗？中国人喜欢在国内还是国外旅游？中国政府支持中国人去国外旅游吗？中国人平均每年旅游几次？
- 也可以让学生浏览www.ctrip.com网站，设想到中国去或从中国出发的一次旅游计划。

INFO 供你参考

China en movimiento

Sin duda ya habrás llegado a la conclusión de que China es un lugar muy diferente de lo que era hace unos pocos años, por no decir una generación. Uno de los mayores cambios ocurridos en muchos jóvenes chinos es que sus prioridades son a menudo muy diferentes de las de sus padres o abuelos. El continuo desarrollo y crecimiento de la clase media china (que dispone de más ingresos disponibles que nunca), junto con la mejora del sistema de transporte y las relativamente escasas restricciones del gobierno a los viajes, han dado como resultado un aumento del turismo doméstico e internacional.

Hoy, chinos de todos los estratos sociales viajan en cantidades sin precedentes a más destinos que nunca. En 2010, cada uno de los 1.300 millones de chinos realizó una media de 1,3 viajes al año, y se espera que esta cifra se triplicara en 2015. De hecho, los viajes en China están creciendo a pasos agigantados —al mayor ritmo del mundo, igual que muchos otros indicadores de crecimiento del país. Un factor fundamental de este crecimiento es la participación del gobierno, que está ansioso por promover el turismo, especialmente a destinos nacionales (la idea es mantener el dinero en casa).

La razón por la que el turismo ha despegado en los últimos años se debe principalmente a los cambios del mercado laboral chino. Los salarios están subiendo, las personas disfrutan de una mejor y más estable situación económica y cada vez gastan más dinero en actividades de ocio como los viajes. Como todo apunta a que China va a seguir creciendo económicamente, en el futuro el número de viajeros chinos (tanto viajar en China como al extranjero) no puede sino aumentar.

Adaptación de "Preparándonos para el boom del turismo chino", de Alan Wheatley/Reuters, diciembre de 2010.

Encuentro 4 国际旅行 Viajar al extranjero

19.26 准备工作：你是否去过其他的国家？去过哪里？你还想去哪儿？用西班牙文写一些笔记。

_____

_____

_____

19.26 让学生用西班牙文安静地写下自己的想法。然后鼓励他们用中文进行分享。之前的单元中，学生已学过很多常用词汇，应该可以很轻松地用中文表达他们的想法。

19.27 观看视频"旅行"，唐远和琳讨论有关旅行的事情。请用拼音填空。

a. Escribe las cuatro ciudades que 唐远／唐遠 dice que ha visitado.

_____ _____ _____ _____

b. Escribe cuatro ciudades chinas que no haya mencionado 唐远／唐遠 (si lo necesitas, pide ayuda o busca en Internet).

_____ _____ _____ _____

c. Escribe los cuatro continentes que Lynn dice que ha visitado.

Europa: _____

Sudamérica: _____

Asia: _____

África: _____

d. Ahora escribe en español el nombre de los tres continentes restantes.

Àozhōu 澳洲 _____

Běi Měizhōu 北美洲 _____

Nánjízhōu 南极洲／南極洲 _____

19.27
- 让学生们在网上查看中国地图或带一张中国地图到教室，帮助学生找到练习19.27的a和b中提到的中国城市。
- 做练习19.27的d，鼓励学生们运用熟悉的汉字推测新词的意思。

19.27 答案
a. Sūzhōu, Běijīng, Shànghǎi, Guǎngzhōu
b. 可能的答案：Hángzhōu, Chóngqìng, Guìlín, Xī'ān
c. Ōuzhōu, Nán Měizhōu, Yàzhōu, Fēizhōu
d. Australia, América del Norte, Antártica

19.28 这个练习是为了让学生在一个有意义的语境中学习四个新词。不需要教师讲解或给出答案，学生应该可以独立完成。鼓励他们两人一组或几人一组互相帮助。

19.28 根据下面的西班牙文句子，从方框中选出合适的词完成中文翻译。

| 北半球 | 地球 | 南半球 | 赤道 (chìdào) |

"El mundo se divide en el hemisferio norte y el hemisferio sur, con el Ecuador en medio".

"__地球__ 分成 __北半球__ 和 __南半球__。中间／中間是 __赤道__。"

请用拼音和西班牙文填空。

	拼音	西班牙文
a. 北半球	běibànqiú	hemisferio norte
b. 地球	dìqiú	Tierra
c. 南半球	nánbànqiú	hemisferio austral
d. 赤道	chìdào	ecuador

19.29 将下列地域按其所处的半球分类。

	北半球	南半球
a. Àodàlìyà (Àozhōu) 澳大利亚／澳大利亞（澳洲）	☐	☑
b. Bāxī 巴西	☐	☑
c. Běi Měizhōu 北美洲	☑	☐
d. Dōngnányà 东南亚／東南亞	☑	☑
e. Éluósī 俄罗斯／俄羅斯	☑	☐
f. Fēizhōu 非洲	☑	☑
g. Jiānádà 加拿大	☑	☐
h. Mòxīgē 墨西哥	☑	☐
i. Nánjízhōu 南极洲／南極洲	☐	☑
j. Nán Měizhōu 南美洲	☑	☑

	北半球	南半球
k. Ōuzhōu 欧洲／歐洲	☑	☐
l. Xībānyá 西班牙	☑	☐
m. Xīnxīlán 新西兰／新西蘭	☐	☑
n. Yìndù 印度	☑	☐
o. Yīngguó 英国／英國	☑	☐

INFO 供你参考

Éxitos populares

En la actualidad, famosas películas y programas televisivos de Occidente han empezado a hacerse populares en China. 哈利·波特 *Hālì Bōtè* (Harry Potter) aprende magia en 霍格华兹魔法与巫术学校／霍格華茲魔法與巫術學校 *Huògéhuázī Mófǎ yǔ Wūshù Xuéxiào* (Escuela Hogwarts de magia y hechicería) y lucha contra el malvado 伏地魔 *Fúdìmó* (Voldemort). (Voldemort). El concurso *American Idol* tiene su equivalente en 选秀赛／選秀賽 *xuǎn xiù sài* (concursos de talento) de éxito como el concurso de cantantes femeninas 超级女声／超級女聲 *Chāojí Nǚshēng* (Supergirl) originado en Hunan, o la serie de programas 星光大道 *Xīngguāng Dàdào* (Camino a las estrellas) de la Televisión Central de China (CCTV). Si buscas el nombre de estos programas en www.tudou.com o www.youku.com (el equivalente chino de YouTube), podrás hacerte una idea de ellos y compararlos con sus equivalentes occidentales que probablemente conoces mejor.

También hay canciones populares como "A los ratones les gusta el arroz" (老鼠爱大米／老鼠愛大米 *Lǎoshǔ Ài Dàmǐ*), que es la canción que Tang Yuan canta al principio del fragmento de video "Viajar" de este Encuentro. Busca en YouTube el hilarante video musical de 王启文／王啟文 *Wáng Qǐwén*. para esta canción. Busca también otras versiones para hacerte una idea de lo popular que es esta canción en Asia. Busca también 中国话／中國話 *Zhōngguóhuà*, una animada canción del trío femenino S.H.E sobre extranjeros que aprenden chino.

供你参考
• 可以的话，从网络上下载此部分"供你参考"中提到的电视节目的视频，用电脑播放。
• 或者，将这些视频当成家庭作业布置下去，让学生在家观看。可以将该练习作为一个研究项目，让学生们分别介绍、展示他们分到的节目视频。

19.30 你去过哪些国家和地区？你还想去哪里？在下面的表格里用拼音写下这些国家和地区的名称。有必要的话，可以询问老师、查阅字典或登录环球汉语网站来确定国家的名字。

我去过……／我去過……	我想去……

264 第十九单元 车水马龙

19.31 在学生独立做这道题之前，确保他们记得并理解"去过"这个词的含义。（参考221页第18单元的语法点滴）

19.31 两人一组练习：问问搭档："你都去过哪些地方？你想去哪些地方？"记录下对方的回答。该你回答时，根据自己在练习19.30里的记录作答。总结你们的对话，与另一组或全班同学交流。

_____

_____

_____

语法点滴
让学生阅读本"语法点滴"，并编写、表演包含这些情态动词的小品，以此检查他们的理解程度。

Un poco de gramática 语法点滴

Mostrar tu "actitud" usando verbos modales

Ya has estudiado varios "verbos modales" a lo largo de tu experiencia en **Encuentros**. Recuerda que los verbos modales son verbos auxiliares que expresan distintas "actitudes"; modifican a los verbos principales y normalmente son negados con *bù*, no *méiyǒu*. La lista siguiente es un resumen básico de varios verbos modales acompañado con oraciones de ejemplo. Presta mucha atención a los ejemplos, ya que un mismo verbo modal puede expresar más de una "actitud".

■ **Permiso con** 可以 *kěyǐ* y 能 *néng*

Nǐ kěyǐ huíjiā le.
你可以回家了。
(Ya puedes volver a casa.)

Néng bu néng zài zhèr tíngchē?
能不能在这儿停车？／能不能在這兒停車？
(¿Puedo aparcar aquí?)

■ **Posibilidad con** 能 *néng*

Nǐ néng bāng wǒ ná dōngxi ma?
你能帮我拿东西吗？／你能幫我拿東西嗎？
(¿Puedes ayudarme a llevar unas cosas?)

■ **Probabilidad con** 会／會 *huì* y 会……的／會……的 *huì... de*

Tā huì lái de.
他会来的。／他會來的。
(Él vendrá.)

[Cuando se usa otra partícula como *ma* o *le*, no se usa *de*.]
Míngtiān huì xiàyǔ ma?
明天会下雨吗？／明天會下雨嗎？
(¿Lloverá mañana?)

- **Habilidad o destreza con** 能 *néng* ve rs us 会／會 *huì*

  [*Néng* indica habilidad física.]
  Wǒ néng bēi hěn zhòng de dōngxi.
  我能背很重的东西。／我能背很重的東西。
  (Puedo llevar cosas muy pesadas.)

  Tā néng pǎo de hěn kuài.
  他能跑得很快。
  (Él puede correr muy rápido.)

  [*Huì* indica una capacidad o destreza aprendida.]
  Tā huì dǎ taìjíquán, dǎ de hěn búcuò.
  他会打太极拳，打得很不错。／他會打太極拳，打得很不錯。
  (Él sabe Taichí y es muy bueno en ello.)

  Wǒ huì Zhōngwén.
  我会中文。／我會中文。
  (Sé chino.)

- **Obligación moral con** 应该／應該 *yīnggāi* y 应当／應當 *yīngdāng*

  [*Yīngdāng* es un poco más enfático que *yīnggāi*.]
  Tā shì nǐ de péngyou, nǐ yīnggāi qù kàn tā.
  她是你的朋友，你应该去看她。／她是你的朋友，你應該去看她。
  (Ella es tu amiga, debes ir a verla.)

  Zhèi jiàn shì nǐ bù yīngdāng gàosu tā.
  这件事你不应当告诉他。／這件事你不應當告訴他。
  (No debes decirle esto.)

- **Necesidad con** 得 *děi*

  [Para negar 得 *děi*, usa 不必 *búbì* (no hace falta que).]
  Duìbuqǐ, wǒ děi zǒu le.
  对不起，我得走了。／對不起，我得走了。
  (Lo siento, pero debo irme.)

  Wǒ zìjǐ qù, nǐ búbì péi wǒ qù.
  我自己去，你不必陪我去。
  (Iré solo, no hace falta que me acompañes.)

- **Intención con** 想 *xiǎng* y 不要 *búyào*

  (suave) Jīntiān wǒ xiǎng chī Zhōngguó fàn.
  今天我想吃中国饭。／今天我想吃中國飯。
  (Hoy me apetece comer comida china.)

  (fuerte) Nǐ qù. Wǒ búyào qù.
  你去。我不要去。
  (Ve tú. Yo no quiero ir.)

19.32 可能的答案: *pasaporte, visa, billete de avión, ticket de tren, reserva de hotel, moneda extranjera*

19.32 国际旅行需要携带什么物品呢？请用西班牙文列举几项。

_____

_____

_____

_____

19.33 学生独立完成这部分练习后，让他们互相检查答案。对于较难的词汇，可以给学生进行发音示范。

19.33 听下面的词汇，并用拼音填空。

hùzhào

护照／護照

qiānzhèng

签证／簽證

fēijīpiào

飞机票／飛機票

xíngli

行李

wàibì

外币／外幣

lǚyóu zhǐnán

旅游指南／
旅遊指南

19.34 学生刚开始做练习19.34时会觉得比较难，因为中文篇幅较长。除了让学生学习新的语言，本练习还可帮助学生提高对模糊含义的承受力，增强他们利用熟悉的词汇理解不熟悉的段落的能力。告诉学生，完成练习需要留心关键词，例如每个空格后的名词。

19.34 阅读下面的叙述，并用方框里合适的动词填空（简体字或繁体字，或两者都填）。

shēnqǐng	mǎi	dìng	huàn
申请／申請	买／買	订／訂	换／換
solicitar	comprar	reservar	cambiar

因为我想去外国旅行，所以我需要做很多事情。第一，我得去 ___申请___ 护照。我想去的国家，有些需要签证。所以拿到了护照以后，我得去 ___申请___ 这些国家的签证。同时，我得去 ___订___ 机票。我也需要 ___买___ 一些地图。早晚我得 ___换___ 一些外币，可是我觉得到国外去 ___换___ 比较好。

因為我想去外國旅行，所以我需要做很多事情。第一，我得去 ___申請___ 護照。我想去的國家，有些需要簽證。所以拿到了護照以後，我得去 ___申請___ 這些國家的簽證。同時，我得去 ___訂___ 機票。我也需要 ___買___ 一些地圖。早晚我得 ___換___ 一些外幣，可是我覺得到國外去 ___換___ 比較好。

19.35 假设下个月你要出国旅行，请用拼音或者汉字写下三个你想去的国家。

_____

_____

根据你自己的信息完成下列句子，填入恰当的国家名称。

Wǒ ná _____ hùzhào.

我拿 _____ 护照。／我拿 _____ 護照。

(Tengo pasaporte de _____.)

现在，上网查阅资料（或者询问你相信的人），找出你想去的这些国家中，哪些是需要签证的。注意有些国家的公民需要签证，有些则不需要。留意针对自己所属国家的要求。圈出你所列举的需要办理签证的国家。

最后，以练习19.34为例，用拼音或汉字写一段叙述性文字（最少四句话），说明要去这些国家旅行前所需做的所有事情。

_____

_____

_____

19.36 **两人一组练习**：与搭档分享你在练习19.35中写下的内容。请用拼音或汉字记下来并比较你们的计划。与另一组或全班同学讨论比较的内容，例如：

Wǒ xiǎng qù Zhōngguó, Rìběn hé Yìndù lǚxíng. Wǒ ná de shì Měiguó hùzhào, qù Rìběn bù xūyào qiānzhèng, kěshì wǒ děi shēnqǐng Zhōngguó hé Yìndù de qiānzhèng. Xiǎo Lǐ ná de shì Yīngguó hùzhào. Tā xiǎng qù Àodàlìyà, Xīnxīlán hé Jiānádà lǚxíng. Qù zhè sān gè guójiā tā dōu bù xūyào qiānzhèng. Ránhòu wǒ xūyào mǎi dìtú. Tā yǐjīng yǒu dìtú le, tā bù xūyào mǎi.

> 我想去中国、日本和印度旅行。我拿的是美国护照，去日本不需要签证，可是我得申请中国和印度的签证。小李拿的是英国护照。他想去澳大利亚、新西兰和加拿大旅行。去这三个国家他都不需要签证。然后我需要买地图。他已经有地图了，他不需要买。

> 我想去中國、日本和印度旅行。我拿的是美國護照，去日本不需要簽證，可是我得申請中國和印度的簽證。小李拿的是英國護照。他想去澳大利亞、新西蘭和加拿大旅行。去這三個國家他都不需要簽證。然後我需要買地圖。他已經有地圖了，他不需要買。

🎵 单元说唱　**Rap de la Unidad**

登录环球汉语网站，听歌曲复习第十九单元所学的主要内容。然后再听一遍并跟着唱！

Encuentro 5 读和写 Lectura y escritura

读出熟悉的中文句子
Lectura de oraciones familiares en caracteres chinos

19.37—19.39
提醒学生借助题目说明中的办法来读出不认识的汉字。

19.37 两人一组练习：借助西班牙文，与搭档轮流大声朗读下面的段落（简体字）。可以互换朗读内容，如果有人无法读出某个汉字，搭档可以提供帮助。

1 北京一年有四个季节：春、夏、秋、冬。春天常刮风；夏天很热；秋天很凉爽；冬天很冷，有的时候会下雪。澳大利亚的悉尼(Xīní – Sydney)也是一年四季，可是那儿的季节跟北京相反(xiāngfǎn – opuesto)：北京的春天是悉尼的秋天，北京的夏天是悉尼的冬天，北京的秋天是悉尼的春天，北京的冬天是悉尼的夏天。所以，北京人冬天觉得天气太冷太冷的时候，可以去悉尼暖和暖和。悉尼的人夏天觉得天气太热太热的时候，也可以去北京凉快凉快。那，什么地方天气最好？有人说夏威夷最好：一年四季都是夏天。夏威夷的夏天还不热，舒服极了。 *(Beijing tiene cuatro estaciones todos los años: primavera, verano, otoño e invierno. En primavera suele hacer viento; en verano mucho calor; el otoño es agradable y fresco y el invierno muy frío —a veces nieva—. Sydney, en Australia, también tiene cuatro estaciones, pero allí es al contrario que en Beijing: la primavera de Beijing es el otoño de Sydney, el vernao de Beijing es el invierno de Sydney, el otoño de Beijing es la primavera de Sydney y el invierno de Beijing es el verano de Sydney. Por eso, cuando los habitantes de Beijing tienen mucho mucho frío en invierno, pueden ir a Sydney a calentarse. Igualmente, cuando los habitantes de Sydney tienen mucho calor en verano, pueden ir a Beijing para refrescarse. Entonces, ¿qué lugar tiene el mejor tiempo? Algunos dicen que Hawai: todas las estaciones del año son verano. Además, el verano de Hawai no es muy caluroso; es extremadamente agradable.)*

2 有一天下午，小毛在公司工作的时候，听见他的两个同事在谈(tán – hablar de algo)周末出去郊游的事情。他们看了天气预报以后，知道第二天的天气会很好，所以他们决定去爬香山，说那儿的风景又美，空气又新鲜，带一点水跟零食就可以了。 *(Una tarde, mientras trabajaba en su oficina, Xiao Mao oyó a dos colegas hablando de hacer una excursión al campo el fin de semana. Miraron el pronóstico meteorológico y vieron que al día siguiente haría muy buen tiempo, por lo que decidieron ir a hacer senderismo a las Colinas Fragantes. Decían que allí el paisaje es muy bonito y que el aire es muy fresco, y que sería suficiente con llevar un poco de agua y algunos aperitivos.)*

3 有两位女老师想周末出去玩儿。她们决定去郊游。因为那时候，香山的树叶都变(biàn – volverse, cambiar)红了，非常漂亮，所以她们想去香山爬山。她们想多叫几个人一起去，那会比较好玩儿，尤其是(yóuqí shì – especialmente)叫上一些男生，可以帮忙(bāngmáng – ayudar)背东西！她们要带上一些吃的、喝的，比如说面包、香肠、水果还有饮料等。她们想一大早出发，坐公共汽车去香山。 *(Dos profesoras quieren hacer una excursión el fin de semana y deciden ir al campo. Como las hojas de los árboles de las Colinas Fragantes se han vuelto rojas y son muy bonitas, quieren ir a las Colinas Fragantes para hacer senderismo. Piensan invitar a más gente para ir juntos porque será más divertido, especialmente a chicos para que ayuden a llevar [a sus espaldas] cosas. Llevarán algo de comer y de beber como pan, salchichas, frutas, refrescos, etc. Quieren salir muy pronto por la mañana y tomar el autobús que va a la Colina Fragante.)*

4 一般人们最喜欢的天气是不冷不热的晴天。春天和秋天的时候晴天最多，天气最舒服。人人都喜欢到外头去玩儿。夏天天气很热的时候，太阳要是很晒的话，很多中国女孩子喜欢打着伞走路(dǎzhe sǎn zǒulù – pasear protegiéndose del sol con un paraguas)。到了冬天，天气冷了，人们就不爱出门了。大家通常喜欢留在家里，暖和暖和。可是也有一些人喜欢冬天出门去滑雪(huáxuě – esquiar)。 *(Normalmente, la gente prefiere especialmente los días claros no muy calurosos ni muy fríos. En primavera y otoño es cuando más días claros hay y cuando el tiempo es más agradable. A todos les gusta pasar tiempo al aire libre. Cuando hace mucho calor en verano, si el sol es muy fuerte, a muchas jóvenes chinas les gusta pasear con un paraguas abierto. Cuando llega el invierno y el tiempo se vuelve frío, a la gente no le gusta salir. A todos generalmente les gusta quedarse en casa para estar calentitos. Pero a algunos les gusta ir a esquiar en invierno.)*

5 忙了一个星期，到了周末，大家都会想放松放松，出去走走，找一些风景漂亮、空气新鲜的地方活动活动(huódòng – be active)。要是天气好、不下雨的话，很多人会想到外面去，爬山呀、划船呀、或者去野餐。要是天气不好，比如刮风、下雨、下雪的话，当然大家就不想出门，只想留在家里看书、看电视、上网，等等。 *(Después de trabajar toda la semana, cuando llega el fin de semana todos quieren relajarse, salir a dar una vuelta y buscar lugares con bonitos paisajes y aire fresco para hacer alguna actividad. Si el tiempo es bueno y no llueve, la mayoría de la gente piensa en salir al aire libre para hacer senderismo, pasear en barca o hacer un picnic. Si el tiempo no es bueno, por ejemplo, si hace viento, llueve o nieva, naturalmente la gente no quiere salir y solo quiere quedarse en casa leyendo, viendo la TV, navegando en Internet, etc.)*

6 有一个高中生叫李雅图，英文名字叫Matthew，是北京人，现在住在夏威夷。他和几个朋友周六常常去海边玩。因为夏威夷一年四季太阳都很晒，所以他们会带上很多东西来防晒(fáng shài – *protegerse del sol*)，比如防晒霜、伞，等等。他们在海边玩过以后还会去看电影。这样，一个星期六很快就过去了！星期天他们都要留在家里读书，因为星期一就得上课了。 *(Un estudiante de bachillerato llamado Li Yatu, o Matthew en inglés, es de Beijing y ahora vive en Hawai. Él y varios amigos los sábados van a menudo a la playa. Como el sol de Hawai es fuerte durante las cuatro estaciones del año, suelen llevar muchas cosas para protegerse como crema solar, sombrillas, etc. Después de pasar un rato en la playa van a ver una película. De esta forma, el sábado pasa muy rápido. El domingo se quedan en casa y estudian, porque el lunes tienen que ir a clase.)*

7 要是你家附近有海的话，你就可以做很多活动，比如冲浪、滑水、划独木舟、游泳，等等。要是你家附近没有大海可是有湖、有河，你还可以去游泳、滑水、划船、划独木舟，等等。要是你家附近又没有海又没有河又没有湖，那你只好到游泳池里去游泳，然后在电视上看别人冲浪、滑水、划船什么的！ *(Si hay mar cerca de casa, puedes hacer muchas actividades como practicar surf, esquí acuático, piragüismo, natación, etc. Si no hay mar cerca, pero sí un río o un lago, todavía puedes practicar natación, esquí acuático, remo, piragüismo, etc. Si cerca de casa no hay mar ni un río o un lago, entonces solo puedes ir a nadar en una piscina y ver a otros practicar surf, esquí acuático o remo en la TV.)*

8 Lynn老师以前去过很多国家。可是到了中国以后她不想再去旅行，不想离开阳朔，因为她很喜欢她的工作，也很喜欢她学校里的孩子们。唐远和她不一样。他没出过国，也不想出国，他以前只去过国内(guó nèi – *nacional*)的几个大城市。唐远非常喜欢阳朔的山水、阳朔的人。阳朔是他的家乡(jiāxiāng – *pueblo natal*)，他每次出去旅行的时候，都非常想念他的家乡。 *(La profesora Lynn ha estado en muchos países. Pero después de llegar a China, ya no le apetece viajar; no quiere irse de Yangshuo porque le gustan su trabajo y los niños de la escuela. Tang Yuan no es igual que ella. Él nunca ha salido del país y tampoco quiere hacerlo. En el pasado solo ha viajado a algunas grandes ciudades nacionales. A Tang Yuan le gusta mucho el paisaje y la gente de Yangshuo. Yangshuo es su tierra natal y cada vez que viaja la echa mucho de menos.)*

9 在暑假(shǔjià – vacaciones de verano)或者毕业以后，同学们也许会有机会到国外去旅行。这样的话，第一要有护照，第二也许得去申请签证。要是拿美国护照，去加拿大、澳大利亚、新西兰、日本或者很多的欧洲国家都不需要签证。去中国和很多其他的亚洲国家、还有非洲所有的国家，一般都需要申请签证。 *(Durante las vacaciones de verano o después de graduarse, los estudiantes tienen la oportunidad de viajar al extranjero. En este caso, en primer lugar se necesita un pasaporte y, en segundo lugar, es posible que sea necesario solicitar un visado. Si tienes pasaporte de los Estados Unidos, no necesitas visado para ir a Canadá, Australia, Nueva Zelanda, Japón o muchos países de Europa. Si vas a China y muchos otros países de Asia o cualquier país de África, generalmente necesitarás solicitar un visado.)*

10 去国外旅行非常有意思。可以看到很多在家里看不到的风景，吃到很多家里吃不到的东西，听到家里不说的语言，还可以认识很多和自己不太一样的新朋友。中国人常说，走一千里路就像(xiàng – ser como)读一万(wàn – diez mil)本书一样。这句话的意思是，旅行可以让我们学到很多新的东西。 *(Viajar al extranjero es muy interesante. Puedes ver muchos paisajes que no puedes ver en casa, comer muchas comidas que no puedes comer en casa, escuchar idiomas que no se hablan en casa e incluso conocer a muchas personas bastante diferentes a ti. Los chinos suelen decir: "Viajar diez mil kilómetros es como leer diez mil libros". Este dicho quiere decir que viajando es posible aprender muchas cosas nuevas.)*

Un poco de gramática 语法点滴

Dos acciones verbales al mismo tiempo

En las lecturas hemos visto la costumbre de las jóvenes chinas de salir a pasear con un paraguas para protegerse del sol. En chino se dice: 打着伞走路／打著傘走路 dǎzhe sǎn zǒulù. Esta construcción gramatical expresa que la acción principal (走路 zǒulù) se realiza bajo la condición de la acción acompañante (打着伞／打著傘 dǎzhe sǎn). La estructura es: verbo acompañante + zhe + verbo principal. A continuación, se incluyen algunos ejemplos (el verbo principal está subrayado).

Tāmen zhànzhe tánhuà.
他们站着谈话。／他們站著談話。
(*Conversaron* de pie.)

Lǎoshī xiàozhe shuō: "Duì le!"
老师笑着说："对了！"／老師笑著說："對了！"
(*Sonriendo, el profesor dijo, "¡Correcto!"*)

Lù bù yuǎn, nǐ kěyǐ zǒuzhe qù.
路不远，你可以走着去。／路不遠，你可以走著去。
(No está lejos, puedes <u>ir</u> andando.)

Nǐ zěnme yí gè rén guānzhe mén <u>chī dōngxi</u>?
你怎么一个人关着门吃东西？／你怎麼一個人關著門吃東西？
(¿Cómo es que estás <u>comiendo</u> solo con la puerta cerrada?)

Nǐ zuòzhe <u>xiě zì</u> ba!
你坐着写字吧！／你坐著寫字吧！
(¡<u>Escribe</u> sentado!)

Si, sin embargo, quieres describir dos acciones paralelas que ocurren al mismo tiempo, usa la estructura yìbiān (一边／一邊) + V1 + yìbiān (一边／一邊) + V2.

Wǒ chángcháng yìbiān chīfàn yìbiān kàn diànshì.
我常常一边吃饭一边看电视。／我常常一邊吃飯一邊看電視。
(A menudo como y veo la TV al mismo tiempo.)

Nǐ néng yìbiān shuōhuà yìbiān kàn shū ma?
你能一边说话一边看书吗？／你能一邊說話一邊看書嗎？
(¿Puedes hablar y leer al mismo tiempo)

Nǐ bié xiǎng yìbiān kàn diànshì yìbiān xiě zuòyè!
你别想一边看电视一边写作业！／你別想一邊看電視一邊寫作業！
(¡No pienses en ver la TV y hacer tus tareas al mismo tiempo!)

Ejercicio: Traduce al español las oraciones siguientes (哭 kū [llorar]).

1. Tā kūzhe shuō: "Duìbuqǐ."
   他哭着说："对不起。"／他哭著說："對不起。"

2. Tā yìbiān kū yìbiān xiào.
   他一边哭一边笑。／他一邊哭一邊笑。

"语法点滴"答案
a. Él lloró, diciendo "perdón".
b. Él está llorando y riendo al mismo tiempo.

19.38 两人一组练习：再次朗读这些段落，这次没有西班牙文辅助。

1　北京一年有四个季节：春、夏、秋、冬。春天常刮风；夏天很热；秋天很凉爽；冬天很冷，有的时候会下雪。澳大利亚的悉尼也是一年四季，可是那儿的季节跟北京相反：北京的春天是悉尼的秋天，北京的夏天是悉尼的冬天，北京的秋天是悉尼的春天，北京的冬天是悉尼的夏天。所以，北京人冬天觉得天气太冷太冷的时候，可以去悉尼暖和暖和。悉尼的人夏天觉得天气太热太热的时候，也可以去北京凉快凉快。那，什么地方天气最好？有人说夏威夷最好：一年四季都是夏天。夏威夷的夏天还不热，舒服极了。

2 有一天下午，小毛在公司工作的时候，听见他的两个同事在谈周末出去郊游的事情。他们看了天气预报以后，知道第二天的天气会很好，所以他们决定去爬香山，说那儿的风景又美，空气又新鲜，带一点水跟零食就可以了。

3 有两位女老师想周末出去玩儿。她们决定去郊游。因为那时候，香山的树叶都变红了，非常漂亮，所以她们想去香山爬山。她们想多叫几个人一起去，那会比较好玩儿，尤其是叫上一些男生，可以帮忙背东西！她们要带上一些吃的、喝的，比如说面包、香肠、水果还有饮料等。她们想一大早出发，坐公共汽车去香山。

4 一般人们最喜欢的天气是不冷不热的晴天。春天和秋天的时候晴天最多，天气最舒服。人人都喜欢到外头去玩儿。夏天天气很热的时候，太阳要是很晒的话，很多中国女孩子喜欢打着伞走路。到了冬天，天气冷了，人们就不爱出门了。大家通常喜欢留在家里，暖和暖和。可是也有一些人喜欢冬天出门去滑雪。

5 忙了一个星期，到了周末，大家都会想放松放松，出去走走，找一些风景漂亮、空气新鲜的地方活动活动。要是天气好、不下雨的话，很多人会想到外面去，爬山呀、划船呀，或者去野餐。要是天气不好，比如刮风、下雨、下雪的话，当然大家就不想出门，只想留在家里看书、看电视、上网，等等。

6 有一个高中生叫李雅图，英文名字叫Matthew，是北京人，现在住在夏威夷。他和几个朋友周六常常去海边玩。因为夏威夷一年四季太阳都很晒，所以他们会带上很多东西来防晒，比如防晒霜、伞，等等。他们在海边玩过以后还会去看电影。这样，一个星期六很快就过去了！星期天他们都要留在家里读书，因为星期一就得上课了。

7 要是你家附近有海的话，你就可以做很多活动，比如冲浪、滑水、划独木舟、游泳，等等。要是你家附近没有大海可是有湖、有河，你还可以去游泳、滑水、划船、划独木舟，等等。要是你家附近又没有海又没有河又没有湖，那你只好到游泳池里去游泳，然后在电视上看别人冲浪、滑水、划船什么的！

8 Lynn老师以前去过很多国家。可是到了中国以后她不想再去旅行，不想离开阳朔，因为她很喜欢她的工作，也很喜欢她学校里的孩子们。唐远和她不一样。他没出过国，也不想出国，他以前只去过国内的几个大城市。唐远非常喜欢阳朔的山水、阳朔的人。阳朔是他的家乡，他每次出去旅行的时候，都非常想念他的家乡。

9 在暑假或者毕业以后，同学们也许会有机会到国外去旅行。这样的话，第一要有护照，第二也许得去申请签证。要是拿美国护照，去加拿大、澳大利亚、新西兰、日本或者很多的欧洲国家都不需要签证。去中国和很多其他的亚洲国家、还有非洲所有的国家，一般都需要申请签证。

10 去国外旅行非常有意思。可以看到很多在家里看不到的风景，吃到很多家里吃不到的东西，听到家里不说的语言，还可以认识很多和自己不太一样的新朋友。中国人常说，走一千里路就像读一万本书一样。这句话的意思是，旅行可以让我们学到很多新的东西。

19.39 两人一组练习：再次朗读这些段落，这次用的是繁体字。

1 北京一年有四個季節：春、夏、秋、冬。春天常颱風；夏天很熱；秋天很涼爽；冬天很冷，有的時候會下雪。澳大利亞的悉尼也是一年四季，可是那兒的季節跟北京相反：北京的春天是悉尼的秋天，北京的夏天是悉尼的冬天，北京的秋天是悉尼的春天，北京的冬天是悉尼的夏天。所以，北京人冬天覺得天氣太冷太冷的時候，可以去悉尼暖和暖和。悉尼的人夏天覺得天氣太熱太熱的時候，也可以去北京涼快涼快。那，甚麼地方天氣最好？有人說夏威夷最好：一年四季都是夏天。夏威夷的夏天還不熱，舒服極了。

2 有一天下午，小毛在公司工作的時候，聽見他的兩個同事在談週末出去郊遊的事情。他們看了天氣預報以後，知道第二天的天氣會很好，所以他們決定去爬香山，說那兒的風景又美，空氣又新鮮，帶一點水跟零食就可以了。

3 有兩位女老師想週末出去玩兒。她們決定去郊遊。因為那時候，香山的樹葉都變紅了，非常漂亮，所以她們想去香山爬山。她們想多叫幾個人一起去，那會比較好玩兒，尤其是叫上一些男生，可以幫忙背東西！她們要帶上一些吃的、喝的，比如說麵包、香腸、水果還有飲料等。她們想一大早出發，坐公共汽車去香山。

4 一般人們最喜歡的天氣是不冷不熱的晴天。春天和秋天的時候晴天最多，天氣最舒服。人人都喜歡到外頭去玩兒。夏天天氣很熱的時候，太陽要是很曬的話，很多中國女孩子喜歡打著傘走路。到了冬天，天氣冷了，人們就不愛出門了。大家通常喜歡留在家裡，暖和暖和。可是也有一些人喜歡冬天出門去滑雪。

5. 忙了一個星期，到了週末，大家都會想放鬆放鬆，出去走走，找一些風景漂亮、空氣新鮮的地方活動活動。要是天氣好、不下雨的話，很多人會想到外面去，爬山呀、划船呀，或者去野餐。要是天氣不好，比如颱風、下雨、下雪的話，當然大家就不想出門，只想留在家裡看書、看電視、上網，等等。

6. 有一個高中生叫李雅圖，英文名字叫Matthew，是北京人，現在住在夏威夷。他和幾個朋友週六常常去海邊玩。因為夏威夷一年四季太陽都很曬，所以他們會帶上很多東西來防曬，比如防曬霜、傘，等等。他們在海邊玩過以後還會去看電影。這樣，一個星期六很快就過去了！星期天他們都要留在家裡讀書，因為星期一就得上課了。

7. 要是你家附近有海的話，你就可以做很多活動，比如衝浪、滑水、划獨木舟、游泳，等等。要是你家附近沒有大海可是有湖、有河，你還可以去游泳、滑水、划船、划獨木舟，等等。要是你家附近又沒有海又沒有河又沒有湖，那你只好到游泳池裡去游泳，然後在電視上看別人衝浪、滑水、划船甚麼的！

8. Lynn老師以前去過很多國家。可是到了中國以後她不想再去旅行，不想離開陽朔，因為她很喜歡她的工作，也很喜歡她學校裡的孩子們。唐遠和她不一樣。他沒出過國，也不想出國，他以前只去過國內的幾個大城市。唐遠非常喜歡陽朔的山水、陽朔的人。陽朔是他的家鄉，他每次出去旅行的時候，都非常想念他的家鄉。

9. 在暑假或者畢業以後，同學們也許會有機會到國外去旅行。這樣的話，第一要有護照，第二也許得去申請簽證。要是拿美國護照，去加拿大、澳大利亞、新西蘭、日本或者很多的歐洲國家都不需要簽證。去中國和很多其他的亞洲國家、還有非洲所有的國家，一般都需要申請簽證。

10. 去國外旅行非常有意思。可以看到很多在家裡看不到的風景，吃到很多家裡吃不到的東西，聽到家裡不說的語言，還可以認識很多和自己不太一樣的新朋友。中國人常說，走一千里路就像讀一萬本書一樣。這句話的意思是，旅行可以讓我們學到很多新的東西。

阅读真实语言材料　Lectura de textos de la vida real

19.40 下图是一则北京地区的滑雪广告。

a. 下图是一份价目表，在每种价格中包括的项目对应的框中画"✓"。

	99元	100元	139元	150元
Entre semana	✓	✓	☐	☐
Fin de semana	☐	☐	✓	✓
Acceso al resort	✓	✓	✓	✓
Pase de esquí de un día	✓	✓	☐	✓
Pase de esquí de cuatro horas	☐	☐	✓	☐
Autobús de ida y vuelta desde la ciudad	✓	☐	✓	☐
Desplazamiento al resort con vehículo propio	☐	✓	☐	✓

b. 请圈出下列表述所对应的汉字。

1. yúkuài yángguāng de shēnghuó *(1. vida feliz bajo el sol)*
2. Gèng duō yōuhuì qǐng zhìdiàn huò dēnglù Yúyáng guān wǎng. *(Llama por teléfono o visita la web oficial de Yuyuan para obtener más descuentos.)*
3. yùdìng diànhuà *(3. teléfono para reservas)*
4. Yúyáng huáxuě zhítōngchē kāitōng la. *(4. Ya funciona el servicio de autobús directo al campo de esquí Yuyang.)*
5. Wèile bǎozhèng nín de chéngchē zuòwèi, qǐng nín wùbì tíqián yì tiān yùdìng. *(5. Para asegurarte un asiento en el autobús, reserva con un día de antelación.)*

19.40 答案(接上页)
c.
1. 预定／預定
2. 平日
3. 套餐
4. 含
5. 门票／門票
6. 全天
7. 往返
8. 班车／班車

c. 写出下列西班牙文所对应的汉字。

1. reservar — yùdìng _____
2. entre semana — píngrì _____
3. paquete — tàocān _____
4. incluye — hán _____
5. billete de entrada — ménpiào _____
6. todo el día — quán tiān _____
7. ida y vuelta — wǎngfǎn _____
8. servicio de autobús — bānchē _____

19.41 下面是三则广告，介绍从北京到其他国家的旅游行程。

澳新

(NO.3312) 澳航品质澳一地凯恩斯9日　17800元起　1月11日发团
搭乘凯恩斯最具规模的大冒险号豪华游船前往海上明珠绿岛大堡礁及景观最佳的诺曼外堡礁。
(NO.3306) 东航品质澳新12日　16800元起　1月18日发团
(NO.3307) 澳航品质澳新凯恩斯12日　19800元起　1月21、24日发团
(NO.4474) 澳大利亚凯恩斯大堡礁亲子游10日　19800元起　1月21日发团

欧洲

(NO.5114) 捷奥德法意瑞6国13日　13300元起　1月15、17、29日发团
海航直飞；全国联运优惠；
到访捷克首都布拉格；德国首都柏林。
(NO.5010) 法意瑞10日　14000元起　1月20、27日、2月1、3日发团
(NO.3986) 英国一地7日　14900元起　1月18、30日、2月1、3日发团
(NO.5126) 英法瑞3国11日　17900元起　2月1日发团

美洲

(NO.5663) 特价美国西岸8日　10800元起　1月11、21日发团
环球影城制片厂，让您一探电影拍摄的奥秘；
世界闻名的拉斯维加斯。
(NO.5682) 夏威夷半自由行6日　11800元起　2月3日发团
(NO.5664) 美国东西海岸14日　16800元起　1月12日、2月16日发团
(NO.5681) 美国加拿大16日　19500元起　2月24日发团

a. 在278页第二则广告中有四个行程，在其中提到的国家对应的框中画"✓"。

	13300元起	14000元起	14900元起	17900元起
Austria 奥地利 Àodìlì	✓	☐	☐	☐
República Checa 捷克 Jiékè	✓	☐	☐	☐
Gran Bretaña 英国／英國 Yīngguó	☐	☐	✓	✓
Francia 法国／法國 Fǎguó	✓	✓	☐	✓
Alemania 德国／德國 Déguó	✓	☐	☐	☐
Italia 意大利 Yìdàlì	✓	✓	☐	☐
Suiza 瑞士 Ruìshì	✓	✓	☐	✓

b. 请用西班牙文回答下列问题。

1. ¿Cuál es el destino y la duración del viaje del paquete N.º 3306?
   _____ y _____, durante _____ días

2. ¿Cuál es el destino y la duración del viaje del paquete N.º 5664?
   Costa de _____, _____, durante _____ días

3. ¿Cuál es el destino y la duración del viaje del paquete N.º 5681?
   _____ y _____, durante _____ días

c. 根据西班牙文写出对应的汉字。

1. *A partir de X yuan RMB*　　X yuán qǐ　　_____
2. *tres países y once días*　　3 guó 11 rì　　_____
3. *salida del grupo el 3 de febrero*　　Èryuè sān rì fā tuán　　_____

▶ 学写汉字　Aprender a escribir caracteres

19.42 本单元下列汉字的笔画顺序以及其他相关信息请参见《汉字练习本》。练习写这些汉字的简体字或者繁体字，直到你能熟练地写出为止。

春，夏，秋，冬，阳／陽，雨，雪，如，晴，晒／曬，伞／傘，决／決，定，风／風，景，内

▶ 写一则描述性短文　Escribir un texto descriptivo

19.43 给你的中国朋友写一封邮件，提议到另一个城市或国家旅游。列出一些细节，包括地点、时间、交通、旅伴和应该携带的物品。

19.41 · 告诉学生，每个国家对应的行程价格可以多选。
· 学生有困难时，可以告诉他们：几个国家在一起时，"国"字可省略，只将国名中的第一个汉字并列。

19.41 答案
b.
1. Australia, New Zealand, 12
2. United States, east and west, 14
3. United States, Canada, 16

c.
1. X元起
2. 三国十一日／三國十一日
3. 二月三日发团／二月三日發團

19.43 为了使本写作练习更具互动性，邀请学生与其他同学分享所写的邮件，同学可大声朗读邮件并写一封回复。

文化点滴
可以考虑将本部分的第三个和第四个问题布置为家庭作业。让学生选一个吸引自己的地方，中国境内或境外的都可以。教师可作一些调查，为全班同学进行"看一看、讲一讲"的演示。

Un poco de cultura 文化点滴

Excursión de fin de semana

Mira el fragmento de video "Excursión de fin de semana" y después comenta las cuestiones siguientes con el profesor y tus compañeros.

- ¿Pondrías un anuncio para buscar gente con la que hacer un viaje largo o una excursión? ¿Por qué? ¿Por qué no?
- ¿Qué afectaría la población de China a tus planes de viaje?
- Nombra varios lugares de China que te gustaría visitar. Ofrece detalles e investiga un poco si es posible.
- ¿Qué otros lugares cercanos a China te gustaría visitar?

单元总结 RESUMEN

语法 Gramática

用情态动词表达你的"态度" Mostrar tu "actitud" usando verbos modales

Los verbos modales son verbos auxiliares que modifican a los verbos principales. Expresan obligación, necesidad, permiso, posibilidad, capacidad y deseo. Se niegan con 不 *bù*. En las páginas 264-265 hay más ejemplos, pero aquí te ofrecemos un par de recordatorios. Responde cada una de las preguntas repitiendo el verbo modal (que está subrayado) para responder afirmativamente, o añadiendo 不 *bù* al verbo modal para responder negativamente.

Nǐ <u>xiǎng</u> xué Zhōngwén ma?
你想学中文吗？／你想學中文嗎？

Nǐ <u>huì</u> shuō Rìyǔ ma?
你会说日语吗？／你會說日語嗎？

Nǐ xǐ bu <u>xǐhuan</u> chī Sìchuān cài?
你喜不喜欢吃四川菜？／
你喜不喜歡吃四川菜？

Nǐ <u>néng</u> chī là de ma?
你能吃辣的吗？／你能吃辣的嗎？

Míngtiān <u>huì</u> xiàyǔ ma?
明天会下雨吗？／明天會下雨嗎？

同时表达两个动作
Expresar dos acciones al mismo tiempo

Usa la construcción "verbo + 着／著 *zhe* + verbo" para señalar que una acción principal (expresada por el verbo final) ocurre bajo la condición de una acción acompañante.

Zhōngguórén xǐhuan dǎzhe sǎn zǒulù.
中国人喜欢打着伞走路。／
中國人喜歡打著傘走路。
(A los chinos les gusta pasear con un paraguas abierto.)

Nǐ zěnme chuānzhe yīfu shuìjiào?
你怎么穿着衣服睡觉？／
你怎麼穿著衣服睡覺？
(¿Cómo es que estás durmiendo con la ropa puesta?)

Para describir dos acciones paralelas (no una subordinada a otra como en el caso anterior) que ocurren simultáneamente, usa *yìbiān* (一边／一邊) + V_1 + *yìbiān* (一边／一邊) + V_2.

Tāmen zài fànguǎnr li yìbiān chīfàn yìbiān liáotiānr.
他们在饭馆儿里一边吃饭一边聊天儿。／
他們在飯館兒裡一邊吃飯一邊聊天兒。
(Están comiendo y charlando en un restaurante.)

词汇 Vocabulario

副词 Adverbios

gǎnjǐn 赶紧／趕緊 rápidamente; inmediatamente; sin perder tiempo

yí dà zǎo (yì zǎo) 一大早（一早） muy pronto; al amanecer

zhènghǎo (shì) 正好（是） justamente (ocurre que)

静态动词 Verbos de estado

měi 美 hermoso
piàoliang 漂亮 lindo; bonito; atractivo
shài 晒／曬 fuerte (el sol)
xīnxiān 新鲜／新鮮 fresco (el aire, las frutas, etc.)

动词 Verbos

bēi 背 llevar a la espalda
chūfā 出发／出發 salir; iniciar un viaje
dài 带／帶 traer; llevar
dìng 订／訂 reservar
fàngsōng 放松／放鬆 relajarse;
hán 含 incluir (solo en chino escrito)
huàn 换／換 intercambiar; cambiar
jiào 叫 pedir o hacer que alguien haga algo
pá 爬 escalar
shēnqǐng 申请／申請 solicitar
xiàng 像 parecer
yùdìng 预订／預訂 reservar con antelación

名词 Sustantivos

bānchē 班车／班車 servicio de autobús
fángshàishuāng 防晒霜／防曬霜 crema contra el rayo solar
fēijī piào 飞机票／飛機票 billete de avión
fēngjǐng 风景／風景 paisaje
hùzhào 护照／護照 pasaporte
jiāowài 郊外 afueras
jiāoyóu 郊游／郊遊 salida; excursión
jìjié 季节／季節 estación
kōngqì 空气／空氣 aire; atmósfera
língshí 零食 aperitivo; tentempié
lǚyóu zhǐnán 旅游指南／旅遊指南 guía de viajes
ménpiào 门票／門票 billete de entrada
miànbāo 面包／麵包 pan
nánshēng 男生 muchacho; chico
píngrì 平日 entre semana
qiānzhèng 签证／簽證 visado
quán tiān 全天 todo el día
sǎn 伞／傘 paraguas
shǔjià 暑假 vacaciones de verano
shùyè 树叶／樹葉 hojas (de árbol)
sùshè 宿舍 dormitorio
tàocān 套餐 paquete (literalmente: comida preparada)
tàiyáng 太阳／太陽 el sol
wàibì 外币／外幣 moneda extranjera; divisa
wǎngfǎn 往返 ida y vuelta
xiāngcháng 香肠／香腸 salchicha
xíngli 行李 equipaje
yǐnliào 饮料／飲料 refrescos

天气相关词汇 Expresiones sobre el tiempo

chū tàiyáng 出太阳／出太陽 salir el sol; soleado
dǎléi 打雷 tronar
dù 度 grado(s) (temperatura)
duōyún 多云／多雲 nublado
guāfēng 刮风／颳風 soplar el viento
huáshìdù 华氏度／華氏度 Grados Fahrenheit
léiyǔ 雷雨 tormenta
lěng 冷 frío
liángkuai 凉快／涼快 fresco
liángshuǎng 凉爽／涼爽 refrescante
nuǎnhuo 暖和 cálido
qìhòu 气候／氣候 clima
qíng 晴 buen (tiempo)
rè 热／熱 cálido
shèshìdù 摄氏度／攝氏度 grados Celsius
tiānqì 天气／天氣 tiempo
tiānqì yùbào 天气预报／天氣預報 pronóstico del tiempo
wēndù 温度／溫度 temperatura
xiàxuě 下雪 nevar
xiàyǔ 下雨 llover
yīn 阴／陰 encapotado
yùbào 预报／預報 pronóstico
zhènyǔ 阵雨／陣雨 lluvioso; chubascos

季节 Estaciones

chūn-xià-qiū-dōng 春—夏—秋—冬 primavera, verano, otoño, invierno
chūntiān 春天 primavera
dōngtiān 冬天 invierno
qiūtiān 秋天 otoño
xiàtiān 夏天 verano

活动内容及地点 Cosas que hacer/Lugares a los que ir

chōnglàng 冲浪／衝浪 hacer surf
dǎ páiqiú 打排球 jugar al voleibol
diào yú 钓鱼／釣魚 pescar
hǎi biān 海边／海邊 orilla del

mar
hǎitān 海滩／海灘 playa
hé biān 河边／河邊 orilla del río
huá chuán 划船 hacer remo; navegar en barca
huá dúmùzhōu 划独木舟／划獨木舟 hacer piragüismo
huáshuǐ 滑水 hacer esquí acuático
hú biān 湖边／湖邊 orilla del lago
kàn diànyǐng 看电影／看電影 ver una película
pá shān 爬山 escalar montañas; senderismo
shài tàiyáng 晒太阳／曬太陽 tomar el sol
shātān 沙滩／沙灘 playa de arena
Xiāngshān 香山 Colina Fragante (parque)
yóuyǒng 游泳 nadar

地球和大洲
La Tierra y los continentes

Àozhōu 澳洲 Australia
běibànqiú 北半球 hemisferio norte
Běi Měizhōu 北美洲 América del Norte
chìdào 赤道 ecuador
dìqiú 地球 la Tierra; el mundo
Fēizhōu 非洲 África
nánbànqiú 南半球 hemisferio sur
Nánjízhōu 南极洲／南極洲 Antártida
Nán Měizhōu 南美洲 América del Sur
Ōuzhōu 欧洲／歐洲 Europa
Yàzhōu 亚洲／亞洲 Asia

▶ 你能够完成的任务　Lista de lo aprendido

通过本单元的学习，你应当能完成以下任务。

听和说　Escuchar y hablar

☐ Hacer y responder preguntas sobre el tiempo actual y futuro.
☐ Sugerir lugares a los que ir para divertirse y plantear qué hacer allí.
☐ Enumerar cosas necesarias para ir de excursión.
☐ Sugerir a quién invitar a un viaje, cómo llegar allí y a qué hora salir.
☐ Dar razones para ir de excursión a un lugar determinado.
☐ Hablar sobre viajes que has hecho anteriormente y que quieres hacer en el futuro.

读和写　Lectura y escritura

☐ Leer textos sencillos sobre planes de viaje, preparativos para un viaje o viajes pasados.
☐ Descifrar información importante de anuncios de agencias de viajes.
☐ Escribir una breve propuesta de excursión para el fin de semana siguiente que incluye algunos detalles sobre quién va, dónde iréis, cómo ir, etc.

文化理解　Entendimiento cultural

☐ Comentar las principales diferencias entre las preferencias de los chinos al viajar y las tuyas.

任务表
- 这些任务是每个单元的教学目标。在学完每单元后进行复习，是为了检查学生是否达成学习目标，是否能够完成这些任务。
- 教师可以根据任务表，创造性地设计表演任务对学生进行评估。可以参照以下建议：

听和说/文化理解
可以要求学生以本单元讨论过的某个话题为主题，编写并表演小品，学生应将这些任务融合到小品的对话之中。

读和写
学生完成练习19.40、19.41和19.43的表现，可以说明他们完成这部分任务的能力。

第二十单元 / UNIDAD 20

"Un siglo vivirás, un siglo aprenderás"

活到老，学到老

Huódào lǎo, xuédào lǎo

本课以英语母语者为例

Aprender chino: Experiencias pasadas y consejos para el futuro

在本单元，你将学习：如何——

- 描述学习中文的难易之处
- 描述中国人怎样学习自己的语言
- 描述你将怎样继续学习和练习中文
- 在汉英词典里查一个不认识的汉字
- 写几段简单的文字，谈谈你是怎样练习中文的

如需要本单元的补充材料，请访问环球汉语网站：www.EncountersChinese.com.cn.

Encuentro 1 学中文难吗？ ¿Es difícil aprender chino?

20.1 · 看第二十集连续剧之前，问问学生还记得上一集的哪些内容，鼓励学生尽量用中文回答。教师作为"活字典"，可以为学生提供造句、表达观点时所需词汇。
· 播放连续剧。让学生放松身心，尽情欣赏！

20.2 · 让学生按题目要求快速写下来。
· 最好能留出5～10分钟来做本练习。让学生用中文向全班说出自己的观点。不必用完整的句子来表达——词汇和短语也可以。教师负责提示词语，帮助学生表达观点，并把新的表达写在黑/白板上。做本练习时，讨论环节出现的词汇有可能是学生会在本单元学习中多次使用到的关键词和短语。可能用到的关键词有：声调、汉字、笔画、语法、发音。

20.3–20.4
· 播放视频前，让学生先把题目要求读一遍，以明确任务。让学生有目的地去观看非常重要。
· 这个对话可能一开始对学生来说有点难。在看第二遍时，告诉学生要听辨关键词汇（比如在练习20.2里学到的词）作为参考，或者借以推测对话的含义。还可以提醒学生：本视频中的"学汉语"就是学中文。
· 学生做完练习20.3之后，应立即开始做练习20.4。然后跟同学核对答案。
· 最后，让学生再回到练习20.3，看是否要修改答案。

20.3 答案
a. Ella cree que los tonos son difíciles.
b. Ella cree que los caracteres chinos son realmente difíciles.

20.1 看连续剧第二十集。如果有的地方不完全明白也不要担心，只管欣赏就可以！

20.2 准备活动：如果有人问你学习中文最大的难点是什么，你会如何回答？用西班牙文记下来。

_____

_____

_____

20.3 看视频"汉语太难"。视频中，张静和唐宇宁谈论外国人一般觉得学汉语最难的地方。请用西班牙文回答下列问题。

a. ¿Qué piensa 唐宇宁／唐宇寧 (derecha) que es difícil?

_____

b. ¿Y 张静／張靜 (izquierda)?

_____

20.4 再看一遍视频。一边看，一边可以对照下页的对话文本（简体字或者繁体字，也可以都对一遍）。然后将对应的拼音、汉字和西班牙文连线。

张：我们都是汉语老师。你觉得外国学生学汉语的时候，什么难？什么很难？
唐：我觉得他们经常说，声调很难。因为汉语有四个声调：一声、二声、三声、四声。很多语言都没有声调。所以他们会觉得声调非常难。他们很难掌握。他们很难区分二声、三声或者二声和四声之间的区别。
张：对，对，对。
唐：那你觉得什么对他们来说最难？
张：学生觉得什么都难。
唐：对，没错。
张：我觉得汉字确实很难。

張：我們都是漢語老師。你覺得外國學生學漢語的時候，甚麼難？甚麼很難？
唐：我覺得他們經常說，聲調很難。因為漢語有四個聲調：一聲、二聲、三聲、四聲。很多語言都沒有聲調。所以他們會覺得聲調非常難。他們很難掌握。他們很難區分二聲、三聲或者二聲和四聲之間的區別。
張：對，對，對。
唐：那你覺得甚麼對他們來說最難？
張：學生覺得甚麼都難。
唐：對，沒錯。
張：我覺得漢字確實很難。

20.4 答案
a. 5. B
b. 3. A
c. 2. E
d. 6. C
e. 1. F
f. 7. D
g. 8. H
h. 4. G

a. 汉语老师／漢語老師
b. 经常说／經常說
c. 声调／聲調
d. 掌握
e. 区分／區分
f. 区别／區別
g. 什么都难／甚麼都難
h. 确实／確實

1. qūfēn
2. shēngdiào
3. jīngcháng shuō
4. quèshí
5. Hànyǔ lǎoshī
6. zhǎngwò
7. qūbié
8. shénme dōu nán

A. *decir a menudo*
B. *professor de chino*
C. *dominar*
D. *diferenciar*
E. *tonos*
F. *distinguir*
G. *realmente*
H. *todo es difícil*

20.5 学中文有可能会遇到哪些挑战？听以下短语，根据所听到的内容给拼音加上声调，然后将对应的拼音、汉字和西班牙文连线。

a. tingdong laoshi de hua
b. gen bieren shuohua
c. ji shengci
d. du Hanzi
e. xie Hanzi
f. zhangwo sisheng

1. 读汉字／讀漢字
2. 掌握四声／掌握四聲
3. 听懂老师的话／聽懂老師的話
4. 记生词／記生詞
5. 跟别人说话／跟別人說話
6. 写汉字／寫漢字

A. *hablar con otros*
B. *escribir caracteres*
C. *leer caracteres*
D. *dominar los cuatro tonos*
E. *memorizar vocabulario*
F. *comprender al profesor*

20.5 答案
a. tīngdǒng lǎoshī de huà
b. gēn biéren shuōhuà
c. jì shēngcí
d. dú Hànzì
e. xiě Hànzì
f. zhǎngwò sìshēng

a. 3. F
b. 5. A
c. 4. E
d. 1. C
e. 6. B
f. 2. D

20.6 请用汉字或拼音写几句话，描述你自己在学中文时遇到的困难。

20.6 告诉学生可以模仿练习20.4和20.5中的语言。

20.7 • 学生完成练习之前，确保他们明白彼此要问的问题。
• 如果时间允许，给学生提供几种其他方式的表达，用来概括他们与搭档的交流内容。比如：我们都觉得……很难。我觉得……很难，可是她／他觉得……很难。

20.7 两人一组练习：询问搭档："你觉得学中文什么最难？"记下搭档的回答。轮到你来回答的时候，使用练习20.6中你写的答案。向另一组或全班同学介绍你和搭档的交流内容。

Encuentro 2 学中文容易吗？ ¿Es fácil aprender chino?

20.8 • 让学生按照题目要求安静地记下自己的想法。
• 最好能留5～10分钟完成本练习。邀请学生用中文交流他们的想法。教师可提供词汇帮助，以促使学生表达观点，并把关键词汇写在黑／白板上。这些词汇能帮助学生理解下面要播放的视频。

20.8 准备活动：如果你想告诉别人学汉语最容易或最有趣的地方，你会说什么？用西班牙文记下来。

20.9 观看视频"中文很容易"。视频中，任友梅老师认为，中文很容易学。

20.10 任老师给出了两个她认为中文很容易学的理由。这两个理由是什么？请用西班牙文写在下面。

a. _____

b. _____

20.9–20.10
- 播放视频前先做热身练习，让学生猜一猜并彼此交流一下：任老师会说些什么来说明中文很容易学。
- 练习20.9和20.10旨在让学生注意听并抓住视频的要点（也就是主要意思）。如果学生遇到困难，可以告诉学生他们应该听哪项内容。

20.10 答案
a. Otros idiomas tienen tonos similares al cuarto tono de chino.
b. La gramática del idioma chino es más fácil comparada con la de otros lenguajes.

20.11 请再看一遍视频。读下面任老师谈话内容的拼音和西班牙文翻译，然后用拼音和西班牙文填空。

a. Jīngguò yì nián de ____xuéxí____, nǐmen yěxǔ yǐjīng fāxiàn le, xué Zhōngwén qíshí bìng méiyǒu ____nàme____ nán.
(Después de ____un año____ de estudio, ya habrás descubierto que ____aprender el chino____ realmente no es tan ____difícil____.)

b. Suīrán Zhōngwén lǐtou yǒu ____sìshēng____, kěshì zhèi sì gè shēngdiào zài qítā yǔyán lǐtou yě cúnzài. Bǐrú ____Yīngyǔ____ de "yes?" hé "yes!" jiù shì Zhōngwén de dì-èr shēng hé dì-____sì shēng____.
(Aunque ____el chino____ tiene cuatro tonos, estos ____cuatro tonos____ existen en otros idiomas también. ____Por ejemplo____ "¿sí?" y "¡sí!" en español corresponden al ____segundo____ y cuarto tono del chino.)

c. Měiguó cháng shuō de "uh-huh" ____jiù shì____ Zhōngwén de dì-____sān shēng____ hé dì-èr shēng.
(El "A-já" usado habitualmente en inglés ____en EE.UU.____ equivale al tercer y el ____segundo____ tono del chino.)

d. ____Xiǎoháir____ shǔ shùr shíhou shuō de "one, two, three, four, five, six, seven, eight, nine, ten" qiánmiàn dōu shì dì-____yī shēng____, ránhòu zuìhòu de "ten" shì dì-sì shēng. ____Sìshēng____ nǐ zhǐyào zhùyì dào, ránhòu xíguàn yòngshàng, yě jiù ____kěyǐ____ le.
(Cuando los niños cuentan "one, two, three, four, five, six, seven, eight, nive, ten" los números de ____los primeros____ están todos primer tono, pero "ten" al ____final____ está en ____el cuarto____ tono. Con los cuatro tonos, si prestas atención y te acostumbras a usarlos, es suficiente.)

e. Érqiě, Zhōngwén de yǔfǎ gēn qítā yǔyán xiāngbǐ zhī xià, ____bìng____ méiyǒu nàme nán.
(Además, cuando comparas la gramática del chino con la de otros idiomas, no es tan ____difícil____.)

f. Bǐrú Zhōngwén de dòngcí hé míngcí jīběnshàng bú biàn. ___wǒ shì, nǐ shì, tā shì___; wǒ qù, nǐ qù, tā qù. Wǒ zuótiān qù le, nǐ jīntiān qù, tā míngtiān yào qù. Yí gè rén, liǎng gè rén, sān gè rén. Shì jiù shì shì, qù jiù shì qù, ___rén jiù shì rén___.
(___por ejemplo___ los verbos y los nombres del chino básicamente no cambian. Yo (ser), tú (ser), él o ella (ser); yo (ir), tú (ir), él o ella (ir). Yo (ir) ayer, tú (ir) hoy, él o ella ___va mañana___. Una (persona), dos (personas), tres (personas). "Ser" es "ser", "ir" es "ir", "persona" es "persona".)

g. Bú xiàng ___Yīngyǔ lǐtou___ de "I am, you are, he is; I go, he went, she has gone; one person, two people". Suǒyǐ qǐmǎ cóng kǒuyǔ shang lái jiǎng, ___Zhōngwén___ bìng méiyǒu nàme nán.
([El chino] a diferencia del inglés "I am, you are, he is; I go, he went, she has gone; one person, two people". Por lo que, al menos el chino hablado ___no es tan difícil___.)

h. Zài shuō, Zhōngwén de yuèdú hé xiězuò wǒmen kěyǐ zuòwéi yì zhǒng tiǎozhàn. Rénshēng dōu ___yào yǒu tiǎozhàn___ de ma!
(Además, podemos considerar la lectura y la ___escritura___ del chino como una especie de desafío. ¡Todos necesitamos desafíos en la vida!)

i. ___Zhōngguórén cháng shuō___, "Huódào lǎo, xuédào lǎo." Xué wàiyǔ, kǒuyǔ zuì zhòngyào. Yuèdú hé xiězuò kěyǐ yǐhòu zài xué, mànman de lái.
(Los chinos dicen: "Si un siglo vivirás, un siglo aprenderás". Cuando se estudia un idioma extranjero ___hablar es muy importante___. La lectura y la escritura puedes aprenderla después, ___paso a paso___.)

j. ___Hǎo ba___. Dàjiā ___jiāyóu ba___!
(Muy bien. ¡Ánimo todos!)

20.12 读下面任老师的谈话内容（生词为红色），然后用拼音和西班牙文填空。

经过一年的学习，你们也许已经发现了，学中文其实并没有那么难。虽然中文里头有四声，可是这四个声调在其他语言里头也存在。比如英语的yes?和yes!就是中文的第二声和第四声。美国常说的uh-huh就是中文的第三声和第二声。小孩儿数数儿时候说的one, two, three, four, five, six, seven, eight, nine, ten前面的都是第一声，然后最后的ten是第四声。四声你只要注意到，然后习惯用上，也就可以了。

而且，中文的语法跟其他语言相比之下，并没有那么难。比如中文的动词和名词基本上不变。我是，你是，他是；我去，你去，他去；我昨天去了，你今天去，他明天要去。一个人，两个人，三个人。是就是是，去就是去，人就是人。不像英语里头的I am, you are, he is; I go, he went, she has gone; one person, two people.

所以起码从口语上来讲，中文并没有那么难。

再说，中文的阅读和写作我们可以作为一种挑战。人生都要有挑战的嘛！中国人常说，活到老，学到老。学外语，口语最重要。阅读和写作可以以后再学，慢慢地来。

好吧。大家加油吧！

經過一年的學習，你們也許已經發現了，學中文其實並沒有那麼難。雖然中文裡頭有四聲，可是這四個聲調在其他語言裡頭也存在。比如西言語的yes?和yes!就是中文的第二聲和第四聲。美國常說的uh-huh就是中文的第三聲和第二聲。小孩兒數數兒時候說的one, two, three, four, five, six, seven, eight, nine, ten前面的都是第一聲，然後最後的ten是第四聲。四聲你只要注意到，然後習慣用上，也就可以了。

而且，中文的語法跟其他語言相比之下，並沒有那麼難。比如中文的動詞和名詞基本上不變。我是，你是，他是；我去，你去，他去；我昨天去了，你今天去，他明天要去。一個人，兩個人，三個人。是就是是，去就是去，人就是人。不像西语裡頭的I am, you are, he is; I go, he went, she has gone; one person, two people.

所以起碼從口語上來講，中文並沒有那麼難。

再说，中文的閱讀和寫作我們可以作為一種挑戰。人生都要有挑戰的嘛！中國人常說，活到老，學到老。學外語，口語最重要。閱讀和寫作可以以後再學，慢慢地來。

好吧。大家加油吧！

汉字／漢字	拼音	西班牙文
a. 经过／經過	jīngguò	después (de un periodo de tiempo) [literalmente: atravesar]
b. 也许／也許	yěxǔ	quizás, tal vez
c. 已经／已經	yǐjīng	ya
d. 发现／發現	fāxiàn	descubrir
e. 其实／其實	qíshí	de hecho, en realidad
f. 虽然／雖然	suīrán	aunque
g. 存在	cúnzài	existir
h. 数数儿／數數兒	shǔ shùr	contar (números)
i. 注意到	zhùyì dào	darse cuenta
j. 习惯／習慣	xíguàn	acostumbrarse
k. 语法／語法	yǔfǎ	gramática
l. 动词／動詞	dòngcí	verbo
m. 名词／名詞	míngcí	sustantivos
n. 基本上	jīběnshàng	básicamente, en general
o. 不变／不變	bú biàn	no cambiar
p. 作为／作為	zuòwéi	tomarse como
q. 挑战／挑戰	tiǎozhàn	desafío

20.13 请用汉字或拼音写一到两句话，说明你觉得中文哪些方面好掌握，或者不像你预期的那么难。

_____

_____

20.14 以下介绍的是少于十人的小班做本练习的方式：告诉全班同学，把这道题作为互动练习。在规定时间内，学生必须向所有人提出题目所要求的问题，并记下所有的回答。然后全班一起把答案归纳一下。学生可以这样总结和分享他们得到的结论：我们有……个人觉得学中文……最容易。

20.14 两人一组练习：问问搭档："你觉得学中文哪方面最容易？"记下搭档的回答。轮到你回答的时候，用练习20.13你写下的句子来回答。向另一组或者全班同学概括地说一说你俩的交谈内容。如果想多练习，可以在教室里走一走，在规定时间内跟尽可能多的同学就这个问题进行交流。

INFO 供你参考

Aprendizaje del chino en el pasado, el presente y el futuro

La primera descripción de extranjeros en el aprendizaje de chino es de principios del siglo XVII, cuando Matteo Ricci, un misionero jesuita italiano en China, logró hablar chino con fluidez, dominó el chino clásico (古文 *gǔwén*), tradujo los clásicos chinos al latín y recopiló el primer diccionario bilingüe de chino. Ricci adquirió tal comprensión del chino que el emperador de China lo invitó a trabajar como consejero de la corte. En siglos posteriores, siguiendo el ejemplo de Ricci, otros recopilaron diccionarios bilingües de distintos idiomas para ayudar a sus compatriotas a aprender chino.

Hasta la II Guerra Mundial, aprender chino interesaba principalmente a misioneros, académicos y unos pocos excéntricos. La guerra, sin embargo, lo cambió todo. De repente EE.UU. tuvo una urgente necesidad por conseguir intérpretes y traductores. La Universidad de Yale y otras universidades crearon centros para enseñar chino y japonés a personal militar, y se recopilaron numerosos libros de texto y otros materiales. John DeFrancis publicó su monumental y ampliamente usada serie de 12 libros de texto a principios de los sesenta. Algunos de estos libros se pueden comprar hoy todavía en las ediciones de Yale University Press.

En los últimos años, el estudio del chino se ha convertido en un enorme negocio, y miles y miles de estudiantes de todo el mundo persiguen el sueño de hablar fluidamente este idioma. Está por ver si el mandarín logrará alcanzar la popularidad del inglés. Algunos piensan que así será. Es indudable que entender y hablar chino abrirá oportunidades para trabajar, vivir, comunicarse y estudiar en un país y una cultura que es (y seguirá siendo) enormemente importante. Por eso, todos 加点儿油！学中文！／加點兒油！學中文！ *Jiā diǎnr yóu! Xué Zhōngwén!*

供你参考
你可以通过用中文向学生提出引导性的问题，来测试学生对这篇"供你参考"是否理解，可以提供词汇解答，帮助他们表达思想。引导性问题可以是：第一个学中文的外国人是谁？他是哪国人？John DeFrancis 是谁？

Encuentro 3　中国人如何学中文？
Cómo los chinos aprenden chino

20.15 准备活动：你认为中国人如何学习中文？用西班牙文写下来。

_____
_____

20.15 • 让学生按照题意安静地写下自己的想法。

• 最好留出5～10分钟的时间做本练习。让学生用中文向全班说出自己的观点。提供词汇解答，帮助学生表达观点，并把关键词写在黑/白板上。这些词汇能帮助学生理解下面要播放的视频。

20.16 · 播放视频，让学生不停顿地看完，而不必考虑练习所规定的任务。
· 再次播放视频，每句停顿，让学生有时间把所听到的与拼音和西班牙文翻译对应。如有必要，可以一直这样播放，直到学生把所有的答案都填上。
· 练习做完后，让学生互相核对答案。
· 最后再完整地播放一遍视频。

 20.16 观看视频"用中国人的方式学中文"。视频中，李雅图谈了他在学校是如何学习中文的。然后根据视频内容用拼音填空。

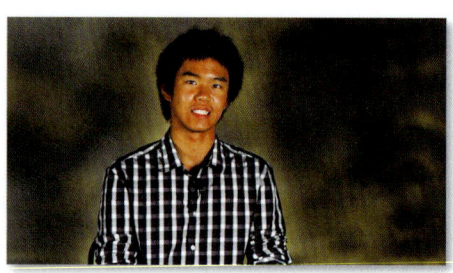

a. Wǒ yuánlái xué Yǔwén de shíhou lǎoshī měi tiān huì ____jiǎng kèwén____. Yǒu ____dāncí____ ràng wǒmen ____chāo____. Yǒude kèwén, ____duànluò____, shì yào ____bèisòng____ de.
(Cuando estudié lengua [chino], el profesor dedicaba tiempo todos los días a explicar el texto de la lección. Había vocabulario que debíamos copiar. Algunos textos y párrafos debíamos memorizarlos y recitarlos en voz alta.)

b. Zhèixiē suàn bǐjiào jiǎndān de. Yǒude shíhou yào xué ____gǔwén____, wényánwén, bǐjiào nán. Yào quánwén bèisòng, hái yào bǎ ____gǔdài____ de shíhou de yìsi zhuǎnbiàn chéng ____xiàndài____ de yìsi.
(Estos eran bastante sencillos. A veces teníamos que aprender chino antiguo; era muy difícil. Debíamos memorizar el texto entero y convertir el significado antiguo en su significado moderno.)

c. Yǒude shíhou lǎoshī ràng wǒmen xiě ____zuòwén____, yào xiě 600 gè zì ____zuǒyòu____. Hái yào xiě de yǒu ____kāitóu____, duànluò yào ____qīngxī____, ránhòu ____jiéwěi____ yào xiě de ____bǐjiào hǎo____.
(A veces el profesor nos hacía escribir ensayos; debíamos escribir alrededor de 600 caracteres. Además, debían tener un comienzo, los párrafos estar separados y el final tenía que estar bastante bien escrito.)

d. Hái yǒu, yǒu de shíhou huì chāo yìxiē dāncí, bú rènshi de zì, rúguǒ xiě-____cuò____ de huà yě huì bèi ____fá____. Tīngxiě, ____tīngxiě____ de shíhou xiěcuò huì bèi fá.
(También, a veces debíamos copiar algunas palabras con caracteres que no conocíamos; si los escribíamos mal, nos penalizaban. En los dictados, si los escribíamos mal en los dictados, éramos penalizados.)

Un poco de gramática 语法点滴

La voz pasiva en chino

Estos son tres tipos de oraciones. Las dos primeras ya las has visto, pero la tercera es nueva.

1. 谁偷了我的照相机？／誰偷了我的照相機？ Shéi tōule wǒ de zhàoxiàngjī? (¿Quién ha robado mi cámara?)

   El tipo de oración 1 es narrativa directa —el sujeto ("alguien") hizo una acción ("robó mi cámara"). Este es el tipo de oración más común del chino. Recuerda que las palabras interrogativas (como 誰／谁 *shéi*) indican una cantidad o identidad ("alguien") indefinida cuando se usan de modo afirmativo.

2. 谁把我的照相机偷走了？／誰把我的照相機偷走了？ Shéi bǎ wǒ de zhàoxiàngjī tōuzǒu le? (¿Quién ha robado y se ha llevado mi camara?)

   El tipo de oración 2 usa la construcción 把 *bǎ* para decir que el sujeto ("alguien") hizo algo ("robó y se llevó") a un objeto específico ("mi cámara"). Esta es también un tipo de oración bastante común. (Para repasar la construcción 把 *bǎ* consulta la sección "Un poco de gramática" de la Unidad 12 en las páginas 56-57 y la Unidad 17 en la página 192).

3. 我的照相机被谁给偷走了？／我的照相機被誰給偷走了？ Wǒ de zhàoxiàngjī bèi shéi gěi tōuzǒu le? (¿Por quién ha sido robada mi cámara?)

   El tipo de oración 3 está en voz pasiva. Esta construcción normalmente sugiere un hecho desafortunado. El agente de la acción es indicado por el coverbo 被 *bèi* y a menudo es apoyado po 给／給 *gěi*. Las oraciones pasivas solían ser poco comunes en chino, pero ahora están ganando cada vez más "popularidad" bajo la influencia de otros idiomas, especialmente el inglés, que usa la pasiva con mayor frecuencia. Ya has visto la pasiva cuando Li Yatu dice: "En los dictados, si los escribíamos mal en los dictados, éramos penalizados". Busca y señala esta frase del Ejercicio 20.16 y presta atención a su estructura.

   Fíjate en que la afirmación de Li Yatu no indica el agente (presumiblemente 老师／老師 *lǎoshī*) de la acción (罚／罰 *fá*). 被 *bèi* a menudo omite el agente. La oración 3 sin el agente sería:

   我的照相机被偷了。／我的照相機被偷了。
   Wǒ de zhàoxiàngjī bèi tōu le. (Mi cámara ha sido robada.)

   Hay otros dos coverbos, 叫 *jiào* and 让／讓 *ràng*, que también pueden usarse para indicar la voz pasiva. Puede que te encuentres con ellos en el futuro; fíjate en que normalmente van seguidos por el agente de la acción, mientras que 被 *bèi*, como has visto, puede funcionar sin el agente.

Ejercicio:

1. Marca cuál de las siguientes situaciones te ha pasado alguna vez.

   ☐ Wǒ bèi mà le. 我被骂了。／我被罵了。 (Fui insultado.)

   ☐ Wǒ bèi piàn le. 我被骗了。／我被騙了。 (Fui timado.)

语法点滴
布置学生阅读这篇"语法点滴"。通过以下两种方式检查他们的理解情况：(1) 让学生在本单元中找出使用这些语法点的句子。(2) 让他们编写并表演小品，要用到这些语法点。

☐ Wǒ bèi qīfu le. 我被欺负了。／我被欺負了。 (Fui intimidado / molestado.)

☐ Wǒ de dōngxi bèi tōu le. 我的东西被偷了。／我的東西被偷了。
(Mis cosas fueron robadas)

☐ Wǒ de chē bèi zhuàng le. 我的车被撞了。／我的車被撞了。
(Mi carro fue golpeado.)

2. Si pudieras reprender a las personas que no fueron amables contigo, ¿en qué orden darías las órdenes siguientes? Enuméralas desde la más urgente (1) a la menos urgente (6).

—— Bié mà wǒ! 别骂我!／別罵我!

—— Bié piàn wǒ! 别骗我!／別騙我!

—— Bié qīfu wǒ! 别欺负我!／別欺負我!

—— Bié dòng wǒ de dōngxi! 别动我的东西!／別動我的東西!
(动／動 dòng tocar/mover)

—— Bié zhuàngdào wǒ de chē! 别撞到我的车!／別撞到我的車!

El imperativo en chino

No mires ahora, pero haciendo el ejercicio de arriba has expresado el imperativo en chino —más concretamente el imperativo negativo—. En otras palabras, has dado una orden para que no se haga algo. Presta atención también a las siguientes amonestaciones comunes:

Bié kū! 别哭! (¡No llores!)

Bié xiào! 别笑! (¡No te rías!)

Bié wàngle suǒ mén! 别忘了锁门!／別忘了鎖門! (¡No olvides cerrar la puerta!)

Bié chōu yān! 别抽烟!／別抽煙! (¡No fumes!)

Bié hē jiǔ! 别喝酒! (¡No bebas!)

Bié zài cǎodì shang zǒu! 别在草地上走! (¡No camines por la hierba!)

Por supuesto, también puedes dar órdenes afirmativas; simplemente no uses 别 bié. Estos son algunos ejemplos:

Chī! 吃! [El más básico de todos: usa simplemente el verbo.]

Kuài yìdiǎnr! 快一点儿!／快一點兒! [Otro tipo: verbo + 一点儿／一點兒.]

Yì bēi chá! 一杯茶! [Se dice cuando se pide té en una tetería; no es descortés.]

Nǐ kuài qù shuìjiào! 你快去睡觉!／你快去睡覺! [Se añade el sujeto nǐ al imperativo.]

Nǐ qǐng zuò! 你请坐!／你請坐! [La orden es suavizada con 请／請.]

Wǒmen shuō Zhōngwén ba. 我们说中文吧。／我們說中文吧。 [Al usar 吧 se solicita aprobación para hacer algo, transformando la orden en una sugerencia.]

20.17 词汇复习：请将对应的西班牙文填在横线上。

a. 语文／語文　　　　yǔwén　　　　_____

b. 讲课文／講課文　　jiǎng kèwén　_____

c. 单词／單詞　　　　dāncí　　　　_____

d. 抄　　　　　　　　chāo　　　　 _____

e. 段落　　　　　　　duànluò　　　_____

f. 背诵／背誦　　　　bèisòng　　　_____

g. 算　　　　　　　　suàn　　　　 _____

h. 古文　　　　　　　gǔwén　　　 _____

i. 文言文　　　　　　wényánwén　 _____

j. 全文　　　　　　　quánwén　　 _____

k. 古代　　　　　　　gǔdài　　　　_____

l. 转变成／轉變成　　zhuǎnbiàn chéng _____

m. 现代／現代　　　　xiàndài　　　_____

n. 作文　　　　　　　zuòwén　　　 _____

o. 左右　　　　　　　zuǒyòu　　　 _____

p. 开头／開頭　　　　kāitóu　　　　_____

q. 清晰　　　　　　　qīngxī　　　　_____

r. 结尾／結尾　　　　jiéwěi　　　　_____

s. 被　　　　　　　　bèi　　　　　_____

t. 罚／罰　　　　　　fá　　　　　　_____

u. 听写／聽寫　　　　tīngxiě　　　 _____

20.17 让学生多跟几位同学核对答案，确保每个人都知道正确答案。

20.17 答案
a. arte del lenguaje
b. explicar el texto
c. caracteres (normalmente un carácter)
d. copiar
e. párrafo
f. recitar
g. calcular
h. antigua prosa china
i. escritura clásica
j. texto completo
k. tiempos antiguos
l. transformarse en
m. tiempo moderno
n. composición
o. aproximadamente
p. comienzo
q. claro
r. final
s. ser
t. castigar (castigado)
u. dictado

20.18 比较李雅图提到的学习方法和你自己学中文所使用的方法。把你在中文课上进行过的活动勾选出来。

☐ xué dāncí 学单词／學單詞 (aprender palabras)
☐ bèisòng kèwén 背诵课文／背誦課文 (recitar textos en voz alta)
☐ xué yǔfǎ 学语法／學語法 (aprender gramática)
☐ tīngxiě 听写／聽寫 (hacer dictados)
☐ kàn diànyǐng piànduàn 看电影片断／看電影片斷 (ver fragmentos de películas)
☐ kàn lùxiàng 看录像／看錄像 (ver videos)
☐ tīng lùyīn 听录音／聽錄音 (escuchar grabaciones)
☐ xiě zuòwén 写作文／寫作文 (escribir textos)
☐ biǎoyǎn xiǎopǐn 表演小品 (representar escenas)
☐ duìzi huódòng 对子活动／對子活動 (trabajar en parejas)
☐ xiǎozǔ huódòng 小组活动／小組活動 (trabajar en grupo)
☐ xiántán huódòng 闲谈活动／閒談活動 (hacer actividades de conversación)
☐ qítā huódòng 其他活动／其他活動 (otras actividades)

什么活动？请写西班牙文。

_____

20.19 请用汉字或拼音写一两句话，概括说明你认为哪些活动对学中文最重要。

_____
_____

20.20 两人一组活动：问问搭档："你觉得对学中文来说，哪些活动最重要？"记录下对方的回答。轮到你回答的时候，根据自己在练习20.19里的记录作答。总结你们的对话，与另一组或者全班同学交流。

_____
_____

20.20 如果是十人以下的小班上课，本练习可以这么做：告诉全班同学，把它作为互动练习。在规定时间内，学生必须向所有人提出题目中的问题，并记下所有的回答。然后全班一起把答案归纳一下。学生可以这样总结和分享他们得到的结论：我们有……个人觉得对学中文来说，……最重要。

Encuentro 4 继续学中文的几点建议
Consejos para seguir estudiando chino

20.21 准备活动：如果继续学中文，你会采用哪些方式？用西班牙文写在下面。

_____

_____

 20.22 看视频"继续学习的几点建议"。视频中，姚道中教授给出了学习中文的几点建议。请按照他说的顺序给以下图片标上数字。

a. _____

b. _____

c. _____

d. _____

e. _____

f. _____

g. _____

h. _____

i. _____

20.21 • 让学生把自己的想法按照题目要求安静地写在下面。
• 最好能给学生5～10分钟的时间来做本练习。鼓励学生用中文向同学表达自己的想法。教师可提供所需词汇，帮助学生表达他们的想法，并把关键词写在黑/白板上。这些词有助于学生理解下面要看的视频。

20.22 姚教授在视频中语速非常快。要使学生理解视频并做好本练习，可以告诉他们至少用一个词汇来描述图片里的活动。比如：第一幅图片，学生也许会用"散步"或"出去玩"这样的词汇。教师作为"活字典"，可以为学生提供所需词汇，并把这些生词写在黑/白板上。

20.22 答案
a. 3
b. 6
c. 1
d. 9
e. 4
f. 7
g. 2
h. 5
i. 8

298 第二十单元 活到老，学到老

20.23 写出以下句子的拼音。

a. 继续在学校里面学中文／繼續在學校裡面學中文   jìxù zài xuéxiào lǐmiàn xué Zhōngwén

b. 跟中国朋友聊天／跟中國朋友聊天   gēn Zhōngguó péngyou liáotiān

c. 跟中国朋友一起出去玩儿／
跟中國朋友一起出去玩兒   gēn Zhōngguó péngyou yìqǐ chūqù wánr

d. 跟中国朋友通过电邮聊天／
跟中國朋友通過電郵聊天   gēn Zhōngguó péngyou tōngguò diànyóu liáotiān

e. 在中国饭馆里用中文点菜／
在中國飯館裡用中文點菜   zài Zhōngguó fànguǎn li yòng Zhōngwén diǎn cài

f. 在中国城里买东西，用中文跟店员交谈／
在中國城裡買東西，用中文跟店員交談   zài Zhōngguóchéng li mǎi dōngxi, yòng Zhōngwén gēn diànyuán jiāotán

g. 看中国的电视节目／看中國的電視節目   kàn Zhōngguó de diànshì jiémù

h. 看中文报纸／看中文報紙   kàn Zhōngwén bàozhǐ

i. 每天用中文写日记／每天用中文寫日記   měi tiān yòng Zhōngwén xiě rìjì

j. 尽量找机会用中文／盡量找機會用中文   jìnliàng zhǎo jīhuì yòng Zhōngwén
(Buscar por todo lo posible oportunidad de usar el chino.)

k. 慢慢的，你的中文会越来越进步／
慢慢的，你的中文會越來越進步   mànmān de, nǐ de Zhōngwén huì yuèláiyuè jìnbù
(Lentamente, tu chino mejorará cada vez más.)

20.23
· 让学生两人一组完成练习。告诉他们，如果有的拼音不会写，可以空着。
· 如有必要，可以再次播放视频，使学生能够完成练习。

 20.24 以下短语说的是练习中文的其他方法。根据录音在拼音上标注正确的声调。然后写出相应的西班牙文。

20.24 答案
a. shàng Zhōngwén de wǎngzhàn; visitar las páginas web chinas
b. kàn Zhōngguó diànyǐng; ver películas chinas
c. tīng Zhōngwén yǎnjiǎng; escuchar la conferencia en chino

（接下页）

a. shang Zhongwen de wangzhan

上中文的网站／
上中文的網站

b. kan Zhongguo dianying

看中国电影／
看中國電影

c. ting Zhongwen yanjiang

听中文演讲／
聽中文演講

d. lian wushu
练武术／練武術
_____

e. xue wu shi
学舞狮／學舞獅
_____

f. xue zuo Zhongguocai
学做中国菜／
學做中國菜
_____

20.24 答案（接上页）
d. liàn wǔshù; *practicar arte marcial*
e. xué wǔ shī; *aprender la danza de león*
f. xué zuò Zhōngguócài; *aprender a preparar la comida china*
g. liàn shūfǎ; *practicar caligrafía*
h. jiārù májiàng jùlèbù (xué dǎ májiàng); *jugar al mahjong (aprender a jugar al mahjong)*
i. dào Zhōngguó liúxué; *estudiar en China*

g. lian shufa
练书法／練書法
_____

h. jiaru majiang julebu (xue da majiang)
加入麻将俱乐部
(学打麻将)／
加入麻將俱樂部
(學打麻將)
_____

i. dao Zhongguo liuxue
到中国留学／
到中國留學
_____

20.25 你有其他的方法练习中文吗？有哪些？用西班牙文写下来，然后寻求帮助，将它们用中文表达出来。

西班牙文：_____

中文：_____

20.25 题目要求学生寻求帮助后用中文表达自己的观点。建议学生查双语词典或者把老师当成"活字典"来求助。

第二十单元 活到老，学到老

20.26 指出或提醒学生此处的"会"的意思是ir+verbo。

20.26 互动练习：在教室里走一走，采访同学练习中文的想法。问问他们："你将来会怎样练习中文？"记下同学的回答。轮到你回答时，可以用练习20.25的答案作答，也可以用同学提到的你同样很喜欢的方式来回答。

_____

_____

_____

_____

20.27 写一篇短文，内容是你会如何练习中文。至少要包括三种活动，并要写出细节。比如：什么时候，在什么地方，你要跟谁练习。请用拼音或汉字写下来。

20.27 给学生提供一些例句，帮助他们完成短文。比如：周末，我会跟朋友去中国城看中国电影。

_____

_____

_____

_____

20.28 和一位或更多的同学分享你在练习20.27中所写的内容。讨论每个人所提活动的优缺点。

🎵 单元说唱　Rap de la Unidad

登录环球汉语网站，听歌曲复习第二十单元所学的主要内容。然后再听一遍并跟着唱！

Encuentro 5　读和写　Lectura y escritura

▶ 读出熟悉的中文句子
Lectura de oraciones familiares en caracteres chinos

20.29—20.31 🎧
提醒学生借助题目说明中的办法来读出不认识的字。

20.29 两人一组练习：借助西班牙文，与搭档轮流大声朗读下面的段落（简体字）。可以互换朗读内容，如果有人无法读出某个汉字，搭档可以提供帮助。

❶ 有两位中文老师在谈论(tánlùn – *discutir; chartar*)中文教学。唐老师说学生们觉得学中文的声调很难。学生常常分不出第二声和第四声，或者第二声和第三声。因为很多语言没有声调，所以学生觉得中文的声调很难学。还有呢，汉字也非常地难学。因为每一个字都不同，所以要学很多很多字。不像

西方语言只要学会不到三十个字母(zìmǔ – letras del alfabeto)就可以拼出很多字了，比学中文汉字简单得多。*(Dos profesores de chino están hablando sobre enseñar chino. El profesor dice que para los estudiantes es difícil aprender los tonos del chino. A menudo los estudiantes no pueden distinguir entre el segundo y el cuarto tono o entre el segundo y el tercer tono. Como muchos idiomas no tienen tonos, para los estudiantes es difícil aprender los tonos del chino. Además, los caracteres chinos son difíciles de aprender. Como cada carácter es diferente, hay que aprender muchísimos caracteres. No es como los idiomas occidentales, que tienen menos de 30 letras que pueden formar muchas palabras. Esto es mucho más sencillo que los caracteres chinos.)*

2 另外一位老师说，她认为中文其实并没有那么难。中文的四声在其他语言里也有，只不过不叫"声调"。比如说英语的yes?和yes!就是中文的第二和第四声。用中文时要习惯每个字都要加上声调，这点是要练习的。而且中文的语法比其他外语的语法简单得多。所以说中文并不难。中文的读和写可以慢慢地学，因为人们要是能活到老就要学到老。 *(Otra profesora dice que para ella el chino en realidad no es tan difícil. Los cuatro tonos del chino existen en otros idiomas, solo que no son llamados "tonos". Por ejemplo, el "¿sí?" y el "¡sí!" del español son el segundo y el cuarto tono del chino. Al hablar chino, es necesario acostumbrarse a la idea de que cada palabra tiene un tono; esto necesita práctica. Además, la gramática china es mucho más sencilla que la de otros idiomas. Por eso, hablar chino no es tan difícil. Leer y escribir chino se puede aprender poco a poco, porque si las personas pueden llegar a la vejez, entonces deben estudiar hasta la vejez.)*

3 李雅图是个高中生。他记得小的时候在中国学语文，上课时老师会先讲课文，然后老师要学生背课文，再把每课的生词都要抄写下来好几次，有的时候还要考听写。学生要是字写错了，老师就要罚他们重写(chóng xiě – reescribir)。中国的学生跟外国学生一样，都得非常用功学习才会有好成绩(chéngjì – notas)。 *(Li Yatu es un estudiante de bachillerato. Él recuerda que cuando estudiaba lengua de pequeño en China, el profesor explicaba primero el texto de la lección y después hacía que los estudiantes lo memorizaran y copiaran el vocabulario varias veces. A veces también hacían dictados. Si los estudiantes escribían mal los caracteres, el profesor los penalizaba y les hacía escribir los caracteres de nuevo. Los estudiantes chinos son iguales que los extranjeros en el sentido de que ambos deben estudiar mucho para obtener buenas notas.)*

4 李雅图还记得，在学古文（也就是文言文）的时候，老师会叫学生把文言文翻译成(fānyì chéng – traducir al)白话文（就是现代话）。比如说，"其乃吾儿也（qí nǎi wú ér yě）"这句文言文翻译成白话文就是"这个人就是我的儿子"。文言文的句子比较短所以有时候很难懂。很多人觉得，文言文特别的美。 *(Li Yatu también recuerda que, cuando estudiaba lengua antigua [chino clásico], el profesor pedía a los estudiantes que tradujeran la lengua clásica a la lengua vernácula [chino moderno]. Por ejemplo, "En verdad, ser el mío hijo" se traduce a lengua vernácula como "Él es mi hijo". En chino clásico las oraciones son más cortas, y por eso más difíciles de comprender. Para muchos, el chino clásico es muy hermoso.)*

5 中国的小学生和中学生学中文（叫作"语文"）的时候，要背诵很多东西。生词要背，课文通常也要背。中国学生学英语的时候也常常是靠(kào – apoyarse en)背的。西方学生学中文是不怎么背的。学了生词以后，西方学生通常会想想自己会不会用上这些生词，然后怎么去用。用不上的生词就决定不去记(jì – memorizar)了。 *(Cuando los estudiantes chinos de primaria y secundaria estudian chino [llamado "arte del lenguaje"], tienen que memorizar muchas cosas. El vocabulario debe memorizarse, y a menudo el texto de la lección también debe memorizarse para recitarlo en voz alta. Cuando los estudiantes chinos aprenden inglés, muchas veces también se apoyan en la memorización. Cuando los estudiantes occidentales estudian chino, no memorizan de esta manera. Después de aprender el vocabulario, los estudiantes occidentales generalmente consideran si es probable que usen este vocabulario y cómo deben usarlo. Así, deciden no memorizar el vocabulario que probablemente no vayan a usar.)*

6 姚道中(Yáo Dàozhōng)老师给同学们出了很多学习中文的好主意。他先说学生们当然可以在学校里学习中文。很多美国学校已经开了中文课，还有一些大学都开四年以上(yǐshàng – por encima de)的中文课。大城市里头常常会有中文学校，学生可以在晚上或者周末的时候学中文。所以现在学中文的机会越来越多了。 *(El profesor Yao Daozhong da a los estudiantes muchas buenas ideas para estudiar chino. Primero dice a los estudiantes que, por supuesto, pueden continuar estudiando chino en la escuela. Muchas escuelas de EE.UU. han creado clases de chino, y algunas universidades ofrecen cursos de chino de cuatro años o más. En muchas grandes ciudades hay academias de chino donde se puede estudiar por las noches o los fines de semana. Por eso, hoy en día cada vez hay más oportunidades para estudiar chino.)*

7 姚老师劝(quàn – recomendar, aconsejar)同学们多跟中国朋友聊天或者一起出去玩儿。聊天儿当然是面对面(miàn duì miàn – cara a cara)最好。但是如果不能在一起的话，也可以给中国朋友们打电话、写信、写电邮或者用Facebook保持联系(bǎochí liánxì – mantener el contacto)。跟中国朋友聊天儿、出去玩儿、打电话、用电邮的时候当然要用中文说，用中文写，这样可以多练习中国话。 *(El profesor Yao Daozhong aconseja a los estudiantes que queden con amigos chinos para charlar o salir juntos. Por supuesto, lo mejor es charlar cara a cara. Pero si no es posible quedar, también es posible llamar por teléfono, escribir cartas o e-mails o usar Facebook para mantener el contacto. Al charlar, salir, llamar por teléfono o escribir cartas o e-mails a amigos chinos, por supuesto hay que hablar o escribir en chino; de esta forma se puede practicar más el chino.)*

8 姚老师又说，要是同学们住的地方离一个唐人街不远，可以常常到唐人街去看看，买菜、买日用品、吃饭什么的。在饭店里也可以用中文点菜，或者跟说中文的店员聊天儿。在唐人街同学们还可以看到以前没有看到过的中国东西，比方说，从中国来的书、衣服、蔬菜、水果、玩意儿 (wányìr – *juguetes, cosas*)，等等(děngděng – *etc.*)。这样可以学点儿中文，也可以学点儿文化，对学生来说非常有意思，非常有用。*(El profesor Yao Daozhong dice que si no muy lejos de donde vives hay un barrio chino, puedes ir a menudo a dar una vuelta, comprar verduras u otros productos cotidianos, comer, etc. Puedes hablar en chino al pedir platos en un restaurante o conversar con los tenderos que hablan chino. En los barrios chinos puedes encontrar objetos que no has visto antes como libros en chino, ropa, verduras, frutas, juguetes, etc. De esta forma puedes aprender un poco de chino y aprender algo de la cultura china. Esto es algo muy interesante y útil.)*

9 姚老师还劝同学们多看中文报纸，多看中文的电视节目。不能完全(wánquán – *completamente*)都看得懂都听得懂也没有关系，能看懂多少就算多少。只能看懂一点也有用。只要多看、多听的话，中文就会越来越好。*(El profesor Yao Daozhong también recomienda a los estudiantes leer más periódicos en chino y ver más programas de televisión en chino. No importa si no puedes entender todo lo que lees o escuchas; lo que puedas entender es suficiente. Comprender, aunque sea un poco, puede ser útil. Mientras sigas leyendo y escuchando, tu chino será cada vez mejor.)*

10 最后，姚老师叫大家要用中文写日记。每天都要写。不用写太多，几句话就够了。把自己那天做了什么、想了什么、买了什么、见了谁、去哪儿等等的事情简简单单地写下来。能写汉字的话就写汉字，不能写汉字就写拼音。姚老师还说，如果这样做，时间长了以后，同学们的中文句子就会越来越长，用上的中文词汇(cíhuì – *vocabulario*)也就会越来越多。*(Por último, el profesor Yao Daozhong pide a todos que escriban un diario en chino. Hay que escribir todos los días. No es necesario escribir mucho, unas pocas oraciones son suficientes. Escribe simplemente lo que hiciste durante el día, lo que pensaste, lo que compraste, lo que viste, dónde fuiste, etc. Si puedes escribir caracteres, escribe en caracteres. Si no puedes, escribe en pinyin. El profesor Yao también dice que, si haces esto, con el tiempo tus oraciones en chino serán cada vez más largas y serás capaz de usar cada vez más vocabulario.)*

20.30 两人一组练习：再次朗读这些段落，这次没有西班牙文辅助。

1 有两位中文老师在谈论中文教学。唐老师说学生们觉得学中文的声调很难。学生常常分不出第二声和第四声，或者第二声和第三声。因为很多语言没有声调，所以学生觉得中文的声调很难学。还有呢，汉字也非常地难学。因为每一个字都不同，所以要学很多很多字。不像西方语言只要学会不到三十个字母就可以拼出很多字了，比学中文汉字简单得多。

2. 另外一位老师说，她认为中文其实并没有那么难。中文的四声在其他语言里也有，只不过不叫"声调"。比如说英语的yes?和yes!就是中文的第二和第四声。用中文时要习惯每个字都要加上声调，这点是要练习的。而且中文的语法比其他外语的语法简单得多。所以说中文并不难。中文的读和写可以慢慢地学，因为人们要是能活到老就要学到老。

3. 李雅图是个高中生。他记得小的时候在中国学语文，上课时老师会先讲课文，然后老师要学生背课文，再把每课的生词都要抄写下来好几次，有的时候还要考听写。学生要是字写错了，老师就要罚他们重写。中国的学生跟外国学生一样，都得非常用功学习才会有好成绩。

4. 李雅图还记得，在学古文（也就是文言文）的时候，老师会叫学生把文言文翻译成白话文（就是现代话）。比如说，"其乃吾儿也"这句文言文翻译成白话文就是"这个人就是我的儿子"。文言文的句子比较短所以有时候很难懂。很多人觉得，文言文特别的美。

5. 中国的小学生和中学生学中文（叫作"语文"）的时候，要背诵很多东西。生词要背，课文通常也要背。中国学生学英语的时候也常常是靠背的。西方学生学中文是不怎么背的。学了生词以后，西方学生通常会想想自己会不会用上这些生词，然后怎么去用。用不上的生词就决定不去记了。

6. 姚道中老师给同学们出了很多学习中文的好主意。他先说学生们当然可以在学校里学习中文。很多美国学校已经开了中文课，还有一些大学都开四年以上的中文课。大城市里头常常会有中文学校，学生可以在晚上或者周末的时候学中文。所以现在学中文的机会越来越多了。

7. 姚老师劝同学们多跟中国朋友聊天或者一起出去玩儿。聊天儿当然是面对面最好。但是如果不能在一起的话，也可以给中国朋友们打电话、写信、写电邮或者用Facebook保持联系。跟中国朋友聊天儿、出去玩儿、打电话、用电邮的时候当然要用中文说，用中文写，这样可以多练习中国话。

8. 姚老师又说，要是同学们住的地方离一个唐人街不远，可以常常到唐人街去看看，买菜、买日用品、吃饭什么的。在饭店里也可以用中文点菜，或者跟说中文的店员聊天儿。在唐人街同学们还可以看到以前没有看到过的中国东西，比方说，从中国来的书、衣服、蔬菜、水果、玩意儿，等等。这样可以学点儿中文，也可以学点儿文化，对学生来说非常有意思，非常有用。

9 姚老师还劝同学们多看中文报纸，多看中文的电视节目。不能完全都看得懂都听得懂也没有关系，能看懂多少就算多少。只能看懂一点也有用。只要多看、多听的话，中文就会越来越好。

10 最后，姚老师叫大家要用中文写日记。每天都要写。不用写太多，几句话就够了。把自己那天做了什么、想了什么、买了什么、见了谁、去哪儿等等的事情简简单单地写下来。能写汉字的话就写汉字，不能写汉字就写拼音。姚老师还说，如果这样做，时间长了以后，同学们的中文句子就会越来越长，用上的中文词汇也就会越来越多。

20.31 两人一组练习：再次朗读这些段落，这次用的是繁体字。

1 有兩位中文老師在談論中文教學。唐老師說學生們覺得學中文的聲調很難。學生常常分不出第二聲和第四聲，或者第二聲和第三聲。因為很多語言沒有聲調，所以學生覺得中文的聲調很難學。還有呢，漢字也非常地難學。因為每一個字都不同，所以要學很多很多字。不像西方語言只要學會不到三十個字母就可以拼出很多字了，比學中文漢字簡單得多。

2 另外一位老師說，她認為中文其實並沒有那麼難。中文的四聲在其他語言裡也有，只不過不叫"聲調"。比如說英語的yes?和yes!就是中文的第二和第四聲。用中文時要習慣每個字都要加上聲調，這點是要練習的。而且中文的語法比其他外語的語法簡單得多。所以說中文並不難。可以慢慢地學，因為人們要是能活到老就要學到老。

3 李雅圖是個高中生。他記得小的時候在中國學語文，上課時老師會先講課文，然後老師要學生背課文，再把每課的生詞都要抄寫下來好幾次，有的時候還要考聽寫。學生要是字寫錯了，老師就要罰他們重寫。中國的學生跟外國學生一樣，都得非常用功學習才會有好成績。

4 李雅圖還記得，在學古文（也就是文言文）的時候，老師會叫學生把文言文翻譯成白話文（就是現代話）。比如說，"其乃吾兒也"這句文言文翻譯成白話文就是"這個人就是我的兒子"。文言文的句子比較短所以有時候很難懂。很多人覺得，文言文特別的美。

5 中國的小學生和中學生學中文（叫作"語文"）的時候，要背誦很多東西。生詞要背，課文通常也要背。中國學生學英語的時候也常常是靠背的。西方學生學中文是不怎麼背的。學了生詞以後，西方學生通常會想想自己會不會用上這些生詞，然後怎麼去用。用不上的生詞就決定不去記了。

6 姚道中老師給同學們出了很多學習中文的好主意。他先說學生們當然可以在學校裡學習中文。很多美國學校已經開了中文課，還有一些大學都開四年以上的中文課。大城市裡頭常常會有中文學校，學生可以在晚上或者週末的時候學中文。所以現在學中文的機會越來越多了。

7 姚老師勸同學們多跟中國朋友聊天或者一起出去玩兒。聊天兒當然是面對面最好。但是如果不能在一起的話，也可以給中國朋友們打電話、寫信、寫電郵或者用Facebook保持聯繫。跟中國朋友聊天兒、出去玩兒、打電話、用電郵的時候當然要用中文說，用中文寫，這樣可以多練習中國話。

8 姚老師又說，要是同學們住的地方離一個唐人街不遠，可以常常到唐人街去看看，買菜、買日用品、吃飯甚麼的。在飯店裡也可以用中文點菜，或者跟說中文的店員聊天兒。在唐人街同學們還可以看到以前沒有看到過的中國東西，比方說，從中國來的書、衣服、蔬菜、水果、玩意兒，等等。這樣可以學點兒中文，也可以學點兒文化，對學生來說非常有意思，非常有用。

9 姚老師還勸同學們多看中文報紙，多看中文的電視節目。不能完全都看得懂都聽得懂也沒有關係，能看懂多少就算多少。只能看懂一點也有用。只要多看、多聽的話，中文就會越來越好。

10 最後，姚老師叫大家要用中文寫日記。每天都要寫。不用寫太多，幾句話就夠了。把自己那天做了甚麼、想了甚麼、買了甚麼、見了誰、去哪兒等等的事情簡簡單單地寫下來。能寫漢字的話就寫漢字，不能寫漢字就寫拼音。姚老師還說，如果這樣做，時間長了以後，同學們的中文句子就會越來越長，用上的中文詞彙也就會越來越多。

阅读真实语言材料　Lectura de textos de la vida real

20.32 《ABC英汉汉英词典》(夏威夷大学出版社，2010)是由德范克和张燕吟主编的、迄今最好的英语人士学汉语的词典之一。词条按照音序排序。这种设计可以使学生在知道发音的情况下简单快速地查到汉字。假设你在北京，听到了一个不懂的词，比如："这个词是"qiche"，在这本词典里就能很快查到(第839页)：

qìchē 汽车 ［－車］ •*N. motor vehicle, auto M: liàng* 辆

以上可以看出，这一词条包含了拼音、简体字（方括号里注明相应的繁体字）、词性、英文释义，如果名词不适用普遍的量词"个"，则列出适用的量词（一辆汽车／一輛汽車）及其发音。

但是，如果在阅读时或者在标志牌上遇到"汽"这个字，不会读该怎么办？这种情况下，你必须像所有学习语言的中外人士一样，首先在词典里查这个字的部首，然后根据除部首外的笔画数查找这个字所在的页码。这种查字法比上一种方法要复杂得多，但是学会它对你将来进一步学习汉语非常必要。当然，技术的发展很快，你可以关注是否有新产品可以简化这个操作（比如，你只需把这个字照下来，然后去电子词典里搜索这个字）。登录环球汉语网站，可以查到更多汉语学习资源方面的信息。

下页的表格是《ABC词典》的部首总表。正如词典的编纂宗旨，这个表格是非常全面的。与其他表格不同的是，它还包括已经简化的部首，比如："钱"字左边的部首"钅"，以及这个部首的繁体，比如：錢字左边的"金"。它还把某些部首变化后的形态列了出来，比如："法"字左边的部首"三点水"，在"浆"字下面就是完整的"水"字。

现在我们来查"汽"字。看"汽"字的结构，问问自己，"'汽'的部首是什么？"想想以前课堂上学过的东西和《汉字练习本》中有关部首的内容。希望你能明确说出"water"或者"水"，"汽"的左边是"三点水"。再数数这个部首的笔画——当然是三画。然后去下页的表中找到三画项下的这个部首，并标记出来。

20.32 – 20.36
- 这些练习旨在让学生通过动手来学会两件事：1.如何在词典里根据汉字的部首查找汉字；2.了解汉字的书写系统。
- 这些练习和题目都经过了精心设计。让学生两人或几人一组完成练习。

Gráfico general de radicales

❶	一	丨	丿	丶	乙	乚	一	❷	二	十	厂	匚	匸	刂
	㊀1	㊁2	㊂6	㊃4	㊄3		㊄5		㊀7	24	27	22	23	㊁18

卜	冂	亻	人	入	八	儿	几	匕	勹	亠	冫	厂	讠	凵
25	13	㊂9	9	11	12	10	16	21	20	㊃8	15	12	14	149	㊄17

卩	阝(right)	阝(left)	力	刀	又	厶	廴	巳	❸	干	土	士	工
26	163	170	19	18	29	28	54	26		㊀51	32	33	48

扌	艹	寸	廾	卅	大	尢	弋	小	口	囗	山	巾	川	彳	彡
64	140	41	43	55	37	43	56	㊁42	30	31	46	50	㊃47	60	59

犭	夂	夊	夕	饣	广	门	氵	忄	宀	辶	彐	尸
94	34	35	36	184	㊄90	53	169	85	61	40	162	㊄58	44

己	已	巳	弓	子	屮	女	飞	彐	纟	马	幺	巛	❹	王
49		57	39	45	38	183	58	120	187	52	54	47		㊀96

无	韦	耂	木	支	犬	歹	车	牙	戈	比	瓦	瓦	止	攴	小
71	178	125	75	65	94	78	159	92	62	81	71	98	㊁77	66	61

日	曰	水	贝	见	内	手	牛	毛	气	生	攵	长	片	斤	爪
72	73	85	154	147	114	㊂64	93	82	84	93	66	168	91	69	87

户	父	爻	冖	月	氏	欠	风	殳	文	方	火	斗	灬	户
63	88	89	87	74, 130	83	76	182	79	㊃67	70	86	68	86	63

礻	心	聿	爿	毋	❺	玉	示	瓦	甘	石	龙	业	氺	目	田
113	61	㊄129	90	80		㊀96	113	98	99	112	212	㊁78	85	109	102

冂	皿	罒	钅	生	矢	禾	白	瓜	用	鸟	疒	立	玄	穴
114	108	109, 122	㊄167	100	111	115	106	97	101	196	㊃104	117	95	116

衤	疋	皮	癶	矛	母	❻	耒	老	耳	臣	西	西	而	页	至
145	㊄103	107	105	110	80		㊀127	125	128	131	146	146	126	181	133

虍	虫	网	肉	缶	舌	竹	臼	自	血	行	舟	舛	色	齐	衣
㊂141	142	122	130	㊁121	135	118	134	132	143	144	137	136	139	㊄210	145

羊	米	聿	艮	屮	羽	糸	❼	麦	镸	走	赤	車	豆	酉	辰
123	119	㊁129	138	140	124	120		㊀199		156	155	159	151	164	161

豕	卤	貝	見	里	足	邑	身	辵	釆	谷	豸	龟	角	言	辛
152	㊁197	154	147	166	157	163	㊁158	162	165	150	153	213	148	㊄149	160

❽	青	長	雨	非	齿	門	黾	隹	金	食	阜	鱼	隶	❾	革
	㊀174	168	173	㊁175	211	169	205	㊁172	167	184	170	195	㊄171		㊀177

頁	面	韭	骨	香	鬼	食	風	音	首	韋	飛	❿	髟	馬	鬲
181	176	㊁179	188	㊂186	194	184	182	㊀180	185	㊁178	183		㊀190	187	193

鬥	骨	鬼	邕	高	⓫	黃	麥	鹵	鳥	魚	麻	鹿	⓬	黃	黹
㊁191	188	㊁194	192	㊁189		㊀201	199	㊁197	㊁196	195	㊁200	198		201	204

鼎	黑	黍	⓭	鼓	鼎	黽	鼠	⓮	鼻	齊	⓯+	齒	龜	龍	龠
206	203	202		207	206	205	208		209	210		211	213	212	214

Esta página muestra los 214 radicales por su número de trazos. Los radicales con el mismo número de trazos están ordenados por su trazo inicial, de acuerdo a los cinco tipos de trazos ㊀ ㊁ ㊂ ㊃ y ㊄. Las diferentes formas del mismo radical aparecen separadamente según su respectivo número de trazos. Por ejemplo, el radical 64 ("mano") está en el apartado de tres trazos como 扌 y en el de cuatro como 手.

㊀ 一 héng horizontal o ╱ tí ascendente
㊁ 丨 shù vertical o 亅 shùgōu con gancho a izquierda
㊂ 丿 piě descendente a izquierda
㊃ 丶 diǎn punto o ╲ nà descendente a derecha
㊄ 乙 乚 一 zhé curva

Índice de caracteres por radical: pág. 1169
Índice de caracteres por orden de trazos: pág. 1122

你标记的部首对应的数字是多少？应该是85。好，请你在接下来的部首检字表中找到85（词典的第1195–1196页）。

找到"水"的部首（序号85）。然后，算算除去部首外，"汽"字还剩多少画，你的得数是多少？

把数字写在这里：_____。

20.32 答案：4

汉字的左侧有数字。在你计算出的数字旁找到"汽"字并标出来，这样你就能知道这个字的发音，并在字典中找到这个字。能够成功查找到"汽"字，你就把在中文字典查找任何字所需步骤都进行了一遍。虽然查找需要好几步，但是这对中文学习非常必要。

20.33 两人一组练习：找一位搭档和你一起再次翻到部首总表，标出你认识的至少20个部首。说出它们的意思。

20.34 找出部首"门"的简体和繁体。这个部首在词典的哪一页？

请把数字写在这里：_____。

20.34 答案：169
(可能的答案)见／見，车／車，风／風，马／馬，飞／飛
214

你能找到其他有简体和繁体的部首吗？

请列出三个：_____ _____ _____

汉语里一共有多少个部首？_____

20.35 再次翻到《ABC词典》的1195页。标出部首"母""比""毛"。注意这些部首在不同字的位置的变化。然后标出汉字"每"。

在第84个部首下面，为每个汉字的部首都做个标记。然后计算每个汉字除去部首以外的笔划，看看是否跟表中所标注的数字一致。这些汉字的意思如下：

气 qì *(simplificado) aire, vapor, energía vital*

氛 fēn *atmósfera*

氟 fú *flúor*

氢 qīng *(simplificado) hidrógeno*

氧 yǎng *oxígeno*

氣 qì *(tradicional) aire, vapor, energía vital*

氨 ān *amonio*

氫 qīng *(tradicional) hidrógeno*

氮 dàn *nitrógeno*

氯 lǜ *cloro*

C-E Appendix XI　　　1195　　　Radical Index: 76–85

④ 心戈户手支攴文斗斤方无日曰月木

（欠止歹殳毋比毛氏气水）76 77 78 79 80 81 82 83 84 85

火爪父爻爿片牙牛犬

欠 ³qiàn
11 欧 ¹Ōu
17 欢 ¹huān

---

77 止

止 ⁴zhǐ
1 正 ¹zhèng
　　 ⁶zhēng
2 此 ᶜcǐ
3 步 ³bù
4 武 ³wǔ
5 歪 wāi
　 歧 ⁸qí
9 岁 ¹suì
12 历 ⁶lì
14 归 ¹guī

---

78 歹 歺

歹 ²dǎi
2 死 sǐ
3 歼 ⁶jiān
5 残 ²cán
　 殃 ³yāng
6 殊 ⁷shū
　 殉 ³xùn
7 殓 ⁵liàn
8 殖 ⁷zhí
　 残 ²cán
10 殡 ³bìn
13 殓 ⁵liàn
14 殡 ³bìn
17 殲 ⁶jiān

---

79 殳

4 殴 ³ōu
5 段 ¹duàn
6 殷 ⁴yīn

殺 ¹shā
8 殻 ¹ké
　　 qiào
　 殽 xiáo
9 榖 ⁹gū
　 毁 ¹huǐ
　 毁 ¹huǐ
　 殿 ¹⁰diàn
11 毂 ⁵gǔ
　 殴 ³ōu
　 毅 ¹⁷yì
13 觳 ⁹gū

---

80 毋 母

母 ¹mǔ
　 毋 ³wú
2 每 ¹měi
4 毒 ²dú

---

81 比

比 ¹bǐ
2 毕 ⁸bì
5 毗 ⁴pí
　 毖 ¹⁹bì
6 毙 ¹¹bì

---

82 毛

毛 ¹máo
5 毡 ³zhān
7 毫 ¹háo
8 毯 ¹tǎn
　 毽 ¹⁸jiàn
11 氂 ⁶máo
13 氈 ³zhān

---

83 氏

氏 ¹³shì
1 民 mín
4 氓 ⁵máng

---

84 气

气 ¹qì
4 氛 ⁵fēn
5 氟 ⁶fú
　 氢 ⁴qīng
6 氧 ³yǎng
　 氕 ¹qì
　 氨 ³ān
7 氰 ⁴qīng
　 氮 ⁶dàn
8 氯 ⁴lǜ

---

85 水 氵

水 shuǐ
1 永 ²yǒng
2 汁 ⁷zhī
　 求 ¹qiú
　 汇 ²huì
　 汇 ³huì
　 汉 Hàn
3 汗 ⁴hàn
　 汗 ¹hàn
　 污 ²wū
　 江 ²jiāng
　 汞 ²gǒng
　 汔 ³qì
　 汐 ²²xī
　 汲 ¹²jí
　 汛 ⁷xùn
　 池 ²chí
　 汤 ¹tāng

Radical Index: 85

④
心 戈 户 手 支 攴 文 斗 斤 方 无 日 曰 月 木 欠 止 歹 殳 毋 比 毛 氏 气

85 〔水〕

火 爪 父 爻 爿 片 牙 牛 犬

4
汪 wāng
沐 ¹⁰mù
沛 ³pèi
沔 ⁶miǎn
汰 ⁴tài
沤 ¹òu
　 ⁴ōu
沥 ¹⁵lì
沌 ⁶dùn
沏 ⁵qī
沙 ²shā
沓 ⁵tà
冲 ¹chōng
　 ²chōng
汽 ³qì
沃 ³wò
沦 ²lún
汹 ⁴xiōng
泛 ³fàn
沧 ⁴cāng
没 ¹méi
　 ⁵mò
没 ¹méi
　 ⁵mò
沟 ¹gōu
沉 ¹chén
沈 ³shěn
决 ¹jué

5
泰 ³tài
沫 ⁹mò
浅 ¹qiǎn
法 ¹fǎ
泄 ⁶xiè
沽 ⁶gū
河 ²hé
泵 ³bèng
沾 ³zhān
泪 ⁴lèi
沮 ³jǔ
油 ²yóu
况 ⁵kuàng
泅 ³qiú
沱 ⁶tuó
泉 ⁴quán
泊 ⁹bó
　 ⁴pō

泝 ⁸sù
泺 ⁴pō
沿 ¹yán
泡 ²pào
　 ²pāo
注 ⁵zhù
　 ⁶zhù
泣 ⁶qì
泞 ⁴nìng
沱 ⁶tuó
泻 ⁵xiè
泌 ⁵mì
泳 ⁶yǒng
泥 ¹ní
　 ⁴nì
泯 ⁴mǐn
沸 ⁵fèi
沼 ³zhǎo
波 ³bō
泼 ³pō
泽 ⁴zé
泾 Jīng
治 ⁴zhì

6
洼 ⁴wā
洁 ⁷jié
洪 ³hóng
洒 ¹sǎ
浃 ⁸jiā
涑 ⁵tì
浇 ³jiāo
浊 ⁵zhuó
洞 ²dòng
测 ³cè
洗 ¹xǐ
活 ¹huó
涎 ⁶xián
派 ¹pài
洽 ²qià
洶 ⁴xiōng
洛 Luò
浆 ⁵jiāng
　 ⁷jiàng
浏 ⁷liú
济 ¹⁷jì
　 ⁶jǐ

洋 ²yáng
　 ⁵yāng
洲 ¹zhōu
浑 ²hún
浓 ¹nóng
津 ⁸jīn

7
涛 ³tāo
浙 Zhè
涝 ³lào
酒 ²jiǔ
浃 ⁸jiā
涟 ⁸lián
泾 Jīng
涉 ⁵shè
消 ¹xiāo
涅 ⁶niè
涓 ³juān
涡 ²wō
淼 ⁵miǎo
浩 ⁴hào
海 hǎi
浜 ⁴bāng
涂 ²tú
　 ³tú
　 ⁴tū
浴 ¹⁹yù
浮 ¹fú
涣 ⁷huàn
涤 ⁵dí
流 ¹liú
润 ¹rùn
涧 ¹³jiàn
涕 ⁵tì
浣 ⁹huàn
浪 làng
浸 ⁵jìn
涨 ²zhǎng
　 ⁶zhàng
涩 ²sè
涌 ¹yǒng
浚 ⁷jùn

8
清 ²qīng
渍 ⁴zì
添 ²tiān
淇 Qí

很容易就能看出，这些字都跟"空气"和部首"气"有关系！这些字的表音部分也提示了发音。比如，写出下列字的拼音，并从309页列出的汉字中找出以这些字为表音部分的汉字。

	拼音	caracteres desde arriba
a. 分	_____	_____
b. 羊	_____	_____
c. 安	_____	_____

20.35 答案
a. fēn, 氛
b. yǎng, 氧
c. ān, 氨

INFO 供你参考

Diccionarios de chino

Hoy en día existen muchísimos diccionarios de caracteres chinos. Además del *ABC*, otro diccionario a tener en cuenta es 现代汉语词典 *Xiàndài Hànyǔ Cídiǎn* (Foreign Language Teaching and Research Press, 2002). Aunque el diccionario *ABC* es el más sencillo de usar para palabras de las que conoces su pronunciación, este otro diccionario puede ser más útil para palabras que no sabes cómo se pronuncian, ya que sus entradas se organizan por el carácter inicial más que por la pronunciación. Si no conoces la pronunciación de ninguno de los caracteres en una palabra de dos caracteres, solo necesitas averiguar la pronunciación del primero, pues la palabra que buscas aparecerá bajo ese carácter; esto te ahorrará tener que buscar también la pronunciación del segundo.

Por supuesto, en la era de Internet, los diccionarios online son quizás el recurso más atractivo de todos. La serie de diccionarios *ABC* ha sido incluida en la base de datos online de un programa llamado Wenlin, que tiene la capacidad de buscar palabra por palabra en textos completos casi instantáneamente. Además, también puedes buscar en Internet diccionarios gratuitos y programas de traducción que se adapten a tus necesidades.

供你参考
带几本不同的英汉汉英词典到教室（"供你参考"中没有提及的也可以）。如有可能，上课时接入互联网，让学生登录网上的双语词典，比如：www.nciku.com。把全班分成两组，给每组一种词典——纸质的或网络的都可以。让每组研究本组的词典，然后向全班同学展示和介绍这种词典。

20.36 两人一组练习：和搭档一起浏览《ABC词典》的第1196页。记下你们感兴趣或有所发现的地方，与全班同学分享。

_____
_____
_____

学写汉字　Aprender a escribir caracteres

20.37 本单元下列汉字的笔画顺序以及其他相关信息请参见《汉字练习本》。练习写这些汉字的简体字或者繁体字，直到你能熟练地写出为止。

难/難，所，汉/漢，言，习/習，惯/慣，慢，背，
抄，把，错/錯，罚/罰，古，懂，拼，长/長，句，接

和一位同学一起，在上面的汉字中找出表示"水""心""手""金属"的部首。试着把部首和汉字的意思联系起来。

　　记住，有时候理解部首有助于对汉字的理解，有时候也不一定！想想"背""把""抄"的发音与这些字的表音部分的联系。表音部分都可靠吗？在某种程度上它们都有帮助吗？

写一则描述性短文　Escribir un texto descriptivo

20.38 给一位中国朋友写篇短文，谈谈你学习中文的感受，以及你将如何继续提高中文水平。

Un poco de cultura　文化点滴

Aprender chino

　　Mira el fragmento de video "Aprender chino" y después comenta las cuestiones siguientes con tus compañeros y el profesor.

- ¿Qué importancia tienen los tonos en el chino?
- ¿Qué importancia tienen los caracteres chinos?
- ¿Qué importancia tienen el vocabulario y la gramática en el chino?
- ¿Qué importancia tiene asumir riesgos al practicar chino?
- ¿Cuál es la mejor manera de comunicarse en chino?
- ¿Cuál es la mejor manera de aprender chino?
- ¿Qué consejos darías a otros que quieren aprender chino?

文化点滴

本部分的这些引导性问题的答案有很多。要鼓励学生形成自己的答案，也可以让他们从视频中找答案。

单元总结 RESUMEN

语法　Gramática

更多中文句子类型
Más tipos de oraciones del chino

A continuación, se presentan algunos tipos comunes de oraciones del chino que incluyen muchos rasgos gramaticales que has practicado en *Encuentros*.

■ **Hacer una afirmación**

Wǒmen zài Běijīng Dàxué niànle yì nián de Zhōngwén.

我们在北京大学念了一年的中文。／
我們在北京大學念了一年的中文。

(*Estudiamos un año de chino en la Universidad de Beijing.*)

Měi tiān wǎnshang, zuòwán gōngkè yǐhòu, wǒmen huì shàngwǎng wán diànzǐ yóuxì.

每天晚上，做完功课以后，我们会上网玩电子游戏。／每天晚上，做完功課以後，我們會上網玩電子遊戲。

(*Todas las noches, tras terminar [nuestras] tareas, navegamos en Internet y jugamos a videojuegos.*)

Ejercicio: Haz una declaración diciendo lo que estudiaste el año pasado. Haz otra explicando qué es lo que haces una noche cualquiera.

■ **Hacer una pregunta**

Nǐ néng bu néng bǎ gǔwén fānchéng báihuàwén?

你能不能把古文翻成白话文？／
你能不能把古文翻成白話文？

(*¿Puedes traducir el chino clásico a chino coloquial?*)

Xiǎo Lǐ, nǐ bìyèle yǐhòu xiǎng qù nǎr, zuò shénme?

小李，你毕业了以后想去哪儿，做什么？／小李，你畢業了以後想去哪兒，做甚麼？

(*Xiao Li, ¿dónde piensas ir y qué piensas hacer cuando te gradúes*)

Ejercicio: Pregunta a un compañero sobre si puede o no hacer algo. Pregúntale también sobre qué planes tiene después de graduarse.

■ **Dar un consejo o una orden**

Shàngkè de shíhou bié yòng shǒujī!

上课的时候别用手机！／
上課的時候別用手機！

(*¡No usen el teléfono móvil en clase!*)

Bù zǎo le, nǐ kuài qù shuìjiào ba!

不早了，你快去睡觉吧！／
不早了，你快去睡覺吧！

(*Es tarde, ¡ve a dormir enseguida!*)

Ejercicio: Júntate con un compañero y haced como que sois padres o profesores que dan órdenes o consejos.

■ **Decir lo que alguien hizo o hará sobre algo**

Wǒ bǎ nǐ de zìdiǎn jiègěi Lǎo Wáng le.

我把你的字典借给老王了。／
我把你的字典借給老王了。

(*He prestado tu diccionario a Lao Wang.*)

Xiǎo Lǐ, kuài diǎnr bǎ zhèixiē dōngxi nádào fángzi wàitou qù.

小李，快点儿把这些东西拿到房子外头去。／小李，快點兒把這些東西拿到房子外頭去。

(*Xiao Li, date prisa y lleva estas cosas fuera de la casa.*)

Ejercicio: Haz como que alguien te pregunta "¿Qué has hecho con mi coche? Responde utilizando la construcción 把 *bǎ*. Empieza con 我把你的车……／我把你的車…… *Wǒ bǎ nǐ de chē...*, y termina con un componente verbal que contenga al menos dos caracteres.

Decir qué ha ocurrido (normalmente desafortunado) a algo

Rúguǒ wǒmen de huà ràng tā gěi tīngjiàn le, nà zhēnshi bù hǎo.

如果我们的话让他给听见了，那真是不好。／
如果我們的話讓他給聽見了，那真是不好。

(si nuestra conversación fue oída por él, sería mal)

Wǒ zuótiān mǎi de táng dōu jiào háizi gěi chī le.

我昨天买的糖都叫孩子给吃了。／
我昨天買的糖都叫孩子給吃了。

(Todos los caramelos que compré ayer han sido comidos por los niños.)

Wǒ de chē yòu bèi zhuàng le.

我的车又被撞了。／我的車又被撞了。

(Mi coche ha sido golpeado de nuevo.)

Ejercicio: ¿Que dirías si cuando llegas a tu destino encuentras que tu equipaje (行李 *xíngli*) ha sido robado (偷了 *tōule*)?

词汇 Vocabulario

动词及动词短语
Verbos y frases verbales

bèi 背 memorizar
bèisòng 背诵／背誦 recitar; repetir de memoria
biàn 变／變 cambiar; transformar; modificar
biǎoyǎn 表演 actuar
chāo 抄 copiar; transcribir
cúnzài 存在 existir
dǒng 懂 comprender
fá 罚／罰 castigar
fāxiàn 发现／發現 descubrir; encontrar
jì 记／記 memorizar
jiǎndān 简单／簡單 simple; sencillo
jiǎng 讲／講 explicar; aclarar hablar; conferenciar
jiāotán 交谈／交談 charlar; conversar
jìnbù 进步／進步 hacer progresos; progresar; avanzar; mejorar; (N) progreso
jìxù 继续／繼續 seguir; continuar
liànxí 练习／練習 practicar
liúxué 留学／留學 estudiar en el extranjero
nán 难／難 difícil
qīngxī 清晰 claro; nítido
qūfēn 区分／區分 diferenciar; distinguir
shǔ shù(r) 数数(儿)／數數(兒) contar números
suàn 算 ver como; considerar
tīngxiě 听写／聽寫 hacer un dictado; (N) dictado
wǔ shī 舞狮／舞獅 danza de león
xiàng 像 parecer; ser como
xíguàn 习惯／習慣 acostumbrarse a; tener costumbre de; (N) hábito
xiězuò 写作／寫作 escrito; composición
xuéxí 学习／學習 estudiar; aprender
yòngshàng 用上 dar uso
zhǎngwò 掌握 comprender; dominar
zhuǎnbiàn chéng 转变成／轉變成 transformarse en
zhùyì 注意 prestar atención; fijarse en
zuòwéi 作为／作為 ver como; mirar como

介词 Preposición

jīngguò 经过／經過 después; a través; como resultado

名词及名词短语
Nombres y frases nominales

bào(zhǐ) 报(纸)／報(紙) periódico
dāncí 单词／單詞 palabra
diànshì jiémù 电视节目／電視節目 programa de TV
diànyǐng piànduàn 电影片断／電影片斷 fragmento de película
diànyóu 电邮／電郵 e-mail
diànyuán 店员／店員 vendedor; dependiente; camarero
dì-yī/dì-èr/dì-sān/dì-sì shēng 第一/第二/第三/第四声 ∥ 第一/第二/第三/第四聲 primer/segundo/tercero/cuarto tono
dòngcí 动词／動詞 verbo
duànluò 段落 párrafo
duìzi huódòng 对子活动／對子活動 actividad/trabajo en pareja
gǔdài 古代 antiguo (tiempo,

era); antigüedad
gǔwén 古文／古文 chino clásico (prosa)
Hànyǔ 汉语／漢語 el idioma chino
Hànzì 汉字／漢字 caracter chino
huódòng 活动／活動 actividad
jiéwěi 结尾／結尾 final
jīhuì 机会／機會 oportunidad posibilidad
jùlèbù 俱乐部／俱樂部 club (asociación)
kāitóu 开头／開頭 comienzo
kèwén 课文／課文 texto (de la lección)
kǒuyǔ 口语／口語 lenguaje oral
lùxiàng 录像／錄像 video
lùyīn 录音／錄音 grabación de audio
míngcí 名词／名詞 nombre
quánwén 全文／全文 texto completo
qūbié 区别／區別 diferencia; distinción
rìjì 日记／日記 diario; agenda
shēngcí 生词／生詞 nueva palabra; vocabulario
shēngdiào 声调／聲調 tono
shūfǎ 书法／書法 caligrafía
sìshēng 四声／四聲 los cuatro tonos
tiǎozhàn 挑战／挑戰 desafío; reto
wàiyǔ 外语／外語 idioma extranjero
wǎngzhàn 网站／網站 página web
wényánwén 文言文／文言文 estilo clásico de escritura
wǔshù 武术／武術 artes marciales
xiàndài 现代／現代 tiempos modernos
xiántán huódòng 闲谈活动／閒談活動 actividad de conversación
xiǎopǐn 小品 escena; sketch
xiǎozǔ huódòng 小组活动／小組活動 actividad en grupos pequeños
yǎnjiǎng 演讲／演講 conferencia; charla
yìsi 意思 sentido; idea
yuèdú 阅读／閱讀 lectura
yǔfǎ 语法／語法 gramática sintaxis
yǔwén 语文／語文 arte del lenguaje; lengua y literatura
yǔyán 语言／語言 idioma
zuòwén 作文 composición escrita; ensayo

副词及副词短语 Adverbios y frases adverbiales

bìng bù/méi 并不／没 ‖ 並不／沒 en realidad no; no realmente (并／並 bìng es un intensificador usado antes de partículas negativas)
jīběnshàng 基本上 básicamente; fundamentalmente; en general
jīngcháng 经常／經常 frecuentemente; constantemente; regularmente; a menudo
jǐnliàng 尽量／盡量 hacer lo máximo posible
qíshí 其实／其實 de hecho; en realidad
quèshí 确实／確實 realmente; verdaderamente; ciertamente; en efecto
yěxǔ 也许／也許 quizás; tal vez; podría ser
yǐjīng 已经／已經 ya
yuánlái 原来／原來 originalmente; primero; en la práctica

其他词汇和用语
Otras palabras y expresiones

bǐrú (shuō) 比如(说)／比如(說) por ejemplo
cóng ... lái jiǎng 从……来讲／從……來講 hablando desde el punto de vista de ___
duì ... lái shuō 对……来说／對……來說 para ___; en relación a ___; hablando de ___
érqiě 而且 además
Huódào lǎo, xuédào lǎo. 活到老，学到老。／活到老，學到老。 "La búsqueda de conocimiento no termina nunca."
Jiāyóu! 加油！ ¡Ánimo! (literalmente: añade más gasolina; pisa el acelerador)
méicuò 没错／没錯 cierto; correcto
qǐmǎ 起码／起碼 al menos
qítā 其他 otro
ràng 让／讓 permitir; dejar; por
suīrán ... kěshì 虽然……可是／雖然……可是 aunque ___, pero; sin embargo
xiāng bǐ zhī xià 相比之下 en comparación; por contraste
zàishuō 再说／再说 además; por otra parte; adicionalmente
... zhījiān ……之间／……之間 entre; en medio de
zuǒyòu 左右 (después de un número) aproximadamente

你能够完成的任务　Lista de lo aprendido

通过本单元的学习，你应当能完成以下任务。

听和说　Escuchar y hablar

☐ Decir que estudias chino y explicar qué es lo más difícil de ello.

☐ Explicar la parte más fácil o divertida de estudiar chino.

☐ Hablar de algunas características especiales del chino hablado.

☐ Hacer alguna afirmación sobre la gramática china.

☐ Comparar tu método de estudio con el de los estudiantes chinos.

☐ Decir tres cosas que harás para continuar estudiando chino.

读和写　Lectura y escritura

☐ Leer textos sencillos sobre el estudio del chino.

☐ Buscar un caracter que no conoces usando un diccionario bilingüe de chino.

☐ Escribir tres cosas que harás para mejorar tu chino.

文化理解　Enlendimiento cultural

☐ Demostrar que comprendes por qué es importante estudiar un idioma extranjero.

☐ Aconsejar a un amigo sobre cómo estudiar un idioma extranjero.

任务表

- 这些任务是每个单元的教学目标。在每单元结束时进行复习，是为了让学生检验自己是否达成学习目标，是否能够完成这些任务。
- 教师可以根据任务表，创造性地设计练习对学生进行评估。可以参照以下建议：

听和说

要检查学生是否能够完成这部分任务，可以让学生以小组为单位编写并表演小品，小品应与这部分的一个或所有任务相融合。

读和写

学生完成练习20.29—20.31的表现，可以表明他们完成这部分第一个任务的能力。完成练习20.32—20.36的表现，可以表明他们完成第二个任务的能力。

文化理解

让学生编写并表演小品，以此来诠释他们对本单元"供你参考"和"文化点滴"的理解。

参考材料
REFERENCIAS

- 汉西对照词汇表 **Vocabulario chino-español**

- 西汉对照词汇表 **Vocabulario español-chino**

- 量词词汇表 **Lista de clasificadores**

- 索引 **Índice alfabético**

- 鸣谢 **Agradecimientos**

- 中国地名 **Nombres de lugares chinos**

词汇表 Vocabulario

汉西、西汉对照词汇表包括《环球汉语》（1和2两册）中的词汇，还包括一些对初学者有用的补充词汇。本词汇表可作为小词典使用。词汇表中的大部分名词都附有可与之搭配的量词（在方括号内注明）；此外，你还可以查询R-43页的量词词汇表。各词条均给出简、繁体字。

El vocabulario chino-español y español-chino recoge las palabras presentadas en los libros 1 y 2 de **Encuentros**, y palabras adicionales que son útiles para el estudiante principiante. Considera esta sección como una especie de mini diccionario. En el vocabulario, la mayoría de los sustantivos están acompañados de sus clasificadores correspondientes en corchetes —puedes consultar la lista de clasificadores a partir de la página R-43—. Los caracteres simplificados para cada palabra aparecen primero, seguidos de su versión tradicional.

词汇表中使用的词性缩略语如下：

En el vocabulario se usan las siguientes abreviaturas gramaticales:

A	adverbio 副词		PI	palabra interrogativa 疑问词
AT	atributivo 定语		PL	palabra de lugar 地名
C	conjunción 连词		PR	pronombre 代词
CF	clasificador 量词		PREF	prefijo 前缀
CV	coverbo		PT	palabra de tiempo 时间词
EI	expresión idiomática 成语性词语		S	sufijo 后缀
EP	especificador 限定词，限定成分		S	sustantivo 名词
FN	frase nominal 名词短语		V	verbo 动词
FR	frase 短语		VA	verbo auxiliar 助动词
FV	frase verbal 动词短语		VE	verbo de estado 静态动词
I	interjección 感叹词		VQ	verbo equitativo 等价动词
NUM	número 数字		VO	verbo objeto 动宾结构
P	partícula 助词		VR	verbo de resultado 结果动词

汉西对照词汇表
Vocabulario chino-español

A

ǎi   bajo (altura o estatura)   矮   VE
ài   amor; gustar   爱/愛   V
àiren   cónyuge   爱人/愛人   S
āiyā   oh; ¡Oh dios mío!   哎呀   I
àn   oscuro; tenue; opaco   暗   VE
ānpái   organizar, planificar, preparar; arreglos; planes   安排   V/S
ānquán   seguro; a salvo; seguridad   安全   VE/S
Àodàlìyà   Australia   澳大利亚/澳大利亞   PL
Àomén   Macao   澳门/澳門   PL
Àomén   yuan pataca de Macao (moneda)   澳门元/澳門元   S
Àozhōu   Australia   澳洲   PL
Àoyuán   dólar australiano   澳元   S
āyí   tía (hermana de la madre)   阿姨   S

B

ba   (partícula de sugerencia)   吧   P
bā   ocho   八   NUM
bàba   papa; padre   爸爸   S
báicài   col china   白菜   S
bǎihuò shāngdiàn   tienda de departamentos   百货商店/百貨商店   S
báisè   blanco   白色   S
bān   (clasificador para turnos de autobús)   班   CF
bāng   ayudar; asistir   帮/幫   V
bàn gè zhōngtóu   media hora   半个钟头/半個鐘頭   PT
bàngōnglóu   edificio de oficinas   办公楼/辦公樓   S
bāngzhù   ayudar; asistir   帮助/幫助   V
bànyè   medianoche   半夜   PT
bǎo   lleno; no tener más hambre   饱/飽   VE
bào(zhǐ) [fèn]   periódico   报(纸)[份]/報(紙)[份]   S
bāoxīncài   col   包心菜   S
bāshí   ochenta   八十   NUM
bāshì   autobús   巴士   S
Bāyuè   agosto   八月   S
(yì) bēi ...   una taza; un vaso de   (一)杯……   S/CF
bēi   cargar a la espalda   背   V
bèi   memorizar; aprender de memoria   背   V
běibànqiú   hemisferio norte   北半球   PL
běibian(r)   norte (lado, dirección)   北边(儿)/北邊(兒)   PL
Běijīng   Beijing   北京   PL
Běijīngcài   cocina/comida de Beijing   北京菜   S
Běi Měizhōu   América del Norte   北美洲   PL
bèisòng   recitar; repetir de memoria   背诵/背誦   V
bēizi [gè]   vaso; taza   杯子[个]/杯子[個]   S

běnkē   curso universitario regular   本科   S
běnkēshēng   estudiante del curso universitario regular   本科生   S
bǐ   comparado con; en comparación   比   CV
bǐ [zhī]   bolígrafo; pluma   笔[支]/筆[支]   S
biàn   cambiar; alterar; transformar   变/變   V
biān(r)   lado (izquierda, derecha, norte, etc.)   边(儿)/邊(兒)   PL
biǎo [kuài]   reloj   表[块]/錶[塊]   S
biǎoyǎn   actuar; actuación   表演   V/S
biāozhì   signo; marca; símbolo   标志/標誌   S
bié   no (imperativo)   别   A
biéde   otro; diferente   别的   EP
bié kèqi   de nada; no seas tan educado   别客气/別客氣   EI
biéren   otras personas; otros   别人   S
bǐjiào   comparativamente; relativamente; bastante   比较/比較   A
bǐjìběn [běn]   cuaderno   笔记本[本]/筆記本[本]   S
bìng   enfermar; enfermedad; dolencia   病   V/S
bìng (bù/méi)   en realidad (no); verdaderamente (no) (intensificador antes de negaciones)   并（不/没）/並（不/没）   A
bìng le   ponerse enfermo   病了   FV
bīngqílín   helado   冰淇淋   S
bīngshuǐ   agua helada   冰水   S
bǐrú (shuō)   por ejemplo   比如（说）/比如（說）   FV
bìxū   deber (obligación)   必须/必須   VA
bìyè   graduarse; finalizar la escuela   毕业/畢業   VO
bìyèshēng   graduado   毕业生/畢業生   S
bóbo   tío (hermano mayor del padre)   伯伯   S
bōcài   espinaca   菠菜   S
bōluó   piña   菠萝/菠蘿   S
bómǔ   tía (mujer del hermano mayor del padre)   伯母   S
bóshì   doctorado   博士   S
bóshìshēng   estudiante de doctorado   博士生   S
bówùguǎn   museo   博物馆/博物館   S
bù   no   不   A
bù cháng   raramente; no a menudo   不常   A
búcuò   nada mal; bastante bien   不错/不錯   VE
bú dào ...   menos que (seguido de una expresión de número)   不到……   FV
bù hǎoyìsi   sentirse avergonzado; encontrar embarazoso (hacer algo)   不好意思   VE
bú shì   no; ese no es el caso   不是   VE
bù shūfu   un poco enfermo; incómodo   不舒服   VE
búyào   no; no querer   不要   V/VA
búyòng   no hace falta   不用   A
búyòng xiè   de nada   不用谢/不用謝   EI

R-3

VOCABULARIO CHINO-ESPAÑOL

C

cái   entonces; no hasta; hasta   才   A
cài   plato *(de comida)*; plato de un menú; comida *(en general)*   菜   S
cāicai kàn   adivinar   猜猜看   FV
càidān(r)   menú; carta   菜单(儿)／菜單(兒)   S
càihuā(r)   coliflor   菜花(儿)／菜花(兒)   S
càishì(chǎng)   mercado de verduras *(frescas)*   菜市(场)／菜市(場)   S
cānguǎn(r)   restaurante   餐馆(儿)／餐館(兒)   S
cāntīng   cafetería   餐厅／餐廳   S
cǎo   hierba   草   S
cāochǎng   campo de deportes   操场／場   S
cǎoméi zhī   zumo de fresa   草莓汁   S
céng   planta *(en un edificio)*   层／層   CF
cèsuǒ   baño; aseo   厕所／廁所   S
chá   mirar *(examinar)*   查   V
chá [bēi]   té [taza de]   茶[杯]   S
chà   faltar *("para las (hora)")*   差   V
chà   inferior; pobre; estar corto de; faltar   差   VE/V
chàbuduō   más o menos; casi lo mismo   差不多   A/VE
cháng   largo *(contrario de corto)*   长／長   VE
cháng   probar   尝／嚐   V
chàng   cantar   唱   V
chángcháng   a menudo; frecuentemente   常常   A
chángduǎn   longitud   长短／長短   S
chàng gē(r)   cantar una canción   唱歌(儿)／唱歌(兒)   VO
chángjiàn   visto comúnmente; común   常见／常見   VE
Cháng Jiāng   río Yangtsé   长江／長江   PL
chàng kǎlā OK   cantar karaoke   唱卡拉OK   VO
chángkù [tiáo]   pantalones   长裤[条]／長褲[條]   S
chángtú (qì)chē [liàng]   autobús de larga distancia   长途(汽)车／長途(汽)車 [辆／輛]   S
cháng yi cháng   probar un poco   尝一尝／嚐一嚐   FV
chāo   copiar; transcribir   抄   V
cháo   hacia; en dirección a   朝   CV
chǎo   salteado   炒   V
chǎo fàn   arroz sofrito   炒饭／炒飯   S
chǎo làròu   tocino salteado   炒腊肉／炒臘肉   S
chǎomiàn   tallarines sofritos   炒面／炒麵   S
chāoshì   supermercado   超市   S
cháshuǐ   agua para té; infusión ligera de té   茶水   S
chē [liàng]   vehículo; automóvil   车[辆]／車[輛]   S
chēng   lleno hasta reventar   撑／撐   V
chéng li   dentro de la ciudad   城里／城裡   PL
chéngtiě   tren interurbano   城铁／城鐵   S
chènshān [jiàn]   camisa; blusa   衬衫[件]／襯衫[件]   S
chēzhàn   estación de autobús   车站／車站   S
chī   comer   吃   V
chībǎo   comer hasta llenarse   吃饱／吃飽   VR
chībǎole   haber comido hasta llenarse; lleno; saciado   吃饱了／吃飽了   FV
chī bú xià (le)   no poder comer ni un bocado más   吃不下   FV
chìdào   ecuador   赤道   S
chīfàn   comer una comida; comer   吃饭／吃飯   V/VO
chīnì (le)   cansado de comer *(algo)*   吃腻(了)／吃膩(了)   FV
chuān   vestir; llevar; ponerse ropa   穿   V
chuán [tiáo]   embarcación; barco   船[条]／船[條]   S
chuàn   ir de un lugar a otro; corretear   串   V
Chuāncài   cocina de Sichuan   川菜   S
chuáng [zhāng]   cama   床[张]／床[張]   S
chuántǒng   tradición; convención   传统／傳統   S
chuān yīfu   vestir; llevar; ponerse ropa   穿衣服   V/VO
chúfáng   cocina   厨房／廚房   S
chūguó   salir del país   出国／出國   VO
chūmén   salir; salir de   出门／出門   VO
chūn, xià, qiū, dōng   primavera, verano, otoño e invierno *(orden habitual de las estaciones en chino)*   春，夏，秋，冬   S
chūntiān   primavera   春天   S
chūqù   salir   出去   V
chūqù wánr   salir a divertirse   出去玩儿／出去玩兒   FV
chūshēng zài   nacido en   出生在   FV
chū tàiyáng   salir el sol; soleado   出太阳／出太陽   VO
chūzhōng   curso secundario, bachillerato intermedio   初中   S
chūzhōngshēng   estudiante del curso secundario, estudiante del bachillerato intermedio   初中生   S
chūzū qìchē [liàng]   taxi   出租汽车[辆]／出租汽車[輛]   S
cì   veces; ocasiones   次   CF
cóng   desde *(un lugar, un tiempo, etc.)*   从／從   CV
cóng ... lái   venir de ...   从……来／從……來   FV
cóng ... lái jiǎng/shuō   hablando del punto de vista de ...   从……来讲／说 || 從……來講／說   FV
cónglái bù/méi   nunca   从来不／没 || 從來不／没   A
cōngming   inteligente; listo   聪明／聰明   VE
cúnzài   existir   存在   V

D

dǎ   jugar *(a juegos de pelota)*   打   V
dà   grande; mayor *(edad)*   大   VE
dà (érzi, n)'ér)   *(hijo, hija)* mayor   大(儿子,女儿)／大(兒子,女兒)   S
dà bùfen   la mayor parte   大部分／大部份   S
dǎdí   tomar un taxi   打的   VO
dǎ diànhuà   llamar por teléfono; telefonear   打电话／打電話   VO
dǎgōng   trabajar a tiempo parcial; hacer trabajos ocasionales   打工   VO
dàhào   grande *(talla de ropa, etc.)*   大号／大號   S
dài   traer; llevar consigo; tomar; incluir; venir con   带／帶   V
dài   llevar *(sombrero, gafas, etc.)*   戴   V
dāi zài   quedarse *(en)*   待在   FV
dāi zài jiā li   quedarse/permanecer en casa   待在家里／待在家裡   FV
dàizi [ge]   bolsa   袋子[个]／袋子[個]   S
dàjiā   todos   大家   S

VOCABULARIO CHINO-ESPAÑOL

dǎjiǎo   molestar; incomodar; importunar   打搅／打擾   V
dǎléi   tronar   打雷   VO
dàn   soso   淡   VE
dāncí   palabra   单词／單詞   S
dāng   ser; actuar como; funcionar como; servir de   当／當   V
dàngāo [kuài]   pastel [un trozo]   蛋糕[块]／蛋糕[塊]   S
dāngrán   por supuesto; naturalmente   当然／當然   A
dāngzhōng   entre   当中／當中   A
dànshì   pero; no obstante; sin embargo   但是   C
dàntà   tartaleta de crema   蛋挞   S
dào   (clasificador para puertas)   道   CF
dào   llegar (a un lugar o un tiempo)   到   CV
dào ... qù   ir a ... (un lugar)   到……去   FV
dāo gōng   técnica de corte (comida para cocinar)   刀功   S
dàole   haber llegado   到了   FV
dàoguo   haber estado (en un lugar)   到过／到過   V
dǎ qiú   jugar a deportes de pelota   打球   VO
dàshà   edificio   大厦／大廈   S
dàxué   universidad   大学／大學   S
dàxuéshēng   estudiante universitario   大学生／大學生   S
dāying   estar de acuerdo; aceptar   答应／答應   V
dǎzhé   hacer un descuento   打折   VO
Déguó   Alemania   德国／德國   PL
Déguóhuà   alemán (idioma)   德国话／德國話   S
Déguórén   alemán (persona)   德国人／德國人   S
děi   deber; tener que   得   VA
děng   esperar; aguardar   等   V
děngyú   equivaler a   等于／等於   V
de shíhou   cuando (en el momento de)   的时候／的時候   PT
Déwén   alemán (idioma)   德文   S
Déyǔ   alemán (idioma)   德语／德語   S
dì   (prefijo ordinal)   第   PREF
diǎn   encender   点／點   V
diàn   electricidad   电／電   S
diǎn cài   pedir platos de un menú   点菜／點菜   VO
diǎn (zhōng)   en punto; hora en un reloj   点(钟)／點(鐘)   CF
diàndòng   eléctrico   电动／電動   AT
diànhuà [gè]   teléfono   电话[个]／電話[個]   S
diànhuà hàomǎ   número de teléfono   电话号码／電話號碼   S
diànnǎo [tái]   computadora   电脑[台]／電腦[台]   S
diànnǎo kēxué   ciencias informáticas   电脑科学／電腦科學   S
diànshì [tái]   televisión; TV   电视[台]／電視[台]   S
diànshì jiémù   programa de TV   电视节目／電視節目   S
diàntī   elevador; ascensor   电梯／電梯   S
diànyǐng [bù]   película   电影[部]／電影[部]   S
diànyǐngyuàn   sala de cine   电影院／電影院   S
diànyóu   e-mail   电邮／電郵   S
diànyuán   dependiente; empleado/mesero de restaurante   店员／店員   S

diànzǐ yóuxì [gè]   videojuego   电子游戏[个]／電子遊戲[個]   S
diàoyú   pescar   钓鱼／釣魚   VO
dì-bā (ge)   octavo   第八(个)／第八(個)   S/NUM
dìdi   hermano pequeño   弟弟   S
dì-èr (ge)   segundo   第二(个)／第二(個)   S/NUM
dìfang [gè]   lugar; sitio   地方[个]／地方[個]   S
dì-jiǔ (ge)   noveno   第九(个)／第九(個)   S/NUM
dìlǐ   geografía   地理   S
dì-liù (ge)   sexto   第六(个)／第六(個)   S/NUM
dǐng   muy; más; extremadamente   顶／頂   A
dǐnglóu   planta superior; buhardilla   顶楼／頂樓   S
dì-qī (ge)   séptimo   第七(个)／第七(個)   S/NUM
dìqiú   la Tierra; el mundo   地球   S
dìèsān (ge)   tercero   第三(个)／第三(個)   S/NUM
dì-shí (ge)   décimo   第十(个)／第十(個)   S/NUM
dìèshí'èr (ge)   duodécimo   第十二(个)／第十二(個)   S/NUM
dì-shíyī (ge)   undécimo   第十一(个)／第十一(個)   S/NUM
dì-sì (ge)   cuarto   第四(个)／第四(個)   S/NUM
dìtiě   metro   地铁／地鐵   S
dìtiězhàn   parada/estación de metro   地铁站／地鐵站   S
dìtú [zhāng]   mapa   地图[张]／地圖[張]   S
dìshàng   sobre tierra   地上   PL
dìèwǔ (ge)   quinto   第五(个)／第五(個)   S/NUM
dǐxia   abajo; debajo; bajo   底下   PL
dìxià   subterráneo; bajo tierra   地下   PL
dì-yī (ge)   primero   第一(个)／第一(個)   S/NUM
dì-yī / dì-èr / dì-sān / dì-sì shēng   primer/segundo/tercer/cuarto tono   第一／第二／第三／第四声 ‖ 第一／第二／第三／第四聲   S
dìzhǐ   dirección; ubicación; dirección postal   地址   S
dǒng   comprender   懂   V
dōngběibiān(r)   noreste   东北边(儿)／東北邊(兒)   PL
dōngbiān(r)   este (lugar, dirección)   东边(儿)／東邊(兒)   PL
dòngcí   verbo   动词／動詞   S
dōngnán   sureste   东南／東南   PL
dōngtiān   invierno   冬天   S
dōngxi [gè]   objeto; cosa   东西[个]／東西[個]   S
dōu   todo; ambos   都   A
dòufu   tofu   豆腐   S
dú   estudiar; ir a la escuela; tomar un curso; leer en voz alta   读／讀   V
duǎn   corto (longitud)   短   VE
duǎnkù [tiáo]   pantalones cortos [par]   短裤[条]／短褲[條]   S
duànliàn   practicar ejercicio físico; forjar   锻炼／鍛煉   V
duànluò   párrafo   段落   S
dú bóshì xuéwèi   estudiar un doctorado   读博士学位／讀博士學位   FV
duì   acertado; correcto   對／对   VE
duìbuqǐ   lo siento; disculpe; lo lamento   对不起／對不起   EI

VOCABULARIO CHINO-ESPAÑOL

duìle sí; es correcto 对了／對了 EI
dúlì de privado; independiente (*como baños, etc.*) 独立的／獨立的 VE
dùn (*clasificador para comidas*) 顿／頓 CF
duō cómo; hasta qué punto 多 A
duō mucho; numeroso 多 VE
duōshao cuántos (*más de diez*) 多少 PI
duōyún nubes y claros 多云／多雲 FV
dúshēngnǚ hija única 独生女／獨生女 S
dúshēngzǐ hijo único 独生子／獨生子 S
dúshū estudiar; ir a la escuela 读书／讀書 VO
dú shuòshì xuéwèi estudiar un máster 读硕士学位／讀碩士學位 FV
dú xuéshì xuéwèi estudiar un grado 读学士学位／讀學士學位 FV

E

è tener hambre 饿／餓 VE
Éluósī Rusia 俄罗斯／俄羅斯 PL
Éluósīhuà ruso (*idioma*) 俄罗斯话／俄羅斯話 S
Éluósīrén ruso (*persona*) 俄罗斯人／俄羅斯人 S
èr dos 二 NUM
érqiě además; y 而且 C
èrshí veinte 二十 NUM
èrshíyī veintiuno 二十一 NUM
Èryuè febrero 二月 S
érzi hijo (*varón*) 儿子／兒子 S
Éwén ruso (*idioma*) 俄文 S
Éyǔ ruso (*idioma*) 俄语／俄語 S

F

fá castigar 罚／罰 V
Fǎguó Francia 法国／法國 PL
Fǎguóhuà francés (*idioma*) 法国话／法國話 S
Fǎguórén francés (*persona*) 法国人／法國人 S
fǎlǜ ley 法律 S
fàn [wǎn] comida [cuenco] 饭[碗]／飯[碗] S
fāngbiàn conveniente 方便 VE
fàngjià tener o estar de vacaciones 放假 VO
fángjiān [gè] habitación 房间[个]／房間[個] S
fàngsōng relajarse 放松／放鬆 V
fànguǎn(r) restaurante 饭馆(儿)／飯館(兒) S
fāngxiàng dirección 方向 S
fàngxué salir de la escuela; abandonar la escuela 放学／放學 VO
fángzi [dòng] casa 房子[栋]／房子[棟] S
fántǐzì carácter tradicional 繁体字／繁體字 S
fāshāo tener fiebre 发烧／發燒 VO
Fǎwén francés (*idioma*) 法文 S
fāxiàn descubrir; encontrar 发现／發現 V
Fǎyǔ francés (*idioma*) 法语／法語 S

fēicháng extremadamente; muy; más bien; bastante 非常 A
fēijī [jià] avión 飞机[架]／飛機[架] S
féizào [kuài] jabón [pastilla] 肥皂[块]／肥皂[塊] S
Fēizhōu África 非洲 PL
Fēizhōurén africano (*persona*) 非洲人 S
fēn 1/100 de una unidad monetaria; céntimo 分 CF
fēn minuto (*horas*) 分 CF
fēngfù rico; abundante; pleno 丰富／豐富 VE
fēnggé estilo; escuela 风格／風格 S
fēngjǐng paisaje 风景／風景 S
fěnhóngsè rosa 粉红色／粉紅色 S
fù pagar (*dinero*) 付 V
fùjìn cercanías; vecindad; inmediaciones 附近 S
fùkē materia secundaria; asignatura opcional 副科 S
fùmǔ padres 父母 S
fù qián pagar dinero 付钱／付錢 VO
fùqin padre 父亲／父親 S
fúshǒu diàntī escaleras mecánicas 扶手电梯／扶手電梯 S
fúwùyuán camarero; mesero; persona de servicio; asistente; empleado de ventas 服务员／服務員 S
fù xiànjīn pagar en efectivo 付现金／付現金 VO

G

gǎitiān otro día 改天 A
gānbēi de golpe; salud (*en un brindis*) 干杯／乾杯 EI
gāng hace un momento; justo ahora 刚／剛 A
Gǎngbì dólar de Hong Kong 港币／港幣 S
gāngcái hace un momento; justo ahora 刚才／剛才 A
gǎnjǐn con rapidez; inmediatamente; sin perder tiempo 赶紧／趕緊 A
gǎnshòu sentir; experimentar 感受 V
gāo alto; (*también un apellido*) 高 VE
gāogēnxié [shuāng] zapatos de tacón alto [par] 高跟鞋[双]／高跟鞋[雙] S
gāo lóu edificio alto 高楼／高樓 S
gàosu decir; informar 告诉／告訴 V
gāoxìng feliz; encantado 高兴／高興 VE
gāozhōng bachillerato superior 高中 S
gāozhōngshēng estudiante del bachillerato superior 高中生 S
gē cǎo cortar la hierba 割草 VO
gēge hermano mayor 哥哥 S
gěi para (en beneficio de); a 给／給 CV
gěi dar 给／給 V
gējù ópera 歌剧／歌劇 S
gēn con; y 跟 C
gèng todavía; aún más (*en comparaciones*) 更 A
gēnjù según; en base a; base; cimiento; fundación 根据／根據 CV/S
gēnjù ... lái suàn considerar en base a ... 根据……来算／根據……來算 FV
gēxīng cantante famoso 歌星 S

VOCABULARIO CHINO-ESPAÑOL

gè zhǒng	distintas clases/tipos/categorías	各种／各種	S
gōngbǎojīdīng	cuadritos de pollo kungpao	宫保鸡丁／宮保雞丁	S
gōngchē [liàng]	autobús público	公车[辆]／公車[輛]	S
gōngchéng	ingeniería	工程	S
gōngchéngshī	ingeniero	工程师／工程師	S
gōnggòng	público; común; comunal	公共	AT
gōnggòng cèsuǒ	baño público	公共厕所／公共廁所	S
gōnggòng qìchē [liàng]	autobús	公共汽车[辆]／公共汽車[輛]	S
gōngjiāokǎ	tarjeta de transporte (recargable)	公交卡	S
gōngkè	tareas escolares; deberes; tarea	功课／功課	S
gōngrén	trabajador; obrero	工人	S
gōngyòng	compartido; común; de uso público	公用	AT
gōngyù	apartamentos; viviendas públicas	公寓	S
gōngyuán(r)	parque público	公园(儿)／公園(兒)	S
gōngzuò	trabajo	工作	S/V
gǒu	perro (zodiaco chino)	狗	S
gòuwù zhōngxīn	centro comercial	购物中心／購物中心	S
guā fēng	hacer viento/soplar el viento	刮风／刮風	VO
guā húzi	afeitarse	刮胡子／刮鬍子	VO
guǎi	girar (en una dirección)	拐	V
guàng bówùguǎn	visitar un museo	逛博物馆／逛博物館	VO
guàng jiē	ir de compras	逛街	VO
guàng shāngchǎng	ir al centro comercial	逛商场／逛商場	VO
Guǎngzhōu	Cantón (antiguo nombre de Guangzhou)	广州／廣州	PL
guǎnzi	restaurante	馆子／館子	S
gǔdài	tiempos antiguos; antigüedad	古代	S
gūgu	tía (hermana del padre)	姑姑	S
guì	caro; costoso	贵／貴	VE
Guìlín	Guilin (ciudad del suroeste China)	桂林	PL
guìxìng	cuál es tu apellido	贵姓／貴姓	EI
gǔlǎo	antiguo; viejo	古老	VE
guò	(sufijo verbal para experiencias)	过／過	S
guó	país (sufijo para nombres de países)	国／國	S/S
guò	exceder; sobrepasar (cierta hora)	过／過	V
guò	pasar (de camino)	过／過	V
guòlái	venir (aquí)	过来／過來	V
guò yíhuìr	un rato después	过一会儿／過一會兒	FV
guǒzhī	zumo de frutas	果汁	S
gǔwén	literatura china clásica	古文	S

h

hái	todavía; aún	还／還	A
hài	¡Hola!	嗨	I
hǎibiān	playa	海边／海邊	S
hái hǎo	estoy bien; no estoy mal	还好／還好	EI
hái méi	todavía no (en negaciones)	还没／還沒	A
háishi	o (al ofrecer alternativas)	还是／還是	C
háishi	todavía; aún	还是／還是	A
hǎitān	playa	海滩／海灘	S
hǎixiān	marisco	海鲜／海鮮	S
hái yǒu	además; adicionalmente; y lo que es más	还有／還有	C
háizi	niño; chico	孩子	S
háizimen	niños	孩子们／孩子們	S
Hālì Bōtè	Harry Potter	哈利·波特	S
hāmìguā	melón	哈密瓜	S
hànbǎobāo [gè]	hamburguesa	汉堡包[个]／漢堡包[個]	S
Hánguó	Corea del Sur	韩国／韓國	PL
Hánguóhuà	coreano (idioma)	韩国话／韓國話	S
Hánguórén	coreano (persona)	韩国人／韓國人	S
Hánwén	coreano (idioma)	韩文／韓文	S
Hányǔ	coreano (idioma)	韩语／韓語	S
Hànyǔ	chino (idioma)	汉语／漢語	S
Hànzì	carácter chino	汉字／漢字	S
hǎo	bien; vale; de acuerdo	好	VE
hǎo	bastante; muy	好	A
hào	día del mes	号／號	CF
hào	número (de una serie)	号／號	CF
hào	talla (pequeña, mediana, grande, etc.)	号／號	CF
hǎo chī	rico; sabroso; delicioso	好吃	VE
hǎojiǔ	durante mucho tiempo	好久	A
hǎokàn	atractivo; bonito; guapo	好看	VE
hàomǎ	número (de teléfono, etc.)	号码／號碼	S
hē	beber	喝	V
hé	con (en compañía); y	和	C
hēisè	negro	黑色	S
hěn	muy (normalmente leve)	很	A
hěn gāoxìng rènshi nǐ (nín)	encantado de conocerte(le)	很高兴认识你(您)／很高興認識你(您)	EI
hěn shǎo	pocas veces; raramente	很少	A
hóngdēng	semáforo rojo (tráfico)	红灯／紅燈	S
hónglǜdēng	semáforo	红绿灯／紅綠燈	S
hóngsè	rojo	红色／紅色	S
hóu	mono (zodiaco chino)	猴	S
hòubian(r)	detrás; atrás; a espaldas	后边(儿)／後邊(兒)	PL
hòumiàn	detrás; atrás; a espaldas	后面／後面	PL
hòunián	el año después de que viene	后年／後年	PL
hòutiān	pasado mañana	后天／後天	PT
hòuyuàn	patio trasero	后院／後院	S
hǔ	tigre (zodiaco chino)	虎	S
hù	(clasificador para familias, casas, etc.)	户／戶	CF
huā	gastar (dinero)	花	V
huā(r)	flor	花(儿)／花(兒)	S
huà	palabras; discurso	话／話	S
huáchuán	remar en barca	划船	VO
huàjiā	pintor; artista	画家／畫家	S
huàn	cambiar; intercambiar	换／換	V
huángguā	pepino	黄瓜	S
Huáng Hé	río Amarillo	黄河	PL
huángsè	amarillo	黄色	S

VOCABULARIO CHINO-ESPAÑOL

huànqián cambiar moneda 换钱／換錢 VO
huānyíng dar la bienvenida; saludar 欢迎／歡迎 V
huāqián gastar dinero 花钱／花錢 V/VO
huàxué química 化学／化學 S
huàzhuāng maquillarse 化妆／化妝 VO
huàzhuāngpǐn maquillaje 化妆品／化妝品 S
huàzhuāngshì sala de maquillaje 化妆室／化妝室 S
hùfàsù [píng] acondicionador (*para el pelo*) [botella] 护发素[瓶]／護髮素[瓶] S
huí volver (*a un lugar*) 回 V
huì poder; saber (*cómo hacer*) 会／會 V
huì probablemente; es probable; con seguridad 会／會 VA
Huīcài cocina de Anhui 徽菜 S
huídá contestar; responder 回答 V
huíjiā ir/volver a casa 回家 VO
huílái volver; regresar 回来／回來 V
huíqù volver 回去 V
huīsè gris 灰色 S
hùlǐ cuidado; atención 护理／護理 S
húluóbo zanahoria 胡萝卜／胡蘿蔔 S
huǒchē [liàng] tren 火车[辆]／火車[輛] S
Huódào lǎo xuédào lǎo. La búsqueda de conocimiento no termina nunca. 活到老学到老。／活到老學到老。 EI
huódòng actividad 活动／活動 S
huǒhou control del fuego al cocinar 火候 S
huòzhě o (*en afirmaciones*) 或者 C
hùshi enfermero(a) 护士／護士 S
húzi barba 胡子／鬍子 S

J

jī gallo; pollo (*zodiaco chino*) 鸡／雞 S
jī(ròu) pollo (*carne*) 鸡(肉)／雞(肉) S
jǐ lleno de gente; abarrotado 挤／擠 VE
jǐ varios; unos pocos (*seguido siempre del clasificador adecuado*) 几／幾 CF
jǐ (ge) cuántos (*menos de diez*) 几(个)／幾(個) PI
jì memorizar 记／記 V
jiā más; añadir 加 V
jiā (qǐlái) sumar (*en total/juntos*) 加(起来)／加(起來) V
jiā casa; familia 家 CF/S
jiācháng-biànfàn comida casera; comida sencilla 家常便饭／家常便飯 S
jiācháng cài cocina/comida casera 家常菜 S
jiā dàhào tamaño extra grande 加大号／加大號 S
jiákè [jiàn] chaqueta 夹克[件]／夾克[件] S
jiā li rén miembros de la familia 家里人／家裡人 S
jiān (*clasificador para habitaciones*) 间／間 CF
jiān hacer a la plancha; freír 煎 V
jiǎn restar 减／減 V
jiàn ver a/encontrarse con (*alguien*) 见／見 V
Jiānádà Canadá 加拿大 PL
Jiānádàrén canadiense (*persona*) 加拿大人 S

Jiānádàyuán dólar canadiense 加拿大元 S
jiǎndān simple; sencillo 简单／簡單 VE
jiǎng explicar; aclarar; conferenciar 讲／講 V
jiǎngjià regatear (*para obtener descuento*) 讲价／講價 VO
jiǎngjiu dar importancia; prestar atención 讲究／講究 VE
jiānglái futuro; en el futuro 将来／將來 PT/S
jiǎn jià bajar el precio 减价／減價 VO
jiànshēnfáng gimnasio 健身房 S
jiǎntǐzì carácter simplificado 简体字／簡體字 S
jiànzhù arquitectura; edificio 建筑／建築 S
jiànzhùshī arquitecto 建筑师／建築師 S
jiāo enseñar 教 V
jiǎo 1/10 de la unidad monetaria (*escrito*); diez céntimos 角 CF
jiào llamado; ser llamado (*por el nombre*) 叫 VE
jiào decir (*a alguien que haga algo*) 叫 V
jiāo péngyou hacer (*nuevos*) amigos 交朋友 VO
jiàoshòu [wèi] profesor 教授[位]／教授[位] S
jiāoshū enseñar; dar clase 教书／教書 VO
jiāotán hablar; conversar 交谈／交談 V
jiāowài afueras de la ciudad 郊外 PL
jiàoxuélóu aulario 教学楼／教學樓 S
jiāoyóu salir de excursión 郊游／郊遊 V
jiàqian precio 价钱／價錢 S
jiārù unirse; incorporar 加入 V
jiàshǐshì cabina del conductor (*en un camión*) 驾驶室／駕駛室 S
jiātíng jùhuì reunión familiar 家庭聚会／家庭聚會 S
jiāwù tareas de la casa 家务／家務 S
jiā xiǎohào tamaño extra pequeño 加小号／加小號 S
Jiāyóu! (*al animar*) ¡Vamos!; ¡Ánimo! (*lit. "añadir gasolina"*) 加油 EI
Jiāzhōu California 加州 PL
jīběnshàng fundamentalmente; básicamente; en general; principalmente 基本上 A
jīdàn huevos (*de gallina*) 鸡蛋／雞蛋 S
jìde recordar 记得／記得 V
jiē reunirse con; recoger (*a alguien*) 接 V
jiē [tiáo] calle 街[条]／街[條] S
jié (*clasificador para periodos de clase*) 节／節 CF
jiějie hermana mayor 姐姐 S
jièlánniúròu ternera con brócoli 芥兰牛肉／芥蘭牛肉 S
jiěmèi hermanas 姐妹 S
jièshào presentar 介绍／介紹 V
jiēshòu aceptar 接受 V
jiéwěi final 结尾／結尾 S
jièyì importar; sentirse ofendido 介意 V
jiézhàng pagar la cuenta; liquidar cuentas 结账／結賬 VO
jiēzhe + verbo seguir; continuar ... (*gerundio*) 接着／接著 A
jìfù padrastro 继父／繼父 S
jīhuì oportunidad; ocasión 机会／機會 S

VOCABULARIO CHINO-ESPAÑOL

jíle (hǎojíle, kuàijíle ...) extremadamente (bueno, rápido, etc.) 极了(好极了,快极了……)／極了(好極了,快極了……) S

jìmǔ madrastra 继母／繼母 S

jìn cerca 近 VE

jìnbù hacer progresos; progresar; avanzar; mejorar 进步／進步 V/S

jǐngchá agente de policía 警察 S

jīngcháng frecuentemente; constantemente; regularmente; a menudo 经常／經常 A

jīngguò después; a través; como resultado 经过／經過 V

jīnglǐ director (en empresas, etc.) 经理／經理 S

jìniànpǐn [gè] souvenir; recuerdo 纪念品[个]／紀念品[個] S

jǐnliàng hacer lo máximo posible 尽量／盡量 A

jīnnián este año 今年 PT

jìnqù entrar 进去／進去 V

jīnróng finanzas 金融 S

jīnsè dorado (color) 金色 S

jīntiān hoy 今天 PT

jīntiān wǎnshang esta noche 今天晚上 PT

jìqiǎo técnica; habilidad 技巧 S

jìsuànjī zhōngxīn centro de informática 计算机中心／計算機中心 S

jítǐ sùshè dormitorio colectivo (viviendas para no estudiantes) 集体宿舍／集體宿舍 S

jiǔ nueve 九 NUM

jiǔ alcohol; bebida alcohólica 酒 S

jiù solo; exactamente; precisamente; entonces 就 A

jiǔbā bar/pub 酒吧 S

jiǔcài cebollino de ajo chino 韭菜 S

jiùhuǒyuán bombero 救火员／救火員 S

jiùjiu tío (hermano de la madre) 舅舅 S

Jiǔyuè septiembre 九月 S

jìxù seguir; continuar 继续／繼續 V

jīyāyúròu pollo, pato, pescados y carnes (normalmente cerdo) 鸡鸭鱼肉／雞鴨魚肉 EI

jìyì memoria 记忆／記憶 S

juéde creer; pensar que 觉得／覺得 V

júhóngsè naranja (color) 橘红色／橘紅色 S

jùhuì reunión; encuentro 聚会／聚會 S

jùlèbù club (asociación) 俱乐部／俱樂部 S

jūnrén soldado 军人／軍人 S

jùyuàn teatro 剧院／劇院 S

júzi zhī zumo de naranja 橘子汁 S

K

kǎ [zhāng] tarjeta 卡[张]／卡[張] S

kǎchē [liàng] camión 卡车[辆]／卡車[輛] S

kāfēi [bēi] café [taza] 咖啡[杯] S

kāfēisè color café 咖啡色 S

kāichē conducir; ir en automóvil 开车／開車 VO

kāishǐ empezar; comenzar 开始／開始 V

kāitóu comienzo 开头／開頭 S

kàn leer (un libro, etc.) 看 V

kàn mirar; ver (una película, etc.) 看 V

kànbào leer un periódico 看报／看報 VO

kàn bú jiàn no poder ver 看不见／看不見 VR

kàndào ver; darse cuenta 看到 VR

kàn diànshì ver la TV 看电视／看電視 VO

kàn diànyǐng ver una película 看电影／看電影 VO

kànjiàn ver; percibir 看见／看見 V

kàn (yi) kàn mirar; echar un vistazo 看(一)看 FV

kànlái parece como si; al parecer 看来／看來 A

kàn shū leer; leer un libro; lectura 看书／看書 VO/S

kàn xì ver una obra de teatro 看戏／看戲 VO

kǎo hacer/tomar una prueba 考 V

kǎo hornear; tostar 烤 V

kǎoshì examen; hacer/tomar un examen 考试／考試 S/V

kǎoyā pato asado 烤鸭／烤鴨 S

kě sediento 渴 VE

kè (clasificador para clases) 课／課 CF

kè [mén] materia; asignatura 课[门]／課[門] S

kè [táng] clase; periodo de clase (escuela o universidad) 课[堂]／課[堂] S

kèchéng curso; currículo 课程／課程 S

kělè refresco de cola 可乐／可樂 S

kěn estar dispuesto a 肯 VA

kěnéng probablemente; quizás 可能 A

kèqi educado 客气／客氣 VE

kèren [gè] [wèi] invitado; pasajero; visitante; cliente 客人[个][位]／客人[個][位] S

kěshì pero; no obstante 可是 C

kètīng salón; sala de estar 客厅／客廳 S

kèwài extracurricular; fuera de clase; después de clase 课外／課外 S

kèwài shū libros extracurriculares 课外书／課外書 S

kèwén texto (de una lección) 课文／課文 S

kěyǐ poder; ser posible (permiso) 可以 VA

kòng(r) tiempo libre 空(儿)／空(兒) S

kōngqì aire; atmósfera 空气／空氣 S

kǒu boca (radical) 口 S

kǒuyǔ lengua oral 口语／口語 S

kǔ amargo 苦 VE

kuài unidad monetaria (coloquial) 块／塊 CF

kuài rápido; rápidamente 快 VE/A

kuàijì contabilidad 会计／會計 S

Kuài jìnlái ba. ¡Entra! 快进来吧。／快進來吧。 FV

kuàijìshī contable 会计师／會計師 S

kuài yào + verbo pronto; a punto de 快要 A

kuàizi [shuāng] palillos [par] 筷子[双]／筷子[雙] S

kuānchang amplio; espacioso 宽敞／寬敞 VE

kuàngquánshuǐ agua mineral 矿泉水／礦泉水 S

kǔguā pepino amargo 苦瓜 S

kùn somnoliento; cansado 困／睏 VE

kùzi [tiáo] pantalones [par] 裤子[条]／褲子[條] S

VOCABULARIO CHINO-ESPAÑOL

L

là 辣 picante; especiado VE

lái aproximadamente; más de 来／來 P

lái venir 来／來 V

lái diǎnr ... ¿quieres un poco más de X? (*dicho en la mesa por el anfitrión*); Tomaré más X (*dicho al pedir más comida o bebida*) 来点儿……／來點兒…… FV

lánqiú baloncesto 篮球／籃球 S

lánsè azul 蓝色／藍色 S

lánzi cesta 篮子／籃子 S

lǎo viejo; anticuado; pasado de moda; mayor en términos de edad 老 VE

lǎodà hijo más mayor; primogénito 老大 S

lǎo èr segundo hijo (*de una familia*) 老二 S

lǎogōng marido; esposo 老公 S

lǎolao abuela materna 姥姥 S

lǎopo mujer; esposa 老婆 S

lǎoshī [wèi] profesor 老师[位]／老師[位] S

Lǎoshǔ ài dàmǐ "A los ratones les gusta el arroz" (*canción china famosa*) 老鼠爱大米／老鼠愛大米 S

lǎo xiǎo hijo pequeño 老小 S

lǎo yāo hijo más pequeño; benjamín 老幺／老么 S

lǎoye abuelo paterno 姥爷／姥爺 S

lèi cansado; fatigado 累 VE

léiyǔ tormenta 雷雨 S

lěng frío (*temperatura*) 冷 VE

lí desde (*distancia de*) 离／離 CV

lí pera 梨 S

(yì) lǐ (*un li equivale a 500 metros*) (一)里 S/CF

liàn practicar 练／練 V

liǎng (gè) dos; un par 两(个)／兩(個) NUM

liǎng céng lóu edificio de dos plantas 两层楼／兩層樓 S

liángkuai fresco; refrescante 凉快／涼快 VE

liǎng shì yì tīng un salón y dos dormitorios 两室一厅／兩室一廳 S

liángshuǎng agradablemente fresco 凉爽／涼爽 VE

liángxié [shuāng] sandalias [par] 凉鞋[双]／涼鞋[雙] S

liáotiān(r) conversar 聊天(儿)／聊天(兒) VO

lǐbian(r) dentro; interior 里边(儿)／裡邊(兒) PL

lǐkē ciencias 理科 S

líng cero 零 NUM

língshí snacks; aperitivos 零食 S

línjū vecino 邻居／鄰居 S

lìshǐ historia 历史／歷史 S

liù seis 六 NUM

liùshí sesenta 六十 NUM

liúxué estudiar en el extranjero 留学／留學 V

Liùyuè junio 六月 S

lǐwù regalo; obsequio 礼物／禮物 S

lóng dragón (*zodiaco chino*) 龙／龍 S

lóu planta (*en un edificio*) 楼／樓 CF

lóu [dòng] edificio (*de varias plantas*) 楼[栋]／樓[棟] S

lóufáng edificio de dos o más plantas 楼房／樓房 S

lóushàng en la planta de arriba 楼上／樓上 PL

lóuxià en la planta de abajo 楼下／樓下 PL

lù (*clasificador para rutas de autobús*) 路 CF

lù [tiáo] camino; carretera 路[条]／路[條] S

Lúbǐ rupia (*moneda de India y Paquistán*) 卢比／盧比 S

Lǔcài cocina de Shandong 鲁菜／魯菜 S

lùchéng distancia de viaje; trayecto 路程 S

lǜdēng semáforo verde (*tráfico*) 绿灯／綠燈 S

luóbo nabo; rábano 萝卜／蘿蔔 S

Luòshānjī Los Ángeles 洛杉矶／洛杉磯 PL

lǜsè verde 绿色／綠色 S

lǜshī abogado 律师／律師 S

lúsǔn espárrago 芦笋／蘆筍 S

lǚxíng viajar 旅行 V

lǚyóu viajar; hacer turismo 旅游／旅遊 V

M

ma (*partícula interrogativa*) 吗／嗎 P

mā mama; madre 妈／媽 S

mǎ caballo (*zodiaco chino*) 马／馬 S

máfan molestar (*a alguien*) V; molesto; problemático; inconveniente VE; molestia S 麻烦／麻煩

mǎi comprar 买／買 V

mài vender 卖／賣 V

mǎi dōngxi comprar cosas 买东西／買東西 VO

májiàng mahjong 麻将／麻將 S

málà adormecedor y picante 麻辣 VE

mǎlù [tiáo] calle; carretera 马路[条]／馬路[條] S

māma mama; madre 妈妈／媽媽 S

mǎmǎhūhū regular; pasable; descuidado 马马虎虎／馬馬虎虎 EI

màn lento 慢 VE

máng ocupado; tener qué hacer 忙 VE

mángguǒ mango 芒果 S

mángguǒ bùdīng pudín de mango 芒果布丁 S

máo 1/10 de la unidad monetaria (*coloquial*); diez céntimos 毛 CF

máobǐ [zhī] pincel de escritura 毛笔[支]／毛筆[支] S

máojīn [tiáo] toalla 毛巾[条]／毛巾[條] S

máoyī [jiàn] suéter 毛衣[件] S

màozi [dǐng] sombrero; gorro; gorra 帽子[顶]／帽子[頂] S

mápódòufu tofu mapo (*estofado de tofu con carne picada*) 麻婆豆腐 S

mǎshàng enseguida; inmediatamente 马上／馬上 A

méi (*negación para* **yǒu** [有]) 没 A

měi bello; hermoso 美 VE

měi (ge) cada 每(个)／每(個) PR

méicuò Estoy seguro; puedes confiar que es así; correcto; cierto 没错／沒錯 VO

měi ge rén cada uno 每个人／每個人 S

méi guānxi está bien; no te preocupes 没关系／沒關

系 EI
Měiguó Estados Unidos 美国／美國 PL
Měiguórén estadounidense (*persona*) 美国人／美國人 S
měi jiā měi hù cada familia y hogar 每家每户／每家每戶 EI
Měijīn dólar estadounidense 美金 S
mèimei hermana pequeña 妹妹 S
méi shì(r) estar libre; no estar ocupado; no tener nada que hacer; no es nada; no preocuparse 没事(儿)／沒事(兒) EI
Měishì zúqiú fútbol americano 美式足球 S
měishù bellas artes 美术／美術 S
měi tiān cada día; diariamente 每天 PT
méi yìsi sin interés; aburrido 没意思 VE
méiyǒu no tener; sin 没有 V
méiyóudēng lámpara de queroseno 煤油灯／煤油燈 S
mǐ metro (*unidad de longitud*) 米 S/CF
miànbāo [piàn/tiáo] pan [rebanada/barra] 面包[片／条]∥麵包[片／條] S
miàntiáo tallarines 面条／麵條 S
mǐfàn [wǎn] arroz hervido [cuenco] 米饭[碗]／米飯[碗] S
míhóutáo kiwi 猕猴桃／獼猴桃 S
Mǐncài cocina de Fujian 闽菜／閩菜 S
míngcí sustantivo 名词／名詞 S
míngnián el año que viene 明年 PT
míngtiān mañana 明天 PT
míngxìnpiàn [zhāng] postal 明信片[张]／明信片[張] S
míngzi [gè] nombre; nombre propio 名字[个]／名字[個] S
mǐsè beige 米色 S
mìshu secretario(a) 秘书／秘書 S
mótuōchē [liàng] motocicleta 摩托车[辆]／摩托車[輛] S
mù madera (*radical*); árbol 木 S
mù lóu edificio de madera 木楼／木樓 S
mǔqin madre 母亲／母親 S
mǔxiào alma mater 母校 S

N

ná tomar; sostener; obtener 拿 V
nà en ese caso; entonces 那 C
nà ese; aquel 那 PR/EP
nádào obtener; lograr 拿到 VR
nǎichá té con leche 奶茶 S
nǎinai abuela paterna 奶奶 S
nǎixī batido de leche 奶昔 S
nàlǐ ahí; allí 那里／那裡 PL
nǎlǐ, nǎlǐ (*rechazo educado de un cumplido*) 哪里, 哪里／哪裡, 哪裡 EI
nàme en ese caso; entonces 那么／那麼 C
nán difícil 难／難 VE

nánbànqiú hemisferio sur 南半球 PL
nánbian(r) sur (*lado/dirección*) 南边(儿)／南邊(兒) PL
nánháir chico 男孩儿／男孩兒 S
nán háizi chico 男孩子 S
Nánjízhōu Antártida 南极洲／南極洲 PL
Nán Měizhōu América del sur 南美洲 PL
nán péngyou novio 男朋友 S
nánshēng muchacho; chico 男生 S
nǎr dónde 哪儿／哪兒 PI
nàr ahí; allí 那儿／那兒 PL
ne ¿y X? 呢 P
něi cuál 哪 PI
nèi ese; aquel 那 PR/EP
nèi ge ese; aquel 那个／那個 PR/EP
néng ser capaz; poder (*si las circunstancias lo permiten*) 能 VA
nǐ tú/usted (*informal*) 你 PR
nián año 年 S/CF
niàn estudiar un curso/materia; leer; leer en voz alta 念 V
niánjí año (*escuela*); curso 年级／年級 S
niànshū ir a la escuela; estudiar; leer libros 念书／念書 VO
nǐ de tu(*s*); tuyo(*s*) 你的 PR
Nǐ duō dà? ¿Cuántos años tienes? 你多大 FR
nǐ hǎo hola; ¿qué tal? 你好 EI
Nǐ jǐ suì? ¿Cuántos años tienes? 你几岁／你幾歲 FR
Nǐ kàn! ¡Mira! 你看！FR
nǐmen vosotros/ustedes 你们／你們 PR
nǐmen zìjǐ vosotros/ustedes mismos 你们自己／你們自己 PR
nín usted (*formal*) 您 PR
níngméng limón 柠檬／檸檬 S
Nín guìxìng? ¿Cuál es su (*honorable*) apellido? 您贵姓？／您貴姓？EI
Nín hǎo! hola; ¿cómo está usted? 您好！EI
Nín zǎo! ¡Buenos días! 您早！EI
niú buey (*zodiaco chino*) 牛 S
niú(ròu) carne de ternera 牛(肉) S
niúnǎi [bēi/píng] leche [vaso/botella] 牛奶[杯／瓶] S
Niǔyuē Nueva York 纽约／紐約 PL
niúzǎikù [tiáo] pantalones vaqueros 牛仔裤[条]／牛仔褲[條] S
Nǐ zǎo! buenos días 你早！EI
nǐ zìjǐ tú/usted mismo 你自己 PR
nòng hacer; cocinar 弄 V
nóngcūn pueblo; zona rural; campo 农村／農村 S
nóngmín campesino 农民／農民 S
nóngtián campo de cultivo 农田／農田 S
nuǎnhuo cálido 暖和 VE
nǚ'ér hija 女儿／女兒 S
nǚháir chica 女孩儿／女孩兒 S
nǚ háizi chica 女孩子 S
nǚ péngyou novia 女朋友 S

VOCABULARIO CHINO-ESPAÑOL

O

ò oh! (*comprensión repentina*) 噢 I
ǒu'ěr ocasionalmente 偶尔／偶爾 A
Ōuyuán euro (*moneda*) 欧元／歐元 S
Ōuzhōu Europa 欧洲／歐洲 PL
Ōuzhōurén europeo (*persona*) 欧洲人／歐洲人 S

P

pá escalar; trepar 爬 V
pái (*clasificador para filas, líneas, pasillos*) 排 CF
páiduì hacer cola 排队／排隊 VO
páiqiú voleibol 排球 S
pàng gordo; grueso 胖 VE
pǎo correr 跑 V
pǎobù correr; hacer footing 跑步 VO
pá shān hacer senderismo; escalar montañas 爬山 VO/S
péi acompañar (*a alguien*) 陪 V
pēng hervir; cocinar 烹 V
péngyou amigo 朋友 S
pénjǐng bonsái 盆景 S
piányi barato; no caro 便宜 VE
piào jià precio de etiqueta 票价／票價 S
piàoliang lindo; bonito; atractivo 漂亮 VE
píjiǔ [píng] cerveza [botella] 啤酒[瓶] S
píngzi botella 瓶子 S
píngcháng habitualmente; generalmente 平常 A
píngfáng casa de una sola 平房 S
píngfāngmǐ metro cuadrado 平方米 S
píngguǒ manzana 苹果／蘋果 S
pīngpāngqiú ping-pong 乒乓球 S
pīnyīn pinyin 拼音 S
píxié [shuāng] zapatos de cuero [par] 皮鞋[双]／皮鞋[雙] S
pūkèpái póker 扑克牌／撲克牌 S
pútao uva 葡萄 S
pútao zhī zumo de uva 葡萄汁 S
Pǔtōnghuà mandarín estándar 普通话／普通話 S

Q

qī siete 七 NUM
qí montar (*en bicicleta, a caballo, etc.*) 骑／騎 V
qǐ levantarse (*de la cama*); levantar 起 V
qián [kuài] dinero 钱[块]／錢[塊] S
qián(bian) frente; enfrente 前(边)／前(邊) PL
qiánfāng delante 前方 PL
qiángxiàng punto fuerte; fortaleza 强项／強項 S
qián mén / zhōng mén / hòu mén puerta delantera/central/trasera 前门／中门／后门 ‖ 前門／中門／後門 S
qiánmiàn frente; enfrente 前面 PL
qiánnián el año anterior al año pasado 前年 PT
qiántiān antesdeayer 前天 PT
qiányuàn(r) patio delantero 前院(儿) S
qìchē [liàng] automóvil; coche; carro 汽车[辆]／汽車[輛] S
qǐchuáng levantarse de la cama 起床 VO
qiézi berenjena 茄子 S
qìhòu clima 气候／氣候 S
qǐmǎ al menos; como mínimo 起码／起碼 A/VE
qíng soleado; despejado (*tiempo*) 晴 VE
qǐng por favor (*al pedir educadamente*) 请／請 V
qǐng invitar; invitar a comer 请／請 V
qīngdàn sabor suave 清淡 VE
Qīnghǎi Hú lago Qinghai (*oeste de China*) 青海湖 S
qīngjiāo pimiento verde 青椒 S
Qǐng jìn! ¡Entra por favor! 请进!／請進! EI
qīngnián rén joven; jóvenes 青年人 S
qíngtiān día soleado 晴天 S
qǐngwèn disculpe (*seguido de una pregunta*) 请问／請問 EI
qīngxī claro; definido 清晰 VE
Qǐng zuò! ¡Siéntate por favor! 请坐!／請坐! EI
qīnqi familiar(es) 亲戚／親戚 S
qīshí setenta 七十 NUM
qíshí de hecho; en realidad 其实／其實 A
qítā (de) otros (*el resto, lo que sobra*) 其他(的) PR
qiú [gè] pelota 球[个]／球[個] S
qiúchǎng pista/campo de juego (*pelota*) 球场／球場 S
qiūtiān otoño 秋天 S
Qīyuè julio 七月 S
qízhōng entre (*ello, ellos, los cuales, etc.*) 其中 PL
qīzi mujer; esposa 妻子 S
qí zìxíngchē montar en bicicleta 骑自行车／騎自行車 VO
qù ir 去 V
quán completamente; totalmente; en su totalidad 全 A
quánbù todo; completo; total 全部 S
quánwén texto entero/completo 全文 S
qūbié distinguir, diferenciar; distinción, diferencia 区别／區別 V/S
qù dōufēng pasear en automóvil 去兜风／去兜風 FV
quèshí realmente; ciertamente; en efecto 确实／確實 A
qūfēn diferenciar; distinguir 区分／區分 V
qùguo haber estado en 去过／去過 FV
qù lǚxíng salir de viaje 去旅行 FV
qù mǎi dōngxi ir a comprar cosas 去买东西／去買東西 FV
qùnián el año pasado 去年 PT
qúnzi [tiáo] falda 裙子[条]／裙子[條] S
qù sànsan bù salir a pasear 去散散步 FV
qù wánr salir a divertirse 去玩儿／去玩兒 FV

R

ràng	permitir, dejar; por	让／讓	V/CV
ránhòu	después; luego; entonces	然后／然後	PT
rè	caliente (*temperatura*)	热／熱	VE
règǒu [gè]	perrito caliente	热狗[个]／熱狗[個]	S
rén [gè]	persona	人[个]／人[個]	S
rénjiā	familia; casa; hogar	人家	S
Rénmínbì [kuài]	renminbi	人民币[块]／人民幣[塊]	S
rènshi	conocer a una persona	认识／認識	V
rènshi (zì)	reconocer, conocer los caracteres chinos; saber leer y escribir	认识(字)／認識(字)	VO
rì	sol; día (*radical*)	日	S
Rìběn	Japón	日本	PL
Rìběnhuà	japonés (*idioma*)	日本话／日本話	S
Rìběnrén	japonés (*persona*)	日本人	S
rìjì	diario (*escrito*)	日记／日記	S
Rìwén	japonés (*idioma*)	日文	S
rìyòngpǐn	artículos de uso diario	日用品	S
Rìyǔ	japonés (*idioma*)	日语／日語	S
Rìyuán	yen japonés	日元	S
róngyì	fácil	容易	VE
ròu [kuài]	carne (*habitualmente de cerdo*)	肉[块]／肉[塊]	S
rúguǒ	si (*condicional*)	如果	C

S

sān	tres	三	NUM
sànbù	dar un paseo	散步	VO
sānshí	treinta	三十	NUM
Sānyuè	marzo	三月	S
sè xiāng wèi	color, aroma, y sabor (*de la comida*)	色香味	EI
shài	tomar el sol; fuerte (*dicho del sol*)	晒／曬	V/VE
shài tàiyáng	tomar el sol; broncearse	晒太阳／曬太陽	FV
shālā	ensalada	沙拉	S
shān [zuò]	montaña	山[座]	S
shàng	ir a; atender (*a la escuela*)	上	V
shàngbān (r)	ir a trabajar/la oficina	上班(儿)／上班(兒)	VO
shàngbian (r)	arriba; sobre	上边(儿)／上邊(兒)	PL
shàng cèsuǒ	ir al baño	上厕所／上廁所	VO
shāngchǎng	centro comercial; mercado; bazar	商场／商場	S
shāngdiàn [gè]	tienda; almacén	商店[个]／商店[個]	S
shàng ge yuè	el mes pasado	上个月／上個月	PT
Shànghǎi	Shanghai	上海	PL
shàngkè	ir a clase; tener clase; empezar la clase	上课／上課	VO
shàngmiàn	arriba; sobre	上面	PL
shàngwǎng	navegar en Internet	上网／上網	VO
shàngwǔ	mañana (*desde las 10 a.m. hasta mediodía*)	上午	PL
shàng xīngqī	la semana pasada	上星期	PT
shāngxué	negocios (*estudios*)	商学／商學	S
shàngxué	ir a la escuela	上学／上學	VO
shàng zhuō	sentarse a la mesa (*para comer*)	上桌	FV
shānqū	región montañosa	山区／山區	S
shāo	un poco; ligeramente; un momento	稍	A
shǎo	poco (*en cantidad*)	少	VE
shātān	playa de arena	沙滩／沙灘	S
shé	serpiente (*zodiaco chino*)	蛇	S
shèhuìxué	sociología	社会学／社會學	S
shéi	quién	谁／誰	PI
shēng	nacer; dar nacimiento	生	V
shēng	sin cocinar; crudo; inmaduro	生	VE
shēngcài	lechuga	生菜	S
shēngcí	nueva palabra; ítem de vocabulario	生词／生詞	S
shēngdiào	tono (*en idiomas, como los cuatro tonos del chino*)	声调／聲調	S
shēngfù	padre biológico	生父	S
shēng háizi	dar a luz	生孩子	VO
shēnghuó	vida; existencia	生活	S/V
shēnghuó fāngshì	estilo de vida	生活方式	S
shēngmǔ	madre biológica	生母	S
shēngqì	enfadado; enojado; contrariado	生气／生氣	VE
shēngrì	cumpleaños	生日	S
shēngwù	biología	生物	S
shēngyīn	sonido; voz	声音／聲音	S
shēng zài	nacido en	生在	FV
shénme	qué	什么／甚麼	PI
shénme de	y algo por el estilo; etc.	什么的／甚麼的	
shénme shíhou	cuándo	什么时候／甚麼時候	PI
shèshìdù	grados Celsius	摄氏度／攝氏度	S
shí	diez	十	NUM
shì	ser	是	VE
shì	estancia (*como los espacios de un apartamento*)	室	S
shì [jiàn]	cosa; asunto	事[件]	S
shì de	sí; es correcto	是的	EI
shí'èr	doce	十二	NUM
shí'èr shēngxiào	los doce animales del zodiaco chino	十二生肖	S
Shí'èryuè	diciembre	十二月	S
shīfu	maestro; trabajador cualificado	师傅／師傅	S
shíhou	tiempo; momento	时候／時候	S
shíjiān	tiempo	时间／時間	S
shíjiān biǎo	horario (*de trenes, autobuses, etc.*)	时间表／時間表	S
shíjǐndòufu	tofu con carne y verduras	什锦豆腐／什錦豆腐	S
shíliu	granada	石榴	S
shìqing [jiàn]	asunto; cuestión	事情[件]	S
shīqù	perder	失去	V
shítáng	comedor; cantina	食堂	S
shíyī	once	十一	NUM

VOCABULARIO CHINO-ESPAÑOL

Shíyīyuè   noviembre   十一月   S
shìyǒu   compañero de habitación/piso   室友   S
Shíyuè   octubre   十月   S
shízài   realmente; de hecho   实在／實在   A
shóu   cocinado; maduro (*también pronunciado shú*)   熟   VE
shòu   delgado; fino   瘦   VE
shǒubiǎo [kuài]   reloj de pulsera   手表[块]／手錶[塊]   S
shòuhuòyuán   vendedor(a)   售货员／售貨員   S
shǒujī [gè]   teléfono móvil   手机[个]／手機[個]   S
shǒujī hàomǎ   número de teléfono móvil   手机号码／手機號碼   S
shǒu li   en la mano   手里／手裡   PL
shū [běn]   libro   书[本]／書[本]   S
shǔ   pertenecer a un signo zodiacal   属／屬   V
shǔ   ratón (*zodiaco chino*)   鼠   S
shuài   lindo   帅／帥   VE
shuākǎ   validar una tarjeta; usar una tarjeta de crédito   刷卡   VO
shuāng   un par (*de algo*)   双／雙   CF
shuāyá   lavarse los dientes   刷牙   VO
shūbāo [gè]   mochila (*de libros*)   书包[个]／書包[個]   S
shūcài   verduras; vegetales   蔬菜   S
shūdiàn   librería   书店／書店   S
shūfǎ   caligrafía   书法／書法   S
shūfu   cómodo; confortable   舒服   VE
shuǐ [bēi/píng]   agua [vaso/botella]   水[杯／瓶]   S
shuì   dormir; ir a dormir   睡   V/VO
shuǐguǒ   fruta   水果   S
shuǐguǒ pīnpán   plato de frutas   水果拼盘／水果拼盤   S
shuìjiào   dormir; ir a dormir   睡觉／睡覺   VO
shuì lǎnjiào   dormir hasta tarde   睡懒觉／睡懶覺   VO
shuǐní   cemento   水泥   S
shuō   hablar; decir   说／說   V/VO
shuōhuà   hablar; decir   说话／說話   VO
shuō Zhōngguóhuà   hablar chino   说中国话／說中國話   FV
shūshu   tío (*hermano pequeño del padre*)   叔叔   S
shǔ shù (r)   contar (números)   数数(儿)／數數(兒)   VO
shū tóufa   peinarse   梳头发／梳頭髮   VO
shùxué   matemáticas   数学／數學   S
shùyè   hojas (*de los árboles*)   树叶／樹葉   S
shūzi [bǎ]   peine   梳子[把]   S
sì   cuatro   四   NUM
sījī   conductor; chófer   司机／司機   S
sìshēng   los cuatro tonos   四声／四聲   S
Sìyuè   abril   四月   S
sòng   dar como regalo   送   V
sōngshǔyú   pescado agridulce con forma de ardilla   松鼠鱼／松鼠魚   S
suān   ácido; agrio   酸   VE
suàn   considerar/ver como   算   V
suànróngbōcài   espinacas con ajo   蒜蓉菠菜   S
Sūcài   cocina de Jiangsu   苏菜／蘇菜   S
suì   (*clasificador para años de edad*)   岁／歲   CF
suíbiàn   como a uno le apetece; hacer lo que uno quiere   随便／隨便   A
Suíbiàn zuò.   ¡Siéntese donde quiera! (*en una mesa o en un restaurante*)   随便坐。／隨便坐。   EI
suīrán ... kěshì   aunque ... pero/sin embargo/no obstante   虽然……可是／雖然……可是   C
suìshu   edad   岁数／歲數   S
suíyì   (*hacer*) como a uno le apetece   随意／隨意   A
suǒyǐ   por eso; por lo tanto   所以   C
suǒyǒu   de todos   所有的   AT
sùshè   dormitorio; residencia   宿舍   S
Sūzhōu   Suzhou (*ciudad del este de China*)   苏州／蘇州   PL

T

tā   él   他   PR
tā   ello (*a menudo no se traduce*)   它   PR
tā   ella   她   PR
tài ...   (*a menudo acompañado de le*) demasiado; en extremo; extremadamente   太……(了)   A
Táiběi   Taipei   台北   PL
Tàiguó   Tailandia   泰国／泰國   PL
Tàiguórén   tailandés (*persona*)   泰国人／泰國人   S
tàijíquán   taichí (*arte marcial chino*)   太极拳／太極拳   S
táiqiú   billar   台球   S
tàitai   mujer; esposa (*formal*)   太太   S
Táiwān   Taiwan   台湾／台灣   PL
tàiyáng   el sol   太阳／太陽   S
tāmen   ellos (*as*)   他们; 她们; 它们／他們; 她們; 它們   PR
táng [kuài]   caramelo [pieza]   糖[块]／糖[塊]   S
tào   (*clasificador para conjuntos, series*)   套   CF
táozi   melocotón   桃子   S
tiān   día   天   S/CF
tián   dulce   甜   VE
Tiān a!   ¡Dios mío!   天啊!   EI
tiándiǎn   postre; pastel; dulce   甜点／甜點   S
tiānqì   tiempo   天气／天氣   S
tiānqì yùbào   pronóstico del tiempo   天气预报／天氣預報   S
tiāntiān   todos los días; diariamente   天天   PT
tiáojiàn   condición(es)   条件／條件   S
tiǎozhàn   desafiar (*a combatir*); desafío; reto   挑战／挑戰   VO/S
tīng   escuchar   听／聽   V
tǐng   muy; más bien; bastante   挺   A
tīng yīnyuè   escuchar música   听音乐／聽音樂   VO
tǐyù   educación física   体育／體育   S
tǐyùguǎn   gimnasio   体育馆／體育館   S
tī zúqiú   jugar al fútbol   踢足球   VO
tōngcháng   habitualmente   通常   A
(tóng fù) yì mǔ de xiōngdìjiěmèi   hermanastro(a) (*mismo*

VOCABULARIO CHINO-ESPAÑOL

padre) (同父)异母的兄弟姐妹／(同父)異母的兄弟姐妹 S
(tóng mǔ) yì fù de xiōngdìjiěmèi   hermanastro (a) (misma madre)   (同母)异父的兄弟姐妹／(同母)異父的兄弟姐妹 S
tóngshì   colega; compañero de trabajo   同事 S
tóngshìmen   colegas; compañeros de trabajo   同事们／同事們 S
tóngxué   compañero de clase   同学／同學 S
tóngxuémen   compañeros de clase   同学们／同學們 S
tǒngzilóu   bloque de viviendas   筒子楼／筒子樓 S
tóufa   pelo (de la cabeza)   头发／頭髮 S
tóu téng   doler la cabeza   头疼／頭疼 VO
tǔ   tierra; suelo   土 S
tù   conejo (zodiaco chino)   兔 S
tǔdòu (r)   patata   土豆(儿)／土豆(兒) S
tuīchē   carrito de la compra   推车／推車 S
tuō'érsuǒ   guardería infantil   托儿所／托兒所 S
tuōxié [shuāng]   pantuflas [par]   拖鞋[双]／拖鞋[雙] S
túshūguǎn [gè]   biblioteca   图书馆[个]／圖書館[個] S
T-xù shān [jiàn]   camiseta de manga corta   T-恤衫[件] S

W

wā   ¡Guau!; ¡Hala!   哇 I
wǎ fáng   casa con tejado de tejas   瓦房 S
wàigōng   abuelo materno   外公 S
wàiguó   país extranjero   外国／外國 S
wàiguóhuà   idioma extranjero   外国话／外國話 S
wàiguórén   extranjero   外国人／外國人 S
wàipó   abuela materna   外婆 S
wàitào [jiàn]   chaqueta; abrigo   外套[件] S
wàiyǔ   idioma extranjero   外语／外語 S
wǎn   cuenco; bol   碗 S/CF
wǎn   tarde   晚 VE
wǎncān   cena   晚餐 S
wāndòu   guisante   豌豆 S
wǎnfàn   cena   晚饭／晚飯 S
wǎng   hacia   往 CV
wǎng ... guǎi   girar (en dirección a)   往……拐 FV
wàngle   haber olvidado   忘了 FV
wǎng qián zǒu   seguir recto   往前走 FV
wǎngqiú   tenis   网球／網球 S
wán (r)   jugar; pasarlo bien; divertirse   玩(儿)／玩(兒) V
wán (r) diànzǐ yóuxì   jugar a videojuegos   玩(儿)电子游戏／玩(兒)電子遊戲 FV
wǎngzhàn   página web   网站／網站 S
wǎnshang   tarde; noche (desde las 6 p.m. hasta medianoche)   晚上 PT
wǎn shuì wǎn qǐ   "acostarse y levantarse tarde"   晚睡晚起 EI
wàzi [shuāng]   calcetines [par]   袜子[双]／襪子[雙] S
wèi   (clasificador formal para personas)   位 CF
wèidào   olor; sabor   味道 S

wèile   para; por; a fin de   为了／爲了 C
wèishēngjiān   baño; aseo   卫生间／衛生間 S
wèishēngzhǐ   papel higiénico   卫生纸／爲生紙 S
wèishénme   por qué   为什么／爲甚麽 PI
wèizhì   lugar; ubicación   位置 S
wèn   preguntar   问／問 V
wēndù   temperatura   温度／溫度 S
wénjù [xiē]   material de papelería   文具[些] S
wénkē   humanidades   文科 S
wèntí [gè]   pregunta; problema   问题[个]／問題[個] S
wènwen   preguntar   问问／問問 V
wénxué   literatura   文学／文學 S
wényánwén   escritura clásica   文言文 S
wǒ   yo   我 PR
wǒ de   mi(s); mío (s)   我的 PR
Wǒ lǎo yàngzi.   Estoy como siempre.   我老样子／我老樣子 FR
wǒmen   nosotros   我们／我們 PR
wǒmen   de nuestro (s)   我们的／我們的 PR
wòshì   dormitorio   卧室／臥室 S
wǔ   cinco   五 NUM
wǔcān   almuerzo; comida   午餐 S
wǔdǎo   bailar   舞蹈 VO
wǔdǎo biǎoyǎn   actuación de danza   舞蹈表演 S
wǔfàn   almuerzo; comida   午饭／午飯 S
wǔjiào   siesta   午觉／午覺 S
wùlǐ   física   物理 S
wúliáo   aburrido   无聊／無聊 VE
wǔ shī   danza de león   舞狮／舞獅 S
wǔshù   artes marciales   武术／武術 S
wǔshuì   siesta; dormir una siesta   午睡 S/V
Wǔyuè   mayo   五月 S

X

xǐ   lavar   洗 V
xiā   gamba   虾／蝦 S
xià (chē, huǒchē ...)   bajar (del autobús, el tren, etc.)   下(车,火车……)／下(車,火車……) V
xiàbān   salir del trabajo   下班 VO
xiàcì   la próxima vez   下次 S
xià (ge)   siguiente (en una serie)   下(个)／下(個) EP
xià (ge) xīngqī   la semana que viene   下(个)星期／下(個)星期 PT
xià ge yuè   el mes que viene   下个月／下個月 PT
xiàkè   salir de clase   下课／下課 VO
xiàmiàn   debajo; abajo   下面 PL
xiān   primero; en primer lugar   先 A
xián   (a menudo seguido de zhe 着／著) tener tiempo libre; estar desocupado   闲／閒 V
xián   salado   咸／鹹 VE
xiàndài   tiempo moderno   现代／現代 S
xiāng   aromático; sabroso; apetitoso   香 VE
xiǎng   pensar; querer; tener ganas; tener intención   想 VA

VOCABULARIO CHINO-ESPAÑOL

xiàng ser como; parecerse 像 V
xiāng bǐ zhī xià en comparación; por contraste 相比之下 FV
Xiāngcài cocina de Hunan 湘菜 S
xiāngcháng salchicha 香肠／香腸 S
Xiānggǎng Hong Kong 香港 PL
xiānggū seta 香菇 S
xiāngjiāo plátano; banana 香蕉 S
Xiāngshān Colina Fragante (*parque*) 香山 PL
xiāngxia el campo 乡下／鄉下 S
xiànjīn dinero efectivo 现金／現金 S
xiānsheng caballero; Sr.; marido 先生 S
xián xiàlái de shíjiān tiempo libre (*de uno*) 闲下来的时间／閒下來的時間 FR
xiànzài ahora; en el presente; en este momento 现在／現在 PT
xiǎo pequeño; joven 小 VE
xiǎo háizi niño 小孩子 S
xiǎohào talla pequeña 小号／小號 S
xiǎojiě mujer joven; señorita 小姐 S
xiǎopǐn pequeña escena 小品 S
xiǎoxué escuela primaria 小学／小學 S
xiǎoxuéshēng estudiante de primaria 小学生／小學生 S
xiàozhǎng [wèi] director de escuela 校长[位]／校長[位] S
xiàtiān verano 夏天 S
xiàwǔ tarde 下午 PT
xiàxuě nevar 下雪 VO
xiàyǔ llover 下雨 VO
Xībānyá España 西班牙 PL
Xībānyáhuà español (*idioma*) 西班牙话／西班牙話 S
Xībānyárén español (*persona*) 西班牙人 S
Xībānyáwén español (*idioma*) 西班牙文 S
Xībānyáyǔ español (*idioma*) 西班牙语／西班牙語 S
xīběi noroeste 西北 PL
xībian (r) oeste (*lado; dirección*) 西边(儿)／西邊(兒) PL
xīcān comida/cocina occidental 西餐 S
xiē (*clasificador para pequeñas cantidades*) 些 CF
xié [shuāng] zapatos [par] 鞋[双]／鞋[雙] S
xiě escribir 写／寫 V
xiè agradecer; (*también un apellido*) 谢／謝 V/S
xièxie nǐ/nín gracias 谢谢你／您‖謝謝你／您 FR
xiě zì escribir 写字／寫字 VO
xiě zuòyè hacer las tareas para casa 写作业／寫作業 VO
xǐfàshuǐ [píng] champú [botella] 洗发水[瓶]／洗髮水[瓶] S
xīguā sandía 西瓜 S
xíguàn acostumbrarse a; tener costumbre de; hábito 习惯／習慣 V/S
xīhóngshì tomate 西红柿／西紅柿 S
xǐhuan gustar; preferir 喜欢／喜歡 V
xìjù teatro; obra teatral 戏剧／戲劇 S
xīlánhuā brócoli 西兰花／西蘭花 S

xǐ liǎn lavarse la cara 洗脸／洗臉 VO
xīmǐlù tapioca de melón 西米露 S
xīnán suroeste 西南 PL
xíng estar bien 行 V
xìng apellido; apellidarse 姓 S/V
xīngqī semana 星期 PT
Xīngqī'èr martes 星期二 PT
Xīngqīliù sábado 星期六 PT
Xīngqīrì domingo 星期日 PT
Xīngqīsān miércoles 星期三 PT
Xīngqīsì jueves 星期四 PT
Xīngqītiān domingo 星期天 PT
Xīngqīwǔ viernes 星期五 PT
Xīngqīyī lunes 星期一 PT
xìngréndòufu gelatina de almendra 杏仁豆腐 S
xīnlǐxué psicología 心理学／心理學 S
xīnqíng estado de ánimo 心情 S
xīnxiān fresco (*aire, fruta, etc.*) 新鲜／新鮮 VE
xìnyòngkǎ [zhāng] tarjeta de crédito 信用卡[张]／信用卡[張] S
xiōngdì hermanos 兄弟 S
xiōngdìjiěmèi hermanos y hermanas 兄弟姐妹 S
xīqíntángcùyú pescado agridulce con apio 西芹糖醋鱼／西芹糖醋魚 S
xǐshǒujiān aseo; baño 洗手间／洗手間 S
xiū xuéfēn cursar clases por créditos 修学分／修學分 VO
xiūxi descansar; tomar con calma 休息 V
xīwàng desear; deseo 希望 V/S
xǐ yīfu lavar la ropa 洗衣服 VO
xǐzǎo ducharse; bañarse 洗澡 VO
xuǎnzé elegir; seleccionar 选择／選擇 V
xué estudiar; aprender 学／學 V
xuéfēn créditos (de estudio) 学分／學分 S
xuéqī semestre (*de estudio*) 学期／學期 S
xuésheng estudiante 学生／學生 S
xuéshēng gōngyùlóu dormitorio de estudiantes (*lit.* "edificio de apartamentos de estudiantes") 学生公寓楼／學生公寓樓 S
xuéwèi título/nivel académico 学位／學位 S
xuéxí estudiar; aprender 学习／學習 V
xuéxiào escuela 学校／學校 S
xūyào necesitar; ser necesario 需要 V

Y

yágāo [zhī] pasta de dientes [tubo] 牙膏[支] S
yáng cabra (*zodiaco chino*) 羊 S
yáng (ròu) oveja; cordero (*carne*) 羊(肉) S
yàng (*clasificador para tipo; clase; forma*) 样／樣 CF
yángcōng cebolla 洋葱／洋蔥 S
yǎngfù padre adoptivo 养父／養父 S
yǎngmǔ madre adoptiva 养母／養母 S
Yángshuò Yangshuo (*ciudad del sur de China*) 阳朔／陽

VOCABULARIO CHINO-ESPAÑOL

朔 PL
yǎnjiǎng conferencia; charla 演讲／演講 S
yánjiūshēng estudiante de máster 研究生 S
yánjiūshēng yuàn escuela de máster 研究生院 S
yánsè color 颜色／顔色 S
yǎnyuán actor 演员／演員 S
yào desear; querer; ir a; tener la voluntad de 要 VA
yào medicina 药／藥 S
yāoqǐng invitar 邀请／邀請 V/S
yàoshi si (condicional) 要是 C
yàowù medicamento 药物／藥物 S
yā (ròu) pato 鸭(肉)／鴨(肉) S
yáshuā [zhī] cepillo de dientes 牙刷[支] S
yáxiàn hilo dental 牙线／牙線 S
yáyī dentista 牙医／牙醫 S
Yàzhōu Asia 亚洲／亞洲 PL
Yàzhōurén asiático (persona) 亚洲人／亞洲人 S
yě también; además; asimismo 也 A
yěcān picnic 野餐 S
yèli por la noche; durante la noche; la noche 夜里／夜裡 PT/S
yěxǔ quizás; tal vez; a lo mejor 也许／也許 A
yéye abuelo paterno 爷爷／爺爺 S
yī uno (número) 一 NUM
yìbǎi, èrbǎi ... cien, doscientos, etc. 一百, 二百…… NUM
yìbān generalmente 一般 A
yìbān lái shuō generalmente hablando 一般来说／一般來说 FV
yí cì una vez 一次 NUM/CF
Yìdàlì Italia 意大利 PL
Yìdàlìhuà italiano (idioma) 意大利话／意大利話 S
Yìdàlìrén italiano (persona) 意大利人 S
Yìdàlìwén italiano (idioma) 意大利文 S
Yìdàlìyǔ italiano (idioma) 意大利语／意大利語 S
yí dà zǎo al amanecer; muy pronto 一大早 PT
yìdiǎnr un poco; algo 一点儿／一點兒 NUM/CF
yídìng seguro; ciertamente 一定 A
yídìng děi sin duda; debe 一定得 A/VA
yīfu [jiàn] ropa [prenda] 衣服[件] S
yí gè uno; un 一个／一個 NUM/CF
yí gè rén una persona; solo; por uno mismo 一个人／一個人 A
yígòng junto; en total 一共 A
yíhàn remordimiento; pena 遗憾／遺憾 S
yǐhòu después; más tarde 以后／以後 PT
yíhuìr un momento; en un momento 一会儿／一會兒 PT
yíhuìr jiàn nos vemos dentro de un momento 一会儿见／一會兒見 EI
yǐjīng ya 已经／已經 A
yí kèzhōng un cuarto de hora 一刻钟／一刻鐘 S
yíkuàir juntos 一块儿／一塊兒 A
yī lóu primera planta 一楼／一樓 S
yīn encapotado 阴／陰 VE
Yìndìhuà hindi (idioma) 印地话／印地話 S
Yìndìwén hindi (idioma) 印地文 S
Yìndìyǔ hindi (idioma) 印地语／印地語 S
Yìndù India 印度 PL
Yìndùrén indio (persona) 印度人 S
Yīngbàng libra británica 英镑／英鎊 S
yīnggāi deber de; deber 应该／應該 VA
Yīngguó Reino Unido; Inglaterra 英国／英國 PL
Yīngguórén inglés (persona) 英国人／英國人 S
yīngjùn lindo; guapo 英俊 VE
yīngtao cereza 樱桃／櫻桃 S
Yīngwén inglés (idioma) 英文 S
yíngyǎng nutritivo 营养／營養 S
Yīngyǔ inglés (idioma) 英语／英語 S
yínháng banco (institución) 银行／銀行 S
yǐnliào bebida; refresco 饮料／飲料 S
yínsè plata (color) 银色／銀色 S
yīnwèi por; debido a 因为／因爲 C
yīnyuè música 音乐／音樂 S
yīnyuèjiā músico 音乐家／音樂家 S
yìqǐ juntos 一起 A
yǐqián antes; previamente 以前 PT
yīshēng médico; doctor 医生／醫生 S
yìshùjiā artista 艺术家／藝術家 S
yìsi sentido; idea 意思 S
yì tiān liǎng cì dos veces al día 一天两次／一天兩次 PT
yìxiē unos pocos; varios; algunos 一些 NUM/CF
yīxué medicina 医学／醫學 S
yíyàng igual; lo mismo; idéntico 一样／一樣 VE
Yīyuè enero 一月 S
yìzhí siempre; a lo largo de (el tiempo o el espacio) 一直 A
yìzhí zǒu seguir recto 一直走 FV
yì zhōu jǐ cì varias veces a la semana 一周几次／一週幾次 PT
yòng con; en (un idioma, etc.) 用 CV
yòng usar; utilizar; hacer uso de 用 V
yòngliào ingredientes 用料 S
yǒu hay; tener; poseer 有 V
yòu y; de nuevo 又 A
yòu ... yòu ambos ... y 又……又 C
yòubian (r) lado derecho 右边(儿)／右邊(兒) PL
yǒu de shíhou a veces 有的时候／有的時候 PT
yǒudiǎn (r) algo; más bien; un poco (solo en negativo) 有点(儿)／有點(兒) A
yòu'éryuán guardería infantil 幼儿园／幼兒園 S
yǒuhǎo amistoso; cordial 友好 VE
yǒu kòng (r) estar libre; tener tiempo libre 有空(儿)／有空(兒) VO
yǒu shì (r) estar ocupado; tener algo que hacer 有事(儿) VO
yǒu yìsi interesante; divertido 有意思 VE
yóuyǒng nadar 游泳 V
yǒu yòng útil 有用 VE
yú [tiáo] pez 鱼[条]／魚[條] S
yǔ lluvia 雨 S

yuán unidad monetaria (escrito) 元 CF
yuǎn lejos 远／遠 VE
yuǎndào (r) un largo camino; lejos 远道(儿)／遠道(兒) S
yuánlái originalmente; primero 原来／原來 A
yuànzi patio 院子 S
yùbào pronóstico; previsión 预报／預報 S
yuē concertar una cita; solicitar; invitar 约／約 V
yuè mes (en los nombres de los meses) 月 S
Yuècài cocina cantonesa 粤菜／粵菜 S
yuèdú lectura 阅读／閱讀 S
yǔfǎ gramática 语法／語法 S
yújiā yoga 瑜珈 S
yǔmáoqiú bádminton 羽毛球 S
yùndòng deporte 运动／運動 S
yùndòngfú [jiàn] ropa de deporte 运动服／運動服 [件] S
yùndòngxié [shuāng] zapatillas de deporte [par] 运动鞋[双]／運動鞋[雙] S
yùndòngyuán atleta 运动员／運動員 S
yǔwén arte del lenguaje (lengua y literatura china) 语文／語文 S
yúxiāngqiézi berenjenas con salsa de ajo 鱼香茄子／魚香茄子 S
yúxiāngròusī tiras de cerdo con salsa de ajo 鱼香肉丝／魚香肉絲 S
yǔyán idioma 语言／語言 S
yǔyánxué lingüística 语言学／語言學 S

Z

zài (indica que una acción verbal está ocurriendo) 在 P
zài en; estar situado en 在 V
zài más; de nuevo; entonces 再 A
zài ... de shíhou durante 在……的时候／在……的時候 PT
zàijiàn adiós; hasta luego 再见／再見 EI
Zài lái (yì) diǎnr ¡Un poco más! 再来(一)点儿!／再來(一)點兒!
zài shuō dejar algo para más tarde; por otra parte; adicionalmente 再说／再說
zài shuō yí cì repetir lo dicho 再说一次／再說一次 FV
zài wàibian afuera 在外边／在外邊 FV/PL
zánmen nosotros (tú y yo) 咱们／咱們 P
zǎo pronto 早 VE
zǎo buenos días (como saludo) 早 EI
zǎocān desayuno 早餐 S
zǎocāo ejercicios matutinos 早操 S
zǎodiǎn desayuno 早点／早點 S
zǎofàn desayuno 早饭／早飯 S
zǎoshang mañana (hasta las 9–10 a.m.) 早上 PT
zǎoshang hǎo buenos días 早上好 EI
zǎo shuì zǎo qǐ "acostarse y levantarse temprano" 早睡早起 EI

zěnme cómo; cómo es que 怎么／怎麼 PI
zěnme le qué pasa; cuál es el problema 怎么了／怎麼了 FV
zěnmeyàng qué te parece (después de un consejo) 怎么样／怎麼樣 PI
zěnmeyàng qué tal 怎么样／怎麼樣 EI
zhá freír a profundo 炸 V
zhàn [gè] estación/parada (de autobús, tren, etc.) 站[个]／站[個] S
zhǎngdà crecer 长大／長大 V
zhàngfu marido 丈夫 S
zhǎngwò comprender; dominar 掌握 V
zhǎo buscar 找 V
zháojí preocupado; nervioso; ansioso 着急／著急 V
zhǎoqián cambiar dinero; dar las vueltas 找钱／找錢 VO
zhàoyàng como siempre; igual que antes 照样／照樣 A
zhè este; esta; esto 这／這 PR/EP
Zhècài cocina de Zhejiang 浙菜 S
zhège este; esta; esto 这个／這個 PR/EP
zhèi este; esta; esto 这／這 PR/EP
zhèige este; esta; esto 这个／這個 PR/EP
zhèlǐ aquí 这里／這裡 PL
zhème tan; hasta ese punto 这么／這麼 A
zhēn de verdad; verdaderamente; en efecto 真 A
zhēndema ¿de verdad? 真的吗／真的嗎 EI
zhēng vapor 蒸 V
zhèng carnét; certificado 证／證 S
zhènghǎo justamente; justo en el momento 正好 FV
zhèngzhìxué estudios de ciencias políticas 政治学／政治學 S
zhènyǔ chubascos; lluvia intermitente 阵雨／陣雨 S
zhèr aquí 这儿／這兒 PL
zhèxiē estos(as) 这些／這些 PR
zhèyàng entonces; de esta forma 这样／這樣 A
zhǐ solo 只 A
zhǐ [zhāng] papel [hoja] 纸[张]／紙[張] S
zhīdao saber (tener conocimiento de) 知道 V
zhījiān entre 之间／之間 S
zhíjiē directamente 直接 A
zhīmaqiú bolas fritas rellenas de pasta de sésamo 芝麻球 S
zhǒng (clasificador para tipos/clases/variedades) 种／種 CF
zhòng plantar; cultivar 种／種 V
zhōngcān comida/cocina china 中餐 S
zhōngfàn almuerzo; comida 中饭／中飯 S
Zhōngguó China 中国／中國 PL
Zhōngguócài comida/cocina china 中国菜／中國菜 S
Zhōngguóhuà chino (idioma) 中国话／中國話 S
Zhōngguórén chino (persona) 中国人／中國人 S
zhōnghào talla mediana 中号／中號 S
zhōngjiānr entre; en el centro; en medio 中间儿／中間

	兒			PL
zhǒnglèi	tipos; clases; variedades	种类／種類		S
zhōngtóu [gè]	hora	钟头[个]／鐘頭[個]		S
Zhōngwén	chino (*idioma*)	中文		S
zhōngwǔ	mediodía	中午		PT
zhōngxué	escuela secundaria	中学／中學		S
zhōngxuéshēng	estudiante de secundaria	中学生／中學生		S
zhōumò	fin de semana	周末／週末		S
Zhōurì	domingo	周日／週日		PT
zhōuwéi	vecindad; alrededores	周围／周圍		PL
zhū	cerdo (*zodiaco chino*)	猪／豬		S
zhǔ	hervir; cocer	煮		V
zhù	vivir; residir; alojarse	住		V
zhuǎn	girar (*en cierta dirección*)	转／轉		V
zhuǎnbiàn chéng	transformarse en	转变成／轉變成		VR
zhuǎn chē	cambiar de tren/autobús	转车／轉車		VO
zhuāngxiū	reformar; renovar	装修／裝修		V
zhuānmén	especial	专门／專門		VE
zhuànqián	ganar dinero	赚钱／賺錢		VO
zhuānyè	especialidad (*estudios*)	专业／專業		S
zhǔkē	materia principal; asignatura obligatoria	主科		S
zhuōzi [zhāng]	mesa	桌子[张]／桌子[張]		S
zhū (ròu)	cerdo	猪(肉)／豬(肉)		S
zhǔshí	alimento básico	主食		S
zhǔ xiū	especializarse en	主修		V
zhǔyi	idea; plan	主意		S
zhùyì	prestar atención; tomar nota de	注意		V
zhù zài	vivir (*en*)	住在		FV
zì [gè]	carácter; palabra	字[个]／字[個]		S
zìdiǎn [běn]	diccionario	字典[本]		S
zìjǐ	yo mismo; por mí mismo; uno mismo	自己		PR
zìláishuǐ	agua corriente	自来水／自來水		S
zǐsè	violeta (*color*)	紫色		S
zìxíngchē [liàng]	bicicleta	自行车[辆]／自行車[輛]		S
zìxíngchē dào	carril para bicicletas	自行车道／自行车道		
	道			S
zǒu	andar; ir por medio de	走		V
zǒu	marcharse (*irse de un lugar*)	走		V
zǒuláng	corredor	走廊		S
zǒulù	andar; andar por la calle	走路		VO
zuì	el/la/lo más; extremadamente (*prefijo superlativo*)	最		A/PREF
zuìhǎo	mejor	最好		VE
zuìhòu	finalmente; al final	最后／最後		A
zuìjìn	últimamente; recientemente	最近		PT
zuò	hacer; cocinar; participar en	做		V
zuò	viajar en; ir en; tomar (*u autobús, tren, etc.*)	坐		V/CV
zuǒbian (r)	lado izquierdo	左边(儿)／左邊(兒)		PL
zuò dìtiě	tomar el metro	坐地铁／坐地鐵		VO
zuòfàn	hacer la comida; cocinar	做饭／做飯		VO
zuò gōngchē qù	ir en autobús	坐公车去／坐公車去		FV
zuò gōngkè	hacer ejercicios	做功课／做功課		VO
zuòhǎo	hacer bien	做好		VR
zuòjiā	escritor	作家		S
zuò jiāwù	hacer las tareas domésticas	做家务／做家務		VO
zuòkè	ser un invitado	做客		VO
zuótiān	ayer	昨天		PT
zuò wǎnfàn	hacer la cena	做晚饭／做晚飯		VO
zuòwéi	ver como; mirar como; tratar como	作为／作爲		FV
zuòyè	ejercicios; deberes	作业／作業		S
zuǒyòu	(*después de un número*) aproximadamente	左右		S
zuò yújiā	hacer yoga	做瑜伽		VO
zuò zǎocāo	hacer ejercicio matutino	做早操		VO
zuò zǎofàn	hacer el desayuno	做早饭／做早飯		VO
zuò zhōngfàn	hacer el almuerzo	做中饭／做中飯		VO

西汉对照词汇表
Vocabulario Español-Chino

A

a, para (*en beneficio de*) 给／給 gěi V
a continuación 然后／然後 ránhòu PT
a espaldas de 后面; 后边(儿)／後面; 後邊(兒) hòumiàn; hòubian(r) PL
a la plancha 煎 jiān V
a lo largo de (*en el tiempo o el espacio*) 一直 yìzhí A
a menos que 除非 chúfēi C
a menudo 经常; 常常／經常; 常常 jīngcháng; chángcháng A
a punto de (*hacer, etc.*) 刚要; 正好要／剛要; 正好要 gāng yào; zhènghǎo yào A
a salvo 安全 ānquán VE
a veces 有(的)时候／有(的)時候 yǒu(de) shíhou PT
a.m. 上午 shàngwǔ PT
abajo 下面 xiàmiàn PL
abandonar la escuela 放学／放學 fàngxué VO
abarrotado 挤／擠 jǐ VE
abogado 律师／律師 lǜshī S
abrigo 外套 [件] wàitào [jiàn] S
abril 四月 Sìyuè S
abuela (*materna*) 姥姥; 外婆 lǎolao; wàipó S
abuela (*paterna*) 奶奶 nǎinai S
abuelo (*materno*) 姥爷; 外公／姥爺; 外公 lǎoye; wàigōng S
abuelo (*paterno*) 爷爷／爺爺 yéye S
abundante 丰富／豐富 fēngfù A
aburrido de comer (*algo*) 吃腻(了)／吃膩(了) chīnì(le) VR
aburrido 没意思 méi yìsi VE
aceptar (*estar de acuerdo con*) 接受 jiēshòu V
ácido (*sabor*) 酸 suān VE
aclarar 说明; 讲／說明; 講 shuōmíng; jiǎng V
acompañar (*a alguien*) 陪 péi V
acondicionador [botella] (*para el pelo*) 护发素 [瓶]／護髮素[瓶] hùfàsù [píng] S
acostarse y levantarse temprano 早睡早起 zǎo shuì zǎo qǐ EI
acostarse y levantarse tarde 晚睡晚起 wǎn shuì wǎn qǐ EI
acostumbrado a 习惯／習慣 xíguàn V
actividad física 运动／運動 yùndòng S
actor 演员／演員 yǎnyuán S
actuación de danza 舞蹈表演 wǔdǎo biǎoyǎn S
actuar; actuación 表演 biǎoyǎn V/S
adecuado 好 hǎo VE
adelante 前方 qiánfāng PL
además 还有; 而且; 再说／還有; 而且; 再說 hái yǒu; érqiě; zài shuō C
adiós 再见／再見 zàijiàn EI
adquirir 买／買 mǎi V
adquirir cosas 买东西／買東西 mǎi dōngxi VO
adulto 大人 dàrén S
aeropuerto (飞)机场／(飛)機場 (fēi)jīchǎng S
afeitarse (*la barba*) 刮胡子／刮鬍子 guā húzi VO
África 非洲 Fēizhōu PL
africano (*persona*) 非洲人 Fēizhōurén S
afuera 在外边／在外邊 zài wàibian FV/PL
agosto 八月 Bāyuè S
agotado 累 lèi VE
agradar 喜欢／喜歡 xǐhuan V
agrio (*sabor*) 酸 suān VE
agua [vaso/botella] 水 [杯／瓶] shuǐ [bēi/píng] S
agua corriente 自来水／自來水 zìláishuǐ S
agua helada 冰水 bīngshuǐ S
agua mineral 矿泉水／礦泉水 kuàngquánshuǐ S
aguacero 阵雨／陣雨 zhènyǔ S
aguardar 等 děng V
ahí, allí (*lugar*) 那儿; 那里／那兒; 那裡 nàr; nàli PL
ahora 现在／現在 xiànzài PT
aire acondicionado 空调; 冷气／空調; 冷氣 kōngtiáo; lěngqì S
aire 空气／空氣 kōngqì S
ajo 蒜蓉 suànróng S
al amanecer 一大早 yí dà zǎo PT
al instante 马上／馬上 mǎshàng A
al lado 在……旁边／在……旁邊 zài ... pángbiān PL
al menos 起码／起碼 qǐmǎ A
al principio 原来／原來 yuánlái A
al vapor (*cocinar*) 蒸 zhēng V
alcohol; bebida alcohólica 酒 jiǔ S
alegre 高兴／高興 gāoxìng VE
alemán (*idioma*) 德国话; 德语; 德文／德國話; 德語; 德文 Déguóhuà; Déyǔ; Déwén S
alemán (*persona*) 德国人／德國人 Déguórén S
Alemania 德国／德國 Déguó PL
algo (*cierta cantidad*) 一些 yìxiē NUM/CF
algo (*un poco*) 稍 shāo A
algún otro día 改天 gǎitiān A
alguna vez (*"alguna vez" [sufijo verbal]... ?*) 过／過 guò S
algunos 一些 yìxiē EP
algunos (*entre varios*) 有的 yǒude NUM
alimento 饭／飯 fàn S
alimentación 营养／營養 yíngyǎng S
alimento básico 主食 zhǔshí S
alma mater 母校 mǔxiào S

R-21

VOCABULARIO ESPAÑOL-CHINO

almuerzo, comida 午饭; 午餐; 中饭／午飯; 午餐; 中飯 wǔfàn; wǔcān; zhōngfàn S
alocución 话／話 huà S
alrededores 周围／周圍 zhōuwéi PL
altamente 非常 fēicháng A
alto 高 gāo VE
alumbrar (*encender*) 点／點 diǎn V
alumno 学生／學生 xuésheng S
amar 爱／愛 ài V
amargo 苦 kǔ VE
amarillo 黄色 huángsè S
ambos 都 dōu A
ambos ... y 又……又 yòu ... yòu C
América del Norte 北美洲 Běi Měizhōu PL
América del Sur 南美洲 Nán Měizhōu PL
amistoso 友好 yǒuhǎo VE
amplio 宽敞／寬敞 kuānchang VE
andar 走; 走路 zǒu; zǒulù V/VO
animal 动物／動物 dòngwù S
¡Ánimo! (*lit. "añade gasolina"*) 加油! Jiāyóu! EI
antes (*con antelación*) 先 xiān A
antes (*en el pasado*) 以前 yǐqián PT
antes del mediodía 上午 shàngwǔ PT
antesdeayer 前天 qiántiān PT
anticuado 老 lǎo VE
antigüedad (*tiempos, era*) 古代 gǔdài S
antiguo 古老 gǔlǎo VE
añadir 加 jiā V
año 年 nián S/CF
año escolar (*en la escuela*) 年级／年級 niánjí S
año tras año 后年／後年 hòunián PT
años (*edad*) 岁／歲 suì CF
apagado (*color*) 暗 àn VE
apartamento 公寓 gōngyù S
apelativo 名字 míngzi S
apellidarse 姓 xìng V
apellido 姓 xìng S
aperitivo 小吃; 零食 xiǎochī; língshí S
aperitivos dulces 甜点／甜點 tiándiǎn S
apetitoso 香 xiāng VE
apio 芹菜 qíncài S
aprender de memoria 背 bèi V
aprender 学; 学习／學; 學習 xué; xuéxí V
apropiado 合适／合適 héshì VE
aproximadamente 差不多 chàbuduō A
aproximadamente; o más 来／來 lái P
apuesto 英俊; 帅／英俊; 帥 yīngjùn; shuài VE
aquel 那个／那個 nà ge/nèi ge PR/EP
aquí 这儿; 这里／這兒; 這裡 zhèr; zhèlǐ PL
arduo 难／難 nán VE
área rural 农村／農村 nóngcūn S
arquitecto 建筑师／建築師 jiànzhùshī S
arquitectura 建筑学／建築學 jiànzhùxué S
arreglar cuentas 结账／結賬 jiézhàng VO
arrepentirse 遗憾／遺憾 yíhàn V

arriba 上面; 上边／上面; 上邊 shàngmiàn; shàngbian PL
arroz (*cocinado*) 米饭／米飯 mǐfàn S
arroz sofrito 炒饭／炒飯 chǎo fàn S
amigo 朋友 péngyou S
arroz hervido 米饭／米飯 mǐfàn S
arte del lenguaje (*lengua y literatura china*) 语文／語文 yǔwén S
arte 艺术／藝術 yìshù S
artículos de uso diario 日用品 rìyòngpǐn S
artista 艺术家／藝術家 yìshùjiā S
asar, hornear 烤 kǎo V
ascensor 电梯／電梯 diàntī S
aseo 厕所; 洗手间／廁所; 洗手間 cèsuǒ; xǐshǒujiān S
así 这样／這樣 zhèyàng PR
Asia 亚洲／亞洲 Yàzhōu PL
asiático (*persona*) 亚洲人／亞洲人 Yàzhōurén S
asignatura 课／課 kè S
asignatura opcional 副课／副課 fùkè S
asimismo 还有; 而且; 再说／還有; 而且; 再說 hái yǒu; érqiě; zài shuō C
aspecto 样子／樣子 yàngzi S
asunto (*hecho*) 事(情)[件] shì(qing) [jiàn] S
asunto (*cosa*) 东西／東西 dōngxi S
atender a (*la escuela, clase*) 读; 上／讀; 上 dú; shàng V
atestado 挤／擠 jǐ VE
atleta 运动员／運動員 yùndòngyuán S
atmósfera 空气／空氣 kōngqì S
atractivo 好看; 漂亮 hǎokàn; piàoliang VE
atrás 后面; 后边(儿)／後面; 後邊(兒) hòumiàn; hòubian(r) PL
atravesar (*proceso*) 经过／經過 jīngguò V
aulario 教学楼／教學樓 jiàoxuélóu S
aún (*todavía*) 还; 还是／還; 還是 hái; háishi A
aún más (*en comparaciones*) 更 gèng A
aún no (*en una oración negativa*) 还没／還没 hái méi A
aunque ... pero/sin embargo 虽然……可是／雖然……可是 suīrán ... kěshì C
aunque 可是; 但是 kěshì; dànshì C
Australia 澳大利亚／澳大利亞 Àodàlìyà PL
autobús de larga distancia 长途汽车; 长途车／長途汽車; 長途車 chángtú qìchē; chángtúchē S
autobús público 公(共)(汽)车／公(共)(汽)車 gōng(gòng)(qì)chē S
autobús 公(共)(汽)车; 巴士／公(共)(汽)車; 巴士 gōng(gòng)(qì)chē; bāshì S
automóvil 汽车[辆]／汽車[輛] qìchē [liàng] S
autor 作家 zuòjiā S
avanzar 进步／進步 jìnbù V
avenida 大街 dàjiē S
avergonzado 不好意思 bù hǎoyìsi VE
¡Ay! (*indica aflicción o dolor*) 哎呀 āiyā I

VOCABULARIO ESPAÑOL-CHINO

avión 飞机 [架]／飛機 [架] fēijī [jià] S
ayer 昨天 zuótiān PT
ayudar 帮；帮助／幫；幫助 bāng; bāngzhù V
azúcar 糖 táng S
azul 蓝色／藍色 lánsè S

B

bachillerato 高中 gāozhōng S
bádminton 羽毛球 yǔmáoqiú S
bailar 舞蹈 wǔdǎo V
bajar (*del autobús, el tren, etc.*) 下(车,火车……)／下(車,火車……) xià (chē, huǒchē ...) VO
bajar los precios 减价／減價 jiǎnjià VO
bajo (*ubicación*) 下面 xiàmiàn PL
bajo (*de altura o estatura*) 矮 ǎi VE
bajo tierra 地下 dìxià PL
baloncesto 篮球／籃球 lánqiú S
banana 香蕉 xiāngjiāo S
banco (*institución*) 银行／銀行 yínháng S
bandeja (*para comer*) 盘子／盤子 pánzi S
baño 厕所；洗手间／廁所；洗手間 cèsuǒ; xǐ shǒujiān S
baño público 公共厕所／公共廁所 gōnggòng cèsuǒ S
bar (*pub*) 酒吧 jiǔbā S
barato 便宜 piányi VE
barba 胡子／鬍子 húzi S
barco 船 [条]／船 [條] chuán [tiáo] S
base 根据／根據 gēnjù S
básicamente 基本上 jīběnshàng A
bastante (*comparativamente*) 比较／比較 bǐjiào A
bastante (*muy*) 挺 tǐng A
bastante (*suficiente*) 够／夠 gòu VE
batido de leche 奶昔 nǎixī S
bazar 商场／商場 shāngchǎng S
beber 喝 hē V
bebida 饮料／飲料 yǐnliào S
bebida de cola 可乐／可樂 kělè S
beige 米色 mǐsè S
Beijing 北京 Běijīng PL
béisbol 棒球 bàngqiú S
bellas artes 美术／美術 měishù S
berenjena 茄子 qiézi S
berenjenas con salsa de ajo 鱼香茄子／魚香茄子 yúxiāngqiézi S
biblioteca 图书馆 [个]／圖書館 [個] túshūguǎn [gè] S
bicicleta 自行车 [辆]／自行車 [輛] zìxíngchē [liàng] S
bien 好 hǎo VE
billar 台球 táiqiú S
biología 生物 shēngwù S
blanco 白色 báisè S

bloque de viviendas 筒子楼／筒子樓 tǒngzilóu S
blusa 衬衫 [件]／襯衫 [件] chènshān [jiàn] S
boca (*radical*) 口 kǒu S
bolas fritas rellenas de pasta de sésamo 芝麻球 zhīmaqiú S
bolsa 袋子 [个]／袋子 [個] dàizi [gè] S
bombero 救火员／救火員 jiùhuǒyuán S
bonita 漂亮；美 piàoliang; měi VE
bonito 好看；漂亮 hǎokàn; piàoliang VE
bonsái 盆景 pénjǐng S
botella de (*algo*) 一瓶…… yì píng ... S/CF
botella 瓶子 píngzi S
brindar 干杯／乾杯 gānbēi V
británico (*persona*) 英国人／英國人 Yīngguórén S
brócoli 西兰花／西蘭花 xīlánhuā S
broncearse 晒太阳／曬太陽 shài tàiyáng VO
buen (*tiempo*) 晴 qíng VE
bueno 好 hǎo VE
¡Buen día! 早 zǎo EI
¡Buenos días! 您／你早；早上好 nín/nǐ zǎo; zǎoshang hǎo EI
buey (*zodiaco chino*) 牛 niú S
buscar 找 zhǎo V

C

caballo (*zodiaco chino*) 马／馬 mǎ S
cabina del conductor (*en un camión*) 驾驶室／駕駛室 jiàshǐshì S
cada (*con distintos clasificadores*) 每(个)／每(個) měi (ge) EP
cada (*día, semana, año, etc.*) 每 měi EP
cada año 每年 měi nián S
cada día 每天；天天 měi tiān; tiāntiān PT
cada familia y hogar 每家每户／每家每戶 měi jiā měi hù EI
cada vez 每次 měi cì A
caer enfermo 病了 bìng le FV
café [taza] 咖啡 [杯] kāfēi [bēi] S
cafetería 餐厅／餐廳 cāntīng S
calcetines [par] 袜子 [双]／襪子 [雙] wàzi [shuāng] S
cálido 暖和 nuǎnhuo VE
caliente (*temperatura*) 热／熱 rè VE
calificación (*de un examen, etc.*) 分数／分數 fēnshù S
California 加州 PL
calle 街 [条]／街 [條] jiē [tiáo] S
cama 床 [张]／床 [張] chuáng [zhāng] S
camarero, mesero 服务员／服務員 fúwùyuán S
cambiar (*algo por algo*) 换／換 huàn V
cambiar moneda 换钱／換錢 huànqián VO
cambiar 变／變 biàn V
camino 路 [条]／路 [條] lù [tiáo] S
camión 卡车 [辆]／卡車 [輛] kǎchē [liàng] S
camisa 衬衫 [件]／襯衫 [件] chènshān [jiàn] S

VOCABULARIO ESPAÑOL-CHINO

camiseta T-恤衫 [件] Tèxù shān [jiàn] S
campesino 农民／農民 nóngmín S
campo 农村; 乡下／農村; 鄉下 nóngcūn; xiāngxia S
campo/pista de deportes de pelota 球场／球場 qiúchǎng S
Canadá 加拿大 Jiānádà PL
canadiense (*persona*) 加拿大人 Jiānádàrén S
cansado 累 lèi VE
cansado de comer (*algo*) 吃腻(了)／吃膩(了) chīnì(le) VR
cantante famoso 歌星 gēxīng S
cantar 唱 chàng V
cantar karaoke 唱卡拉OK chàng kǎlā OK VO
cantar una canción 唱歌(儿)／唱歌(兒) chàng gē(r) VO
cantina 食堂 shítáng S
Cantón (*antiguo nombre de Guangzhou*) 广州／廣州 Guǎngzhōu PL
capaz de 能; 会／能; 會 néng; huì VA
carácter (*palabra china*) 字 [个]／字 [個] zì [gè] S
carácter chino simplificado 简体字／簡體字 jiǎntǐzì S
caracter chino tradicional 繁体字／繁體字 fántǐzì S
caramelo [pieza] 糖 [块]／糖 [塊] táng [kuài] S
cargar (*en una tarjeta de crédito*) 刷卡 shuākǎ VO
cargar a la espalda 背 bēi V
carne (*a menudo se refiere a cerdo*) 肉 ròu S
carnero (*zodiaco chino*) 羊 yáng S
caro 贵／貴 guì VE
carretera 路; 马路 [条]／路; 馬路 [條] lù; mǎlù [tiáo] S
carril para bicicletas 自行车道／自行車道 zìxíngchē dào S
carrito de la compra 推车／推車 tuīchē S
carro 汽车 [辆]／汽車 [輛] qìchē [liàng] S
casa con tejado de tejas 瓦房 wǎ fáng S
casa cuna 托儿所／托兒所 tuō'érsuǒ S
casa 家 jiā S
casa 房子 [栋]／房子 [棟] fángzi [dòng] S
casa de una planta 平房 píngfáng S
casi lo mismo 差不多 chàbuduō VE
casualmente resulta que 正好 zhènghǎo A
causa (*razón*) 原因 yuányīn S
cebolla 洋葱／洋蔥 yángcōng S
cebollino de ajo chino 韭菜 jiǔcài S
cemento 水泥 shuǐní S
cena 晚饭; 晚餐／晚飯; 晚餐 wǎnfàn; wǎncān S
céntimo (一)分(钱)／(一)分(錢) (yì) fēn (qián) S
centro 中间儿／中間兒 zhōngjiānr PL
centro comercial 商场／商場 shāngchǎng S
centro de compras 购物中心／購物中心 gòuwù zhōngxīn S
centro de informática 电脑中心; 计算机中心／電腦中心; 計算機中心 diànnǎo zhōngxīn; jìsuànjī zhōngxīn S

cepillo de dientes 牙刷 [支] yáshuā [zhī] S
cerca 近 jìn VE
cercanías 附近 fùjìn S
cerdo (*carne*) 猪(肉)／豬(肉) zhū(ròu) S
cerdo (*zodiaco chino*) 猪／豬 zhū S
cereza 樱桃／櫻桃 yīngtao S
cero 零 líng NUM
cerrar (*ventana, puerta*) 关; 关上／關; 關上 guān; guānshàng V
certificado 证／證 zhèng S
cerveza [botella] 啤酒 [瓶] píjiǔ [píng] S
césped 草; 草地 cǎo; cǎodì S
cesta 篮子／籃子 lánzi S
champú [botella] 洗发水 [瓶]／洗髮水 [瓶] xǐfàshuǐ [píng] S
chaqueta 夹克; 外套 [件]／夾克; 外套 [件] jiákè; wàitào[jiàn] S
chaquetón 外套 [件]; 夹克 [件]／外套 [件]; 夾克 [件] wàitào[jiàn]; jiákè [jiàn] S
charlar 聊天(儿)／聊天(兒) liáotiān(r) VO
chica 女孩子; 女孩儿／女孩子; 女孩兒 nǚ háizi; nǚ háir S
chicle 口香糖 kǒuxiāngtáng S
chico 男孩儿; 男孩子／男孩兒; 男孩子 nánháir; nán háizi S
chin chin (*en brindis*) 干杯／乾杯 gānbēi V
China 中国／中國 Zhōngguó PL
chino (*idioma*) 中国话; 中文; 汉语／中國話; 中文; 漢語 Zhōngguóhuà; Zhōngwén; Hànyǔ S
chino (*persona*) 中国人／中國人 Zhōngguórén S
chófer 司机／司機 sījī S
chubasco 阵雨／陣雨 zhènyǔ S
cielo 天 tiān S
¡Cielos! 天啊 tiān a EI
ciencias (*especialidad de estudio*) 理科 lǐkē S
ciencias de la informática 电脑科学; 计算机科学／電腦科學; 計算機科學 diànnǎo kēxué; jìsuànjī kēxué S
ciencias políticas 政治学／政治學 zhèngzhìxué S
ciento (*cien, doscientos, etc.*) (一)百, (二)百…… (yì) bǎi, (èr)bǎi ... NUM
cierto 对／對 duì VE
ciertamente 一定 yídìng A
cinco 五 wǔ NUM
cine (*lugar*) 电影院／電影院 diànyǐngyuàn S
cita (*para ver a alguien, etc.*) 约会／約會 yuēhuì S
clase (*en la escuela*) 课／課 kè S
clase 种／種 zhǒng CF
clima 气候／氣候 qìhòu S
cocina 厨房／廚房 chúfáng S
cocina cantonesa 粤菜／粵菜 Yuècài S
cocina de Anhui 徽菜 Huīcài S
cocina de Fujian 闽菜／閩菜 Mǐncài S
cocina de Hunan 湘菜 Xiāngcài S
cocina de Jiangsu 苏菜／蘇菜 Sūcài S
cocina de Shandong 鲁菜／魯菜 Lǔcài S

VOCABULARIO ESPAÑOL-CHINO

cocina de Sichuan 川菜 Chuāncài S
cocina de Zhejiang 浙菜 Zhècài S
cocina/comida casera 家常菜 jiāchángcài S
cocina/comida de Beijing 北京菜 Běijīngcài S
cocinado (también pronunciado shú) 熟 shóu VE
cocinar 做饭／做飯 zuòfàn VO
cocinar a la plancha 煎; 炸 jiān; zhá V
col 包心菜 bāoxīncài S
como siempre 照样／照樣 zhàoyàng A
cómodo 舒服 shūfu VE
compañero de clase o estudios 同学／同學 tóngxué S
compañero de piso/habitación 室友 shìyǒu S
compañero de trabajo 同事 tóngshì S
compañeros de clase 同学们／同學們 tóngxuémen S
comparar 比 bǐ CV
comparativamente 比较／比較 bǐjiào A
compartido 公用(的) gōngyòng (de) AT
completo 全; 全部 quán; quánbù VE/S
completo (que tiene de todo) 丰富／豐富 fēngfù A
comprar 买／買 mǎi V
comprar cosas 买东西／買東西 mǎi dōngxi VO
comprar en un centro comercial 逛商场／逛商場 guàng shāngchǎng VO
comprender 懂 dǒng V
computadora 电脑; 计算机 [台]／電腦; 計算機 [台] diànnǎo; jìsuànjī [tái] S
común 常见／常見 chángjiàn VE
comunal 公共 gōnggòng AT
con (en compañía de) 和; 跟 hé; gēn C
con (una herramienta) 用 yòng CV
con antelación 先 xiān A
con anterioridad 以前 yǐqián PT
con celeridad 赶紧／趕緊 gǎnjǐn A
con frecuencia 经常; 常常／經常; 常常 jīngcháng; chángcháng A
con seguridad 一定 yídìng A
concertar una cita 约／約 yuē V
condición 条件／條件 tiáojiàn S
conducir 开／開 kāi V
conducir un automóvil 开车／開車 kāichē VO
conductor 司机／司機 sījī S
conectarse a Internet 上网／上網 shàngwǎng VO
conejo (zodiaco chino) 兔 tù S
confortable 舒服 shūfu VE
conocer (a alguien) 认识／認識 rènshi V
conocer los caracteres chinos 认识字／認識字 rènshi zì
conseguir 拿到 nádào VR
considerar como 算; 作为／算; 作為 suàn; zuòwéi V
considerar en base a ... 根据……来算／根據……來算 gēnjù ... lái suàn FR
considerar 觉得／覺得 juéde V
contabilidad 会计／會計 kuàijì S
contable 会计师／會計師 kuàijìshī S

contar (números) 数数(儿)／數數(兒) shǔ shù(r) V
contento 高兴／高興 gāoxìng VE
contestar 回答 huídá V
conveniente 方便 fāngbiàn VE
conversar 交谈／交談 jiāotán V
convidar (a alguien a comer, etc.) 请／請 qǐng V
copa (contenedor) 杯子 [个]／杯子 [個] bēizi [gè] S
copiar (transcribir) 抄 chāo V
cordero (carne de) 羊(肉) yáng(ròu) S
Corea del Sur 韩国／韓國 Hánguó PL
coreano (idioma) 韩文; 韩语; 韩国话／韓文; 韓語; 韓國話 Hánwén; Hányǔ; Hánguóhuà S
coreano (persona) 韩国人／韓國人 Hánguórén S
correcto 对／對 duì VE
correr 跑; 跑步 pǎo; pǎobù V/VO
cortar la hierba, el césped 割草 gē cǎo VO
corto (longitud) 短 duǎn VE
cosa 东西／東西 dōngxi S
costoso 贵／貴 guì VE
crecer 长大／長大 zhǎngdà V
crédito académico 学分／學分 xuéfēn S
creer 相信 xiāngxìn V
crudo (sin cocinar) 生 shēng VE
cuaderno 笔记本 [本]／筆記本 [本] bǐjìběn [běn] S
cuál 哪(个)／哪(個) nǎ(ge); něi(ge) PI
¿Cuál es su (honorable) apellido? 您贵姓？／您貴姓？ Nín guìxìng? EI
cuán (en qué medida) 多 duō PI
cuándo (durante) ……的时候／……的時候 ... deshíhou PT
cuándo (en qué momento) 什么时候／甚麼時候 shénme shíhou PI
cuando ... ……的时候／的時候 ... de shíhou PT
cuando era pequeño 小时候／小時候 xiǎo shíhou PT
cuánto 多 duō A
cuántos (más de diez) 多少 duōshao (normalmente sin clasificador) PI
cuántos (menos de diez) 几(个)／幾(個) jǐ (ge) PI
¿Cuántos años tienes? 你多大?; 你几岁?／你多大?; 你幾歲? Nǐ duō dà?; Nǐ jǐ suì? FR
cuarenta 四十 sìshí NUM
cuarto 第四(个)／第四(個) dì-sì (ge) S/NUM
cuarto de aseo 厕所; 洗手间／廁所; 洗手間 cèsuǒ; xǐ shǒujiān S
cuatrimestre (escolar) 学期／學期 xuéqī S
cuatro 四 sì NUM
cuatro tonos (del mandarín) 四声／四聲 sìshēng S
cuenco 碗 wǎn S/CF
cuenco de (algo) 一碗…… yì wǎn ... S/CF
cuenta (cantidad a pagar) 账单／賬單 zhàngdān S
cuestión 问题 [个]／問題 [個] wèntí [gè] S
cuidado 护理／護理 hùlǐ S
cuidadoso 讲究／講究 jiǎngjiu VE
cultivar 种／種 zhòng V
cumpleaños 生日 shēngrì S

VOCABULARIO ESPAÑOL-CHINO

currículo 课程／課程 kèchéng S
curso escolar (*nivel de estudios*) 年级／年級 niánjí S

D

dar a (*enfrentar*) 对／對 duì CV
dar a luz (*un bebé*) 生孩子 shēng háizi VO
dar clase 上课／上課 shàngkè VO
dar la bienvenida 欢迎／歡迎 huānyíng V
dar las gracias 谢谢／謝謝 xièxie V
dar las vueltas (*dinero*) 找钱／找錢 zhǎoqián VO
dar nacimiento 生 shēng V
dar un paseo 去散散步 qù sànsan bù FV
dar 给／給 gěi V
darse una ducha 洗澡 xǐzǎo VO
de acuerdo 好; 行 hǎo; xíng VE
de esta forma 这样／這樣 zhèyàng PR
de hecho 其实; 实在／其實; 實在 qíshí; shízài A
de igual estilo 一样／一樣 yíyàng VE
de la misma forma 照样／照樣 zhàoyàng A
de menor edad que 比……小 bǐ … xiǎo FR
de nada 别客气; 不用谢／別客氣; 不用謝 bié kèqi; búyòng xiè EI
de niño 小时候／小時候 xiǎo shíhou PT
de nuevo 再; 又 zài; yòu A
de pequeño 小时候／小時候 xiǎo shíhou PT
de, desde (*lugar, tiempo, etc.*) 从／從 cóng CV
¿De verdad? (*¿Es verdad?*) 真的吗?／真的嗎? Zhēn de ma? EI
debajo 下面 xiàmiàn PL
deber de 得; 必须／得; 必須 děi; bìxū VA
deberes 功课; 作业／功課; 作業 gōngkè; zuòyè S
debido a 因为／因為 yīnwèi C
décimo 第十(个)／第十(個) dì-shí (ge) S/NUM
decir 说; 说话／説; 説話 shuō; shuōhuà V/VO
decir (*a alguien que haga algo*) 叫 jiào V
decir (*informar*) 告诉／告訴 gàosu V
dejar 让／讓 ràng CV
deficiente 差 chà VE
delante 前方 qiánfāng PL
delgado 瘦 shòu VE
delicioso 好吃 hǎo chī VE
demasiado 太……(了) tài … (le) A
dentista 牙医／牙醫 yáyī S
dentro 里边儿／裡邊兒 lǐbianr PL
dentro (*de la ciudad*) 城里／城裡 chéng li S
dentro de un momento (过)一会儿／(過)一會兒 (guò) yíhuìr FR/PT
deporte 运动／運動 yùndòng S
derecha (*lado*) 右边(儿)／右邊(兒) yòubian(r) PL
desafiar (*a luchar/competir*) 挑战／挑戰 tiǎozhàn VO/S
desayuno 早饭; 早餐; 早点／早飯; 早餐; 早點 zǎofàn; zǎocān; zǎodiǎn S

descansar 休息 xiūxi V
descender (*de un tren, un automóvil, un autobús, etc.*) 下车／下車 xià chē VO
descubrir 发现／發現 fāxiàn V
desde (*distancia*) 离／離 lí CV
desde (*hace un tiempo*) 从……以来／從……以來 cóng … yǐlái FV
desocupado 没事(儿); 闲; 闲着／没事(兒); 閒; 閒著 méi shì(r); xián; xiánzhe V
despejado (*tiempo*) 晴 qíng VE
después 以后／以後 yǐhòu PT
después de clase (*extracurricular*) 课外／課外 kèwài S
detrás 后面; 后边(儿)／後面; 後邊(兒) hòumiàn; hòubian(r) PL
día del mes 号／號 hào CF
día 天 tiān S/CF
diariamente 每天; 天天 měi tiān; tiāntiān PT
diario (*escrito*) 日记／日記 rìjì S
dibujar 画画儿／畫畫兒 huàhuàr VO
dibujo 画儿 [张]／畫兒 [張] huàr [zhāng] S
diccionario 字典 [本] zìdiǎn [běn] S
dichoso 高兴／高興 gāoxìng VE
diciembre 十二月 Shí'èryuè S
dieciséis 十六 shíliù NUM
diecisiete 十七 shíqī NUM
diez 十 shí NUM
diferencia 差别; 区别／差別; 區別 chābié; qūbié S
diferenciar 区分／區分 qūfēn V
diferente 不同 bùtóng VE
difícil 难／難 nán VE
dinero 钱／錢 qián S
¡Dios mío! 天啊 tiān a EI
dirección 方向 fāngxiàng S
dirección de correo electrónico 电邮地址／電郵地址 diànyóu dìzhǐ S
dirección postal 地址 dìzhǐ S
directamente 直接 zhíjiē A
director (*de un negocio, etc.*) 经理／經理 jīnglǐ S
director de escuela 校长 [位]／校長 [位] xiàozhǎng [wèi] S
disculpe 对不起／對不起 duìbuqǐ EI
Disculpe ... (*preguntar educadamente*) 请问……／請問…… Qǐngwèn … FV
discurso (*hablar*) 话／話 huà S
disponer 安排 ānpái V
distancia recorrida (*trayecto*) 路程 lùchéng S
distinguir 区分／區分 qūfēn V
distintos tipos 各种／各種 gèzhǒng AT
divertido 好玩儿; 有意思／好玩兒; 有意思 hǎowánr; yǒu yìsi VE
doce 十二 shí'èr NUM
doce animales del zodiaco 十二生肖 shí'èr shēngxiào S
doctor 医生／醫生 yīshēng S

VOCABULARIO ESPAÑOL-CHINO

doctor, doctorado 博士 bóshì S
dólar australiano 澳元 Àoyuán S
dólar canadiense 加拿大元 Jiānádàyuán S
dólar de Hong Kong 港币／港幣 Gǎngbì S
dólar estadounidense 美金；美元 Měijīn; Měiyuán S
dolencia 病 bìng S
domicilio 地址 dìzhǐ S
dominar 掌握 zhǎngwò V
domingo 星期日；星期天；周日／星期日；星期天；週日 Xīngqīrì; Xīngqītiān; Zhōurì PT
dónde 哪儿；哪里／哪兒；哪裡 nǎr; nǎli PI
dorado (*color*) 金色 jīnsè S
dormir 睡；睡觉／睡；睡覺 shuì; shuìjiào V/VO
dormir hasta tarde 睡懒觉／睡懶覺 shuì lǎnjiào FV
dormir una siesta 午睡 wǔshuì V
dormitorio 宿舍 sùshè S
dormitorio (*estancia*) 卧室／臥室 wòshì S
dormitorio colectivo (*residencial, no universitario*) 集体宿舍／集體宿舍 jítǐ sùshè S
dormitorio de estudiantes 学生公寓楼／學生公寓樓 xuéshēnggōngyùlóu S
dos 二 èr NUM
dos (*un par*) 两(个)／兩(個) liǎng (gè) NUM
dos veces al día 一天两次／一天兩次 yì tiān liǎng cì PT
dragón (*zodiaco chino*) 龙／龍 lóng S
ducharse 洗澡 xǐzǎo VO
dulce 甜 tián VE
duodécimo 第十二(个)／第十二(個) dì-shí'èr (ge) S/NUM
durante ... 在……的时候／在……的時候 zài ... de shíhou FV
durante la noche 夜里；晚上／夜裡；晚上 yèli; wǎnshang PT

E

echar un vistazo 看(一)看 kàn (yi) kàn FV
económico 便宜 piányi VE
edad 岁；岁数／歲；歲數 suì; suìshu CF/S
edificio 大厦／大廈 dàshà S
edificio (*de varias plantas*) 楼；楼房[栋]／樓；樓房[棟] lóu; lóufáng [dòng] S
edificio alto 高楼／高樓 gāo lóu S
edificio de madera 木楼／木樓 mù lóu S
edificio de oficinas 办公楼／辦公樓 bàngōnglóu S
edificio de varias alturas 楼／樓 lóu CF
edificio de viviendas 公寓 gōngyù S
educación física 体育／體育 tǐyù S
educado 客气／客氣 kèqi VE
efectivo 现金／現金 xiànjīn S
ejercer (*un puesto*) 当／當 dāng V
ejercer (*una profesión*) 工作 gōngzuò V
ejercicio (*físico*) 锻炼／鍛煉 duànliàn S/V
ejercicios matutinos 早操 zǎocāo S
ejercitarse 锻炼／鍛煉 duànliàn V
el año anterior al año pasado 前年 qiánnián PT
el año pasado 去年 qùnián PT
el año que viene 明年 míngnián PT
el mes pasado 上个月／上個月 shàng ge yuè PT
el mes que viene 下个月／下個月 xià ge yuè PT
él 他 tā PR
el que más (*prefijo superlativo*) 最 zuì A/PREF
electricidad 电／電 diàn S
eléctrico 电动／電動 diàndòng AT
elegir 选择／選擇 xuǎnzé V
elevarse 起 qǐ V
ella 她 tā PR
ello (*a menudo no se traduce*) 它 tā P
ellos(as) 他们／他們 tāmen PR
ellos(os) mismos(as) 他们自己／他們自己 tāmen zìjǐ PR
e-mail 电邮／電郵 diànyóu S
embarcación 船[条]／船[條] chuán [tiáo] S
empezar 开始／開始 kāishǐ V
empezar la clase 上课／上課 shàngkè VO
empleado 服务员；售货员／服務員；售貨員 fúwùyuán; shòuhuòyuán S
en (*lugar*) 在 zài V
en (*un idioma, etc.*) 用 yòng CV
en caso 要是；如果 yàoshi; rúguǒ C
en cierta manera 有点(儿)／有點(兒) yǒudiǎn(r) A
en comparación 比 bǐ CV
en efecto 确实／確實 quèshí A
en el futuro 将来／將來 jiānglái PT
en el interior 里边儿／裡邊兒 lǐbianr PL
en el momento que 在……的时候／在……的時候 zài ... de shíhou PT
en el piso de arriba 楼上／樓上 lóushàng PL
en ese caso 那；那么／那；那麼 nà; nàme C
en este momento (*ahora, a presente*) 现在／現在 xiànzài PT
en general 一般来说／一般來說 yìbān lái shuō A
en la mano 手里／手裡 shǒu li A
en la noche 夜里；晚上／夜裡；晚上 yèli; wǎnshang PT
en la planta de abajo 楼下／樓下 lóuxià PL
en medio 中间儿／中間兒 zhōngjiānr PL
en medio de 当中／當中 dāngzhōng PL
en punto ……点(钟)／……點(鐘) ... diǎn (zhōng) FR
en realidad 其实／其實 qíshí A
en total 一共 yígòng A
en un rato (过)一会儿／(過)一會兒 (guò) yíhuìr FR/PT
encantado de conocerte(lo) 很高兴认识你(您)／很高興認識你(您) hěn gāoxìng rènshi nǐ (nín) EI
encargado 服务员／服務員 fúwùyuán S
encender 点／點 diǎn V
encima 上边；上面／上邊；上面 shàngbian;

VOCABULARIO ESPAÑOL-CHINO

shàngmiàn PL
encontrar 发现／發現 fāxiàn V
encontrarse (*con alguien*) 见／見 jiàn V
enero 一月 Yīyuè S
enfadado 生气／生氣 shēngqì VE
enfermar; estar enfermo 病了 bìngle FV/VE
enfermedad 病 bìng S
enfermero(*a*) 护士／護士 hùshi S
enfrente 前面; 前边／前面; 前邊 qiánmiàn; qiánbian PL
enojado 生气／生氣 shēngqì VE
ensalada 沙拉 shālā S
enseguida 马上／馬上 mǎshàng A
enseñar 教; 教书／教; 教書 jiāo; jiāoshū V/VO
entender 掌握 zhǎngwò V
enteramente 一共 yígòng A
entonces (*después*) 然后／然後 ránhòu C
entonces (*en ese caso*) 那; 那么／那; 那麼 nà; nàme C
entonces (*introduce una acción subsiguiente*) 再; 就 zài; jiù A
entonces 这么; 这样／這麼; 這樣 zhème; zhèyàng A/PR
¡Entra! 快进来吧！／快進來吧！ Kuài jìnlái ba! FV
¡Entra por favor! 请进！／請進！ Qǐng jìn! EI
entrar 进去／進去 jìnqù V
entre 当中／當中 dāngzhōng PL
entre 在……之间／在……之間 zài ...zhījiān PL
entre (*los cuales*) 其中; 期间; 之中／其中; 期間; 之中 qízhōng/qījiān/zhīzhōng PL
equivaler 等于／等於 děngyú V
erróneo 不对／不對 bú duì VE
escalar montañas 爬山 pá shān VO
escalera mecánica 扶手电梯／扶手電梯 fúshǒu diàntī S
escribir 写; 写字／寫; 寫字 xiě; xiě zì V/VO
escritor 作家 zuòjiā S
escritura clásica 文言文 wényánwén S
escuchar 听／聽 tīng V
escuchar (*y oír*) 听见／聽見 tīngjiàn VR
escuchar música 听音乐／聽音樂 tīng yīnyuè VO
escuela 学校 [个]／學校 [個] xuéxiào [gè] S
escuela de máster 研究生院 yánjiūshēngyuàn S
escuela elemental 小学／小學 xiǎoxué S
escuela primaria 小学／小學 xiǎoxué S
escuela de primer ciclo de secundaria 初中 chūzhōng S
escuela secundaria 中学／中學 zhōngxué S
ese, aquel 那 nà/nèi PR/EP
esos, aquellos 那些 nàxiē/nèixiē PR/EP
espacio (*área de suelo*) 地方 dìfang S
espacioso 宽敞／寬敞 kuānchang VE
España 西班牙 Xībānyá PL
español (*idioma*) 西班牙话; 西班牙文; 西班牙语／西班牙話; 西班牙文; 西班牙語 Xībānyáhuà; Xībānyáwén; Xībānyáyǔ S
español (*persona*) 西班牙人 Xībānyárén S
espárrago 芦笋／蘆筍 lúsǔn S
especiado 辣 là VE
especial; especialmente 专门／專門 zhuānmén VE/A
especialidad (*de estudio*) 专业／專業 zhuānyè S
especialización (*objeto de estudio*) 专业／專業 zhuānyè S
especializado en 主修 zhǔxiū V
esperanza 希望 xīwàng S
esperar 等 děng V
esperar (*deseo*) 希望 xīwàng V
espinaca 菠菜 bōcài S
espinacas con ajo 蒜蓉菠菜 suànróngbōcài S
esposo, esposa 爱人／愛人 àiren S
está bien 好吧。 Hǎo ba. EI
esta noche 今天晚上 jīntiān wǎnshang PT
estación (*de autobús, tren, etc.*) 站 [个]／站 [個] zhàn [gè] S
estación de tren (火)车站／(火)車站 (huǒ)chēzhàn S
estado (*país*) 国家／國家 guójiā S
estado de ánimo 心情 xīnqíng S
Estados Unidos 美国／美國 Měiguó PL
estadounidense (*persona*) 美国人／美國人 Měiguórén S
estancia (*espacio de una vivienda*) 室 shì S
estar 在 zài V
estar de acuerdo 答应／答應 dāying V
estar de vacaciones 放假 fàngjià VO
estar desocupado 没事(儿); 闲; 闲着／沒事(兒); 閒; 閒著 méi shì(r); xián; xiánzhe V
estar dispuesto 肯 kěn A
estar familiarizado 熟悉 shúxī V
estar libre (*tener tiempo*) 有空 yǒu kòng VO
estar lleno (*después de comer*) 饱了; 吃饱了／飽了; 吃飽了 bǎole; chībǎole FV/VR
estar lleno hasta reventar 撑／撐 chēng V
estar situado en 在 zài V
este (*lado, dirección*) 东边(儿)／東邊(兒) dōngbian(r)
este año 今年 jīnnián PT
este 这／這 zhè/zhèi PR/EP
este (*cierta cosa o persona*) 这个／這個 zhè ge/zhèi ge PR/EP
estilo (*de obras artísticas, literarias, etc.*) 风格／風格 fēnggé S
estilo de vida 生活方式 shēnghuó fāngshì S
estos 这些／這些 zhèxiē PR
estudiante (*varón*) 男生 nánshēng S
estudiante de bachillerato 高中生 gāozhōngshēng S
estudiante de doctorado 博士生 bóshìshēng S
estudiante de grado 本科生 běnkēshēng S
estudiante de máster 毕业生; 研究生／畢業生; 研究生 bìyèshēng; yánjiūshēng S
estudiante de primaria 小学生／小學生 xiǎoxuéshēng S
estudiante de primer ciclo de secundaria 初中生

VOCABULARIO ESPAÑOL-CHINO

chūzhōngshēng S
estudiante de secundaria 中学生／中學生 zhōngxuéshēng S
estudiante universitario 大学生／大學生 dàxuéshēng S
estudiante 学生／學生 xuésheng S
estudiar 念；学；学习／念；學；學習 niàn; xué; xuéxí V
estudiar regladamente 读书；念书／讀書；念書 dúshū; niànshū VO
estudiar un doctorado 读博士学位／讀博士學位 dú bóshì xuéwèi FV
estudiar un grado 读学士学位／讀學士學位 dú xuéshì xuéwèi FV
estudiar un máster 读硕士学位／讀碩士學位 dú shuòshì xuéwèi FV
estudios de bachiller 高中 gāozhōng S
estudios de grado 本科 běnkē S
euro (*moneda*) 欧元／歐元 Ōuyuán S
Europa 欧洲／歐洲 Ōuzhōu PL
europeo (*persona*) 欧洲人／歐洲人 Ōuzhōurén S
examen; examinar 考试／考試 kǎoshì S/V
examen parcial (*en la escuela*) 小考 xiǎokǎo S
existir 存在 cúnzài V
experimentar 感受 gǎnshòu V
explicar 说明；讲／說明；講 shuōmíng; jiǎng V
expresar 说；说话／說；說話 shuō; shuōhuà V/VO
extra grande (*talla de ropa, etc.*) 加大号／加大號 jiā dàhào S
extra pequeña (*talla de ropa, etc.*) 加小号／加小號 jiā xiǎohào S
extracurricular 课外／課外 kèwài S
extremadamente (*bueno, rápido, etc.*) 极了(好极了, 快极了……)／極了(好極了, 快極了……) jíle (hǎojíle, kuàijíle...) S

F

fábrica 工厂／工廠 gōngchǎng S
fácil 容易 róngyì VE
falda 裙子 [条]／裙子 [條] qúnzi [tiáo] S
familia 家 jiā S
familia (*hogar*) 人家 rénjiā S
familiares 亲戚／親戚 qīnqi S
famoso 有名 yǒumíng VE
fármaco 药物／藥物 yàowù S
fastidiar (*a alguien*) 麻烦／麻煩 máfan V
febrero 二月 Èryuè S
feliz 高兴／高興 gāoxìng VE
feo 难看／難看 nánkàn VE
ferrocarril 铁路／鐵路 tiělù S
fila (*of something*) 排 pái CF
film 电影 [部]／電影 [部] diànyǐng [bù] S
fin de semana 周末／週末 zhōumò S
finalmente 最后／最後 zuìhòu A
finalmente 最后／最後 zuìhòu A
finanzas 金融 jīnróng S
fino 瘦 shòu VE
física 物理 wùlǐ S
flaco 瘦 shòu VE
flor 花 (儿)／花 (兒) huā(r) S
fortaleza 强项／強項 qiángxiàng S
francés (*idioma*) 法国话；法语；法文／法國話；法語；法文 Fǎguóhuà; Fǎyǔ; Fǎwén S
francés (*persona*) 法国人／法國人 Fǎguórén S
Francia 法国／法國 Fǎguó PL
frecuentemente 经常；常常／經常；常常 jīngcháng; chángcháng A
freír a profundo 炸 zhá V
frente 前面；前边／前面；前邊 qiánmiàn; qiánbian PL
fresa 草莓 cǎoméi S
fresco (*aire, fruta, etc.*) 新鲜／新鮮 xīnxiān VE
fresco (*confortable*) 凉爽；凉快／涼爽；涼快 liángshuǎng; liángkuai VE
frío (*temperatura*) 冷 lěng VE
fruta 水果 shuǐguǒ S
fuego (*tiempo e intensidad al cocinar*) 火候 huǒhou S
fuera de la ciudad 郊外 jiāowài S
fumar (*cigarrillos*) 吸烟／吸煙 xīyān VO
fundamentalmente 基本上 jīběnshàng A
fundamento 根据／根據 gēnjù S
fútbol americano 美式足球 Měishì zúqiú S
futuro 将来／將來 jiānglái PT/S

G

gallo (*zodiaco chino*) 鸡／雞 jī S
gamba 虾／蝦 xiā S
ganar dinero 赚钱／賺錢 zhuànqián VO
gastar (*dinero*) 花；花钱／花；花錢 huā; huāqián V/VO
gelatina de almendra 杏仁豆腐 xìngréndòufu S
generalmente 一般；平常 yìbān; píngcháng A
género (*variedad*) 种类／種類 zhǒnglèi S
gente 人 [个]／人 [個] rén [gè] S
geografía 地理 dìlǐ S
gimnasio 健身房 jiànshēnfáng S
girar a la izquierda 往左拐 wǎng zuǒ guǎi FV
golf 高尔夫球／高爾夫球 gāo'ěrfūqiú S
gordo 胖 pàng VE
gorro 帽子 [顶]／帽子 [頂] màozi [dǐng] S
gracias 谢谢(你／您)∥謝謝(你／您) xièxie (nǐ/nín) EI
grado Celsius 摄氏度／攝氏度 shèshìdù S
graduarse 毕业／畢業 bìyè VO
gramática 语法／語法 yǔfǎ S
granada 石榴 shíliu S
grande 大 dà VE
grande (*talla de ropa, etc.*) 大号／大號 dàhào S

VOCABULARIO ESPAÑOL-CHINO

gris 灰色 huīsè S
guardar (*poner aparte, reservar*) 留 liú V
guardería infantil 幼儿园／幼兒園 yòu'éryuán S
Guilin (*ciudad del sur de China*) 桂林 Guìlín PL
guisante 豌豆 wāndòu S
gustar 喜欢／喜歡 xǐhuan VE

H

haber estado (*en un lugar*) 去过／去過 qùguo FV
haber llegado 到了 dào le FV
haber olvidado 忘了 wàngle FV
haber visitado (*en un lugar*) 到过; 去过／到過; 去過 dàoguò FV
habilidad 技巧 jìqiǎo S
habitación 房间 [个]／房間 [個] fángjiān [gè] S
hábito 习惯／習慣 xíguàn S
habitualmente 通常 tōngcháng A
hablando desde el punto de vista de... 从……来讲／说 ‖ 從……來講／說 cóng ... lái jiǎng/shuō EI
hablar 说; 说话／说; 说話 shuō; shuōhuà V/VO
hablar chino 说中国话／說中國話 shuō Zhōngguóhuà FV
hablar por teléfono 打电话／打電話 dǎ diànhuà VO
hace un momento 刚才／剛才 gāngcái A
hacer 做 zuò V
hacer (*cocinar*) 做; 弄 zuò; nòng V
hacer amigos 交朋友 jiāo péngyou VO
hacer bien 做好 zuòhǎo VR
hacer cola 排队／排隊 páiduì VO
hacer como uno prefiere 随便; 随意／隨便; 隨意 suíbiàn; suíyì A
hacer descuentos 减价／減價 jiǎnjià VO
hacer ejercicios matutinos 做早操 zuò zǎocāo VO
hacer el almuerzo/la comida 做中饭／做中飯 zuò zhōngfàn VO
hacer el desayuno 做早饭／做早飯 zuò zǎofàn VO
hacer corrida 跑步 pǎobù VO
hacer la cena 做晚饭／做晚飯 zuò wǎnfàn VO
hacer la comida 做饭／做飯 zuò fàn VO
hacer las tareas domésticas 做家务／做家務 zuò jiāwù VO
hacer ejercicios 做功课; 写作业／做功課; 寫作業 zuò gōngkè; xiě zuòyè VO
hacer rebajas 减价／減價 jiǎnjià VO
hacer satisfactoriamente 做好 zuòhǎo VR
hacer senderismo 爬山 pá shān VO
hacer turismo; turismo 旅游／旅遊 lǚyóu V/S
hacer un descuento 打折 dǎzhé V
hacer un regalo 送 sòng V
hacer un trabajo ocasional 打工 dǎgōng VO
hacer una excursión 郊游／郊遊 jiāoyóu V
hacer una llamada de teléfono 打电话／打電話 dǎ diànhuà VO

hacer viento 刮风／刮風 guā fēng VO
hacer/tomar un examen 考试／考試 kǎoshì V
hacer/tomar una prueba 考 kǎo V
hacia (*en dirección a*) 朝; 往 cháo; wǎng CV
hacia (*enfrentar*) 对／對 duì CV
¡Hala! 哇 wā I
hambriento 饿／餓 è VE
hamburguesa 汉堡包 [个]／漢堡包 [個] hànbǎobāo [gè] S
Harry Potter 哈利·波特 Hālì bōtè S
hasta este punto 这么／這麼 zhème A
hasta qué punto 多 duō A
hay 有 yǒu V
hecho 事(情) [件] shì(qing) [jiàn] S
helado 冰淇淋 bīngqílín S
hermana (*mayor*) 姐姐 [个]／姐姐 [個] jiějie [gè] S
hermana (*menor*) 妹妹 [个]／妹妹 [個] mèimei [gè] S
hermanas 姐妹 jiěmèi S
hermanastro (*misma madre*) (同母)异父的兄弟姐妹／(同母)異父的兄弟姐妹 (tóng mǔ) yì fù de xiōngdì-jiěmèi S
hermanastro (*mismo padre*) (同父)异母的兄弟姐妹／(同父)異母的兄弟姐妹 (tóng fù) yì mǔ de xiōngdì-jiěmèi S
hermano (*mayor*) 哥哥 gēge S
hermano (*menor*) 弟弟 dìdi S
hermanos y hermanas 兄弟姐妹 xiōngdìèjiěmèi S
hermanos 兄弟 xiōngdì S
hervir 烹; 煮 pēng; zhǔ V
¡Hi! 嗨 hāi I
hierba 草; 草地 cǎo; cǎodì S
hija 女儿／女兒 nǚ'ér S
hija única 独生女 [个]／獨生女 [個] dúshēngnǚ [gè] S
hijo mayor, primogénito 老大 lǎodà S
hijo pequeño, benjamín 老小; 老幺／老小; 老幺 lǎo xiǎo; lǎo yāo S
hijo único 独生子 [个]／獨生子 [個] dúshēngzǐ [gè] S
hijo(a) mayor 大(儿子,女儿……)／大(兒子,女兒……) dà (érzi, nǚ'ér ...) S
hijo 儿子[个]／兒子[個] érzi [gè] S
hilo dental 牙线／牙線 yáxiàn S
hindi (*idioma*) 印地话; 印地文; 印地语／印地話; 印地文; 印地語 Yìndìhuà; Yìndìwén; Yìndìyǔ S
historia 历史／歷史 lìshǐ S
hogar 人家 rénjiā S
hoja (*de papel*) 纸 [张]／紙 [張] zhǐ [zhāng] S
hojas (*de los árboles*) 树叶／樹葉 shùyè S
hola 您／你好 nín/nǐ hǎo EI
Hong Kong 香港 Xiānggǎng PL
hora 钟头 [个]／鐘頭 [個] zhōngtóu [gè] S
horario (*de trenes, autobuses, etc.*) 时间表／時間表 shíjiānbiǎo S

hornear 烤 kǎo V
hoy 今天 jīntiān PT
hoy por la noche 今天晚上 jīntiān wǎnshang PT
huésped 客人 [个] [位]／客人 [個] [位] kèren [gè] [wèi] S
huevo (*de gallina*) 鸡蛋／雞蛋 jīdàn S
humanidades 文科 wénkē S
humor (*estado de ánimo*) 心情 xīnqíng S

I

idea 主意 zhǔyi S
idéntico 一样／一樣 yíyàng VE
idioma 语言／語言 yǔyán S
idioma extranjero 外语; 外国话／外語; 外國話 wàiyǔ; wàiguóhuà S
idioma oral 口语／口語 kǒuyǔ S
igual 一样／一樣 yíyàng VE
igual que antes 照样／照樣 zhàoyàng A
igualmente 再说; 除了……以外／再說; 除了……以外 zài shuō; chúle ... yǐwài C
importante 重要 zhòngyào VE
importar (*ofenderse*) 介意 jièyì V
importunar 打搅／打攪 dǎjiǎo V
imposible 不可能 bù kěnéng V
incómodo (*sensación física*) 不舒服 bù shūfu VE
incómodo 不舒服 bù shūfu VE
incorporar 加入 jiārù V
incorrecto 不对／不對 bú duì VE
India 印度 Yìndù PL
indio (*persona*) 印度人 Yìndùrén S
infeliz 不高兴／不高興 bù gāoxìng VE
inferior 差 chà VE
ingeniería 工程 gōngchéng S
ingeniero 工程师／工程師 gōngchéngshī S
Inglaterra 英国／英國 Yīngguó PL
inglés (*idioma*) 英文; 英语／英文; 英語 Yīngwén; yingyu S
inglés (*persona*) 英国人／英國人 Yīngguórén S
ingredientes 用料 yòngliào S
inicialmente 原来／原來 yuánlái A
inmaduro 生 shēng VE
inmediatamente 马上／馬上 mǎshàng A
inquieto 着急／著急 zháojí VE
insulso 没意思; 无聊／沒意思; 無聊 méiyìsi; wúliáo VE
inteligente 聪明／聰明 cōngming VE
intentar 试一试／試一試 shì yi shì V
intercambiar 换／換 huàn V
interesante 有意思 yǒu yìsi VE
interrogar 问; 问问／問; 問問 wèn; wènwen V
invierno 冬天 dōngtiān S
invitación 邀请／邀請 yāoqǐng S
invitado 客人 [个] [位]／客人 [個] [位] kèren [gè] [wèi] S

invitar 请; 邀请／請; 邀請 qǐng; yāoqǐng V
ir 去 qù V
ir a (*un lugar*) 到……去; 去…… dào ... qù; qù ... FV
ir a (*voluntad*) 要; 会／要; 會 yào; huì VA
ir a clase 上课／上課 shàngkè VO
ir a divertirse 去玩儿／去玩兒 qù wánr FV
ir a dormir 睡觉／睡覺 shuìjiào VO
ir a la ciudad 进城／進城 jìn chéng VO
ir a la escuela 上学／上學 shàngxué VO
ir a la oficina 上班 shàngbān VO
ir a trabajar 上班 shàngbān VO
ir a un museo 逛博物馆／逛博物館 guàng bówùguǎn FV
ir al aseo 上厕所／上廁所 shàng cèsuǒ VO
ir al teatro 看戏／看戲 kàn xì VO
ir al trabajo 上班 shàngbān VO
ir de compras a un centro comercial 逛商场／逛商場 guàng shāngchǎng VO
ir de compras 去买东西; 逛街／去買東西; 逛街 qù mǎi dōngxi; guàng jiē FV
ir de excursión 郊游／郊遊 jiāoyóu V
ir de tiendas 逛街 guàng jiē VO
ir de un lugar a otro 串 chuàn V
ir de viaje 去旅行 qù lǚxíng FV
ir en autobús 坐公车去／坐公車去 zuò gōngchē qù FV
ir en automóvil 开车去／開車去 kāichē qù FV
irse 走 zǒu V
irse (*salir*) 出门／出門 chūmén VO
Italia 意大利 Yìdàlì PL
italiano (*idioma*) 意大利话; 意大利文; 意大利语／意大利話; 意大利文; 意大利語 Yìdàlìhuà; Yìdàlìwén; Yìdàlìyǔ S
italiano (*persona*) 意大利人 Yìdàlìrén S

J

jabón [pastilla] 肥皂 [块]／肥皂 [塊] féizào [kuài] S
Japón 日本 Rìběn PL
japonés (*idioma*) 日本话; 日语; 日文／日本話; 日語; 日文 Rìběnhuà; Rìyǔ; Rìwén S
japonés (*persona*) 日本人 Rìběnrén S
jerséi de lana 毛衣 [件] máoyī [jiàn] S
joven 年轻／年輕 niánqīng VE
jóvenes 青年人 qīngnián rén S
jubilarse 退休 tuìxiū V
juego (*videojuego, etc.*) 游戏／遊戲 yóuxì S
jueves 星期四 Xīngqīsì PT
jugar 玩儿／玩兒 wánr V
jugar a videojuegos 玩儿电子游戏／玩兒電子遊戲 wánr diànzǐ yóuxì FV
jugar al baloncesto 打球 dǎ qiú VO
jugar al fútbol 踢足球 tī zúqiú VO

julio 七月 Qīyuè S
junio 六月 Liùyuè S
junto (*en total*) 一共 yígòng A
junto a (*en compañía de*) 一块儿; 一起／一塊兒; 一起 yíkuàir; yìqǐ A
junto con 一块(儿)／一塊(兒) yíkuài(r) A
justamente 正好 zhènghǎo A
justo (*hace un momento*) 刚／剛 gāng A
justo después (*presenta una acción subsecuente*) 就 jiù A

K

karaoke 卡拉OK kǎlā OK S
kilogramo 公斤 gōngjīn CF
kilómetro 公里 gōnglǐ CF
kiwi 猕猴桃／獼猴桃 míhóutáo S

L

la mayor parte 大部分／大部份 dà bùfen S
la primera vez 第一次 dìèyī cì NUM/VE
la próxima vez 下次 xià cì PT
la semana pasada 上星期 shàng xīngqī PT
la semana que viene 下(个)星期／下(個)星期 xià (ge) xīngqī PT
lado (*derecha, izquierda, norte, etc.*) 边(儿)／邊(兒) bian(r) PL
lado izquierdo 左边(儿)／左邊(兒) zuǒbian(r) PL
lago Qinghai 青海湖 Qīnghǎi Hú S
lámpara de queroseno 煤油灯／煤油燈 méiyóudēng S
lápiz 铅笔 [支]／鉛筆 [支] qiānbǐ [zhī] S
largo 长／長 cháng VE
lavar 洗 xǐ V
lavar la ropa 洗衣服 xǐ yīfu VO
lavarse la cara 洗脸／洗臉 xǐ liǎn VO
lavarse los dientes 刷牙 shuāyá VO
lección 课／課 kè S
leche 牛奶 niúnǎi S
lechuga 生菜 shēngcài S
lectura (*the act of reading*) 阅读／閱讀 yuèdú S
leer 读／讀 dú V
leer (*ver y entender*) 看 kàn V
leer un libro 看书／看書 kàn shū VO
leer un periódico 看报／看報 kàn bào VO
lejanía 远道／遠道 yuǎndào S
lejos 远／遠 yuǎn VE
lengua hablada 口语／口語 kǒuyǔ S
lento 慢 màn VE
letrado 律师／律師 lǜshī S
levantarse (*de la cama*) 起床 qǐchuáng VO
ley 法律 fǎlǜ S

li (*medida equivalente a 500 metros*) 里 lǐ S/CF
libra (*moneda británica*) 英镑／英鎊 Yīngbàng S
librería 书店／書店 shūdiàn S
libro 书 [本]／書 [本] shū [běn] S
libros extracurriculares 课外书／課外書 kèwài shū S
ligeramente 稍 shāo A
limón 柠檬／檸檬 níngméng S
lindo 好看 hǎokàn VE
lingüística 语言学／語言學 yǔyánxué S
listo (*inteligente*) 聪明／聰明 cōngming VE
literatura 文学／文學 wénxué S
literatura china antigua 古文 gǔwén S
llamado 叫 jiào VE
llamado (*nombre propio*) 叫 jiào VE
llamar por teléfono 打电话／打電話 dǎ diànhuà VO
llave 钥匙 [把]／鑰匙 [把] yàoshi [bǎ] S
llegar (*a un lugar, una hora*) 到 dào CV
llevar (*ropa*) 穿; 穿衣服 chuān; chuān yīfu V/VO
llevar (*sombrero, gafas, etc.*) 戴 dài V
llevar consigo 带／帶 dài V
llevar; traer 带／帶 dài V
llover 下雨 xiàyǔ VO
lluvia 雨 yǔ S
lo lamento 对不起／對不起 duìbuqǐ EI
lo mejor que pueda 尽量／盡量 jǐnliàng A
lo mejor 最好 zuìhǎo VE
lo siento (*al disculparse*) 对不起／對不起 duìbuqǐ EI
lo único que se puede hacer 只好 zhǐhǎo A
localidad 地方 [个]／地方 [個] dìfang [gè] S
longitud 长短／長短 chángduǎn S
Los Ángeles 洛杉矶／洛杉磯 Luòshānjī PL
luego 然后／然後 ránhòu C
lugar 地方 [个]／地方 [個] dìfang [gè] S
lunes 星期一 Xīngqīyī PT

M

Macao 澳门／澳門 Àomén PL
madera (*radical*) 木 mù S
madrastra 继母／繼母 jìmǔ S
madre 母亲／母親 mǔqin S
madre adoptiva 养母／養母 yǎngmǔ S
madre biológica 生母 shēngmǔ S
maduro 熟 shóu (also pronounced shú) VE
maestro artesano 师傅／師傅 shīfu S
máfan V
mahjong 麻将／麻將 májiàng S
mal 不好 bù hǎo V
mamá 妈; 妈妈／媽; 媽媽 mā; māma S
mañana (*desde las 10 a.m. hasta medidodía*) 上午 shàngwǔ PT
mañana (*el día de*) 明天 míngtiān PT
mañana (*hasta las 9–10 a.m.*) 早上 zǎoshang PT

VOCABULARIO ESPAÑOL-CHINO

mandarín (*chino estándar*)　普通话／普通話　pǔtōnghuà　S
mango　芒果　mángguǒ　S
manta　毯子 [条]／毯子 [條]　tǎnzi [tiáo]　S
mantequilla　黄油; 奶油　huángyóu; nǎiyóu　S
manzana　苹果／蘋果　píngguǒ　S
mapa　地图 [张]／地圖 [張]　dìtú [zhāng]　S
maquillaje (*cosméticos*)　化妆品／化妝品　huàzhuāngpǐn　S
maquillarse　化妆／化妝　huàzhuāng　VO
marca　标志／標誌　biāozhì　S
marcharse (*partir de un lugar*)　走　zǒu　V
marido　老公; 先生; 丈夫　lǎogōng; xiānsheng; zhàngfu　S
marisco　海鲜／海鮮　hǎixiān　S
marrón (*color café*)　咖啡色　kāfēisè　S
martes　星期二　Xīngqī'èr　PT
marzo　三月　Sānyuè　S
más (*en número*)　多　duō　VE
más bien　挺　tǐng　A
más o menos　马马虎虎／馬馬虎虎　mǎmǎhūhū　EI
más o menos (*aproximadamente*)　差不多　chàbuduō　VE
más tarde　以后／以後　yǐhòu　PT
matemáticas　数学／數學　shùxué　S
materia (*estudios*)　课／課　kè　S
materia obligatoria　主课／主課　zhǔkè　S
material de oficina　文具 [些]　wénjù [xiē]　S
mayo　五月　Wǔyuè　S
mayor　大　dà　VE
me gustaría　想　xiǎng　VA
media (*talla de ropa, etc.*)　中号／中號　zhōnghào　S
media hora　半个钟头／半個鐘頭　bàn ge zhōngtóu　S
medianoche　半夜　bànyè　PT
medicina (*estudios*)　医学／醫學　yīxué　S
medicamento　药／藥　yào　S
médico　医生／醫生　yīshēng　S
mediodía　中午　zhōngwǔ　PT
mejor　好一点儿／好一點兒　hǎo yìdiǎnr　VE
mejorar　进步／進步　jìnbù　V
melocotón　桃子　táozi　S
melón　哈密瓜　hāmìguā　S
memoria　记忆／記憶　jìyì　S
memorizar　背　bèi　V
menor (*edad*)　小　xiǎo　VE
menos (*en número*)　少　shǎo　VE
menos de (*seguido de expresión numérica*)　不到　bú dào　FV
menú, carta　菜单／菜單　càidān　S
mercado　商场／商場　shāngchǎng　S
mercado (*alimentos frescos*)　菜市(场)／菜市(場)　càishì (chǎng)　S
mes　月 [个]／月 [個]　yuè [ge]　PT
mesa　桌子 [张]／桌子 [張]　zhuōzi [zhāng]　S
mesa de estudio　书桌儿／書桌兒　shūzhuōr　S
meterse　进去／進去　jìnqù　V

metro　地铁／地鐵　dìtiě　S
mi　我的　wǒ de　PR
mí　我　wǒ　PR
miembros de una familia　家里人／家裡人　jiā li rén　S
mientras　……的时候／……的時候　ex de shíhou　PT
miércoles　星期三　Xīngqīsān　PT
mil　千　qiān　NUM
minuto　(一)分钟／(一)分鐘　(yì) fēnzhōng　S
mío　我的　wǒ de　S
mirar　看　kàn　V
mirar (*examinar*)　查　chá　V
mirar la TV　看电视／看電視　kàn diànshì　VO
mirar una película　看电影／看電影　kàn diànyǐng　VO
mitad (*de algo*)　半　bàn [+ clasificador]　NUM
mochila (*de libros*)　书包 [个]／書包 [個]　shūbāo [gè]　S
molestar (*a alguien*)　打搅; 麻烦／打攪; 麻煩　dǎjiǎo; máfan　V
molesto　生气／生氣　shēngqì　VE
momento (*de tiempo; duración*)　时候／時候　shíhou　S
moneda de diez céntimos (*coloquial*)　(一)毛(钱)／(一)毛(錢)　(yì) máo (qián)　S
moneda de diez céntimos (*formal*)　角　jiǎo　S
moneda de Estados Unidos　美金; 美元　Měijīn; Měiyuán　S
mono (*zodiaco chino*)　猴　hóu　S
montaña　山 [座]　shān [zuò]　S
montar (*en bicicleta, a caballo, a horcajadas*)　骑／騎　qí　V
montar en (*autobús, tren, etc.*)　坐　zuò　V
montar en bicicleta　骑自行车／騎自行車　qí zìxíngchē　VO
montar en motocicleta　骑摩托车／騎摩托車　qí mótuōchē　VO
mostrar (*algo*) **a alguien**　给……看看／給……看看　gěi ... kànkan　FV
motocicleta　摩托车 [辆]／摩托車 [輛]　mótuōchē [liàng]　S
mucho　多　duō　VE
muchos　多　duō　VE
mujer　妻子; 老婆; 太太　qīzi; lǎopo; tàitai　S
mujer joven　小姐　xiǎojiě　S
museo　博物馆／博物館　bówùguǎn　S
música　音乐／音樂　yīnyuè　S
músico　音乐家／音樂家　yīnyuèjiā　S
muy　非常; 挺　fēicháng; tǐng　A
muy (*sentido ligero*)　很　hěn　A

N

nabo　萝卜／蘿蔔　luóbo　S
nacer　生; 出生　shēng; chūshēng　V
nacido en　生在　shēng zài　FV
nada mal　不错／不錯　búcuò　VE

VOCABULARIO ESPAÑOL-CHINO

nadar 游泳 yóuyǒng V
naranja (color) 橘红色／橘紅色 júhóngsè S
naturalmente 当然／當然 dāngrán A
navegar en Internet 上网／上網 shàngwǎng VO
necesario 应该／應該 yīnggāi A
necesitar (tiempo o esfuerzo) 要; 需要 yào; xūyào VA/V
negociar el precio 讲价／講價 jiǎngjià VO
negocios (estudios) 商学／商學 shāngxué S
negro (color) 黑色 hēisè S
nervioso 着急／著急 zháojí VE
nevar 下雪 xiàxuě VO
niño 孩子 [个]／孩子 [個] háizi [gè] S
niño pequeño 小孩子 xiǎo háizi S
niños 孩子们／孩子們 háizimen S
nivel (año) **escolar** 年级／年級 niánjí S
no 不; 不是 bù; bú shì A
no (imperativo) 别; 不要 bié; búyào V/VA
no a menudo 不常 bù cháng A
no hay de qué 别客气; 不用谢／別客氣; 不用謝 bié kèqi; búyòng xiè EI
no es así 不; 不是 bù; bú shì A
no es nada 没事(儿)／沒事(兒) méi shì(r) EI
no es necesario 不用 búyòng A
no está mal 不错／不錯 búcuò VE
no gustar 不喜欢／不喜歡 bù xǐhuan FV
no habitualmente 非常 fēicháng A
no hasta 才 cái A
no hay problema 没关系／沒關係 méi guānxi EI
no importa 没关系／沒關係 méi guānxi EI
no lo sé 不知道 bù zhīdao FV
no pasa nada 没事(儿)／沒事(兒) méi shì(r) EI
no poder 不能; 不会／不能; 不會 bù néng; bú huì V
no poder comer más 吃不下 chī bú xià VR
no poder ver 看不见／看不見 kàn bú jiàn VR
no querer 不要 búyào V/VA
no salir de casa 待在家里／待在家裡 dāi zài jiā li FV
no seas tan educado 别客气／別客氣 bié kèqi EI
no ser necesario 不用; 不必 búyòng; búbì VA
no tener 没有 méiyǒu V
no tener nada que hacer 没事(儿); 闲; 闲着／沒事(兒); 閒; 閒著 méi shì(r); xián; xiánzhe V
noche (de 6 p.m. hasta medianoche) 晚上 wǎnshang PT
nombre (sintaxis) 名词／名詞 míngcí S
nombre 名字 [个]／名字 [個] míngzi [gè] S
noreste 东北／東北 dōngběi PL
noroeste 西北 xīběi PL
norte (lado, dirección) 北边(儿)／北邊(兒) běibian(r) PL
nos 我们／我們 wǒmen PR
¡Nos vemos de nuevo! 再见／再見 zàijiàn EI
nos vemos dentro de un rato 一会儿见／一會兒見 yíhuìr jiàn EI
nosotros mismos 我们自己／我們自己 wǒmen zìjǐ P
nosotros 我们; 咱们／我們; 咱們 wǒmen; zánmen PR
noveno 第九(个)／第九(個) dì-jiǔ (ge) S/NUM

novia 女朋友 nǚ péngyou S
novio 男朋友 nán péngyou S
nublado 多云／多雲 duōyún VE
nuestro(s) 我们的／我們的 wǒmen de PR
Nueva York 纽约／紐約 Niǔyuē PL
nueve 九 jiǔ NUM
número (de teléfono, etc.) 号码／號碼 hàomǎ S
número (de una serie) 号／號 hào S
número de teléfono 电话号码／電話號碼 diànhuà hàomǎ S
número de teléfono móvil 手机号码／手機號碼 shǒujī hàomǎ S
numeroso 多 duō VE
nunca 从来不; 从来没／從來不; 從來沒 cónglái bù; cónglái méi A
nutrición 营养／營養 yíngyǎng S
noviembre 十一月 Shíyīyuè S

O

o (al dar opciones) 还是／還是 háishi C
o (en afirmaciones) 或者 huòzhě C
objeto 东西／東西 dōngxi S
obra de teatro 戏剧／戲劇 xìjù S
obrero 工人 gōngrén S
observar 看 kàn V
obsoleto 老 lǎo VE
obtener 拿到 nádào VR
obtener un graduado 毕业／畢業 bìyè VO
ocasionalmente 偶尔／偶爾 ǒu'ěr A
ocasión 机会／機會 jīhuì S
ocasión (vez) 次 cì CF
océano Atlántico 大西洋 Dàxīyáng S
Océano Pacífico 太平洋 Tàipíngyáng S
ochenta 八十 bāshí NUM
ocho 八 bā NUM
octavo 第八(个)／第八(個) dì-bā (ge) S/NUM
octubre 十月 Shíyuè S
ocupado 有事; 忙 yǒu shì; máng FV/VE
oeste (lado, dirección) 西边(儿)／西邊(兒) xībian(r) PL
ofenderse 介意 jièyì V
oficina 办公室／辦公室 bàngōngshì S
¡Oh! (comprensión repentina) 噢 7 I
¡Oh! 哎呀 āiyā I
¡Oh, ya veo que es así! 噢, 原来(是)这样。／噢, 原來(是)這樣。 O, yuánlái (shì) zhèyàng. EI
OK 好; 行 hǎo; xíng VE
oler (percibir con la nariz) 闻／聞 wén V
olor 味道 wèidao S
once 十一 shíyī NUM
ópera 歌剧／歌劇 gējù S
opinión 看法 kànfǎ S
oportunidad (ocasión) 机会／機會 jīhuì S

VOCABULARIO ESPAÑOL-CHINO

ordinario 一般；平常；普通 yìbān; píngcháng; pǔtōng VE
organizar 安排 ānpái V
orientación 方向 fāngxiàng S
originalmente 原来／原來 yuánlái A
orilla del mar 海边／海邊 hǎibiān S
oscuro 暗 àn VE
otoño 秋天 qiūtiān S
otras personas 别人 biéren P
otro (*uno diferente*) 别的 biéde EP
otros(as) (*el resto, lo que queda*) 其他(的) qítā (de) S
oveja (*zodiaco chino*) 羊 yáng S

P

pabellón de deportes 体育馆／體育館 tǐyùguǎn S
padrastro 继父／繼父 jìfù S
padre adoptivo 养父／養父 yǎngfù S
padre biológico 生父 shēngfù S
padre 父亲；爸爸／父親；爸爸 fùqin; bàba S
padres 父母 fùmǔ S
pagar (*money, the bill*) 付；付钱／付；付錢 fù; fù qián V/VO
pagar en efectivo 付现金／付現金 fù xiànjīn VO
pagar la cuenta 结账；付账／結賬；付賬 jiézhàng; fùzhàng VO
país (*sufijo para nombres de países*) 国／國 guó S/S
país extranjero 外国／外國 wàiguó S
paisaje 风景／風景 fēngjǐng S
pájaro 鸟(儿) [只]／鳥(兒) [隻] niǎo(r) [zhī] S
palabra 单词；字／單詞；字 dāncí; zì S
palabras (*discurso*) 话／話 huà S
palillos [par] 筷子[双]／筷子 [雙] kuàizi [shuāng] S
pan [rebanada/barra] 面包 [片／条]／麵包 [片／條] miànbāo [piàn/tiáo] S
pantalones [par] 裤子；长裤 [条]／褲子；長褲 [條] kùzi; chángkù [tiáo] S
pantalones largos [par] 裤子；长裤 [条]／褲子；長褲 [條] kùzi; chángkù [tiáo] S
pantalones cortos [par] 短裤 [条]／短褲 [條] duǎnkù [tiáo] S
pantalones vaqueros [par] 牛仔裤 [条]／牛仔褲 [條] niúzǎikù [tiáo] S
pantuflas [par] 拖鞋 [双]／拖鞋 [雙] tuōxié [shuāng] S
papá 爸爸 bàba S
papel [hoja] 纸 [张]／紙 [張] zhǐ [zhāng] S
papel higiénico 卫生纸／衛生紙 wèishēngzhǐ S
par (*de algo*) (一)双……／(一)雙…… (yì) shuāng … NUM/CF
parada (*de autobús, tren, etc.*) 站 [个]／站 [個] zhàn [gè] S
parada/estación de autobús 车站／車站 chēzhàn S
parada/estación de metro 地铁站 [个]／地鐵站 [個] dìtiězhàn[gè] S

parece como si, parece que 看来／看來 kànlái FV
parecer 像 xiàng V
parecer (*se ve que*) 好像 hǎoxiàng A
parque público 公园(儿)／公園(兒) gōngyuán(r) S
párrafo 段落 duànluò S
parte inferior 下面 xiàmiàn PL
pasado mañana 后天／後天 hòutiān PT
pasar (*cierta hora*) 过／過 guò V
pasar por (*de camino*) 过／過 guò V
pasarlo bien 玩儿／玩兒 wánr V
pasear en automóvil 去兜风／去兜風 qù dōufēng VO
pasear en barca 划船 huá chuán VO
pasillo 走廊 zǒuláng S
pasta de dientes [tubo] 牙膏 [管] yágāo [guǎn] S
pastel [trozo] 蛋糕 [块]／蛋糕 [塊] dàngāo [kuài] S
pasteles 甜点／甜點 tiándiǎn S
pataca de Macao (*moneda*) 澳门元／澳門元 Àoményuán S
patata 土豆(儿)／土豆(兒) tǔdòu(r) S
patio 院子 yuànzi S
patio delantero 前院(儿)／前院(兒) qiányuàn(r) S
patio trasero 后院／後院 hòuyuàn S
pato (*carne*) 鸭(肉)／鴨(肉) yā(ròu) S
pato asado 烤鸭／烤鴨 kǎoyā S
pedir (*a alguien que haga algo*) 请／請 qǐng V
pedir (*platos de un menú*) 点菜／點菜 diǎn cài VO
pedir por favor (*peticiones educadas*) 请／請 qǐng V
peine 梳子 [把] shūzi [bǎ] S
peinarse el pelo 梳头发／梳頭髮 shū tóufa VO
película (*cine*) 电影 [部]／電影 [部] diànyǐng [bù] S
pelo (*de la cabeza*) 头发／頭髮 tóufa S
pelota 球 [个]／球 [個] qiú [gè] S
pena (*remordimiento*) 遗憾／遺憾 yíhàn V
pensar (*creer*) 觉得／覺得 juéde V
pensar (*dar una opinión*) 认为／認為 rènwéi V
pensar en (*desear, querer*) 想 xiǎng VA
pepino amargo 苦瓜 kǔguā S
pepino 黄瓜 huángguā S
pequeño 小 xiǎo VE
pequeña (*talla de ropa, etc.*) 小号／小號 xiǎohào S
pera 梨 lí S
perder 失去 shīqù V
periódico 报(纸) [份]／報(紙) [份] bào(zhǐ) [fèn] S
permiso (*certificado*) 证／證 zhèng S
permitir 让／讓 ràng CV
pero 可是；但是 kěshì; dànshì C
perrito caliente 热狗 [个]／熱狗 [個] règǒu [gè] S
perro (*zodiaco chino*) 狗 gǒu S
persona 人 [个]／人 [個] rén [gè] S
persona mayor 大人 dàrén S
persona de servicio 服务员／服務員 fúwùyuán S
persona extranjera 外国人／外國人 wàiguórén S
pertenecer a (*un signo zodiacal*) 属／屬 shǔ V
pescado agridulce con apio 西芹糖醋鱼／西芹糖醋魚 xīqíntángcùyú S

VOCABULARIO ESPAÑOL-CHINO

pescado agridulce con forma de ardilla 松鼠鱼／松鼠魚 sōngshǔyú S
pescar 钓鱼／釣魚 diàoyú VO
pez 鱼 [条]／魚 [條] yú [tiáo] S
picante 辣 là VE
picnic 野餐 yěcān S
pimienta verde 青椒 qīngjiāo S
piña 菠萝／菠蘿 bōluó S
pincel (pincel chino de escritura) 毛笔／毛筆 máobǐ S
ping-pong 乒乓球 pīngpāngqiú S
pintar 画画儿／畫畫兒 huà huàr VO
pintor 画家／畫家 huàjiā S
pintura 画儿 [张]／畫兒 [張] huàr [zhāng] S
pinyin 拼音 pīnyīn S
pista de deportes 操场／操場 cāochǎng S
pizarra 黑板 hēibǎn S
plan (idea) 主意 zhǔyi S
planear (pensar en hacer algo) 想 xiǎng VA
planificar, plan 安排 ānpái V/S
planta (de un edificio) 层／層 céng CF
planta (de un edificio) 楼／樓 lóu CF
plantar 种／種 zhòng V
plata (color) 银色／銀色 yínsè S
plato (de un menú) 菜 cài S
plato (utensilio) 盘子 [个]／盤子 [個] pánzi [gè] S
plato de comida 菜 [盘]／菜 [盤] cài [pán] S
plato de fruta 水果拼盘／水果拼盤 shuǐguǒ pīnpán S
playa 海滩; 沙滩／海灘; 沙灘 hǎitān S
playa de arena 沙滩／沙灘 shātān S
pluma, bolígrafo 笔 [支]／筆 [支] bǐ [zhī] S
pobre (inferior) 差 chà VE
poco （一）点(儿)／（一）點(兒) (yì)diǎn(r) S/CF
poco (cantidad) 少 shǎo VE
poco complicado 简单／簡單 jiǎndān VE
poder (saber cómo) 会／會 huì VA
poder (ser capaz) 能 néng VA
poder (ser posible) 可以 kěyǐ VA
poder (tener permiso para) 可以 kěyǐ VA
póker 扑克牌／撲克牌 pūkèpái S
policía 警察 jǐngchá S
pollo (carne) 鸡(肉)／雞(肉) jī(ròu) S
pollo kungpao 宫保鸡丁／宮保雞丁 gōngbǎojīdīng S
pollo, pato, pescado y carne (normalmente cerdo) 鸡鸭鱼肉／雞鴨魚肉 jīyāyúròu EI
ponerse (ropa) 穿 chuān V
ponerse moreno 晒太阳／曬太陽 shài tàiyáng VO
ponerse ropa 穿衣服 chuān yīfu VO
por, para 为了／為了 wèile CV
por debajo 下面 xiàmiàn PL
por detrás 后面／後面 hòumiàn PL
por ejemplo 比如(说)／比如(説) bǐrú shuō FV
por el día 白天 báitiān S
por ello 所以 suǒyǐ C
por la noche 夜里; 晚上／夜裡; 晚上 yèli; wǎnshang PT
por lo tanto 所以 suǒyǐ A
por mucho tiempo 好久 hǎojiǔ A
por qué 为什么／為甚麼 wèishénme PI
por sí mismo 自己 zìjǐ P
por supuesto 当然／當然 dāngrán A
por uno mismo 自己 zìjǐ P
por último 最后／最後 zuìhòu A
porque 因为／因為 yīnwèi C
poseer 有 yǒu V
posiblemente (quizás) 也许; 可能／也許; 可能 yěxǔ; kěnéng A
postre 甜点／甜點 tiándiǎn S
practicar yoga 做瑜伽 zuò yújiā VO
practicar 练习／練習 liànxí V
práctico 方便 fāngbiàn VE
precio 价钱／價錢 jiàqian S
precio de una entrada 票价／票價 piào jià S
preferir 喜欢／喜歡 xǐhuan V
preguntar 问; 问问／問; 問問 wèn; wènwen V
preocupado 着急／著急 zháojí VE
preparar la comida 做饭／做飯 zuò fàn VO
presentación 介绍／介紹 jièshào S
presentar 介绍／介紹 jièshào V
presente (ahora) 现在／現在 xiànzài PT
presente (regalo) 礼物／禮物 lǐwù S
prestar 借 jiè V
prestar atención a 注意 zhùyì V
pretender 想 xiǎng VA
previamente 以前 yǐqián PT
primavera 春天 chūntiān S
primavera, verano, otoño e invierno 春, 夏, 秋, 冬 chūn xià, qiū, dōng EI
primer/segundo/tercer/cuarto tono 第一／第二／第三／第四声 ‖ 第一／第二／第三／第四聲 dì-yī / dì-èr / dì-sān / dì-sì shēng S
primera planta 一楼／一樓 yī lóu S
primero (antes) 先 xiān A
primero (ordinal) 第一(个)／第一(個) dìyī (ge) S/NUM
primero... después ... 先……再 xiān ... zài C
privado (baño, etc.) 独立的／獨立的 dúlì de AT
probablemente 也许; 可能／也許; 可能 yěxǔ; kěnéng A
probar 尝／嚐 cháng V
problema 问题 [个]／問題 [個] wèntí [gè] S
profesor 老师 [位]／老師 [位] lǎoshī [wèi] S
profesor universitario 教授 [位] jiàoshòu [wèi] S
programa de televisión 电视节目／電視節目 diànshì jiémù S
progresar; progreso 进步／進步 jìnbù V/S
prometer 答应／答應 dāying V
pronóstico 预报／預報 yùbào V/S
pronóstico del tiempo 天气预报／天氣預報 tiānqì

VOCABULARIO ESPAÑOL-CHINO

yùbào S
pronto 早 zǎo VE
pronunciación 发音／發音 fāyīn S
proporcionar ayuda 帮; 帮助／幫; 幫助 bāng; bāngzhù V
prueba (*escuela*) 考试／考試 kǎoshì S
psicología 心理学／心理學 xīnlǐxué S
público 公共 gōnggòng AT
pudín de mango 芒果布丁 mángguǒbùdīng S
pueblo 农村／農村 nóngcūn S
puerta 门／門 mén S
punto fuerte 强项／強項 qiángxiàng S

Q

qué 什么／甚麼 shénme PI
que (*en comparaciones*) 比 bǐ CV
¿Qué día es hoy? 今天几号？／今天幾號？ Jīntiān jǐ hào? EI
¿Qué pasa? 怎么了／怎麼了 zěnme le
¿Qué tal? 怎么样？／怎麼樣？ Zěnmeyàng? EI
quedarse en 住; 待在 zhù; dāi zài V/FV
quedarse en casa 待在家里／待在家裡 dāi zài jiā li FR
querer 要; 想 yào; xiǎng VA
quién 谁／誰 shéi PI
química 化学／化學 huàxué S
quince minutos 一刻钟／一刻鐘 yí kèzhōng FN
quinto 第五(个)／第五(個) dì-wǔ (ge) S/NUM
quizás 也许; 可能／也許; 可能 yěxǔ; kěnéng A

R

rábano 萝卜／蘿蔔 luóbo S
radio 收音机／收音機 shōuyīnjī S
rápido; rápidamente 快 kuài VE/A
raramente 很少 hěn shǎo A
raro 不常 bù cháng VE
rata (*zodiaco chino*) 鼠 shǔ
ratón (*zodiaco chino*) 鼠 shǔ S
razón (*causa*) 原因 yuányīn S
realmente 真; 实在; 确实／真; 實在; 確實 zhēn; shízài; quèshí A
recibir 欢迎／歡迎 huānyíng V
recientemente 最近 zuìjìn A
recitar de memoria 背诵／背誦 bèisòng V
recoger a, encontrarse con (*alguien*) 接 jiē V
reconocer 认识／認識 rènshi V
reconocer caracteres chinos 认识字／認識字 rènshizì VO
recordar 记得／記得 jìde V
recto (*relativo a dirección*) 一直 yìzhí A
reformar 装修／裝修 zhuāngxiū V

refresco 饮料／飲料 yǐnliào S
refresco de cola 可乐／可樂 kělè S
regalo 礼物／禮物 lǐwù S
regatear (*para conseguir descuento*) 讲价／講價 jiǎngjià VO
región montañosa 山区／山區 shānqū S
regresar (*ir*) 回去 huíqù VO
regresar (*venir*) 回来／回來 huílái V
regresar a casa 回家 huíjiā V
regularmente 经常; 常常／經常; 常常 jīngcháng; chángcháng A
Reino Unido 英国／英國 Yīngguó PL
relajarse 放松／放鬆 fàngsōng VR
relativamente 比较／比較 bǐjiào A
reloj 表 [块]／錶 [塊] biǎo [kuài] S
reloj de pulsera 手表 [块]／手錶 [塊] shǒubiǎo [kuài] S
remar en barca 划船 huá chuán VO
renminbi 人民币 [块]／人民幣 [塊] rénmínbì S
renovar 装修／裝修 zhuāngxiū V
reparar 修理 xiūlǐ V
repetir (*lo dicho*) 再说一次／再說一次 zài shuō yí ci FR
repetir de memoria 背诵／背誦 bèisòng V
repollo chino 白菜 báicài S
representación (*teatro*) 戏剧／戲劇 xìjù S
requerir (*tiempo o esfuerzo*) 要; 需要 yào; xūyào VA/V
residir (*en*) 住在 zhù zài FV
responder 回答 huídá V
restar 减／減 jiǎn V
restaurante 餐馆(儿); 饭馆(儿); 馆子／餐館(兒); 飯館(兒); 館子 cānguǎn(r); fànguǎn(r); guǎnzi S
reunión familiar 家庭聚会／家庭聚會 jiātíng jùhuì S
reunión 聚会／聚會 jùhuì S
reunirse 聚会／聚會 jùhuì V
reunirse con 接 jiē V
rico (*comida*) 好吃 hǎo chī VE
río Amarillo 黄河 Huáng Hé PL
río Yangtsé 长江／長江 Cháng Jiāng PL
rojo 红色／紅色 hóngsè S
ropa [*prenda*] 衣服 [件] yīfu [jiàn] S
ropa deportiva 运动服 [件]／運動服 [件] yùndòngfú [jiàn] S
rosa 粉红色／粉紅色 fěnhóngsè S
rupia (*moneda de India y Pakistán*) 卢比／盧比 Lúbǐ S
Rusia 俄罗斯／俄羅斯 Éluósī PL
ruso (*idioma*) 俄文; 俄语; 俄罗斯话／俄文; 俄語; 俄羅斯話 Éwén; Éyǔ; Éluósīhuà S
ruso (*persona*) 俄罗斯人／俄羅斯人 Éluósīrén S

S

sábado 星期六 Xīngqīliù PT

VOCABULARIO ESPAÑOL-CHINO

saber (*cómo*) 会／會 huì VA
saber (*tener conocimiento*) 知道 zhīdao V
saber leer y escribir 认识字／認識字 rènshi zì V
sabor 味道 wèidao S
sabroso 好吃 hǎochī VE
sabroso 香 xiāng VE
saciado (*después de comer*) 吃饱了／吃飽了 chībǎole VR
sal 盐／鹽 yán S
salado 咸／鹹 xián VE
salchicha 香肠／香腸 xiāngcháng S
salir 出去 chūqù V
salir de clase 下课／下課 xiàkè VO
salir de la escuela 放学／放學 fàngxué VO
salir de la oficina 下班 xiàbān VO
salir del país 出国／出國 chūguó VO
salir del trabajo 下班 xiàbān VO
salón 客厅／客廳 kètīng S
saltear 炒 chǎo V
sandalias [par] 凉鞋 [双]／涼鞋 [雙] liángxié [shuāng] S
sandía 西瓜 xīguā S
sandwich 三明治 sānmíngzhì S
secretario(a) 秘书／秘書 mìshū S
sediento 渴 kě VE
seguidamente 然后; 以后／然後; 以後 ránhòu; yǐhòu PT
seguir (*ir detrás*) 跟着／跟著 gēnzhe V
seguir recto 一直走; 往前走 yìzhí zǒu; wǎngqián zǒu FV
según 根据／根據 gēnjù CV
segundo (*ordinal*) 第二(个)／第二(個) dì-èr (ge) S/NUM
segundo hijo (*de una familia*) 老二 lǎo èr S
seguramente 会／會 huì A
seguro; seguridad 安全 ānquán VE/S
séis 六 liù NUM
seleccionar 选择／選擇 xuǎnzé V
sello (*postal*) 邮票／郵票 yóupiào S
semáforo 红绿灯／紅綠燈 hónglǜdēng S
semáforo rojo 红灯 [个]／紅燈 [個] hóngdēng [gè] S
semáforo verde 绿灯／綠燈 lǜdēng S
semana 星期 xīngqī S
semestre (*escolar*) 学期／學期 xuéqī S
sembrar 种／種 zhòng V
señor 先生 Xiānsheng S
señorita 小姐 Xiǎojiě S
sentarse a la mesa (*para comer*) 上桌 shàng zhuō FV
sentarse 坐 zuò V
sentido 意思 yìsi S
sentir (*al arrepentirse*) 遗憾／遺憾 yíhàn VE
sentir (*experimentar*) 感受 gǎnshòu V
separar 区分／區分 qūfēn V
septiembre 九月 Jiǔyuè S
séptimo 第七(个)／第七(個) dì-qī (ge) S/NUM

ser 是 shì VE
ser (*ejercer de*) 当／當 dāng V
ser capaz 能 néng V
ser correcto (*sin error*) 没错／没錯 méicuò V
ser invitado 做客 zuòkè VO
ser probable 会／會 huì VA
ser similar 像 xiàng V
serpiente (*zodiaco chino*) 蛇 shé S
sesenta 六十 liùshí NUM
setas 香菇 xiānggū S
setenta 七十 qīshí NUM
sexto 第六(个)／第六(個) dì-liù (ge) S/NUM
Shanghai 上海 Shànghǎi PL
sí (*correcto*) 是; 是的; 对／是; 是的; 對 shì; shì de; duì EI
si 要是; 如果 yàoshi; rúguǒ C
sí (*vale*) 嗯 ǹg I
siempre 一直; 总是／一直; 總是 yìzhí; zǒngshì A
¡Siéntate donde quieras! 随便坐!／隨便坐! Suíbiàn zuò! EI
¡Siéntate por favor! 请坐!／請坐! Qǐng zuò! EI
siesta 午睡 wǔshuì S
siete 七 qī NUM
signo 标志／標誌 biāozhì S
siguiente (*en una serie*) 下(个)／下(個) xià (ge) EP
símbolo 标志／標誌 biāozhì S
similar 一样／一樣 yíyàng VE
simple 简单／簡單 jiǎndān VE
sin 没有 méiyǒu V
sin cocinar 生 shēng VE
sin embargo 可是; 但是 kěshì; dànshì C
sin falta 一定 yídìng A
sin interés 没意思 méi yìsi VE
sin perder tiempo 赶紧／趕緊 gǎnjǐn A
sin problema 没关系／没關係 méi guānxi EI
sitio 地方 [个]／地方 [個] dìfang [gè] S
snacks 小吃; 零食 xiǎochī; língshí S
sobre 上边; 上面／上邊; 上面 shàngbian; shàngmiàn PL
sobre (*encima de*) 在……上(面/头)／在……上(面/頭) zài ... shàng(miàn/tou) C
sobrepasar (*cierta hora*) 过／過 guò V
extremadamente 太……(了) tài ... (le) A
sociología 社会学／社會學 shèhuìxué S
sol 太阳／太陽 tàiyáng S
sol (*radical*) 日 rì S
soldado 军人／軍人 jūnrén S
solicitar (*invitar*) 约／約 yuē V
solo 自己一个人／自己一個人 zìjǐ yí gè rén PR
solo (*antes de un número*) 就 jiù A
solo (*nada más que*) 只是 zhǐ shì A
solo (*solamente*) 就; 只 jiù; zhǐ A
solo si ... entonces 只有……才…… zhǐyǒu ... cái C
solo un momento antes 刚才／剛才 gāngcái A
sombrero 帽子 [顶]／帽子 [頂] màozi [dǐng] S

VOCABULARIO ESPAÑOL-CHINO

sombrío 暗 àn VE
sonido 声音／聲音 shēngyīn S
soñoliento 困／睏 kùn VE
sopa 汤／湯 tāng S
soso (*sabor*) 淡 dàn VE
souvenir 纪念品 [个]／紀念品 [個] jìniànpǐn [gè] S
Sr. 先生 xiānsheng S
su, suyo (*de él*) 他的 tā de PR
su, suyo (*de ella*) 她的 tā de PR
suave 软／軟 ruǎn VE
suave (*sabor*) 清淡 qīngdàn VE
subir (*al autobús, al tren, etc.*) 上(车, 火车……)／上(車, 火車……) shàng (chē, huǒchē ...) VO
subir (*escaleras, etc.*) 爬 pá V
subir a un barco 上船 shàng chuán VO
sucede que 正好 zhènghǎo A
suelo 地 dì S
suficiente 够／夠 gòu VE
sumamente 非常 fēicháng A
sumar 加 jiā V
sumar (*en total*) 加(起来)／加(起來) jiā (qǐlái) V
supermercado 超市 chāoshì S
suponer (*si*) 如果 rúguǒ C
sur (*lado, dirección*) 南边(儿)／南邊(兒) nánbian(r) PL
sureste 东南／東南 dōngnán PL
suroeste 西南 xīnán PL
sus 他们的／他們的 tāmen de PR
Suzhou (*ciudad del este de China*) 苏州／蘇州 Sūzhōu PL

T

taberna 酒吧 jiǔbā S
taichí 太极拳／太極拳 tàijíquán S
tailandés (*persona*) 泰国人／泰國人 Tàiguórén S
Tailandia 泰国／泰國 Tàiguó PL
Taipei 台北 Táiběi PL
Taiwan 台湾／台灣 Táiwān PL
tal como 比如说／比如說 bǐrú shuō FV
tal vez 也许／也許 yěxǔ A
talla (*pequeña, mediana, grande, etc.*) 号／號 hào CF
tallarines 面条／麵條 miàntiáo S
tallarines fritos 炒面／炒麵 chǎomiàn S
también (*además*) 还有; 而且; 再说／還有; 而且; 再說 hái yǒu; érqiě; zài shuō C
también (*y*) 也 yě A
tan 这么／這麼 zhème A
tapioca de melón 西米露 xīmǐlù S
tarde 晚 wǎn VE
tarde (*parte del día*) 下午 xiàwǔ PT
tarea (*escuela*) 功课／功課 gōngkè S
tareas domésticas 家务／家務 jiāwù S
tareas para la casa 功课; 作业／功課; 作業 gōngkè; zuòyè S
tarjeta por año 年卡 niánkǎ S
tarjeta de crédito 信用卡 [张]／信用卡 [張] xìnyòngkǎ [zhāng] S
tarjeta de transporte 公交卡 gōngjiāokǎ S
tarjeta postal 明信片 [张]／明信片 [張] míngxìnpiàn [zhāng] S
tartaleta de crema 蛋挞 dàntà S
taxi 出租汽车 [辆]／出租汽車 [輛] chūzū qìchē [liàng] S
té [*taza*] 茶 [杯] chá [bēi] S
té con leche 奶茶 nǎichá S
teatro (*lugar*) 剧院／劇院 jùyuàn S
teatro (*obra de*) 戏剧／戲劇 xìjù S
técnica (*habilidad*) 技巧 jìqiǎo S
técnica de corte (*al preparar comida*) 刀功 dāo gōng S
telefonear 打电话／打電話 dǎ diànhuà VO
teléfono 电话 [个]／電話 [個] diànhuà [gè] S
teléfono móvil 手机 [个]／手機 [個] shǒujī [gè] S
televisor 电视 [台]／電視 [台] diànshì [tái] S
tema (*de debate*) 题目／題目 tímù S
temer 怕 pà V
temperatura (*del clima*) 气温／氣溫 qìwēn S
temperatura (*nivel de frío o calor*) 温度／溫度 wēndù S
tener (*posesivo*) 有 yǒu V
tener algo que hacer 有事; 忙 yǒu shì; máng VO/VE
tener alta temperatura 发烧／發燒 fāshāo VO
tener clase 上课／上課 shàngkè VO
tener dolor de cabeza 头疼／頭疼 tóuténg VO
tener el deseo de 要 yào V
tener fiebre 发烧／發燒 fāshāo VO
tener ganas (*de hacer algo*) 想 xiǎng VA
tener intención de 会; 要／會; 要 huì; yào VA
tener la costumbre 习惯／習慣 xíguàn V
tener que 应该／應該 yīnggāi A
tener que (*deber*) 得 děi VA
tener tiempo libre (*para hacer algo*) 有空(儿)／有空(兒) yǒu kòng(r) VE
tener vacaciones 放假 fàngjià VO
tener una ocupación temporal 打工 dǎgōng VO
tenis 网球／網球 wǎngqiú S
tercero 第三(个)／第三(個) dì-sān (ge) S/NUM
terminar las clases (*del día*) 放学／放學 fàngxué V
ternera (*carne*) 牛(肉) niú(ròu) S
ternera con brócoli 芥兰牛肉／芥蘭牛肉 jièlánniúròu S
terreno 土 tǔ S
texto (*de la lección*) 课文／課文 kèwén S
texto completo 全文 quánwén S
tía (*hermana de la madre*) 阿姨 āyí S
tía (*hermana del padre*) 姑姑 gūgu S
tía (*mujer de un hermano de la madre*) 舅妈／舅媽 jiùmā S
tía (*mujer de un hermano mayor del padre*) 伯母 bómǔ S

tía (*mujer de un hermano menor del padre*) 婶婶／嬸嬸 shěnshen S
Tíbet 西藏 Xīzàng PL
tiempo 天气／天氣 tiānqì S
tiempo (*del reloj*) ……点(钟)／……點(鐘) ... diǎn(zhōng) FR
tiempo (*periodo*) 时间／時間 shíjiān S
tiempo (*punto en el tiempo, duración*) 时候／時候 shíhou S
tiempo de ocio 闲下来的时间／閑下來的時間 xián xiàlái de shíjiān FR
tiempo libre 空(儿)／空(兒) kòng(r) S
tiempos antiguos 古代 gǔdài S
tiempos modernos 现代／現代 xiàndài S
tienda 商店 shāngdiàn S
tienda de departamentos 百货商店／百貨商店 bǎihuò shāngdiàn S
tierra (*radical*) 土 tǔ S
tierras de cultivo 农田／農田 nóngtián S
tigre (*zodiaco chino*) 虎 hǔ S
tío (*hermano de la madre*) 舅舅 jiùjiu S
tío (*hermano mayor del padre*) 伯伯 bóbo S
tío (*hermano menor del padre*) 叔叔 shūshu S
tipo 样；种／樣；種 yàng; zhǒng CF
tipos 种类／種類 zhǒnglèi S
tiras de cerdo con salsa de ajo 鱼香肉丝／魚香肉絲 yúxiāngròusī S
título (*académico*) 学位／學位 xuéwèi S
toalla 毛巾 [条]／毛巾 [條] máojīn [tiáo] S
tocino de carne frito 炒腊肉／炒臘肉 chǎo làròu S
todavía (*aún*) 还；还是／還；還是 hái; háishi A
todavía (*sin embargo*) 可是；但是 kěshì; dànshì C
todavía más 更 gèng A
todo 都 dōu A
todo junto 一共 yígòng A
todos 每个人；大家／每個人；大家 měi ge rén; dàjiā S
tofu 豆腐 dòufu S
tofu con carne y verduras 什锦豆腐／什錦豆腐 shíjǐndòufu S
tofu mapo (*estofado de tofu con carne picada*) 麻婆豆 mápódòufu S
tomar (*llevar*) 带／帶 dài V
tomar (*sostener en la mano*) 拿 ná V
tomar (*un autobús, tren, etc.*) 坐；搭 zuò; dā V
tomar asiento 坐 zuò V
tomar clases por créditos 修学分／修學分 xiū xuéfēn V
tomar con calma 休息 xiūxi V
tomar el sol 晒太阳／曬太陽 shài tàiyáng VO
tomar nota 注意 zhùyì V
tomar un baño 洗澡 xǐzǎo VO
tomar un descanso 休息 xiūxi V
tomar un examen 考试／考試 kǎoshì VO
tomar un taxi 打的 dǎdí VO
tomar una ducha 洗澡 xǐzǎo VO

¡Tomaré un poco más! 再来(一)点儿／再來(一)點兒 zài lái(yì)diǎnr EI
tomate 西红柿／西紅柿 xīhóngshì S
tono (*en idiomas*) 声调／聲調 shēngdiào S
torcer (*en dirección de*) 往……拐 wǎng ... guǎi FV
tormenta 雷雨 léiyǔ S
tostar 烤 kǎo V
total 全；全部 quán; quánbù S
totalidad 全；全部 quán; quánbù S
totalmente 一共 yígòng A
trabajador cualificado 师傅／師傅 shīfu S
trabajador 工人 gōngrén S
trabajar; trabajo 工作 gōngzuò V/S
trabajar a tiempo parcial 打工 dǎgōng VO
trabajar como 当／當 dāng V
tradición 传统／傳統 chuántǒng S
tranquilizarse 放松／放鬆 fàngsōng VR
transcribir 抄 chāo S
transformar 变／變 biàn V
transformar en 转变成／轉變成 zhuǎnbiàn chéng VR
tratar de adivinar 猜猜看 cāicai kàn FV
travesía 旅行 lǚxíng V
trayecto 路程 lùchéng S
trece 十三 shísān NUM
treinta 三十 sānshí NUM
tren 火车／火車 huǒchē S
tren interurbano 城铁／城鐵 chéngtiě S
trepar 爬 pá V
tres 三 sān NUM
triste 不高兴；难过／不高興；難過 bù gāoxìng; nánguò VE
tronar 打雷 dǎléi VO
tú (*informal*) 你 nǐ PR
tú y yo 咱们／咱們 zánmen PR
tu, vuestro 你的；你们的／你的；你們的 nǐ de; nǐmen de PR
tú mismo 你自己 nǐ zìjǐ PR
TV 电视 [台]／電視 [台] diànshì [tái] S

U

ubicación 地址 dìzhǐ S
un(a) (*con distintos clasificadores*) 一个／一個 yí gè NUM
un céntimo 一分(钱)／一分(錢) yì fēn (qián) S
un cuarto de hora 一刻钟／一刻鐘 yí kèzhōng S
un largo camino 远道／遠道 yuǎndào S
un momento 一会儿／一會兒 yíhuìr S
un par 两个／兩個 liǎng gè NUM
¡Un placer conocerlo! 很高興認識你/您。‖ 很高兴认识你/您。 Hěn gāoxìng rènshi nǐ/nín. EI
un poco 一点儿／一點兒 yìdiǎnr NUM/CF
un poco (*solo en negaciones*) 有点(儿)／有點(兒)

VOCABULARIO ESPAÑOL-CHINO

yǒudiǎn(r) A
un poco (*una pequeña cantidad*) 稍 shāo A
un rato, un momento 一会儿／一會兒 yíhuìr PT
un vaso de (*algo*) 一杯…… yì bēi ... S/CF
una copa de (*algo*) 一杯…… yì bēi ... S/CF
una cosa 东西[个]／東西[個] dōngxi [gè] S
una vez 一次 yí cì NUM/CF
una vez más 再 zài A
undécimo 第十一(个)／第十一(個) dì-shíyī (ge) NUM
unirse 加入 jiārù V
universidad 大学／大學 dàxué S
uno (*número*) 一 yī NUM
uno mismo 自己 zìjǐ P
usar 用 yòng V
usted (*formal*) 您 nín PR
unidad monetaria (*coloquial*) (一)块(钱)／(一)塊(錢) (yí) kuài (qián) S
unidad monetaria (*formal*) 元 yuán S
útil 有用 yǒuyòng VE
utilizar una tarjeta (de crédito) 刷卡 shuākǎ VO
uva 葡萄 pútao S

V

vale 好 hǎo VE
vaqueros [par] 牛仔裤[条]／牛仔褲[條] niúzǎikù [tiáo] S
variar 变／變 biàn V
varias veces a la semana 一周几次／一週幾次 yì zhōu jǐ cì PT
variedad 样;种／樣;種 yàng; zhǒng CF
variedades 种类／種類 zhǒnglèi S
varios 一些 yìxiē NUM/CF
vaso 杯子[个]／杯子[個] bēizi [gè] S
veces 次 cì CF
vecino 邻居／鄰居 línjū S
vecindad 附近 fùjìn S
vehículo 车[辆]／車[輛] chē [liàng] S
veinte 二十 èrshí NUM
veintiuno 二十一 èrshíyī NUM
veloz; velozmente 快 kuài VE/A
vendedor 店员;服务员;售货员／店員;服務員;售貨員 diànyuán; fúwùyuán; shòuhuòyuán S
vender 卖／賣 mài V
venir 来／來 lái V
venir (*aquí*) 过来／過來 guòlái V
venir de ... 从……来／從……來 cóng ... lái FV
ver (*a alguien*) 见／見 jiàn V
ver (*mirar una película, etc.*) 看 kàn V
ver (*visión*) 看见／看見 kànjiàn V
ver como 算;作为／算;作為 suàn; zuòwéi V
ver una obra de teatro 看戏／看戲 kàn xì VO
ver una película 看电影／看電影 kàn diànyǐng VO

verano 夏天 xiàtiān S
verbo 动词／動詞 dòngcí S
verdaderamente 其实／其實 qíshí A
verdadero 真的 zhēnde VE
verde 绿色／綠色 lǜsè S
verdura (蔬)菜 (shū)cài S
vestido 女装[件]／女裝[件] nǚzhuāng [jiàn] S
vestir(se) 穿;穿衣服 chuān; chuān yīfu V/VO
viajar 旅行 lǚxíng V
viajar en (*tren, autobús, etc.*) 坐;搭 zuò; dā CV
videojuego 电子游戏[个]／電子遊戲[個] diànzǐ yóuxì[gè] S
viejo (*edad*) 大;老 dà; lǎo VE
viejo (*no nuevo*) 旧／舊 jiù VE
viernes 星期五 Xīngqīwǔ PT
vino 酒 jiǔ S
violeta 紫色 zǐsè S
visitar un museo 逛博物馆／逛博物館 guàng bówùguǎn FV
vivienda pública 公寓 gōngyù S
vivir 生活 shēnghuó V
vivir (*en*) 住在 zhù zài FV
voleibol 排球 páiqiú S
volver 回 huí V
volver (*aquí*) 回来／回來 huílái V
volver a casa 回家 huíjiā VO
vosotros 你们／你們 nǐmen PR
vosotros mismos 你们自己／你們自己 nǐmen zìjǐ PR
voz 声音／聲音 shēngyīn S

Y

y 跟;和 gēn; hé C
y 又 yòu A
y X? ... ……呢 ... ne P
ya 已经／已經 yǐjīng A
ya que 因为／因為 yīnwèi C
Yangshuo (*ciudad del sur de China*) 阳朔／陽朔 Yángshuò
yen japonés 日元 Rìyuán S
yo 我 wǒ PR
yoga 瑜伽 yújiā S

Z

zanahoria 胡萝卜／胡蘿蔔 húluóbo S
zapatillas de deporte 运动鞋／運動鞋 yùndòngxié S
zapatos [par] 鞋[双]／鞋[雙] xié [shuāng] S
zapatos de lona [par] 运动鞋[双]／運動鞋[雙] yùndòngxié [shuāng] S
zapatos de piel [par] 皮鞋[双]／皮鞋[雙] píxié [shuāng] S
zapatos de tacón alto [par] 高跟鞋[双]／高跟鞋[雙]

VOCABULARIO ESPAÑOL-CHINO

gāogēnxié [shuāng]   S
zumo   果汁   guǒzhī   S
zumo de fresa   草莓汁   cǎoméi zhī   S

zumo de frutas   果汁   guǒzhī   S
zumo de naranja   橘子汁   júzi zhī   S
zumo de uva   葡萄汁   pútao zhī   S

量词词汇表
Vocabulario Español-Chino

La siguiente es una lista de algunos de los clasificadores más comunes del chino, junto a los nombres con los que estos se asocian habitualmente. La lista de nombres no es en absoluto exhaustiva, se centra en aquellos que ya has visto hasta el momento y algunos otros de uso común. Fíjate que algunos clasificadores son a su vez nombres y por eso no van seguidos de otros nombres; por ejemplo: kè 课／課, suì 岁／歲, o tiān 天. Te animamos a que añadas más clasificadores y nombres a esta lista a medida que progresa tu chino.

bǎ 把 *(para cosas que se pueden tomar con la mano)*
    dāo 刀 *(cuchillo)*
    mǐ 米 *([un puñado de] arroz)*
    qián 钱／錢 *([un puñado de] dinero)*
    sǎn 伞／傘 *(paraguas)*
    shuāzi 刷子 *(cepillo)*
    shūzi 梳子 *(peine)*
    yàoshi 钥匙／鑰匙 *(llave)*
    yǐzi 椅子 *(silla)*
bān 班 *(para multitudes, vehículos de transporte regular)*
    chē 车／車 *(autobús [turno])*
    fēijī 飞机／飛機 *(avión [vuelo])*
    xuésheng 学生／學生 *([clase de] estudiantes)*
bàn 半 *(mitad [de algo])*
bàng 磅 *(libra)*
    miànbāo 面包／麵包 *(pan)*
bāo 包 *(paquete)*
    táng(guǒ) 糖(果) *(caramelos)*
    (xiāng)yān (香)烟／(香)煙 *(cigarrillos)*
    yáxiàn 牙线／牙線 *(hilo dental)*
bēi 杯 *(taza; vaso)*
    chá 茶 *(té)*
    kāfēi 咖啡 *(café)*
    shuǐ 水 *(agua)*
bèi 倍 *(veces [cantidad])*
běn 本 *(para libros, periódicos, archivos, etc.)*
    shū 书／書 *(libro)*
    xiǎoshuō 小说／小說 *(novela)*
    zázhì 杂志／雜誌 *(revista)*
    zìdiǎn 字典 *(diccionario)*
bǐ 笔／筆 *(un pago)*
    qián 钱／錢 *(dinero)*
biàn 遍 *(veces; ocasiones)*
bù 部 *(para películas, libros, máquinas, etc.)*
    diànyǐng 电影／電影 *(película)*

cè 册 *(volumen [libros])*
    shū 书／書 *(libro)*
céng 层／層 *(planta [en edificios])*
    lóu 楼／樓 *(edificio)*
chǎng 场／場 *(para juegos, representaciones, etc.)*
    diànyǐng 电影／電影 *(película [pase])*
    qiúsài 球赛／球賽 *(juego de pelota)*
chǐ 尺 *(pie [longitud])*
chuàn 串 *(racimo)*
    pútao 葡萄 *(uva)*
    yàoshi 钥匙／鑰匙 *(llaves)*
cì 次 *(veces; ocasiones)*
    kǎoshì 考试／考試 *(examen)*
    lǚxíng 旅行 *(viaje)*
cùn 寸 *(pulgada [longitud])*

dá 打 *(docena)*
    qiānbǐ 铅笔 *(lápices)*
dào 道 *(plato [de comida])*
    cài 菜 *(comida; plato)*
dǐng 顶／頂 *(para sombreros, sillas de mano)*
    màozi 帽子 *(sombrero)*
dòng 栋／棟 *(para casas)*
    fángzi 房子 *(casa)*
    lóu 楼／樓 *(edificio)*
duàn 段 *(sección; parte)*
    huà 话／話 *(observación)*
duì 对／對 *(par [conjuntado])*
    huāpíng 花瓶 *(jarrón)*
dùn 顿／頓 *(para comidas, ocasiones)*
    fàn 饭／飯 *(comida)*
duǒ 朵 *(para flores, nubes, etc.)*
    huār 花儿／花兒 *(flor)*

fēn 分 *(unidad monetaria: "céntimo")*
    qián 钱／錢 *(dinero)*
fèn 份 *(para ejemplares de periódico)*
    bào(zhǐ) 报(纸)／報(紙) *(periódico)*

VOCABULARIO ESPAÑOL-CHINO

  gōngzuò 工作 *(trabajo)*
fēng 封 *(para cartas)*
  xìn 信 *(carta)*
fú 幅 *(para ropa, cuadros)*
  huàr 画儿／畫兒 *(cuadro)*
fù 副 *(para conjuntos de cosas, expresión del rostro)*
  shǒutào 手套 *([par] guantes)*
  yǎnjing 眼镜／眼鏡 *([par] gafas)*
  yào 药／藥 *([dosis de] medicina)*

gè 个／個 *(clasificador no específico)*
  bǐjìběn 笔记本／筆記本 *(cuaderno)*
  dìfang 地方 *(lugar)*
  jìniànpǐn 纪念品／紀念品 *(recuerdo)*
  lǐbài 礼拜／禮拜 *(semana)*
  qiú 球 *(pelota)*
  qǐyè 企业／企業 *(empresa)*
  rén 人 *(persona)*
  shǒujī 手机／手機 *(teléfono móvil)*
  wèntí 问题／問題 *(cuestión; problema)*
  xīngqī 星期 *(semana)*
  zhōngtóu 钟头／鐘頭 *(hora)*
gēn 根 *(para objetos alargados, finos)*
  shéngzi 绳子／繩子 *(cuerda)*
  (xiāng)yān (香)烟／(香)煙 *(cigarrillo)*
  yáxiàn 牙线／牙線 *(hilo dental)*

háng 行 *(línea; fila)*
  Hànzì 汉字／漢字 *(caracteres chinos)*
hé 盒 *(caja; estuche; paquete)*
  huǒchái 火柴 *(cerillas)*
  qiǎokèlì 巧克力 *(chocolate)*
  yáxiàn 牙线／牙線 *(hilo dental)*
hú 壶／壺 *(jarra)*
  chá 茶 *(té)*
hù 户／戶 *(para familias, casas)*
  rénjiā 人家 *(casa)*
huí 回 *(veces; ocasiones)*

jiā 家 *(para familias, negocios)*
  fànguǎnr 饭馆儿／飯館兒 *(restaurante)*
  shāngdiàn 商店 *(tienda)*
jià 架 *(para aviones, radios)*
  fēijī 飞机／飛機 *(avión)*
jiān 间／間 *(para estancias)*
  bàngōngshì 办公室／辦公室 *(oficina)*
  fángjiān 房间／房間 *(habitación)*
  wūzi 屋子 *(dormitorio)*
jiàn 件 *(para artículos, cosas)*
  chènshān 衬衫／襯衫 *(camisa)*
  jiákè 夹克／夾克 *(chaqueta)*
  máoyī 毛衣 *(suéter)*
  shìqing 事情 *(asunto)*
  T-xù shān T-恤衫 *(camiseta)*
  wàitào 外套 *(abrigo)*
  xíngli 行李 *(equipaje, maletas)*
  yīfu 衣服 *(ropa)*
jié 节／節 *(para periodos de clase)*
  kè 课／課 *(sesión de clase)*
jīn 斤 *(jin [unidad china de medida]; medio kilogramo)*
  shuǐguǒ 水果 *(fruta)*
jù 句 *(oración)*
  huà 话／話 *(observación)*
juǎn(r) 卷(儿)／卷(兒) *(para rollos, bobinas, carretes)*
  wèishēngzhǐ 卫生纸／衛生紙 *(papel higiénico)*

kē 棵 *(para árboles, plantas)*
  shù 树／樹 *(árbol)*
kǒu 口 *(para bocados, personas, pozos)*
  rén 人 *([número de] personas [de una familia])*
kuài 块／塊 *(para piezas, porciones)*
  (shǒu)biǎo (手)表／(手)錶 *(reloj de pulsera)*
  bīngkuàir 冰块儿／冰塊兒 *(cubito de hielo)*
  bù 布 *(tela)*
  dàngāo 蛋糕 *(pastel)*
  féizào 肥皂 *(jabón)*
  ròu 肉 *(carne)*
  shǒujuàn 手绢／手絹 *(pañuelo)*
  táng 糖 *(caramelo)*
kuài 块／塊 *(unidad monetaria básica [coloquial])*
  qián 钱／錢 *(dinero)*

lèi 类／類 *(tipo; categoría)*
  dōngxi 东西／東西 *(cosa)*
lǐ 里 *(li, kilómetro chino)*
  lù 路 *(camino)*
lì 粒 *(para cosas granulares)*
  yào 药／藥 *(medicina [pastilla])*
liàng 辆／輛 *(para vehículos)*
  gōng(gòng) (qì)chē 公(共汽)车／公(共汽)車 *(autobús)*
  kǎchē 卡车／卡車 *(camión)*
  mótuōchē 摩托车／摩托車 *(motocicleta)*
  qìchē 汽车／汽車 *(automóvil, coche, carro)*
  zìxíngchē 自行车／自行車 *(bicicleta)*
liè 列 *(para vagones [de tren])*
  huǒchē 火车／火車 *(tren)*
luò 摞 *(para montones de cosas)*
  zhǐ 纸／紙 *(papel)*
máo 毛 *(unida monetaria: diez céntimos)*
  qián 钱／錢 *(dinero)*
mén 门／門 *(para materias de estudio)*

VOCABULARIO ESPAÑOL-CHINO

kè 课／課 (clase)

mǐ 米 (metro)

miàn 面 (para espejos, banderas)
    jìngzi 镜子／鏡子 (espejo)

nián 年 (año)

pái 排 (para filas de cosas)
    zuòwèi 座位 (asientos)

pán 盘／盤 (para bobinas, platos, etc.)
    qí 棋 ([juego de] ajedrez)
    shuǐguǒ 水果 ([plato de] fruta)

pǐ 匹 (para caballos, mulas, rollos de tela)
    mǎ 马／馬 (caballo)

piān 篇 (para artículos, capítulos, etc.)
    wénzhāng 文章 (artículo; ensayo)

piàn 片 (para rebanadas)
    miànbāo 面包／麵包 (pan)

píng 瓶 (botella)
    hùfàsù 护发素／護髮素 (acondicionador de pelo)
    píjiǔ 啤酒 (cerveza)
    xǐfàshuǐ 洗发水／洗髮水 (champú)

shǒu 首 (para poemas, canciones)
    gē 歌 (canción)
    shī 诗／詩 (poema)

shù 束 (para manojos de cosas)
    huār 花儿／花兒 (flores)

shuāng 双／雙 (un par)
    kuàizi 筷子 (palillos)
    shǒu 手 (manos)
    wàzi 袜子／襪子 (calcetines)
    xiézi 鞋子 (zapatos)
    yǎnjing 眼睛 (ojos)

suǒ 所 (para edificios)
    gōngyù 公寓 (apartamento)
    xuéxiào 学校／學校 (escuela)
    yīyuàn 医院／醫院 (hospital)

tái 台 (para representaciones, aparatos, etc.)
    diànnǎo 电脑／電腦 (computadora)
    diànshì 电视／電視 (televisor)
    zhàoxiàngjī 照相机／照相機 (cámara)

táng 堂 (periodo de clase)
    kè 课／課 (sesión de clase)

tàng 趟 (para turnos [de viajes])
    huǒchē 火车／火車 (turno de tren)

tào 套 (conjunto)
    gōngyù 公寓 (apartamento)
    shū 书／書 (libros)
    yīfu 衣服 (ropa)

tiān 天 (día)

tiáo 条／條 (para cosas largas y estrechas)
    duǎnkù 短裤／短褲 (pantalones cortos)
    hé 河 (río)
    jiē 街 (calle)
    kùzi 裤子／褲子 (pantalones)
    lóng 龙／龍 (dragón)
    lù 路 (camino)
    máojīn 毛巾 (toalla)
    qúnzi 裙子 (falda)
    shé 蛇 (serpiente)
    tǎnzi 毯子 (manta)
    yú 鱼／魚 (pez)

tóu 头／頭 (para ganado)
    niú 牛 (vaca)
    zhū 猪／豬 (cerdo)

wǎn 碗 (cuenco)
    fàn 饭／飯 (arroz)

wèi 位 (para personas [forma educada])
    kèren 客人 (invitado)
    lǎoshī 老师／老師 (profesor)

xiē 些 (cantidades pequeñas, indefinidas; algo)
    dōngxi 东西／東西 (cosas)
    rén 人 (personas)
    shìqing 事情 (asuntos)

yàng 样／樣 (tipo; clase)
    dōngxi 东西／東西 (cosa)

yuán 元 (unidad monetaria básica [oficial])
    qián 钱／錢 (dinero)

zhàn 站 (parada [tren, autobús, etc.])

zhāng 张／張 (para cosas planas)
    chuáng 床 (cama)
    dìtú 地图／地圖 (mapa)
    huàr 画儿／畫兒 (cuadro)
    míngxìnpiàn 明信片 (postal)
    piào 票 (boleto)
    shūzhuō 书桌／書桌 (escritorio)
    xìnyòngkǎ 信用卡 (tarjeta de crédito)
    zhǐ 纸／紙 (papel)
    zhuōzi 桌子 (mesa)

zhī 支 (para objetos delgados)
    máobǐ 毛笔／毛筆 (pincel de escritura)
    yágāo 牙膏 (pasta de dientes)
    yáshuā 牙刷 (cepillo de dientes)

zhī 只／隻 (para animales, uno de los elementos de un par)
    gǒu 狗 (perro)
    jī 鸡／雞 (gallina)
    lǎohǔ 老虎 (tigre)

lǎoshǔ 老鼠 *(ratón; rata)*
māo 猫／貓 *(gato)*
niǎo 鸟／鳥 *(pájaro)*
shǒu 手 *(mano)*
tùzi 兔子 *(conejo)*
xié 鞋 *(zapato)*
yā 鸭／鴨 *(pato)*
yǎnjing 眼睛 *(ojo)*

zhū 猪／豬 *(cerdo)*
zhǒng 种／種 *(clase; tipo)*
  dòngwù 动物／動物 *(animal)*
zuò 座 *(para montañas, puentes, etc.)*
  dàshà 大厦／大廈 *(edificio alto)*
  qiáo 桥／橋 *(puente)*
  shān 山 *(montaña)*

索引 Índice alfabético

索引部分包括"供你参考"部分出现的语法术语和概念、文化信息，还收入了一些词语的用法以及文中出现的提示信息。

Este índice alfabético incluye términos y conceptos gramaticales, información cultural que aparecen en los apartados "INFO" y funciones del lenguaje, así como notas ocasionales del texto.

Acción completada, expresar, 242
Acción experimentada, expresar, 242
Acción habitual, expresar, 241
Acción inminente, expresar, 242
Acción prevista, expresar, 242, 265
Acciones
    expresar, 12, 25, 32, 241–242
    expresar ~ en progreso, 221–222, 241
    expresar ~ simultáneas, 272–273, 280
    expresar ~ a largo plazo, 242
    resultado de, 12, 32, 39, 64
Acciones en curso, expresar, 242
Actividades de ocio
    planear, 132–138
    tipos de, 11, 126–127, 130, 135–136
    Ver también Deportes
Actividades, ocio. Ver Actividades de ocio
Adverbios
    comunes, 186–187
    de, 32
    repaso de, 205
    aprovechar los, 106–107, 122

"Ahora" y "entonces", expresar, 221–222,
Alimentos
    equilibrio de los, 108
    categorías de, 42
    características de los, 41–44 cultura china y, 86
    vocabulario de cocina y, 110–111
    comida casera y, 82–83, 95
    diferencias regionales de, 37, 86, 102–103
    comprar, 36–37, 52–53, 63 significado simbólico de, 53
    tipos de, 41–44
Alternativas, expresar, 227, 242
Animales domésticos, cuidar, 14
Aprender chino
    dificultad de, 284–286
    facilidad de, 286–290
    extranjeros que, 291
    consejos para continuar, 297–300
Autobús, desplazarse en, 216–221
ba, 56–57, 65, 192, 205
Bebidas, 105
Bicicleta, desplazarse en, 213–216
bìyè, nota de uso, 155

búyào, comparado con xiǎng, 265

cái
    uso adverbial, 186
    comparación con jiù, 205
Capacidad
    o incapacidad, para expresar, 148
    o habilidad, para expresar, 265
Características físicas de las personas y

expectativas sociales, 31
Cargos profesionales, 3–4
Carreras universitarias, tipos de, 159–160
Causa y efecto, expresar, 224–225
cháng, como adverbio, 186
Clasificadores, unir verbo y objeto con, 72, 96
"Comas" en chino, 169, 180
Comida
    pedir equilibradamente, 108 decidir dónde comer, 100–103
    comer en un restaurante chino, 104, 113–114, 119, 121
    finalizar una, 112–114
    ~ casera, 82–83, 95
    pedir platos, 108–111, 119
    pedir bebidas, 104–107
    pagar, 71
    planear, 49–52
    Ver también Alimentos
Comprar alimentos, 36–37, 52–53, 60–62
Condición, expresar una, 225, 242
Contraste, expresar, 226, 242
Coverbos, 54, 56–57, 64–65, 75, 96, 134,148, 192
Cultura popular, 263
Cumplidos, hacer y rechazar, 19–22
Currículo estándar de escuela secundaria china, 176–177. Ver también Escuela
de
    comentar el resultado de una acción con, 32, 39, 64
    diferentes usos de, 25, 32
    modificar nombres con, 46–47, 64
dei, y expresar necesidad, 265
Deletrear caracteres chinos, 9
Denominaciones personales, 3–4
Despedirse, 23, 147–148
Deportes acuáticos, 259
Deportes, 12, 131, 259
Detalles personales, intercambiar, 6–9
Determinación, afirmar, 226
Diccionarios, de chino, 307–312
Dirección y ubicación, expresar, 128
Direcciones, dar y obtener, 210–213
Discurso narrativo, hacer, 10–15
dou, comparado con cái, 186
dùi, coverbo, 54, 64–65
Duración, expresiones de, 164–165, 180
Enumerar cosas, 227, 242
"Entonces" y "ahora", expresar, 221–222, 241
Escuela
    campus, 166–169
    dormitorios, 168
    exámenes, 178
    humanidades vs. ciencias, 159
    niveles, 152–153

    horarios, 162–165, 179
    vida estudiantil, 175
    asignaturas y especialidades, 156–161
Especialidades de secundaria, 159
Estaciones, hablar sobre, 246–252
    7, 280
Etiqueta
    comer comida casera y, 82–83
    hacer regalos y, 76
    pagar una comida y, 71
    hacer cola y, 224
    visitar la casa de alguien y, 78–83, 95
Excursiones, planear, 252–25
Expectativas sociales, 31
feicháng, comparado con youdian, 187
Frecuencia, expresiones de, 164–165, 179
Fruta, tipos de, 38
gei, comparado con otros coverbos, 54, 64, 75, 96
gèng, como adverbio, 186
Grado, expresar, 195
guanxi, y relaciones personales, 2
guo, indicar experiencia pasada con, 221, 241
Habilidad, expresar, 265
Habilidades e intereses, 11–12
Habitación, características de una, 185–186
Hacer cola, 224
Hacer regalos, 76
huì y huì ... de, para expresar probabilidad, 264, 265
Idioma "real" vs. idioma de la clase, 190
Imperativo, 294
Intención, expresar, 227, 242
Intensidad, expresar, 195
Invitaciones
    declinar, 77–78
    hacer y aceptar, 70–76
    usar qing y jiào, 255

jiào, vs. qing, 255
jiù, comparado con cái, 205
keyi, y expresar permiso, 264
kuài, como adverbio, 187
le
    diferentes usos de, 5–6, 32
    expresar cuando ocurren las acciones con, 221, 241

Lengua, variaciones de la ~ oral, 190
Medios de comunicación, populares, 263
Menú, 119
Metro, desplazarse en, 222–224
Minimizar acciones, 242
Monedas de los países donde se habla chino, 237–238
"Muy", expresar, 195
Naturaleza, apreciación de la, 257, 260

ÍNDICE ALFABÉTICO

Necesidad, expresar, 265
ne, expresar una acción que ocurre ahora con, 222
néng, para expresar posibilidad o habilidad física, 264, 265
"No importa qué", expresar, 242, 241
Números en "mayúsculas", 236–238
Números, reconocer en "mayúsculas", 236–238
Obligación moral, expresar, 265
Orden de las palabras, 107, 205
Parque *Xiangshan*, 253
Permiso, expresar, 264
Poseer vivienda en China, 197
Posesión, con de, 25, 32
Posibilidad, expresar, 264
Postres, 113
Preguntas personales, responder, 7
Presentación personal, 10–15
Presentaciones
    general, 2–6
    de uno mismo, 10–15
    de otro, 16–19
Probabilidad, expresar, 264
qing, vs. jiào, 255
Radicales, lista de, 308
Razones, dar, 224–225
Recuerdos, describir, 187–193
Relaciones personales, 2
Restaurante, comer en un ~ chino, 104, 108–111, 113–114, 119, 121
Resultado y forma, expresar, 128, 147
Saludos, 2–6
Secuencia de eventos, expresar, 242
Secuencia temporal, expresar, 226–227
Sistema chino de exámenes, 178
Sistema imperial de exámenes, 178, 241
Situaciones contrarias a lo esperado, expresar, 226
"Solo y solo entonces," expresar, 242
Suposición, expresar, 225, 242
tài, comparado con *yòu*, 187
Tiempo
    en China, 252
    hablar sobre el, 246–252
Tipos de oración, 314–315
Transporte
    bicicleta, 213–216
    autobús, 216–221
    tarjetas y recibos, 238–239
    tren urbano, 222–224
    métodos de, 219, 228–230
    metro, 222–224, 240
Tren interurbano, desplazarse en, 222–224
Turismo en China, 260, 277–279
Unir ideas, 224–227, 242
Verbos
    añadir "sabor" a los, 90–91, 96
    "doblar," 90, 96
    complementos, 128, 148–149
    componer, 90, 96
    expresar resultado, 91, 96, 128
    expresar dos acciones simultáneas con, 272–273, 280
    indicar movimiento relativo al hablante, 90–91, 96
    modales, 264–265
    más clasificador más objeto, 72, 96
    de estado, 195
Verbos modales, 264–265, 280
Verduras, tipos de, 45
Viajar, salir al extranjero a, 260, 261–268
Vivienda
    describir una, 185–186, 194–197
    anuncio de alquiler de, 202
Voz pasiva, 293–294
xian, comparado con *zài*, 187
xiang, comparado con *búyào*, 265
yingdang e *yinggai*, expresar obligación moral con, 265
yòng, coverbo, 54, 65
yòu, comparado con *tài*, 187
youdian, comparado con *feicháng*, 187

zài, 187
    diferentes usos de, 134–135, 148
    expresar en progreso con, 221–222, 241
zhèngzài, enfatizar que una acción ocurre en este mismo momento con, 222, 241
zuì, como adverbio, 187

鸣谢 Agradecimientos

插图 Ilustraciones:

Ilustraciones por Nora Guo, salvo que se indique lo contrario.
Ilustraciones de la p.9 por Huifeng Lÿ.
Retrato de Jackie Chan en la p.29 por Huifeng Lÿ.

图片 Fotografía:

Las fotos proceden del material de video de **Encuentros**, salvo que se indique lo contrario.

p. 38	Tatiana Popova/Shutterstock.com (plátano); Andrjuss/Shutterstock.com (manzana, pera, limón, melocotón, piña); Martin Darley/Shutterstock.com (sandía); marily barbone/Shutterstock.com (melón); Anna Kucherova/Shutterstock.com (cerezas); Georgy Markov/Shutterstock.com (granada); rodho/Shutterstock.com (uva); Argunova/Shutterstock.com (mango); luckypic/Shutterstock.com (kiwi).
p. 43	(*izquierda*) Laitr Keiows/Shutterstock.com; (*derecha*) rodho/Shutterstock.com.
p. 45	HomeStudio/Shutterstock.com (zanahoria); chungking/Shutterstock.com (apio); vblinov/Shutterstock.com (patatas); Cameramannz/Shutterstock.com (pepino amargo); IvanGrozny/Shutterstock.com (pepino); Nils Z/Shutterstock.com (lechuga); Beneda Miroslav/Shutterstock.com (cebollino); SunnyS/Shutterstock.com (col); Yellowj/Shutterstock.com (tomate); Tatiana Popova/Shutterstock.com (bernjena); Anna Kucherova/Shutterstock.com (nabo); Aleksandr Bryliaev/Shutterstock.com (setas); Jiang Hongyan/Shutterstock.com (espárragos); Knartz/Shutterstock.com (cebolla); spinetta/Shutterstock.com (coliflor, brócoli); creativedoxfoto/Shutterstock.com (pimiento verde); Maceofoto/Shutterstock.com (guisantes); optimarc/Shutterstock.com (col china); Lilyana Vynogradova/Shutterstock.com (espinaca).
p. 110	Eric Gustafson.
p. 113	Eric Gustafson.
p. 202	(*izquierda*) DavidXu/Shutterstock.com; (*centro*) yampi/Shutterstock.com; (*derecha*) didon/Shutterstock.com.
p. 247	mybeginner/Shutterstock.com (primavera); Rafal Cichawa/Shutterstock.com (verano); Image Focus/Shutterstock.com (otoño); Wen Mingming/Shutterstock.com (invierno).
p. 253	loong/Shutterstock.com.
p. 266	Charles Taylor/Shutterstock.com (pasaporte); Veniamin Kraskov/Shutterstock.com (visado); Hu Xiao Fang/Shutterstock.com (billete de avión); tavi/Shutterstock.com (maletas); Joel Bilt/Shutterstock.com (monedas); Alfredo Ragazzoni/Shutterstock.com (guías de viaje).

教具材料 Materiales educativos:

p. 29	Adaptado dela entrada de Jackie Chan en www.baidu.com (http://baike.baidu.com/view/3539.htm?fromenter=Jackie+Chan), consultado el 19 de mayo de 2010.
p. 31	Adaptado de www.baidu.com.
p. 61	Cortesía del supermercado mayorista Beijing Chengxiang Wholesale Supermarket, Beijing.
pp. 91–92	Texto de correos electrónicos cortesía de Stephen Tschudi, Hong Yao, Jialin Sun, y Tao-chung Yal.
p. 143	Cortesía de Ning Shu, Instituto Confucio de la Universidad de Hawái.
p. 144	Texto de Mian Cui; diseño de Nora Guo.
p. 176	Adaptado de la página web del Departamento de Educación de Yancheng, provincia de Jiangsu; publicado en www.yce.cn/npic/2009/200992983026482.xls 2009-9-29 y consultado en octubre de 2010.
pp. 235–236	Cortesía de Qikeng Li y Tao-chung Yao.
p. 275	Cortesía de Yuyang Ski (www.yuyangski.com).
p. 276	Cortesía de la agencia de viajes china EasyTour (www.easytour.cn).
pp. 308, 310–311	Reproducido con permiso de John DeFrancis y Zhang Yanyin (eds.), *ABC English-Chinese, Chinese-English Dictionary* (Honolulu: University of Hawai'i Press, 2010), cubierta trasera interior y pp. 1195 y 1196. Copyright © 2010 by University of Hawai'i Press.

中国地名 Nombres de lugares chinos

加 * 的城市为《环球汉语》连续剧拍摄的外景地。
(Ciudades marcadas por* son visitadas por *Encuentros*)

Ānhuī	安徽	Liáoníng	辽宁
Àomén (*Macao*)	澳门	Nánchāng	南昌
*Běijīng	北京	Nánjīng	南京
Chángchūn	长春	Nánníng	南宁
Chángshā	长沙	Nèiměnggǔ (*Región autónoma de Mongolia Interior*)	
Chéngdū	成都		内蒙古（内蒙古自治区）
Chóngqìng	重庆	Níngxià (*Región autónoma de la etnia hui de Ningxia*)	
Dūnhuáng	敦煌		宁夏（宁夏回族自治区）
Fújiàn	福建	Qīnghǎi	青海
Fúzhōu	福州	Shāndōng	山东
Gānsù	甘肃	*Shànghǎi	上海
Guǎngdōng	广东	Shānxī	山西
Guǎngxī (*Región autónoma de la etnia zhuang de Guangxi*)		Shǎnxī (*Shaanxi*)	陕西
	广西（广西壮族自治区）	Shěnyáng	沈阳
Guǎngzhōu (*Guangzhou o Cantón*)	广州	Shēnzhèn	深圳
Guìlín	桂林	Shíjiāzhuāng	石家庄
Guìyáng	贵阳	Sìchuān	四川
Guìzhōu	贵州	*Sūzhōu	苏州
Hā'ěrbīn (*Harbin*)	哈尔滨	Táiběi (*Taipei*)	台北
Hǎikǒu	海口	Táiwān	台湾
Hǎinán	海南	Tàiyuán	太原
Hángzhōu	杭州	Tiānjīn	天津
Héběi	河北	Wǔhàn	武汉
Héféi	合肥	Wūlǔmùqí (*Urumqi*)	乌鲁木齐
Hēilóngjiāng	黑龙江	Xī'ān	西安
Hénán	河南	Xiānggǎng (*Hong Kong*)	香港
Húběi	湖北	Xīníng	西宁
Hūhéhàotè (*Hohhot*)	呼和浩特	Xīnjiāng (*Región autónoma Uigur de Xinjiang*)	
Húnán	湖南		新疆（新疆维吾尔自治区）
Jiāngsū	江苏	Xīzàng (*Región autónoma del Tíbet*)	
Jiāngxī	江西		西藏（西藏自治区）
Jílín	吉林	*Yángshuò	阳朔
Jǐnán	济南	Yínchuān	银川
Kūnmíng	昆明	Yúnnán	云南
Lánzhōu	兰州	Zhèjiāng	浙江
Lāsà (*Lhasa*)	拉萨	Zhèngzhōu	郑州

出版策划：王君校　韩　晖
统筹协调：付　眉　韩　颖　彭　博
责任编辑：杨　晗
封面设计：周伟伟
排　　版：北京颂煜文化传播有限公司
印刷监制：汪　洋

图书在版编目 (CIP) 数据

环球汉语.2.教师用书：汉西对照/任友梅，孟德儒编著.—北京：华语教学出版社，2021.8
ISBN 978-7-5138-2141-4

Ⅰ.①环… Ⅱ.①任… ②孟… Ⅲ.①汉语–对外汉语教学–教学参考资料 Ⅳ.① H195.4

中国版本图书馆 CIP 数据核字 (2021) 第 112873 号

环球汉语 2　教师用书
（汉西对照）

任友梅　孟德儒　编著

Miguel Sala Montoro　　翻译

*

©华语教学出版社有限责任公司，耶鲁大学
华语教学出版社有限责任公司出版
（中国北京百万庄大街 24 号　邮政编码 100037）
电话：(86) 10-68320585 68997826
传真：(86) 10-68997826 68326333
网址：www.sinolingua.com.cn
电子信箱：hyjx@sinolingua.com.cn
唐山玺诚印务有限公司印刷
2022 年（16 开）第 1 版
2022 年第 1 版第 1 次印刷
（汉西）
ISBN 978-7-5138-2141-4
019900